人口、资源与环境经济学研究

RENKOU ZIYUAN YU HUANJING JINGJIXUE YANJIU

杨人懿 钟昌标 杨子生 杨诗琴 曹琳琳 著

经济管理出版社
ECONOMY & MANAGEMENT PUBLISHING HOUSE

图书在版编目（CIP）数据

人口、资源与环境经济学研究 / 杨人懿等著.
北京：经济管理出版社，2024. -- ISBN 978-7-5243
-0076-2

Ⅰ．C92-05；F062.1

中国国家版本馆 CIP 数据核字第 2024UE0965 号

组稿编辑：任爱清
责任编辑：任爱清
责任印制：张莉琼
责任校对：蔡晓臻

出版发行：经济管理出版社
　　　　　（北京市海淀区北蜂窝 8 号中雅大厦 A 座 11 层　100038）
网　　址：www.E-mp.com.cn
电　　话：（010）51915602
印　　刷：唐山昊达印刷有限公司
经　　销：新华书店
开　　本：787mm×1092mm/16
印　　张：17.25
字　　数：427 千字
版　　次：2025 年 8 月第 1 版　2025 年 8 月第 1 次印刷
书　　号：ISBN 978-7-5243-0076-2
定　　价：118.00 元

·版权所有　翻印必究·
凡购本社图书，如有印装错误，由本社发行部负责调换。
联系地址：北京市海淀区北蜂窝 8 号中雅大厦 11 层
电话：（010）68022974　　邮编：100038

前　言

　　1997年，国务院学位委员会重新修订和调整了研究生专业目录，并颁布了《授予博士、硕士学位和培养研究生的学科、专业目录》（1997年版），在一级学科"理论经济学"之下设立了二级学科专业"人口、资源与环境经济学"。该学科的创立，体现了人们对传统经济发展模式导致的资源过度索取、环境破坏、生态失调、经济社会可持续发展能力下降的严峻形势的深刻反思，反映了当代人对蓝天白云的向往、对青山绿水的憧憬和对可持续发展的追求。经过20多年的发展，该学科取得了明显的研究进展和发展，在推进国家和区域经济建设与人口、资源、环境协调发展及实施可持续发展战略中日益发挥着重要的作用。该学科的进一步发展和建设，对新时期推进人与自然和谐共生的现代化建设同样有着重大的意义和价值。

　　然而，毕竟该学科创立时间还较为短暂，在20多年的发展与建设中还存在许多问题和不足。切实加强该学科的进一步发展和建设，对于新时代中国建设人与自然和谐共生的现代化强国具有重大的理论意义与实践价值。自2018年云南财经大学获批"理论经济学"一级学科博士学位授权点之后，其二级学科——"人口、资源与环境经济学"的学科建设工作引起了部分教师和博士研究生的重视，并持续开展了常态化的人口、资源与环境经济学学科建设工作，制定了学科建设成果专著《人口、资源与环境经济学研究》的撰写计划，并精心开展撰写工作。

　　经过多年的努力，完成了《人口、资源与环境经济学研究》一书的撰写任务。全书分为三篇、九章，由杨人懿（云南财经大学经济学博士）、钟昌标（云南财经大学经济学博士研究生导师）、杨子生（云南财经大学经济学博士研究生导师/二级教授）、杨诗琴（云南财经大学经济学博士）、曹琳琳（云南财经大学土地资源管理硕士）共同撰写，最后由杨人懿负责统稿。第一篇"人口、资源与环境经济学的一般学科问题研究"，就本学科的研究背景、研究现状、目的与意义、研究对象、研究内容、研究方法、学科性质与特点以及本学科所涉及的10个主要基础理论（可持续发展理论、人与自然和谐共生理论、生态经济理论、"两山"理论、人口经济理论、资源节约集约利用理论、循环经济理论、稀缺性理论、三种生产理论、外部性理论）进行了探讨和阐释。第二篇"人口、资源、环境与经济相互关系的理论分析"，属于人口、资源与环境经济学的核心原理分析，系针对人口、资源、环境与经济发展相互关系的理论分析，着重在对人口-资源-环境-经济系统进行总体分析的基础上，阐释了人口、资源、环境在经济过程与经济发展中的作用，进而对人口-资源-环境-经济系统的内在协调机制进行了系统性分析，揭示了人口、资源、环境与经济之间协调发展的内在联系规律。第三篇"人口、资源、环境与经济协调发展的实践研究"，作为人口、资源与环境经济学学科的实践研究，紧密结合中国实际，在探讨人口、资源、环境与经济协调发展的准则与目标要求基础上，开展了全国尺度的人口、资源、环境与经济发展耦合协调度分析研究，并针对本学科领域较为重要的资源诅咒与居民收入问题进行重点专题研究，实现了理论分析与实践研究的有机结合。

针对该学科当前发展与建设中尚存在的主要问题，本书努力进行了思索和探究，富有特色和创新。本书的出版，是中国人口、资源与环境经济学学科建设的最新成果，对于推进经济建设与人口、资源、环境协调发展、实施可持续发展战略具有重要的理论意义和应用价值，尤其对新时代推进人与自然和谐共生的现代化建设有着非常重要的战略意义和实践价值。本书可供从事人口、资源与环境经济学，人口科学，资源科学，环境科学，经济学，社会学，管理学，政治学等领域的科研和教学工作者以及各级政府相关部门管理干部参考和使用，希望本书能在国内外实施可持续发展战略和建设人与自然和谐共生的现代化实践中起到重要的参考与借鉴作用。

教育部经济学类教学指导委员会委员
云南财经大学经济学博士研究生导师
广 州 商 学 院 副 院 长
国家社会科学基金重大项目首席专家
2025 年 1 月 30 日

目 录

第一篇 人口、资源与环境经济学的一般学科问题研究

第一章 研究背景、现状与目的意义 ·············· 3
第一节 学科产生的背景与过程 ·············· 3
第二节 学科研究现状 ·············· 19
第三节 研究目的与意义 ·············· 26
参考文献 ·············· 31

第二章 研究对象、内容、方法及学科特点 ·············· 37
第一节 研究对象 ·············· 37
第二节 研究内容 ·············· 40
第三节 研究方法 ·············· 42
第四节 学科性质与定位 ·············· 45
第五节 学科特点 ·············· 48
第六节 本学科与其他学科的关系 ·············· 50
参考文献 ·············· 53

第三章 学科的理论基础 ·············· 56
第一节 可持续发展理论 ·············· 56
第二节 人与自然和谐共生理论 ·············· 59
第三节 生态经济理论 ·············· 61
第四节 "两山"理论 ·············· 65
第五节 人口经济理论 ·············· 66
第六节 资源节约集约利用理论 ·············· 69
第七节 循环经济理论 ·············· 72
第八节 稀缺性理论 ·············· 74
第九节 三种生产理论 ·············· 78
第十节 外部性理论 ·············· 79
参考文献 ·············· 83

第二篇 人口、资源、环境与经济相互关系的理论分析

第四章 人口-资源-环境-经济系统的总体分析 … 89
- 第一节 人口的概念及本学科关注的问题 … 89
- 第二节 资源的概念及本学科关注的问题 … 94
- 第三节 环境的概念及本学科关注的问题 … 104
- 第四节 经济的概念及本学科关注的问题 … 109
- 第五节 人口-资源-环境-经济的链接关系 … 113
- 第六节 人口-资源-环境-经济系统的基本特点 … 116
- 参考文献 … 123

第五章 人口、资源、环境在经济过程与经济发展中的作用 … 126
- 第一节 人口在经济过程与经济发展中的作用 … 126
- 第二节 资源在经济过程与经济发展中的作用 … 140
- 第三节 环境在经济过程与经济发展中的作用 … 152
- 参考文献 … 166

第六章 人口-资源-环境-经济系统的内在协调机制 … 176
- 第一节 人口、资源、环境与经济协调发展的基本结构 … 176
- 第二节 人口子系统——PREE 系统的内在动力 … 178
- 第三节 资源子系统——PREE 系统的物质基础 … 182
- 第四节 环境子系统——PREE 系统的空间支撑 … 184
- 第五节 经济子系统——PREE 系统的核心 … 188
- 参考文献 … 191

第三篇 人口、资源、环境与经济协调发展的实践研究

第七章 人口、资源、环境与经济协调发展的准则与目标要求 … 197
- 第一节 人口、资源、环境与经济协调发展的基本准则 … 197
- 第二节 人口、资源、环境与经济协调发展的目标要求 … 201
- 参考文献 … 208

第八章 中国人口、资源、环境与经济发展耦合协调度分析 … 210
- 第一节 协调发展的研究脉络与耦合协调机制分析 … 210
- 第二节 研究方法与数据来源 … 215
- 第三节 结果分析与研究结论 … 221
- 参考文献 … 229

第九章　中国资源诅咒与居民收入分析 ·· 234

　第一节　资源诅咒假说的提出与自然资源丰裕经济学的产生 ·········· 234

　第二节　中国自然资源诅咒及其破解的已有研究 ······························ 238

　第三节　中国耕地-粮食丰裕度与居民收入的关系分析 ···················· 247

参考文献 ·· 261

第一篇

人口、资源与环境经济学的一般学科问题研究

第一章　研究背景、现状与目的意义

任何新生事物的出现，总是有其相应的现实背景和条件。同样，一门新学科的产生，必然会有其客观的历史背景和现实需求。在国外，人口经济学、资源经济学、环境经济学等相关学科取得了较好的发展，但没有将人口、资源、环境与经济发展四者融为一体的"人口、资源与环境经济学"这一学科[1]。人口、资源与环境经济学是中国 1997 年正式命名和创立的新的经济学分支学科，体现了人们对传统经济发展模式导致的资源过度索取、环境破坏、生态失调、经济社会可持续发展能力下降的严峻形势的深刻反思，反映了当代人对蓝天白云的向往、对青山绿水的憧憬和对可持续发展的追求。该学科的进一步发展和建设，对于新时代中国建设人与自然和谐共生的现代化强国具有重大的理论意义与实践价值。

第一节　学科产生的背景与过程

一、研究背景

自人类诞生以来，就一直存在如何处理人口、资源、环境与经济发展之间的关系问题。贯穿其中的主线是正确认识和协调处理人与自然的关系。

人类既依赖自然而生存，又是改变自然的力量；人类要改造自然又受到自然的制约；人与自然的关系是依存、适应、冲突与和谐。人与自然关系的内涵随着人类社会的发展而发生着变化。

在人类社会发展的初期阶段，人类经济活动处于狩猎和采集时期，人对自然的依赖性强，主要表现为依赖和适应，人类受自然环境和自然资源的制约非常明显。

到了农业文明时代，人类生产活动直接作用于自然客体，但初期多数地方因生产规模小、强度低，其负面影响不大；然而，随着人口的增长，有不少区域因种种不合理的开发利用活动致使植被破坏、生态退化甚至恶化，受到了自然界的惩罚，如古代部分文明的衰落（美索不达米亚、古罗马、古希腊、玛雅文明等）。

进入工业化阶段之后，随着科技的进步和生产力的提高，人类对自然界的作用增强，又存在过分强调人类能动作用的思想，"人定胜天"的思潮以及"人类中心论"等思想理论占据主导地位。这时，人类以自然的主人自居，往往片面地按照人类的主观意志或需求去征服自然、改造自然，一味地向大自然索取，结果因违背了客观的自然规律，酿成了环境恶化、资源枯竭等一系列苦果。人口膨胀、资源匮乏、环境恶化已成为全人类共同面临的、关系到人类生存与发展的重大问题[2]。

（一）世界文明古国的兴衰对人们的警示

美国学者弗·卡特和汤姆·戴尔（Vernon Gill Carter and Tom Dale，1987）在20世纪50年代从地理学和生态学角度出版了《表土与人类文明》（*Topsoil and Civilization*）一书，其原版于1955年初问世，中译本于1987年8月由中国环境科学出版社出版[3]。该书从人类与土壤间的关系出发，对人类历史上20多个古代文明地区的兴衰过程进行了探讨，从中得出了历史上绝大多数地区文明衰落的根本原因在于其赖以生存的自然资源特别是表土状况恶化这一结论。在这本书中，作者详细地分析了世界上几十种著名古代文明的兴衰，包括尼罗河谷、美索不达米亚平原、地中海地区、克里特、黎巴嫩、叙利亚、巴勒斯坦、希腊、北非、意大利与西西里、西欧以及著名的印度河流域文明、华夏文明和玛雅文明，发现"文明人主宰环境的优势仅仅只持续几代人。他们的文明在一个相当优越的环境中经过几个世纪的成长与进步之后迅速地衰落、覆灭下去，不得不转向新的土地，其平均生存周期为40~60代人（1000~1500年）。大多数的情况下，文明越是灿烂，它持续存在的时间就越短。文明之所以会在孕育了这些文明的故乡衰落，主要是人们糟蹋或毁坏了帮助人类发展文明的环境"[3]。弗·卡特和汤姆·戴尔在该书的最后勾画出让人十分沉重的人类文明历史轮廓："文明人跨越过地球表面，在他们的足迹所过之处留下一片荒漠。"[3] 读后令人颇为震撼！

1. 美索不达米亚平原上不合理的土地利用和农田灌溉导致了古巴比伦文明的衰落

美索不达米亚平原位于亚洲、非洲和欧洲交界处，这块广袤肥美的平原由发源于小亚细亚山地的幼发拉底河和底格里斯河冲积而成。公元前4000年，苏美尔人和阿卡德人在肥沃的美索不达米亚两河流域发展灌溉农业，由于幼发拉底河高于底格里斯河，人们易于用幼发拉底河的水灌溉农田，之后把灌溉水排入底格里斯河之中，因此，其农业很成功，在这两河流域建立了宏伟的城邦。公元前20世纪，阿摩利人征服了整个美索不达米亚平原，建立了古巴比伦王国，发展了光辉灿烂的古巴比伦文明。约公元前540年波斯人入侵，然而仅维持了200多年，于公元前323年被马其顿征服。巴比伦文明毁灭并被埋藏在沙漠之下将近两千年，已变成了历史遗迹。古巴比伦文明的败落曾被视为一个秘密，然而地理学和生态学对此却给了我们一个令人信服的答案：古巴比伦文明衰落的根本原因在于不合理的土地利用和农田灌溉。由于古巴比伦人对森林破坏很大，导致严重水土流失，加之地中海气候的特点，使河道和灌溉沟渠中的淤泥不断堆积，因此，人们不得不放弃因淤积而不能使用的灌溉沟渠，重新去开挖新的灌溉渠道，如此恶性循环的结果，使河水越来越难以流入农田。另外，古巴比伦人只知引水灌溉而不懂排水洗田，由于长期缺乏排水，致使美索不达米亚平原的地下水位不断上升，造成淤泥和农田严重盐渍化，给这片沃土罩上了一层又厚又白的"盐"外套，终于使古巴比伦葱绿的原野渐渐褪色，高大的庙宇和美丽的花园亦随着马其顿征服者的重新建都和人们被迫离开家园而坍塌[4]。

2. 水土流失和地力耗竭造成了玛雅文明的衰亡

玛雅文明是在中美洲热带低地森林中发展起来的一种农业文明，曾经盛极一时，然而在不到1000年时间便全部毁灭，民族和文明消亡了，文化仅作为历史留在了遗迹中。20世纪中叶以后，探险家在此发现用巨大石块建造的雄伟壮观的神殿庙宇，才让后人得知了玛雅文明的存在[4]。据有关资料，最新的科学证据已揭示了玛雅文明衰落的原因：由于人口压力不断增加，对森林和生态环境破坏越来越大，使水土流失日益严重化，致使地力日渐耗损,最终耕地生产能力全部耗竭,玛雅文明也随之衰亡。热带雨林地区农业耕作模式通常是"砍伐—烧毁—种田—地力下降—废弃",这也就是"刀耕火种"的种植模式。烧出来的草木灰是较好的农作物肥料,但该种植模式的缺陷是这种自然肥力支撑时间短,若干年后就会被废弃,废弃后的土地往往需要经过十几年休耕,待其生态恢复之后才能再次复种。因此,玛雅人只好换一个地方,重新开始新一轮的"砍伐—烧毁—种田—地力下降—废弃"。初期社会规模小、人口密度低之时,这种"刀耕火种"的种植模式尚不至于引发重大的生态灾难。然而,一旦农业生产稳定之后,必然会带来人口的较快增长。于是,玛雅人建立了各种小的城邦,整个文明呈现繁荣景象。但此时耕作土地不足的问题亦逐渐浮现。随着城邦周围的森林全部遭到砍伐且被改造为农田,每块农田都不再像初期那样可以休耕、恢复生态,持续种植的结果也就意味着没有了起初的草木灰作为补充,农田的粮食单产逐渐下降。在日益严重的耕地和粮食压力下,玛雅文明只能四处扩张,许许多多原本不适合耕种的土地,尤其是地形坡度较陡的山坡地,也被开发成农田,导致水土流失日益严重化,越来越多的土壤被冲到峡谷和湖泊之中,大片的农田成了裸石地,适种土地大幅度减少。公元300年,玛雅文明迎来了生育顶峰,总人口达600多万,农业生产与人口增长的矛盾激化,引发了一系列的社会问题。为抢夺土地而引发的战争此起彼伏,战争毁坏了有限的农田,使粮食危机更加严重。这一恶性循环不断加剧,最终导致玛雅古城完全荒芜化,曾经辉煌的历史古城变为断壁残垣。

3. 土地利用不当造成了地中海地区古文明的衰落

历史上曾有过一段时期,地中海地区呈现出一种进步而又生气勃勃的文明。叙利亚、黎巴嫩、巴勒斯坦、突尼斯、阿尔及利亚、西班牙、意大利、西西里、希腊、土耳其等曾一度是世界上最繁荣进步之地。之后,大多堕为世界上的落后地区(除了少数几个国家还称得上进步地区)。

地中海地区的土地多为起伏不平的丘陵坡地,夏干冬雨的气候易使植被覆盖较低的冬季出现严重水土流失现象,而那里的人们只知开垦土地,缺乏保护水土、防治水土流失的知识和技能,从而造成了这一地区许多灿烂的文明过早地消亡。据考证[2],地中海地区各个国家的文明兴衰过程基本上很相似:起初,文明在大自然造就的肥沃土地上兴起,持续进步达几个世纪;随着越来越多的原始森林和草原植被遭到毁坏,也就是越来越多的土地变成了耕地,雨水的侵蚀作用就开始剥离富有生产力的表土,加之持续的种植和土壤渗漏淋溶,消耗了大量作物生长所需的矿物质营养元素,使土地生产力开始下降甚至衰竭,于是它所支持的文明也开始衰落。尽管有些国家通过掠夺邻国土地资源的方法来延长自己的繁荣时期,但最终还是不能维持自身的进步繁荣。弗·卡特和汤姆·戴尔(1955)得出的结论是:地中海地区古文明的衰落在很大程度上是由于土地的利用和管理不当所致。

地中海地区的米诺斯文明(Minoan Civilization)是世界上最古老的文明之一,它是爱琴海地区的古代文明,出现于古希腊、迈锡尼文明之前的青铜时代。该文明的发展主要集中在克里特岛上,在公元前1600年以后就已达到了最辉煌的时期,然而,仅仅过了200年,米诺斯文明就繁荣尽逝[4]。到了希腊人征服这片土地时,米诺斯文明的中心城市迈锡尼、泰雷斯四周已基本上都是裸石地,土壤已流失殆尽,不能再生长农作物。

4. 以牺牲植被和生态为代价的开发利用活动导致了撒哈拉沙漠的形成与扩展

撒哈拉沙漠是当今世界最大的不毛之地,然而它在过去曾经是生命的绿洲,在未沦为沙漠之前，这里曾经风调雨顺，河川涌动，植被茂盛，动物成群，人类在此生存繁衍。但是，由于人们长期不断地毁林开垦种植，草原被过度啃食，使植被遭到严重破坏，生态环境渐渐退化，水蚀、风蚀频繁发生，沙化土地迅速增多，最终导致了沙漠的形成。

更为不幸的是，到了20世纪60年代，由于人口的激增驱使西非地区大规模地扩大农作物种植面积，农田的增加使牧场面积更加减少，而牲畜数量却有增无减，因而只能进一步扩大放牧范围，这一连锁式的开发利用活动使原本多样性的植被被严重破坏，持续的单一块茎作物耕种又使土地肥力下降，土壤表层板结，于是，土地生态系统失去了调节气候的功能，风蚀和水蚀频频发生，干旱日益突出。1958～1975年，非洲发生了持续的大干旱，干旱区面积近1800万平方千米，约占全非洲土地总面积的60%，使撒哈拉沙漠向周围扩展，其东南部原本脆弱的环境急剧恶化，植被完全被毁，成为大片荒漠；北部也因沙漠的扩展，使牧场每年退化约1000平方千米，尼罗河三角洲每年被沙漠吞掉约13平方千米。沙漠扩展导致20世纪80年代中期非洲撒哈拉地区出现了一场巨大的饥荒，在干旱荒漠区的几个国家中，至少有上百万人被饥饿和四处蔓延的疾病夺去了生命，上千万人背井离乡，沦为"生态难民"[5]。

5. 世界文明古国的兴衰对我们的启示

纵观世界古老文明，它们都在兴盛繁荣和辉煌了十多个世纪之后毁灭了，或者埋藏在沙漠下，或者遗留在荒野中，成为历史陈迹，其主因在于人们糟蹋或毁坏了支撑文明生长的环境[6]。这就警示我们后代人：

（1）人类必须合理开发利用土地资源，不能糟蹋和毁坏帮助人类发展文明的土地及其环境，否则必将在人类的足迹所过之处留下一片荒漠！正如恩格斯在其名著《自然辩证法》中所指出："我们不要过分陶醉于我们人类对自然界的胜利。对于每一次这样的胜利，自然界都对我们进行报复。每一次胜利，起初确实取得了我们预期的结果，但是往后和再往后却发生完全不同的、出乎预料的影响，常常把最初的结果又消除了。美索不达米亚、希腊、小亚细亚以及其他各地的居民，为了得到耕地，毁灭了森林，但是他们做梦也想不到，这些地方今天竟因此而成为不毛之地，因为他们使这些地方失去了森林，也就失去了水分的积聚中心和贮藏库。"[7]

（2）开发利用土地资源绝不能以牺牲植被和生态环境为代价，不能超出自然生态系统的承载极限，不能掠夺式地开发和利用；必须制定合理的开发利用方向和用地规模，必须采取科学的整治和保护措施，切实防止水土流失、土地沙化、盐渍化、石漠化等生态环境退化和恶化现象。

（二）北美"黑风暴"对我们的警示

第一次世界大战期间，美国小麦价格涨至历史高峰，于是美国西部土地被大规模开发，用以种植小麦。跟以前的农耕时代不同，此时美国大面积利用先进的机械设备，效率是此前农耕时代的几十倍，因而短短几年时间美国农民开垦了大量的农田。大规模破坏森林和草原开垦土地的结果，最终导致震惊世界的北美"黑风暴"（Black Storm）爆发，使美国迎来了巨大的生态灾难。

1. 震惊世界的北美"黑风暴"事件

1934年5月11日，美国东部和加拿大西部的辽阔土地上被一场巨大的风暴所席卷。风暴从美国西部土地破坏最严重的干旱地区刮起，狂风卷着黄色的尘土，遮天蔽日，向美国东部横扫过去，形成一条东西长 2400 千米、南北宽 1500 千米、高 3200 米的巨大移动尘土带，空气中含沙量达 40 吨/立方千米。风暴整整持续了 3 天，掠过了美国 2/3 的土地，3.5 亿吨肥沃土壤被刮走。风暴所经之处，溪水断流，水井干涸，田地龟裂，庄稼枯萎，牲畜渴死，千万人流离失所，人们不得不背井离乡，一片凄凉[8]。

1935 年 4 月 14 日（星期天）下午，美国南部平原上空突然出现一股沙尘"黑云"，持续肆虐 4 个小时。这次风暴是 20 世纪 30 年代最强烈的一次风暴，风暴中的人们随时有窒息而亡的危险，绝望地将这一天称为"黑色星期天"。

这两次"黑风暴"，尤其是 1934 年 5 月的"黑风暴"事件，是美国历史上最严重的沙尘暴天气，震惊了世界，被美国官方认为是国家灾难。同年，美国农业生产损失惨重，粮食减产一半以上，导致美国乃至世界粮食市场的波动。由于黑风暴造成的大平原区农业荒废，延长了美国的经济萧条期，由此造成的损失一直都难以估计。此外，黑风暴还造成了大量生态难民，引发了美国历史上最大的一次移民。1940 年，大平原几个州共有 250 万农业人口外迁。

2. "黑风暴"事件的起因

"黑风暴"也称沙尘暴或沙暴（Sandstorm），在美国持续了 10 多年。1932~1940 年美国频繁地遭受沙尘暴侵害，被美国人称为"肮脏的 30 年代"。总体来看，由于西部拓荒时期大规模毁林毁草开垦土地等不合理的开发利用方式造成严重的土壤侵蚀，进而引起了"黑风暴"事件[9]。据统计，美国政府实施西部开发计划之前的 1870 年，大平原地区人口为 14.8 万，之后随着西进运动"淘金热"的掀起，大量人口涌入西部地区，到 1880 年大平原地区人口增至 354.9 万人。人口数量的快速增长必然使粮食需求极大地增加，为满足人们的生活需要，西部大草原被大规模地开发成为农田和牧场。尤其是第一次世界大战爆发后，粮食谷物需求增加、价格走高，大量农户迁移至荒无人烟的广阔平原开垦耕地，利用较低的土地垦殖成本和持续扩大的土地开垦规模获取经济利益[10]。土地开垦面积从 1870 年的不足 12 万公顷增加至 1930 年的 720 多万公顷，是 1870 年的 60 多倍，相反地，草本覆盖率迅速锐减至 15%[11]，对生态环境的破坏达到了高峰。

此外，农户在开垦过程中长期忽视土地保护工作，由于大平原地区常年干旱少雨、水资源缺乏、土壤抗蚀性差，是"先天性"的生态脆弱区，生态环境承载能力无法满足经济社会日益增长的物质需求而产生了严重的人地矛盾，造成了严重的生态环境恶化。之后，许多农户逃离西部，留下了无人管理的裸露土地，使大平原区水土流失、土地荒漠化进一步加剧。

可见，"黑风暴"的产生与人为的生态环境破坏密不可分。人口的快速增长带来了不合理的过度垦殖、过度放牧、过度樵采、单一耕种，这些不合理开发利用活动必然导致地表植被和土壤结构的破坏，使土地日益沙化。由于这种人为的造沙速度远快于人们治沙的速度，为"黑风暴"的形成提供了条件。从根本上说，"黑风暴"的发生是人口、资源与环境综合作用的结果。"黑风暴"的肆虐向人们发出了警告：如果人类不能控制发展，如果人类的无限欲望和地球的有限资源互为抵牾，如果人类不能与大自然相濡以沫，那么人类最终将会衰败。

3. 北美"黑风暴"事件后的行动

20 世纪 30 年代的沙尘暴是美国生态史上的重要转折时期。严重的沙尘暴问题，使整个地区惊人地崩溃，督促着美国政府采取了许多富有深远意义的行动。1934年5月，史无前例的沙尘暴过去之后，美国于1935年成立了著名的土壤保持局，开展了大量的土壤保持研究和实践，使美国土壤保持科学技术得到了巨大发展，一直居世界领先地位。

4. 沙尘暴在苏联、中国等国家的重演

人类的拓荒并未因为沙尘暴的发生而偃旗息鼓，沙尘暴也因此而未销声匿迹。1934年美国发生的"黑风暴"事件于1963年又在苏联发生了。在1954~1960年，数十万拓荒者在哈萨克斯坦北部、西伯利亚西部和俄罗斯东部新开垦了4000万公顷土地进行耕作。起初的结果很让人满意：由于大幅度增加了耕地面积，全国谷物产量比过去6年猛增了50%。然而，到了1963年就暴露出了严重的生态后果：在1963年的春天，这里发生了较为严重的沙尘暴，300万公顷作物因干旱而全部损失殆尽，狂风将已经干裂的宝贵表土层刮走。1962~1965年，共有1700万公顷土地被沙尘暴损害，400万公顷土地颗粒无收。这促使苏联于1965年起使用新设计的机械将作物根茬留在地里，并增加休闲面积，注重造林和恢复植被[12]。

此外，南美的一些国家也因毁林垦荒、植被破坏而多次受到过风蚀的侵袭。

进入20世纪90年代以来，沙尘暴在中国肆虐的现象屡有发生。1993年5月，一场罕见的沙尘暴袭击了新疆、甘肃、宁夏和内蒙古部分地区，沙尘暴经过时最高风速达34米/秒，最大风力达12级，能见度最低时为零。这场沙尘暴造成85人死亡、31人失踪、264人受伤、12万头（只）牲畜死亡或丢失、73万头（只）牲畜受伤、37万公顷农作物受灾，4330间房屋倒塌，直接经济损失达7.25亿元。此后的几年，沙尘暴一直不断地袭扰着中国西北部和内蒙古一带。2000年春，沙尘暴竟12次袭击了首都北京。2002年3月18~21日，新疆、青海、甘肃、内蒙古、宁夏、陕西、山西、河北、北京、天津、辽宁西部、黑龙江西南部以及山东、河南、湖北、四川等地的部分地区先后出现了大范围沙尘天气，这是20世纪90年代以来覆盖中国范围最广、强度最大、影响最严重的沙尘暴，这场沙尘暴席卷了中国北方10个省（自治区、直辖市）的170万平方千米土地，影响人口达1.5亿人，影响了甘肃、内蒙古、宁夏、山西、陕西、河北、天津和北京等地140多个县的36.8万公顷耕地和4100万公顷草地。

近年来，中国防沙治沙工作取得了一定成效，荒漠化和沙化持续扩展的趋势得到初步遏制，据《中国的环境保护（1996~2005）》白皮书[13]，截至2004年底，全国荒漠化土地为263.62万平方千米，沙化土地面积为173.97万平方千米。与1999年相比，5年间全国荒漠化土地面积净减少3.79万平方千米，沙化土地面积净减少0.64万平方千米；土地荒漠化和沙化程度有所减轻，重度、极重度荒漠化面积减少24.59万平方千米；沙化面积由1995~1999年的年均扩展3436平方千米转变为2000~2004年的年均净减少1283平方千米。第五次全国荒漠化和沙化监测结果[14]显示，截至2014年，全国荒漠化土地面积达261.16万平方千米，沙化土地面积达172.12万平方千米。与2004年相比，10年间全国荒漠化土地面积净减少2.46万平方千米，年均减幅为0.093%；沙化土地面积净减少1.85万平方千米，年均减幅0.106%。但是，当前中国的荒漠化和沙化形势仍很严峻，主要表现在以下五个方面[14]：①荒漠化和沙化面积大、分布广；②少数省（自治区）和地区土地沙化仍呈扩展之势；③荒漠化土地和沙化土地缩减幅度小，恢复速度缓慢，需要治理的荒漠化土地和沙化土地立地条件更差，治理难度越来越大；④在经济利益的驱动下，滥樵采、滥开垦、滥放牧、滥采挖、滥用水资源等问题仍没有得到根本解决；⑤在全球气候变暖的背景下，干旱等不利的气候因素对加速荒漠化和引起沙尘天气的可能性仍然存在。

5. 沙尘暴对我们的启示

沙尘暴通常发生于气候较干燥的春夏交替之际，其形成固然与大气环流、地貌形态和气候因素有关，但更与人为的生态环境破坏密不可分。人口的快速增长带来不合理的农垦、过度放牧、过度樵采、单一耕种，这些不合理的土地开发利用行为必然导致植被和地表结构的破坏，使草原萎缩，土地沙化，生态系统失衡，为沙尘暴的发生提供了充足的沙源。由于这种造沙的速度远快于人们治沙的速度，从而为沙尘暴的发生提供了条件。

沙尘暴是沙漠化加剧的象征。沙尘暴的发生是人口、资源与环境综合作用的结果，其中不合理开发利用土地是重要原因。沙尘暴的肆虐和横行，给我们带来两点启示：

（1）人类必须控制发展，人类的欲望必须与地球的有限资源相适应，做到人与自然相濡以沫、和谐发展。

（2）必须高度警惕大开发变成"大开荒"，必须遵循生态经济规律，真正做到"在开发中保护，在保护中开发"，以生态环境建设为基础，科学地开发利用资源，合理地发展经济，把我国建设成为"天蓝、山绿、水清、人富"的秀美山川。

（三）中国生态环境破坏与长江等江河流域特大水灾对我们的警示

1. 中国生态环境问题演变进程简析

从全国生态环境问题的历史进程来看，其演变过程可以分为三个阶段或三个时期[11]。

（1）第一阶段是从中华人民共和国成立（1949年）至20世纪60年代末。这一时期是生态环境破坏问题的积累阶段。当时，基于"大炼钢铁""以粮为纲""超英赶美"的思想指导，全国开展了大范围的开矿炼钢、砍伐森林、围湖造田、过度放牧、开垦草地和林地等活动，引发了日益严重的水土流失、土地荒漠化问题。加之当时国家综合实力有限，生态环境治理措施实施较少，因而生态环境破坏问题逐渐加剧。

（2）第二阶段是从20世纪70年代初到90年代末。这一阶段属于生态环境问题得到重视与治理的时期。1972年6月，中国政府组团40多人出席了在斯德哥尔摩召开的联合国人类环境会议[15]（The United Nations Conference on the Human Environment）。这是世界各国政府共同讨论当代环境问题，探讨保护全球环境战略的第一次国际会议。该会议通过了《联合国人类环境会议宣言》（以下简称《人类环境宣言》）。紧接着是1973年8月，中国召开了第一次环境保护会议。此后，全国的生态环境保护事业正式开始，沙尘暴、草原退化、水土流失、森林减少、工业污染等诸多问题得到了国家的高度重视。为了应对日益复杂的生态环境问题，国家着手开展政策法规的制定和生态环境工程的建设。1978年3月5日第五届全国人民代表大会通过的《中华人民共和国宪法》正式将"国家保护环境和自然资源，防治污染和其他公害"[16]写入其中。1979年9月，第五届全国人民代表大会常务委员会第十一次会议原则通过并颁布了《中华人民共和国环境保护法（试行）》；1982年6月，国务院颁布了《水土保持工作条例》；1983年12月31日至1984年1月7日，国务院召开第二次全国环境保护会议，将环境保护确立为基本国策，实行"预防为主，防治结合""谁污染，谁治理"和"强化环境管理"三大政策；1991年6月，第七届全国人民代表大会常务委员会第二十次会议通过并颁布了《中华人民共和国水土保持法》；1994年3月，中国政府制定出台了《中国21世纪议程——中国21世纪人口、环境与发展白皮书》；1996年3月，第八届全国人大第四次会议将可持续发展正式确定为中国经济和社会发展的两大战略之一。在制定诸多政策和法律的基础上，国家实施了"三北"防护林体系和长江中上游地区防护林体系等生态工程的建设；在1998年长江流域暴发特大洪水之后，国家又及时实施了天然林保护、退耕还林还草和水土流失治理等一系列重大生态工程。

（3）第三阶段是从21世纪初至今。该阶段是中国生态文明制度建设的探索与发展时期。随着可持续发展理念的不断丰富和在世界各国的普及，生态环境保护意识逐渐深入人心。在2005年10月举行的党的十六届五中全会上，正式将"建设资源节约型和环境友好型社会"确定为中国国民经济与社会发展中长期规划的一项战略任务[17]。2006年3月14日，第十届全国人民代表大会第四次会议批准的《中华人民共和国国民经济和社会发展第十一个五年规划纲要》明确提出："必须加快转变经济增长方式。要把节约资源作为基本国策，发展循环经济，保护生态环境，加快建设资源节约型、环境友好型社会，促进经济发展与人口、资源、环境相协调"[18]。2007年10月，党的十七大首次将"生态文明"写入报告，提出"建设生态文明，基本形成节约能源资源和保护生态环境的产业结构、增长方式、消费模式。循环经济形成较大规模，可再生能源比重显著上升。主要污染物排放得到有效控制，生态环境质量明显改善。生态文明观念在全社会牢固树立"[19]。党的十八大以来，以习近平同志为核心的党中央将生态文明纳入五位一体总体布局，以习近平生态文明思想形成了关于生态文明建设科学完整的理论体系。习近平同志"生态兴则文明兴，生态衰则文明衰"的重要理念，把人类文明与生态建设紧密联系起来，揭示了人类社会发展史上生态决定文明兴衰的客观规律，科学回答了生态与人类文明之间的关系[20]。党的十九大进一步将生态文明建设提升为"中华民族永续发展的千年大计"，提出："坚持人与自然和谐共生"，"必须树立和践行绿水青山就是金山银山的理念，坚持节约资源和保护环境的基本国策，像对待生命一样对待生态环境，统筹山水林田湖草系统治理，实行最严格的生态环境保护制度，形成绿色发展方式和生活方式，坚定走生产发展、生活富裕、生态良好的文明发展道路，建设美丽中国，为人民创造良好生产生活环境，为全球生态安全作出贡献"[21]。党的二十大则将"人与自然和谐共生"列入中国式现代化的重要内容，强调"人与自然是生命共同体，无止境地向自然索取甚至破坏自然必然会遭到大自然的报复。我们坚持可持续发展，坚持节约优先、保护优先、自然恢复为主的方针，像保护眼睛一样保护自然和生态环境，坚定不移走生产发展、生活富裕、生态良好的文明发展道路，实现中华民族永续发展"[22]。

上述三个阶段的划分，对于正确认识中国生态环境建设和保护的历史进程有指导意义，也有助于分析不同时期经济建设与人口、资源、环境之间的关系。但需要指出的是，每个阶段的特点和生态环境问题都是具有延续性的，有些问题是一直存在的。尤其生态环境破坏问题在过去较长时期内一直存在和累积，例如，中国的三大生态灾害——山地丘陵区水土流失、西北干旱区沙化沙漠化（含沙尘暴）和荒漠化、西南喀斯特区石漠化，就是长期过度开发利用土地资源、破坏植被和环境的结果；1998年长江等流域暴发的特大洪水灾害，也是这些大江大河流域生态环境长期遭受破坏的集中体现。中国科学院可持续发展研究组发布的《2001中国可持续发展战略报告》提出，中国现代化建设面对着六大挑战，其中就有"生态环境仍处于局部改善整体恶化的状态"[23]。即便是被称为中国头号环境问题的水土流失，尽管近40年来国家采取了许多治理措施且取得了明显的成效，但目前全国水土流失规模依然较大。据水利部2023年8月发布的《中国水土保持公报（2022年）》[24]，2022年全国水土流失面积共有265.34万平方千米，其中，水力侵蚀面积109.06万平方千米，风力侵蚀面积156.28万平方千米。按侵蚀强度分，轻度侵蚀171.73万平方千米，占全国水土流失总面积的64.72%；中度侵蚀43.89万平方千米，占16.54%；强烈侵蚀19.26万平方千米，占7.26%；极强烈侵蚀14.41万平方千米，占5.43%；剧烈侵蚀16.05万平方千米，占6.05%。

2. 中国1998年的长江特大洪水灾害

1998年是全世界的中华儿女难以忘怀的一年。这年夏季中国南方出现了罕见的多雨天气，持续不断的大雨以逼人的气势铺天盖地压向长江，使长江经历了自1954年以来最大的洪水灾害。洪水一泻千里，几乎全流域泛滥成灾。加上东北的松花江、嫩江泛滥，全国包括受灾最重的江西、湖南、湖北和黑龙江4省在内，共计有29个省（自治区、直辖市）均遭受了这场灾难[25]。那一次又一次的洪峰，持续不断的高水位，无处栖身的灾区人民，至今仍让人胆战心惊，成为中国历史上颇为悲壮的一页。农田受灾面积和直接经济损失较大[26]。

从成因来看，1998年特大洪水的暴发有多方面的原因，既有气候异常导致的大范围强降水过程以及地质地貌等自然因素的诱因，更有人为因素的作用。在人为因素中，既有水利工程技术的问题，同时也有人为对生态环境所产生的后果。尤其是不合理的开发利用导致了土地覆被的不良变化，对于洪水的肆虐起到了巨大的推波助澜作用。两者的叠加形成了1998年长江中流量、高水位、多险情、大灾难的洪水特点。后者主要体现为不合理土地开发利用所导致的森林破坏、水土流失加剧上。总的来看，我们赞同卜兆宏等（1999）[27]的观点，即降雨是长江水患的诱因，围湖造田使水域面积减小是洪水的次因，而中上游山地丘陵区严重的水土流失才是长江洪水的主因。

这里还需要注意的是，在诸多文献中，大多都认同这样的观点：长江流域水灾的严重性主要是流域内生态系统的失调所致，这无疑是对的。然而，在谈到生态环境恶化、水土流失问题时，人们以往的提法大多是"由于森林资源的急剧下降，导致了严重的水土流失""由于森林植被减少，导致生态环境恶化"，等等。诚然，森林作为陆地上最大的生态系统，其存在的确对提高生态环境质量、控制山区水土流失起着重大的作用，因此，将森林状况与生态环境质量、水土流失状况联系起来的观点无疑是正确的。但不能忽视的是，由于习惯性的提法，往往给人以错觉，似乎生态环境恶化的唯一原因是森林的破坏和减少，而忽视了其他重要原因，因而往往造成政策上的顾此失彼。这一说法绝不是要否认森林的作用，而是要正确认识森林的作用。就长江中上游地区而言，造成生态环境恶化的因素除森林减少之外，还有"水土流失"这一重要因素，这两个方面同时存在，两者同等重要，既有关联又分别独立存在，即森林植被的减少为水土流失提供了一定的条件，但又不是造成水土流失的唯一条件；虽然水土流失与森林植被覆盖状况有关，但更取决于人类活动对地表的破坏程度[28-29]。按一般规律，当林木覆盖率达到一定程度时，水土流失就应得到相应的控制或减轻，但实际上长江上游区水土流失非但没有减少，反而越来越严重，成为全国著名的水土流失区。之所以出现这种反常现象，就是因为没能贯彻因害设防的原则，造林一般都是在水土流失不很严重的土地（疏林地、残次林地、荒草地等）上，而水土流失严重的坡耕地尤其是陡坡耕地没有进行综合治理和退耕还林。因此，在20世纪90年代初云南省实施"长防林"一期工程时，何应武（1991）[30]指出，"长防林"建设可以把森林覆盖率提高到一定水平，但由于退耕还林比重极小，它解决不了坡耕地上严重的水土流失问题，因而充其量只能解决原来发生在林业用地上的那一部分水土流失，其分量只是占全部水土流失的一小部分，要解决主要矛盾，必须对水土流失最严重的坡耕地进行综合治理。这是非常切合实际的正确观点。我们近些年来的研究亦深刻体会到，坡耕地水土流失综合治理的重要性根本不亚于"长防林"建设，甚至在某些地区远比"长防林"重要。因此，长江上游生态环境建设应当包括两大重点内容：一是坡耕地综合治理；二是植被恢复重建。两者应当双管齐下，同时进行。

3. 1998年中国特大洪水之后的行动——绿色的长征：退耕还林（草）工程

1998年中国的特大洪水，唤醒了人们的生态意识，从觉醒到行动，中国政府做出了一项前无古人的重大壮举，那就是中国绿色的长征——退耕还林（草）工程。尽管古人已有"仁者乐山，智者乐水"之说，数千年来非常讲求"天人合一"，并孕育了世界上独一无二的山水文化与山水美学，中华人民共和国成立后，政府也曾制定过一系列有关植树造林、退耕还林、治理水土流失方面的方针、政策、法律与法规，然而，正如前国家林业局局长周生贤在为《绿色的长征——中国退耕还林纪事》[31]一书所作的"序言"中指出，把退耕还林作为一项国家发展战略，以国家重点工程的形式推出，不能不说是中共中央、国务院作出的一项重大战略决策，在中国历史上和世界历史上均称得上是中国政府的一大创举、一项伟业，工程之浩大壮阔确实史无前例。国家明确将退耕还林工程列入中国国民经济与社会发展"十五"计划，不仅标志着中国生态建设史上的重大转折，更标志着中国社会经济的历史性跨越。

4. 70余年中国水灾状况

总体上看，在70余年中，中国每年均有水灾发生，只是受灾规模和强度有所不同而已。据水利部《中国水旱灾害防御公报2021》[32]，全国1950~2021年洪涝灾害受灾面积达68116.88万公顷，年均受灾946.07万公顷，其中，1954年、1956年、1960年、1963年、1964年、1983年、1984年、1985年、1988年、1989年、1990年、1991年、1993年、1994年、1995年、1996年、1997年、1998年、2002年、2003年、2005年、2006年、2007年、2010年、2012年、2013年洪涝灾害受灾面积均达1000万公顷以上。

5. 特大洪水对我们的启示

（1）任何开发利用活动必须以不破坏生态环境为基础和前提。目前大江大河流域的生态环境问题还很突出，必须彻底扭转长期以来乱砍滥伐、毁林开荒、陡坡耕种、围湖造田等诸多不合理开发利用行为。

（2）切实加强大江大河流域的生态环境建设和保护已是非常迫切，而大江大河流域生态建设应当以水土流失防治为核心，坚持坡耕地综合治理和植被恢复重建并举，尤其应将坡耕地综合治理放在首位。

（四）国内外资源开发利用与经济发展经验教训对我们的警示

上述国内外无数的资源开发和经济发展经验与教训给予了我们许多的警示，最主要的有以下三点：

（1）人类必须与大自然相濡以沫，开发资源、发展经济必须以保护生态环境为前提，绝不能以牺牲植被和破坏生态环境为代价过度地向大自然索取。

（2）人类如果不能合理开发资源和适度地发展经济，肆意糟蹋与毁坏帮助人类发展和进步的自然资源及其环境，必将在人类的足迹所过之处留下一片荒漠。

（3）未来的发展道路必然走以人口、资源、环境与经济社会协调发展为核心导向的可持续发展之路。

二、全球性生态环境问题的关注与可持续发展道路的确立

在20世纪初期，全球环境问题还未能被人们所普遍认识和关注；到了工业化后期，全球环境问题开始凸显，有识之士和国际组织意识到人口膨胀、资源匮乏、环境恶化已成为全人类共同面临的、关系到人类生存与发展的重大问题。有毒有害化学物质已严重影响生态安全，并威胁到人类社会的可持续发展。针对气候变化、臭氧层减少、生物多样性保护、荒漠化等诸多问题，国际上已制定有关国际公约，开展国际合作。严酷的现实促使人们冷静地审视人类社会的发展历程，总结传统发展模式的经验与教训，并积极寻求发展的新模式，探求人与自然关系的和谐与协调。

（一）《寂静的春天》一书的问世，标志着人类关心生态环境问题的开始

1962年，美国海洋生物学家蕾切尔·卡逊（Rachel Carson）所著《寂静的春天》（*Silent Spring*）[33]一书出版面世。蕾切尔·卡逊自1958年起花费四年时间调查研究了美国官方和民间使用DDT等农药对某些生物和人体所造成的不可挽回的危害。该书以生动而严肃的笔触，描写因过度使用化学药品和肥料而导致的环境污染、生态破坏，最终给人类带来不堪重负的灾难，指出农药的无限制使用将使地球发生一系列可怕的变化，其中最令人惊恐的是一些生物将灭绝，原来百鸟吟唱、阳光明媚的春天将被阴云笼罩，悄无声息；从前清澈的河水将变成浊流，见不到鱼虾和贝类洄游。自然界像失去了一切生命似的一片寂静。蕾切尔·卡逊用生态学的原理分析了这些化学杀虫剂对人类赖以生存的生态系统带来的危害，指出人类用自己制造的毒药来提高农业产量，无异于饮鸩止渴，人类应该走"另外的路"。这本书将近代污染对生态的影响透彻地展示在读者面前，给予人类强有力的警示，并号召人们迅速改变对自然世界的看法和观点，呼吁人们认真思考人类社会的发展问题。此外，蕾切尔·卡逊还记录了工业文明所带来的诸多负面影响，直接推动了后来的现代环保主义发展。

这本书引发了公众对环境问题的关注，各种环境保护组织纷纷成立，从而促使联合国于1972年6月在斯德哥尔摩召开了首次"人类环境大会"，并由各国签署了《人类环境宣言》，开始了世界范围的环境保护事业。1992年，《寂静的春天》被推选为世界上最具影响力的图书之一，被誉为"世界环境保护运动的里程碑"。

（二）《增长的极限》一书的出版，开创了可持续发展研究的新纪元

1968年4月，来自10多个国家的有关科学家、社会学家、经济学家和实业家，在意大利罗马发起和成立了旨在研究人口、粮食、工业化、污染、资源、贫困、教育等全球性问题的国际性民间学术团体——罗马俱乐部（Club of Rome）。麻省理工学院教授丹尼斯·梅多斯（Dennis Meadows）领导的国际问题研究小组受罗马俱乐部委托，以计算机模型为基础，运用系统动力学对人口、农业生产、自然资源、工业生产和污染五大变量进行了实证性研究，并在1972年提交了第一份研究报告——《增长的极限》（*Limits to Growth*），在

国际上引起强烈反响。《增长的极限》原为英文版,于 1972 年 3 月由新美国图书馆首次出版。中译本由于树生根据 1975 年第 2 版译出,商务印书馆 1984 年 5 月出版[34]。另有李宝恒翻译、四川人民出版社于 1984 年第二次出版的版本,书名叫《增长的极限:罗马俱乐部关于人类困境的研究报告》。该书由美国德内拉·梅多斯(Donella Meadows)、乔根·兰德斯(Jorgen Randers)、丹尼斯·梅多斯等合著,它从地球的有限性推导出地球本身蕴藏的资源、能源和地球对人类社会的经济增长和人口增长都面临着自己的不能超越的极限,从而得出世界经济和人口必须在限定的期限内停止增长或实现"零增长",达到"全球均衡状态",否则即将面临不可避免的崩溃这样一个悲观的结论。此书内容尽管较为悲观,但它开创了可持续发展研究的新纪元[35]。

(三)《建设一个持续发展的社会》的出版,体现了对人类社会发展的认识上的飞跃

1974 年,美国农业科学家、著名环保人士莱斯特·布朗(Lester R. Brown)在华盛顿特区创办了从事全球环境问题分析的世界观察研究所(Worldwatch Institute),并于 1981 年出版《建设一个持续发展的社会》(Buiding a Sustainable Society)一书[36]。莱斯特·布朗曾被《华盛顿邮报》誉为"世界最有影响的思想家之一"。《建设一个持续发展的社会》是一部研究科技、经济和社会未来发展的著作。该书概述了一系列全球性的新问题,指出人口和财富的激增已使许多地球自然系统无法满足人类的需要,人与自然之间的矛盾日趋紧张。作者谴责了不顾子孙后代的利益,肆意浪费地球资源的种种现象,并引用了"联合国环境方案"中一句寓意深刻的话:"我们不是继承父辈的地球,而是借用了儿孙的地球。"告诫人们要有建设一个可持续发展社会的紧迫感,指出社会发展不仅要满足当代人的需求,而且要考虑下一代人以及子孙后代的需求,这就为国际社会提出了新的战略目标。这是世界人类社会发展的认识上的飞跃,也就是建立了一种新的社会发展观。

(四)《我们共同的未来》的出版,标志着可持续发展理论的提出

联合国于 1983 年 12 月成立了由挪威时任首相布伦特兰夫人为主席的世界环境与发展委员会(WCED),对世界面临的问题及应采取的战略进行研究。1987 年 2 月,在日本东京召开的第八次世界环境与发展委员会上通过了关于人类未来的报告《我们共同的未来》(Our Common Future),之后该报告又经第 42 届联大辩论通过,于 1987 年 4 月正式出版[37]。这一报告以"持续发展"为基本纲领,以丰富的资料论述了当今世界环境与发展方面存在的问题,提出了处理这些问题的具体的和现实的行动建议。

全书分为三个部分——"共同的关切""共同的挑战""共同的努力"。本书将注意力集中于人口、粮食、物种和遗传、资源、能源、工业和人类居住等方面,提出了三个观点:①环境危机、能源危机和发展危机不能分割;②地球的资源和能源远不能满足人类发展的需要;③必须为当代人和下代人的利益改变发展模式。在此基础上该报告提出了"可持续发展"(Sustainable Development)的概念——既不损害满足后代人需求的可能性和能力而又满足当代人需要的发展,并强调要重视加强全球性相互依存关系以及发展经济和保护环境之间的相互协调关系,把人们从单纯考虑环境保护引导到把环境保护与人类发展切实结合起来,实现人类有关环境与发展思想的重要飞跃。该书的出版标志着可持续发展理论的提出,对各国政府和人民的政策选择具有重要的参考价值。

(五)《21 世纪议程》成为世界各国走可持续发展道路的里程碑

1992 年 6 月 3 日至 14 日,在巴西里约热内卢召开的联合国环境与发展大会通过了重

要文件《21世纪议程》（Agenda 21）[38]。该文件是"世界范围内可持续发展行动计划"，旨在实现朝着可持续发展的转变，是21世纪在全球范围内各国政府、联合国组织、发展机构、非政府组织和独立团体在人类活动对环境产生影响的各个方面的综合的行动蓝图。《21世纪议程》共20章，78个方案领域，20万余字。大体可分为可持续发展战略、社会可持续发展、经济可持续发展、资源的合理利用与环境保护四个部分。《21世纪议程》为采取措施保障我们共同的未来提供了一个全球性框架。这项行动计划承认，没有发展，就不能保护人类的栖息地，从而也就不可能期待在新的国际合作的气候下对于发展和环境总是同步进行处理。《21世纪议程》的一个关键目标，是逐步减轻和最终消除贫困，同样还要就保护主义和市场准入、商品价格、债务和资金流向问题采取行动，以取消阻碍第三世界进步的国际性障碍。为了符合地球的承载能力，特别是工业化国家，必须改变消费方式；而发展中国家必须降低过高的人口增长率。为了采取可持续的消费方式，各国要避免在本国和国外以不可持续的水平开发资源。文件提出以负责任的态度和公正的方式利用大气层和公海等全球公有财产。《21世纪议程》的通过，表明国际关注热点由单纯重视环境保护问题转移到环境与发展的主题，这是人类经济高速发展和社会进步的内在需求，反映了各国在认识上质的飞跃。各国已普遍地认识到，环境的保护与治理只有放在包括发展在内的更大的范围内，才能最终解决。可以说，本次大会通过的《21世纪议程》已成为人类转变传统发展模式和生活方式、走可持续发展道路的一个里程碑，被誉为与地球签订了"天人合一之约"——实施可持续发展战略。

三、推动"人口、资源与环境经济学"创立与发展的若干重大标志性事件

（一）《中国21世纪议程》出台（1994年3月）

1992年6月，联合国环境与发展大会通过了《21世纪议程》，中国政府作出了履行《21世纪议程》等文件的庄严承诺，并决定由原国家计委和原国家科委牵头组织有关部门、社会团体和科研机构编制《中国21世纪议程》。《中国21世纪议程》编制工作得到了联合国开发计划署的高度重视，编制和实施《中国21世纪议程》被列为与中国政府的合作项目[39]。1994年3月25日，《中国21世纪议程》经国务院第十六次常务会议审议通过，并定名为《中国21世纪议程——中国21世纪人口、环境与发展白皮书》，成为指导中国国民经济和社会发展中长期发展战略的纲领性文件。《中国21世纪议程》共设20章、78个方案领域，包括可持续发展总体战略、社会可持续发展、经济可持续发展、资源与环境的合理利用与保护四大部分[40]。《中国21世纪议程》的出台，对中国的可持续发展起到了重要的推动作用，并成为推动"人口、资源与环境经济学"创立与发展的重大政策驱动力。

（二）《正确处理社会主义现代化建设中的若干重大关系——江泽民在党的十四届五中全会闭幕时的讲话（第二部分）》（1995年9月28日）发表

中国是一个经济迅速崛起的发展中大国，人口、资源、环境与经济发展间日益复杂和突出的矛盾引起了中共中央、国务院的高度重视。1995年9月28日，时任中共中央总书记、国家主席江泽民在党的十四届五中全会闭幕时的讲话（第二部分）中专门阐述了《正确处理社会主义现代化建设中的若干重大关系》[41]，其中的第三个重大关系即为"经济建设和人口、资源、环境的关系"[42]。将正确处理好经济建设和人口、资源、环境的关系列为中国特色社会主义现代化建设中的重大关系之一，这是国家创立"人口、资源与环

境经济学"这一新学科的强大动力。另外,该学科的创立充分地体现了国家实施可持续发展重大战略的现实需求。

四、"人口、资源与环境经济学"的正式创立

1997年,国务院学位委员会调整、修订和颁布了《授予博士、硕士学位和培养研究生的学科、专业目录》(1997年版)。这是在1990年10月国务院学位委员会和国家教育委员会联合下发《授予博士、硕士学位和培养研究生的学科、专业目录》的基础上经过多次征求意见、反复论证而修订的。修订的主要原则是:科学、规范、拓宽;修订的目标是:逐步规范和理顺一级学科,拓宽和调整二级学科。修订后的《授予博士、硕士学位和培养研究生的学科、专业目录》(1997年版)是国务院学位委员会学科评议组审核授予学位的学科、专业范围划分的依据。同时,学位授予单位按本目录中各学科、专业所归属的学科门类,授予相应的学位。

为了加强经济建设和人口、资源与环境的关系的研究和培养从事这方面研究的高层次专门人才,1997年国务院学位委员会修订的《授予博士、硕士学位和培养研究生的学科、专业目录》中,在一级学科"理论经济学(代码为0201)"之下设立了二级学科"人口、资源与环境经济学(代码为020106)"[43]。《授予博士、硕士学位和培养研究生的学科、专业目录》(1997年版)的颁布标志着"人口、资源与环境经济学"这一新的经济学分支学科在中国正式创立。

1997年颁布《授予博士、硕士学位和培养研究生的学科、专业目录》之后,中国人民大学、南开大学、复旦大学、武汉大学、北京大学、厦门大学、中南财经大学成为全国首批7个人口、资源与环境经济学博士学位点、硕士学位点单位。这标志着中国从此正式开始培养人口、资源与环境经济学的高级专业人才。

五、7所大学关于本学科建设呼吁书的发表

为了推动人口、资源与环境经济学科的建设,1999年12月8~10日,在第二届全国人口、资源、环境与发展学术研讨会期间,中国人民大学、南开大学、复旦大学、武汉大学、北京大学、厦门大学、中南财经大学人口、资源与环境经济学博士(硕士)学位点的负责人召开了第一次7个博士(硕士)学位点所长联席会议。一致认为,国务院学位委员会批准7所学校成为首批人口、资源与环境经济学博士(硕士)学位点单位,是人口、资源与环境经济学发展史上一个标志性的历史事件,但如何建设好人口、资源与环境经济学这样一门对21世纪中华民族生存与发展有重大意义的学科,一方面需要高校加倍努力,另一方面也需要国家各级部门和全社会各界力量予以充分重视和大力支持。为此,发出了支持该学科发展与建设的呼吁(见表1-1),并指出,人口、资源与环境经济学是一个新的、大有希望的学术增长点,它的理论价值与应用价值都不可限量;经过若干年的努力,这门学科一定能建设好,为国家发展战略的制定和实施做出应有的贡献[2]。《关于加强人口、资源与环境经济学学科建设的呼吁书》的发表,对促进人口、资源与环境经济学科的建设与发展具有重要的现实意义。

表 1-1 推动"人口、资源与环境经济学"创立与发展的若干重大标志性事件

序号	名称	主要内容	重大意义与标志
1	世界环境与发展委员会出版《我们共同的未来》（1987年）	联合国于1983年12月成立了由挪威时任首相布伦特兰夫人为主席的世界环境与发展委员会，对世界面临的问题及应采取的战略进行研究。1987年，世界环境与发展委员会发表了影响全球的报告《我们共同的未来》（Our Common Future）。该报告分为"共同的问题""共同的挑战"和"共同的努力"三大部分。在集中分析了全球人口、粮食、物种和遗传资源、能源、工业和人类居住等方面的情况，并系统探讨了人类面临的一系列重大经济、社会和环境问题之后，该报告鲜明地提出了三个观点：①环境危机、能源危机和发展危机不能分割；②地球的资源和能源远不能满足人类发展的需要；③必须为当代人和下代人的利益改变发展模式。在此基础上，该报告提出了"可持续发展"的概念，即"可持续发展是这样的发展，它满足当代的需求，而不损害后代满足他们需求的能力"	该报告在可持续发展方面提出了哲理性、伦理性的认识纲领，将人们从单纯考虑环境保护引导到把环境保护与人类发展切实结合起来，实现了人类有关环境与发展思想的重要飞跃。《我们共同的未来》标志着可持续发展理论的提出，奠定了人口、资源与环境经济学的重要理论基础
2	联合国《21世纪议程》通过（1992年6月）	1992年6月3~14日在巴西里约热内卢召开的联合国环境与发展大会，通过了重要文件《21世纪议程》（Agenda 21）。该文件着重阐明了人类在环境保护与可持续发展方面应做出的选择和行动方案，提供了21世纪的行动蓝图，涉及与地球持续发展有关的所有领域，是全世界范围内的可持续发展行动计划，是21世纪在全球范围内各国政府、联合国组织、发展机构、非政府组织和独立团体在人类活动对环境产生影响的各个方面的综合的行动蓝图。 《21世纪议程》共20章，78个方案领域，20万余字。大体可分为可持续发展战略、社会可持续发展、经济可持续发展、资源的合理利用与环境保护四个部分。每个部分由若干章组成。每章均有导言和方案领域两节。导言重点阐明该章的目的、意义、工作基础及存在的主要难点；方案领域则说明解决问题的途径和应如何采取的行动	国际关注热点由单纯重视环境保护问题转移到环境与发展的主题上，这是人类经济高速发展和社会进步的内在需求，反映了各国在认识上质的飞跃，是一个把可持续发展理论付诸实践的全球性行动计划，是21世纪可持续发展的世界性蓝图。《21世纪议程》成为全世界走可持续发展道路的里程碑[22]，奠定了可持续发展的思想基础和理论基础
3	《中国21世纪议程》出台（1994年3月）	1994年3月，中国政府率先在世界上制定出台了《中国21世纪议程——中国21世纪人口、环境与发展白皮书》，成为指导中国国民经济和社会发展中长期发展战略的纲领性文件。1996年3月，第八届全国人大第四次会议把可持续发展正式确定为中国经济和社会发展的两大战略之一。 《中国21世纪议程》共设20章、78个方案领域，包括可持续发展总体战略、社会可持续发展、经济可持续发展、资源与环境的合理利用与保护四个部分。 为了加强对《中国21世纪议程》实施的管理和协调，中国政府成立了制定与实施《中国21世纪议程》领导小组及其办公室，还成立了"中国21世纪议程管理中心"，承担《中国21世纪议程》及其优先项目实施的日常管理，开展可持续发展领域的政策与战略研究、地方试点、信息网络建设、国际合作等相关工作。2000年，制定与实施《中国21世纪议程》领导小组更名为"全国推进可持续发展战略领导小组"，领导小组在《中国21世纪议程》基础上，组织编制了《中国21世纪初可持续发展行动纲要》，确定了21世纪初中国可持续发展的重点领域和行动计划[23]	对中国的可持续发展起到了重要的推动作用，并成为推动"人口、资源与环境经济学"创立与发展的重大政策驱动力

续表

序号	名称	主要内容	重大意义与标志
4	《正确处理社会主义现代化建设中的若干重大关系——江泽民在党的十四届五中全会闭幕时的讲话（第二部分）》（1995年9月28日）	《正确处理社会主义现代化建设中的若干重大关系》指出，在推进社会主义现代化建设的过程中必须处理好12种带有全局性的重大关系。其中，第三种重大关系为"经济建设和人口、资源、环境的关系"，主要内容是：①在现代化建设中，必须把实现可持续发展作为一个重大战略。要把控制人口、节约资源、保护环境放到重要位置，使人口增长与社会生产力的发展相适应，使经济建设与资源、环境相协调，实现良性循环。②严格控制人口数量增长，大力提高人口质量。中国人口基数大，今后15年还将增加近2亿人口，这对农业发展、人民生活水平提高和整个经济建设提出了更高的要求，也增大了就业的压力。随着企业劳动生产率的不断提高，必须妥善处理好提高劳动生产率和安排富余人员的关系，要广开就业门路，不能把矛盾推向社会。要积极发展乡镇企业和小城镇，加强农业综合开发，引导农业剩余劳动力合理转移和有序流动。③中国耕地、水和矿产等重要资源的人均占有量都比较低。今后随着人口增加和经济发展，对资源总量的需求更多，环境保护的难度更大。必须切实保护资源和环境，不仅要安排好当前的发展，还要为子孙后代着想，绝不能吃祖宗饭、断子孙路，走浪费资源和"先污染、后治理"的路子。要根据中国国情，选择有利于节约资源与保护环境的产业结构和消费方式。坚持资源开发和节约并举，克服各种浪费现象。综合利用资源，加强污染治理	将正确处理好经济建设和人口、资源、环境的关系列为中国特色社会主义现代化建设中的重大关系之一，这是国家创立"人口、资源与环境经济学"这一新学科的强大动力。另外，该学科的创立充分体现了国家实施可持续发展重大战略的现实需求
5	国务院学位委员会颁布《授予博士、硕士学位和培养研究生的学科、专业目录》（1997年）	为了加强经济建设和人口、资源与环境的关系的研究以及培养从事这方面研究的高层次专门人才，1997年国务院学位委员会在调整和修订《授予博士、硕士学位和培养研究生的学科、专业目录》时，在一级学科"理论经济学"之下设立了二级学科"人口、资源与环境经济学"。同时，中国人民大学、南开大学、复旦大学、武汉大学、北京大学、厦门大学、中南财经大学成为全国首批7个人口、资源与环境经济学博士学位点、硕士学位点单位	标志着"人口、资源与环境经济学"这一新的经济学分支学科正式创立，并开始培养该学科的高级专业人才
6	中央人口资源环境工作座谈会召开（1999年3月13日）	1999年3月13日，中共中央首次以"中央人口资源环境工作座谈会"的名义召开例会（1991年在"两会"期间首次召开这类"例会"时的名称为"中央计划生育工作座谈会"；1997年3月的"例会"更名为"中央计划生育和环境保护工作座谈会"）。在这次中央人口资源环境工作座谈会上，时任中共中央总书记、国家主席江泽民同志指出："实现我国经济和社会跨世纪发展目标，必须始终注意处理好经济建设同人口、资源、环境的关系。人口众多，资源相对不足，环境污染严重，已成为影响我国经济和社会发展的重要因素"；"必须从战略的高度深刻认识处理好经济发展同人口、资源、环境的关系的重要性，把这件事关中华民族生存和发展的大事作为紧迫任务，坚持不懈地抓下去"	中央人口资源环境工作座谈会的召开，标志着中国已开始进入了破解经济发展与人口资源环境困局的重大战略工程，对于推动人口、资源与环境经济学的发展具有重要的作用

续表

序号	名称	主要内容	重大意义与标志
7	《关于加强人口、资源与环境经济学学科建设的呼吁书》	1999年12月8~10日，在第二届全国人口、资源、环境与发展学术研讨会期间，中国人民大学、南开大学、复旦大学、武汉大学、北京大学、厦门大学、中南财经大学的人口、资源与环境经济学博士（硕士）学位点的负责人聚集一起，召开了第一次7个博士（硕士）学位点所长联席会议。一致认为，国务院学位委员会批准7所学校成为首批人口、资源与环境经济学博士（硕士）学位点单位，是人口、资源与环境经济学发展史上一个标志性的历史事件，但其中也感到巨大的挑战。如何建设好人口、资源与环境经济学这样一门对21世纪中华民族生存与发展有重大意义的学科，一方面需要高校加倍努力，另一方面也需要国家各部门和全社会各界力量予以充分重视和大力支持。为此，发出呼吁：①有关部门应该加强对这个学科建立的背景、学科的研究目标、学科发展前景等方面的宣传力度，让社会更多、更全面地了解这个新生学科；②政府掌握的纵向研究基金，如国家社科基金、国家自然科学基金、教育部人文社科基金，应将本专业领域的最新研究热点列入课题指南书中；③教育部留学基金应将人口、资源与环境经济学列入资助范围内，并采取资源倾斜政策，为这个学科人员出国进修、培训和合作研究提供最大程度的支持；④人口、资源与环境经济学是目前最年轻的专业之一，因此，在课程建设、教材建设、教学大纲设计等方面的任务也非常重大，呼吁各有关部门在人员、资金、专著教材的出版等方面加大支持的力度，以促使这个新生事物更快成长；⑤为了能够动员和团结各方面力量共同推动这门新学科的发展，及早成立一个全国人口、资源与环境经济学学会是非常必要的，希望有关部门能够支持这一设想和建议。呼吁书最后指出，人口、资源与环境经济学是一个新的、大有希望的学术增长点，它的理论价值与应用价值都不可限量。经过若干年的努力，这门学科一定能建设好，为国家发展战略的制定和实施做出应有的贡献	促进了人口、资源与环境经济学学科的建设与发展

第二节 学科研究现状

自1997年以来，人口、资源与环境经济学的学科建设逐渐展开，学术研究日渐深入，众多的相关科研项目获得立项；各类研究论文、学科著作和教材不断涌现；该学科专业的博士研究生和硕士研究生培养规模逐渐扩大，有力地促进了学科的蓬勃发展。但在学科建设与发展中，目前还存在许多亟待探究和解决的重要问题，需要学术界共同努力。

一、众多的相关各级科研项目获得立项

自1997年创建"人口、资源与环境经济学"以来，与该学科相关的理论研究和实践问题探索得到学术界的广泛关注，相关问题的研究具有重要的学术和实践价值，因而众多的相关科研项目获得国家社科基金项目、国家自然科学基金、教育部人文社会科学基金的立项资助。限于相关资料的可得性，加之人口、资源与环境经济学是一门交叉性的学科，从事人口、资源、环境经济学相关问题研究的专家学者大多源于人口学和理论经济学、资源科学和资源经济学、环境科学和环境经济学、地理学等多种学科，因而难以准确地统计出近20多年来相关专家学者获得的人口、资源与环境经济学领域科研项目立项数量和相关情况，但可以通过一些分散的渠道获得一些科研项目讯息。据童玉芬和周文（2018）[44]统计，从人口学来看，自2002年获得国家社科基金重点项目资助开始，到2017年共获24项国家社科基金重点项目资助，其中有3项与人口、资源与环境经济学相关，占总资助项目的12.5%；从人口学一般项目来看，自1997年获得国家社科基金一般项目资助开始，到2017年20年间共获375项国家社科基金一般项目资助，其中28项与人口、资源与环境经济学相关，占总资助项目数的7.4%。从理论经济学获得的国家社科基金重大项目来看，2011~2017年共有11个研究项目获得国家社科基金重大项目资助，其中1项与人口、资源与环境经济学相关，约占9.1%。理论经济学获得国家社科基金重点项目资助始于1997年，1997~2017年共有210项研究获国家社科基金重点项目资助，其中15项的研究内容与人口、资源与环境经济学相关，约占总量的7.1%。从一般项目来看，1997~2017年理论经济学获国家社科基金一般项目资助的研究项目达1597个，其中有83项的研究内容与人口、资源与环境经济学相关，约占总量的5.2%。熊升银和王学义（2022）[45]通过整理发现，2002~2020年人口学和理论经济学获得国家社科基金资助的项目中，有142项研究内容与人口、资源与环境经济学相关。

从实际上来看，除国家社科基金资助了较多的人口、资源与环境经济学相关科研项目外，国家自然科学基金、教育部人文社会科学基金也资助了不少于人口、资源与环境经济学相关的科研项目，甚至各省级社会科学基金和自然科学基金同样资助了省内有关的人口、资源与环境经济学研究项目，例如，段永惠教授2015年承担的山西省社会科学界联合会重点课题项目《山西省人口、资源环境与经济发展协调关系研究》等，只是限于资料可得性，这里难以具体统计。众多的相关各级科研项目获得立项，使人口、资源与环境经济学的相关科研成果不断涌现。

二、学术研究论文、学科著作和教材不断涌现

（一）公开发表的学术研究论文数量庞大

随着1997年本学科的正式创建，与人口、资源与环境经济学相关的学术研究不断地涌现，与该学科主题相关的学术研究论文非常丰富，据张岩（2015）[46]检索结果，全国2000~2013年人口、资源与环境经济学领域的CSSCI论文文献有效数据超过了2000篇。其中，载文量最高的期刊是《中国人口·资源与环境》，13年间共刊发101篇论文；居第二位的是《商业研究》，载文量82篇；《生态经济》的载文量75篇，居第三位；《经济地理》的载文量54篇，居第四位；此外，《资源科学》《干旱区资源与环境》《长江流域资源与环境》的载文量分别达51篇、49篇、48篇。近10年来，人口、资源与环境经济学的学术研究成果依然持续涌现，根据"知网""万方"等检索和不完全统计，全国2000年至今人口、资源与环境经济学领域的CSSCI期刊论文、CSCD期刊论文和中文核心期刊（北大版）论文文献突破5000篇。从相关统计结果来看，国内关于人口、资源与环境经济学领域的相关研究得到了越来越多核心期刊的关注。然而，如此众多的学术研究论文大多分散在人口经济学、资源经济学、环境经济学等分支学科中，直接以"人口、资源与环境经济学"为主题的研究论文相对较少，据不完全统计，自1997年以来此类论文只有30余篇，主要从学科属性、研究对象、理论基础、研究内容、研究方法以及学科融合等方面进行了探讨，如吕红平（2001）[47]、吕红平和王金营（2001）[48]、张象枢（2002）[49]、吕昭河（2003）[50]、王胜今和齐艺莹（2004）[51]、李通屏等（2007）[52]、罗丽艳（2008）[53]、童玉芬（2009）[54]、童玉芬和周文（2018）[44]、白永秀和吴振磊（2012）[1]、熊升银和王学义（2022）[45]等，但这些直接研究该学科的成果论文在很大程度上推动了人口、资源与环境经济学的快速发展，为进一步深入开展学科建设和发展奠定了较好的理论基础。值得注意的是，还有不少学术论文系区域人口、资源、环境与经济发展的协调关系分析研究成果，如毛汉英（1991）[55]对县域经济和社会同人口、资源、环境协调发展的研究，孙尚清等（1991）[56]对中国人口、资源、环境与经济协调发展的分析，姚予龙和谷树忠（2003）[57]对西部贫困地区人口、资源、环境与社会经济协调发展的探讨，齐晓娟和童玉芬（2008）[58]对中国西北地区人口、经济与资源环境协调状况的评价，胡国良（2009）[59]对新疆地区人口、资源、环境与经济协调发展的综合评价，段永蕙等（2017）[60]对山西省人口、资源环境与经济协调发展的分析，逯进等（2017）[61]对中国区域能源、经济与环境耦合的动态演化的分析，Chenyu Lu等（2019）[62]开展的中国人口-经济-社会-资源-环境系统协调发展时空综合测度研究，Junjie Cao等（2021）[63]对中国31个省（市、区）人口、资源、经济与环境协调发展的时空演变及影响因素分析，范丽玉和高峰（2023）[64]开展的中国省域人口、资源、经济与环境（PREE）系统耦合协调的时空演变特征与预测分析等，这些研究有力地丰富了区域人口、资源、经济与环境协调发展研究的实践。

（二）公开出版的学科著作和教材持续涌现

据不完全统计，近20多年来，国内以"人口、资源与环境经济学"命名的学科著作、教材已出版近20部（本），与人口、资源环境经济学相关的学术研究成果则更多，表明了该学科的研究和发展引起了更多专家学者的重视。杨云彦（1999）[65]的《人口、资源与环境经济学》代表了早期学者在这一领域的探索成果，对后续的研究有着重要的影响。进入21世纪之后，人口、资源环境经济学的教材编写和著作撰写日益增多（见表1-2），表现在：①21世纪前10年，有多部教材和著作出版问世，如张象枢（2004）[66]主编的《人口、资源与环境经济学》，邓宏兵和张毅（2005）[67]主编的《人口、资源与环境经济学》（2005年版），钟水映和简新华（2005）[68]的《人口、资源与环境经济学》，王珍（2006）[69]著的《人口、资源与环境经济学》，麻彦春等（2007）[70]主编的《人口、资源与环境经济学》，何爱平和任保平（2010）[71]的《人口、资源与环境经济学》等。②2010年以后的10年间，又有多部著作和教材出版，如王文军（2013）[72]的《人口、资源与环境经济学》、朱群芳（2013）[73]编著的《人口、资源与环境经济学概论》、《人口、资源与环境经济学》编写组（2019）[74]编写的《人口、资源与环境经济学》等。此外，值得注意的是，一些涉及人口、资源与环境经济学的模型与案例分析著作[75-76]、理论前沿与实践研究专著[77-81]陆续问世，对推进该学科的建设与发展具有重要的意义。

三、学科专业博士点和硕士点规模不断扩大

1997年,人口、资源与环境经济学学科初创之时,全国人口、资源与环境经济学博士点仅有4个（即中国人民大学、南开大学、复旦大学、武汉大学）,硕士点3个（即北京大学、厦门大学、中南财经大学）;到2017年,博士点已经发展到29个,硕士点也达69个。截至2023年8月,据中国研究生招生信息网信息,结合各院校网站公布的2023年博士生招生专业目录统计,全国"人口、资源与环境经济学"博士点院校达37个,硕士点院校达94个,覆盖了绝大多数省（自治区、直辖市）,表明该学科的博士点和硕士点已达到较大的规模。从学科点的设立来看,各个大学的博士点单位有两种:一种是独立申报,如中国人民大学、复旦大学、武汉大学、吉林大学、南开大学、新疆大学等;另一种是一级学科覆盖的博士点,也就是学校若已拥有理论经济学一级学科博士点,则可以自设二级学科博士点。如果按博士点和硕士点每个点最少3个研究方向、每个方向至少1名导师估计,2023年全国人口、资源与环境经济学学科点的博士生导师和硕士生导师保守估计在400人以上,可见,在全国层面已经形成了较为庞大的人口、资源与环境经济学导师队伍。

四、学科建设与发展中存在的主要问题

人口、资源与环境经济学是一门由中国创立、具有鲜明中国特色的学科,但也是一门较为年轻的学科。尽管近20多年来已取得了许多丰富的优秀成果,然而,相比其他学科,当前人口、资源与环境经济学的建设与发展还存在不少问题,有待于相关领域的专家学者们共同努力和协作,推动人口、资源与环境经济学学科的进一步深入发展。

总体上来看,综合相关专家学者总结和指出的种种问题,目前该学科的建设与发展中存在的主要问题是:

（一）对学科的基本理论问题尚缺乏共识

（1）对本学科的研究对象在表述上和认知上尚有不同看法,没有达成共识,从而导致相关的研究不成体系,最终阻碍了该学科理论的进一步发展。

（2）学科的研究内容体系结构缺乏完整性。已出版的学科教材和著作,由于作者的学科背景不同,在内容体系上存在很大差异,且缺乏跨学科的合作,多是"一家之言"。不少教材和著作只是将已有的人口经济学、资源经济学、环境经济学等学科进行简单"叠加",或把人口、资源、环境三个较为独立的模块进行简单整合,对内在机制很少进行深入的解释,尚未将以上诸学科有机组合而成为整体性的全新的学科。也有的教材把可持续发展经济学纳入人口、资源与环境经济学的分析框架,这使人口、资源与环境经济学的内涵和外延更加难以确定,不利于该学科的进一步发展。

（3）缺乏经济学的分析视角。正由于现有的教材和研究主要是把人口、资源与环境经济学分成了人口经济学、环境经济学和资源经济学三个部分;有的还在此基础上加进了可持续发展,将人口、资源、环境看作影响可持续发展的三个方面因素,不仅削弱了作为一个独立学科存在的价值,而且这种做法主要是从社会、经济、资源和环境的系统学综合视角出发的,整体上缺少经济学的视角与研究方法,难以将其理解为一门经济学科[44]。

(二) 缺乏应有的理论体系和理论基础支撑

当前人口、资源与环境经济学的建设和发展，主要是借用已有的人口经济学、资源经济学、环境经济学和可持续发展经济学的相关理论，尚未形成该学科独有的理论体系和理论基础。人口、资源与环境经济学作为"理论经济学"之下的一门二级学科，将人口、资源与环境等要素纳入经济框架，这些要素在经济过程和经济发展中是怎么联系的？"人口-资源-环境-经济"系统是如何运行的？作为物质资料生产过程的经济活动，人口、资源、环境是否可以被看作具有同样物质属性的条件进入经济活动和经济过程中加以考虑？如果这些重要理论基础问题没有得到较好的理论解释和实证检验，人口、资源与环境经济学将会缺乏根基和立足之本[44]。因此，强化"人口-资源-环境-经济"系统的理论分析，厘清经济活动和经济过程中人口、资源、环境和可持续发展之间的内在关系，将是未来本学科建设与发展中一个非常重要的长期性课题。

(三) 资源与环境问题意识的狭隘化

人口、资源与环境经济学在国内外都是一个全新的学科领域。在国外，人口经济学、资源经济学、环境经济学等分支学科相对比较成熟，研究成果丰硕，但没有与人口、资源与环境经济学相对应的学科，也没有出版过以"人口、资源与环境经济学"为名的著作和教材，更没有现成的理论可以直接借鉴。国内现有的该学科教材主要是从国外引进的单个分支学科的简单堆积或叠加，其中的"资源"主要集中于能源和矿产资源，缺乏"大资源观"，很少提及土地资源、水资源、生物资源、气候资源、旅游资源等其他众多的资源，这显然不利于学科的发展和应用实践；"环境"主要局限于环境污染，缺乏"大生态环境观"，尤其是中国的重大生态环境问题（如被誉为"头号环境问题"的广大山地丘陵区的水土流失，西北干旱区的沙漠化、荒漠化及北方的沙尘暴，有"生态癌症"之称的西南喀斯特石漠化）基本上较少涉猎，这并不符合国情，也将降低研究成果的价值和学科的生命力。

此外，现有的人口、资源与环境经济学领域研究工作也令人担忧。例如，2017年12月10日由复旦大学人口研究所主办的人口、资源与环境经济学学科建设研讨会上，中国人口学会会长、中国人民大学原社会与人口学院院长翟振武教授指出了人口、资源与环境经济学目前发展中存在明显的"四无"问题，其中的第四个"无"是无主题，即"没有一个主线和主题，什么都研究，大到全球人口与发展问题，小到某一地区某种污染物污染的技术分析"[82]。这显然不利于人口、资源与环境经济学的深入研究和可持续发展。

表1-2整理出部分专家学者总结的"人口、资源与环境经济学"建设中存在的主要问题（这也是今后该学科发展和建设中需要重点关注和探索的重要问题），旨在引起学术界的进一步重视，要更加正视存在问题，协同努力和创新，齐心协力推进人口、资源与环境经济学的进一步建设和高水平发展。

表 1-2 部分专家学者总结的"人口、资源与环境经济学"建设中尚存在的主要问题

专家学者	文献名称	文献来源	专家学者总结的主要问题
童玉芬，周文	《中国人口、资源与环境经济学20年回顾：发展与挑战》	《中国人口·资源与环境》2018年第28卷第11期第171-176页	(1) 分支学科缺乏更高层面的实质性融合。从当前人口、资源与环境经济学的学科体系来看，人口经济学、资源经济学、环境经济学等构成了该学科三个主要分支并起到支撑作用，但这三个分支学科分别在不同的研究领域。而且目前人口、资源与环境经济学的各分支学科都缺乏更高层面上的视角和综合考量，如人口经济学的研究很少考虑资源环境因素；资源环境经济学则较少将人口变量作为内生变量加以考虑；而人口生态环境领域的研究又时常缺乏经济学的研究视角。作为一门理论经济学的二级学科，目前人口、资源与环境经济学发展中，很少有研究尝试通过经济学的视角把经济、人口、资源、环境等几个重要的系统联系起来，建立起该学科独有的理论体系。从本质上看，经济学界已有的相关研究大多数属于"人口经济学""环境经济学""资源经济学"的范畴，并非严格意义上的"人口、资源与环境经济学"。因而，经济学界还应以更加宏观的视角，把经济、人口、资源、环境等系统纳入同一个研究框架，建立起属于"人口、资源与环境经济学"独特的理论体系和研究框架，以推动人口、资源与环境经济学理论的进一步发展。与之相对应的是，人口学方面的研究也只侧重人口学特有的理论和方法，在经济学的方法应用和理论解释上则相对较弱。同时，由于人口、资源与环境经济学学科领域跨度大，不同学科之间的话语体系也不甚一致，导致上述几个分支学科之间在推动该学科的发展上缺乏必要的合作与交流 (2) 对基本理论问题缺乏共识。①对本学科研究对象的表述和认知各异。事实上，虽然人口、资源与环境经济学经历了20年的快速发展，培养了一大批博士和硕士，但是其研究对象并没有十分明确。由于学术界对该学科在研究对象上缺乏统一的认识，导致目前相关的研究不成体系，这最终也阻碍了该学科理论的进一步发展。②学科体系结构缺乏完整性。由于教材编著者的学科背景不同，所编写的教材在体系上也存在巨大差异，使各教材在内容上存在很大偏差，且缺乏跨学科的合作，多是"一家之言"。早期的一些教材所建立的体系大多在经济学的基础之上，增加了少量人口与资源环境的探讨，但缺乏经济学的分析框架。在近十年出版的教材中，在体系和内容上甚至出现了更大的差异和分化。一些教材侧重介绍人口、资源、环境、经济之间的关系，例如，资源经济学、环境经济学、人口经济学等。另一些教材则把人口、资源、环境三个较为独立的模块进行简单整合，对内在机制却很少进行深入的解释。还有一些教材则把可持续发展经济学纳入人口、资源与环境经济学的分析框架，这使人口、资源与环境经济学的内涵和外延更加难以确定，也不利于该学科的进一步发展。总的来看，人口、资源与环境经济学作为一门独立的学科仍然缺乏完整的学科体系，还需在经济学的基础上把人口、资源、环境以及可持续发展的相关内容的内在关系进行进一步厘清和整合。③缺乏经济学的分析视角。目前的教材和研究，基本上都是把人口、资源与环境经济学分成了人口经济学、环境经济学和资源经济学三个部分，有的还在此基础上加入了可持续发展，将人口、资源、环境看成影响可持续发展的三个因素。这种做法将一个统一的整体的学科割裂开来，同时硬性地把三个独立的部分拼凑在一起，使研究者很难将其理解为一个统一的学科，削弱了作为一个独立学科存在的价值。而且这种做法主要是从社会、经济、资源和环境的系统学综合视角出发，在这种视角下，人口经济学、环境经济学和资源经济学几个方面在该学科体系中是等同的，缺少经济学的视角与研究方法，因此很难将其理解为一门经济学学科 (3) 缺乏相应的专门理论支持。从目前人口、资源与环境经济学的发展来看，除了借用已有的资源环境经济学、人口经济学和可持续发展经济学的相关理论以外，还缺乏该学科自己独有的理论体系和理论基础。这是本学科今后发展中一个特别重要的课题，直接影响到学科的可持续发展。作为一门理论经济学二级学科，将人口、资源与环境纳入经济框架，这些要素之间的本质联系是什么？作为物质资料生产过程的经济活动，人口、资源、环境是否可以被看作具有同样物质属性的条件进入经济活动之中加以考虑？如果这些基本理论问题没有得到完美的理论解释以及实证检验，人口、资源与环境经济学就会缺乏根基和立足之本[44]

续表

专家学者	文献名称	文献来源	专家学者总结的主要问题
白永秀，吴振磊	《创立中国特色人口资源环境经济学的设想》	《当代经济研究》2012年第7期第83-87页	(1) 经济学学科性质不突出。学科定位一直存在争议，有些学者认为是一门交叉学科，也有些学者认为属于经济学范畴。既然是理论经济学的二级学科，学科建设要突出理论经济学的特点。但现有著作大多没有很好反映学科的经济学属性，基础理论薄弱。具体表现为：①大多数著作与文献对学科性质与理论基础缺乏全面论证，使学科建设的理论基础不牢固，甚至一些教材没有独立的理论章节；②大多数著作对技术性的、微观性的、专题性的论证比较多，而宏观性的、整体性的内容论证不够；③缺乏对马克思主义以及经济学说史中人口生存与发展、生态经济思想等的深入分析和论证，甚至一些教科书完全没有这方面的内容；④现有研究文献都是从狭义上理解资源、环境，没有把社会资源纳入资源的范畴，也没有把社会环境纳入环境的范畴；⑤现有文献只是研究资源的利用、开发以及有效配置，对资源的培育与创造研究不够，甚至没有研究 (2) 学科一体化程度不够。人口、资源、环境经济学虽然涉及人口经济学、资源经济学、环境经济学等学科内容，但它不是这三门学科的简单相加，而是一门独立的新兴学科。作为一门独立学科必须有自己的关键范畴与主要内容，这些关键范畴是有内在联系的，而且是自成体系的。然而，大多数研究文献将人口经济学、资源经济学、环境经济学进行简单堆砌，板块化现象严重，对各部分之间的相互联系研究不够。更使人不能理解的是，一些教材在体例上分为三部分，即人口经济学、资源经济学、环境经济学，虽然在总体上是三大板块，但只是对人口与资源、人口与环境关系中存在的各种问题进行"分而治之"的研究，并没有把三者统一到一个科学严谨的分析体系之内，由此成为学科发展的硬伤 (3) 学科体系不完善。现有著作大多对人口、资源与环境经济学的研究对象、研究主线、研究目的、研究任务研究不够，理论体系不完善。人口资源环境经济学作为一门独立的学科是有特定的研究对象与主线，是有明确的研究目的与任务。但现实是理论体系不完善，各种版本的专著、教材内容相差很大[1]
赵时亮，李大悦	《人口、资源与环境经济学：历史、现状与未来》	《中国人口·资源与环境》2017年第27卷第11期增刊第1-5页	(1) 研究内容分割依然严重。设立人口、资源与环境经济学的初衷是为了从更宏观的视角去分析社会经济发展中所涉及的人口、资源与环境问题，从而弥补单一学科的缺陷。然而从当前学者的研究视角、研究方法、所关注课题来看，主要都是从单一学科寻找切入点，在某一个学科内部进行研究 (2) 学科建设缺乏关注。目前很少有人讨论本学科的建设与发展，大多是研究具体的课题。其原因可能是大家认为这个学科的建设已经完成，此后的工作应该是多研究具体问题。如果仅仅从硬件建设的角度来看，经过20年的学科建设确实已经趋于完善。书也写了，论文也发了，职称也评定了，博士点也建成了，这难道还不能说学科建设完善了吗？但对于一个新兴学科来说，更重要的是学科的学术建设，包括界定这个学科独特的研究对象，形成与这个学科相适应的研究视角和研究方法，而这些内容似乎都没有完成[83]
李克强	《论"人口、资源与环境经济学"的理论基础》	《中央财经大学学报》2007年第4期第53-58页	人口、资源与环境经济学作为一个独立的、年轻的经济学科，在构筑完整的理论体系方面还存在某种局限，其中之一就是缺乏与本学科的特点相适应的前提假设，其结果是本学科的研究更多地停留在对现状、数据的罗列，对未来充满担忧的预测以及理想化、空泛化、应然化的政策分析。也正是对其前提假设研究的忽视而使其缺乏出发点、立足点和落脚点，最终导致本学科不能形成一个完整的整体，而是更多地从单一学科角度进行研究[84]
杨云彦，程广帅	《人口、资源与环境经济学学科的新发展》	《求是学刊》2006年第33卷第1期第62-66页	(1) 对本学科的研究对象没有一个统一的认识。研究对象的模糊和不确定，说明该问题还远远没有在学者中间达成共识 (2) 学科体系不严谨。虽然已把人口、资源与环境三者统一到了一个学科门下，但是在具体进行分析时仍然自觉或不自觉地割裂了三者的相互联系，只是对人口与资源、人口与环境关系中存在的各种问题进行"分而治之"的研究，并没有把三者统一到一个科学严谨的分析体系之内，而一个学科在体系上成熟的标志之一应当是其体系的严谨性 (3) 分析框架不完善。既然作为经济学的一个分支，那么人口、资源与环境经济学也必须遵从现代经济学的分析框架。目前国内该学科的研究依然处于从传统研究方法向现代经济学的过渡阶段，主要表现在对该学科所研究问题的分析依然是以逻辑分析为主，很多研究成果定性分析多，而缺乏运用现代经济学的实证研究方法进行的科学严谨的实证分析[85]

续表

专家学者	文献名称	文献来源	专家学者总结的主要问题
翟振武	《人口、资源与环境经济学学科建设研讨会在沪举行》	复旦大学新闻报道（复旦大学社会发展与公共政策学院）	人口、资源与环境经济学学科的目前发展存在明显的"四无"问题：①无联系。没有全国性的学会活动，学者之间互相不认识、无联系。②无边界。研究领域没有边界，研究内容五花八门，研究队伍什么专业的人都有。③无人物。没有学会机构，没有学科领军的团队或者人物。④无主题。没有一个主线和主题，什么都研究，大到全球人口与发展问题，小到某一地区某种污染物污染的技术分析[82]
熊升银，王学义	《推动新时代人口、资源与环境经济学创新发展的思考》	《福建商学院学报》2022第2期第74-80页	（1）所有高校都没有开设人口、资源与环境经济学本科专业，使硕士点、博士点缺乏本科这一层级的支撑，这无疑会影响学科发展和人才培养 （2）教材建设严重滞后，缺乏公认的、具有说服力的《人口、资源与环境经济学》教材。同时课程体系很不完善，设置建设混乱 （3）人口、资源与环境经济学专业的研究生所撰写的硕博毕业论文，有相当数量的论文几乎没有涉及人口问题，大多属于资源与环境经济学论文，或者分属于人口经济学、资源经济学和环境经济学论文，肢解了学科研究对象和学科性质 （4）各类人文社科基金对人口、资源与环境经济学的立项支持主要是应用研究，而基础研究却不受重视 这些问题反映出该学科基础理论薄弱，导致学科建设的指导思想混乱，研究对象、学科性质不明确，"人口经济学"和"资源与环境经济学"分属自己的研究体系而并没有实现融合，学科体系、学术体系滞后，话语体系更是严重缺位[45]

第三节　研究目的与意义

研究目的与研究意义既有区别又有联系。其区别在于：研究目的是指研究者通过研究想要达到的效果，也就是预期结果，所表达的是为什么要开展这个研究，也即问题的提出，体现的是研究的意义与理由；研究意义是本研究结果会给社会和他人带来的好处，一般讲的是本研究的重要性。但两者又密切联系，正因为这个研究有重要性，对人类社会有研究的意义与价值，因而需要开展这个研究，也就是说，研究意义本身是回答"为什么开展这个研究"的理由。

一、研究目的

中国是一个全国人口规模超过14亿人、人均资源相对短缺、生态环境先天脆弱，但经济发展处于较快增长期的国家，积极稳妥并坚定不移地推进可持续发展战略，这本身就是对全世界和全人类的一个伟大贡献[86]。从人口、资源与环境经济学的创立背景和20多年的实践来看，该学科研究的根本目的在于为解决日益突出和尖锐的人口、资源、环境与经济发展之间的突出矛盾问题提供理论基础和科学支撑，为实施可持续发展战略保驾护航。这就是本学科研究、发展和建设要达到的目的。

在新时代人与自然和谐共生的现代化建设中，人口、资源与环境经济学科将被赋予新的使命和重任，也就是为推进人与自然和谐共生的现代化建设提供理论支撑，因而该学科的意义和价值更为重大。

二、研究意义

（一）对推进经济建设与人口、资源、环境协调发展、实施可持续发展战略的重大理论意义和应用价值

20世纪50年代以来，世界经济得到了突飞猛进的发展，然而同时也遇到了一系列令人忧虑的全球性问题，尤其是人口增长过快、资源短缺、环境恶化等，使人类社会的发展与自然资源和环境之间的关系表现出了显著的不和谐态势。以人口和耕地资源为例，1950年世界总人口为24.99亿人，1961年增至30.68亿人，到2021年增至79.09亿人，1950~2021年年均增幅达1.64%，其中1961~2021年年均增幅亦达1.59%；同期耕地面积由1961年的126945.73万公顷增至2021年的139667.32万公顷，年均增幅仅为0.16%。由于人口增长远远快于耕地面积的增加，世界人均耕地面积已由1961年的0.4137公顷（6.2亩）减至2021年的0.1766公顷（2.6亩），年均减幅达1.41%。

中国是世界上人口、资源、环境问题较为突出的国家之一。1950年全国人口为5.52亿，耕地面积10035.60万公顷[87-88]，人均耕地面积0.1818公顷（2.7亩）；1961年总人口增为6.59亿人，耕地面积缓慢增至10331.07万公顷[87]，人均耕地面积减至0.1569公顷（2.4亩），不及同年世界人均耕地规模的2/5；到2021年，全国总人口已达14.13亿人，耕地总面积虽增加到12760.10万公顷（全国第三次国土调查2021年变更调查数)[89]，但由于1950~2021年的总人口年均增速达1.33%，而同期耕地面积的年均增速仅为0.34%，远远低于总人口的增速，致使人均耕地面积减至0.0903公顷（1.4亩），较1950年减少了一半多，年均减速达0.98%。2021年全国人均耕地面积约为世界平均水平的1/2。为解决人均耕地不断减少所带来的粮食不足问题，几十年来，人们一方面采取扩大耕地面积的措施，如毁林毁草开荒、围湖造田等，将大片森林和草原开垦为耕地，不少湖滨湿地开垦为农田，这些做法尽管在短期内对缓解粮食供给不足的问题起到了一定作用，却因破坏了生态环境，造成了严重的水土流失、土地沙化、石漠化、气候异常等突出问题。人们采取的另一个解决食物短缺问题的措施，是依靠增加化肥和农药施用量，以尽可能地提高粮食单产，但这又不可避免地导致了土地肥力衰减和环境污染加剧的突出问题，不仅影响到农业生产的持续发展，而且也成为影响人们生活质量的一大不利因素[48]。

长期以来，中国的人口增长与耕地不足之间的矛盾深受国内外关注。1994年9月，美国世界观察研究所所长布朗在《世界观察》第9~10期上发表了题为《谁来养活中国?》（*Who will feed China?*）[90] 的文章。该文一发表就在世界上引起了巨大反响，几乎所有的国际性报刊和新闻机构均在显要位置作了转载和报道，中国政界和学术界也迅即作出了强烈反应。之后，布朗于1995年下半年出版了系统论述他的观点的《谁来养活中国?》[91]。在这本书中，布朗向全世界也向中国提出了"谁来解决中国人的吃饭问题"。他认为：一方面，随着人口增加和消费结构的改善，到2030年中国粮食的需求增长85%；另一方面，由于生产率下降、城市化使耕地减少、工业化使环境受到破坏，到2030年中国粮食的供给会比1994年减少20%。由此，布朗得出结论，在耕地减少与人口增加的情况下，2030年将会面临严重的粮食问题，进口总量需要达到3.78亿吨，而世界粮食出口不过2亿吨，因此，不仅中国养活不了自己，世界也不能养活中国。布朗《谁来养活中国?》的发表，犹如警钟一样敲醒了无数高枕无忧的中国人，引起了中国领导人的极大关注，引发了中国

一系列的有关研究活动,中国领导人和农业专家没有半点含糊地给出了有力的回答——中国人自己养活自己!几十年以来,中国一直坚持将饭碗牢牢握在自己手中,长期以来靠仅占世界7%~9%的耕地养活了占全球20%多的人口,创造了世界性的人间奇迹!虽然如此,中国耕地减少的趋势是客观存在的,耕地和粮食安全问题一直是中国经济社会发展中的重大战略问题。据《人民日报》2021年8月27日第17版发表的《第三次全国国土调查主要数据公报》[92]和《第三次全国国土调查主要数据成果发布》[93],全国2019年末耕地总面积为12786.19万公顷(19.18亿亩),比2009年12月31日汇总的全国第二次土地调查耕地面积13538.46万公顷(20.31亿亩)净减少了752.27万公顷(1.13亿亩)。还需值得注意的是,在第三次全国国土调查全国耕地面积12786.19万公顷(19.18亿亩)中,地形坡度15°~25°的耕地772.68万公顷(11590.18万亩),占6.04%;地形坡度>25°的陡坡耕地422.52万公顷(6337.83万亩),占3.31%。据《中国自然资源统计公报2022》[89],2021年末全国耕地总面积又减至12760.10万公顷,较2019年减少26.09万公顷。因此,在中国耕地资源问题上绝不能掉以轻心。针对全国最新的国土调查结果中出现的耕地面积减少情况,习近平总书记在2021年12月8日上午举行的中央经济工作会议上发问:"过去是南粮北调,现在是北粮南调。一些地方大把的良田不种粮食,要么建养殖场,要么是种花卉果木,那么粮食怎么办?"[94] 2022年3月6日,习近平在看望参加全国政协十三届五次会议的农业界、社会福利和社会保障界委员并参加联组会时指出:"耕地是粮食生产的命根子,是中华民族永续发展的根基。东折腾一下、西折腾一下,18亿亩耕地红线怎么保得住呢,14亿多人的饭碗怎么端得牢呢?""农田就是农田,农田必须是良田。决不允许任何人在耕地保护上搞变通、做手脚,'崽卖爷田心不疼'"[95]。在2023年7月20日召开的中央财经委员会第二次会议上,习近平总书记再次强调指出:粮食安全是"国之大者",耕地是粮食生产的命根子[96]。

进入20世纪80年代以来,由于工业化、城镇化进程加速,加之农业中的不合理开发等诸多原因,造成中国环境污染日益加剧,不仅影响到人民的生活质量,而且使社会经济发展与自然环境之间的关系遭到了一定程度的破坏,成为制约国家和区域可持续发展的重要因素。滇池,系中国第六大淡水湖泊、被誉为云南高原上的一颗明珠、昆明的母亲湖,与美国伊利湖(Lake Erie)、日本琵琶湖(Lake Biwa)、中国太湖相类似,都曾是影响较大、污染严重的城郊型富营养化湖泊,其周围都是城市(镇)众多、人口密集、工农业生产发达的重点经济区,自20世纪80年代中期以来,已日益成为国内外闻名的富营养化湖泊,深受关注。滇池污染最早始于20世纪70年代的围湖造田;80年代随着沿湖社会经济的发展、人口的急剧增加、城市化和工业化的加快,滇池的污染愈演愈烈;到了90年代,进入了污染的高峰期[97]。当地百姓有句顺口溜:"滇池水,五六十年代,淘米洗菜;七十年代,鱼虾绝代;八十年代,只能洗马桶盖;九十年代,不可想象"[98],很形象地描述了滇池污染的历史过程。滇池的严重污染对湖泊生态系统造成了严重影响,生物多样性受到严重破坏,水生植物大幅度减少,许多特有的名贵鱼类几近灭绝。对滇池流域的高强度开发利用,在创造较高产值的同时,也带来了生态环境的极大破坏,生态损失巨大。据云南大学发展研究院的调查研究结果[99],1985~2000年,滇池流域的工农业总产值增加了78.72亿元,但这些产业活动却使滇池因污染而损失了74.84亿元。再加上无法估量的机会损失(如旅游损失、水源损失等),滇池流域的生态货币价值损失大于产业活动创造的货币增加值。研究结果还发现，目前滇池流域的产业布局很不利于环境保护，甚至在很大程度上正导致环境的恶化。例如，滇池流域渔业和畜牧业虽然发展迅速，2000年渔业产值增长率是1985年的6.9倍，畜牧业产值增长率近4倍，但却成为污染滇池最严重的产业之一——大量未经处理的鱼类和牲畜的粪便直接流入滇池。同样，医药行业的快速发展也给滇池带来污染危机，近15年中，流域内医药行业产值增长率高达1280.1%，但医药行业所带来的污染仅次于化工企业，居所有工业污染中的第二位。由于在产业发展中只注重滇池流域产生的直接使用价值或市场价值，导致了现在经济上的巨大损失——大量资金用于环境治理而收效甚微。

不仅是水环境污染方面的突出，中国土壤污染的态势亦较为严峻，耕地土壤环境质量堪忧，工矿业废弃地土壤环境问题突出。据环境保护部、国土资源部2014年4月发布的《全国土壤污染状况调查报告》[100]，全国土壤总的点位超标率为16.1%，从土地利用类型来看，耕地、林地、草地土壤点位超标率分别为19.4%、10.0%、10.4%。也就是说，全国近20%的耕地土壤受到了污染。以重金属污染为主，其中镉的点位超标率为7%。

生态环境的恶化，还带来各类自然灾害的频繁发生和土地退化。据统计[32]，1950～2021年全国水旱灾害致使农作物受灾面积210429.13万公顷，其中，洪涝灾害使农作物受灾面积68116.88万公顷，干旱灾害使农作物受灾面积142312.25万公顷。1950～2021年因水灾死亡人口284052人（不含因灾失踪人口），倒塌房屋12296.77万间；因旱灾损失粮食11621.9亿千克。1991～2021年因旱饮水困难人口68058.31万人，年均2195.43万人；因旱饮水困难大牲畜51112.12万头，年均1648.78万头。据第五次全国荒漠化和沙化监测[101]（2014年），全国沙化土地面积172117498万公顷，其中流动沙地（丘）39885227公顷，占23.17%；半固定沙地（丘）16431600万公顷，占9.55%；固定沙地（丘）29343039万公顷，占17.05%；露沙地9103907公顷，占5.29%；沙化耕地4849955公顷，占2.82%；非生物治沙工程地8863公顷，占0.01%；风蚀残丘922292公顷，占0.54%；风蚀劣地5456858公顷，占3.17%；戈壁66115757公顷，占38.41%。

此外，在中国工业化和城镇化进程中，对矿物资源的开采量迅速增加，资源储量的有限性与需求增量的无限性之间的矛盾日益突出，原本资源储量丰富的不少地方已成为资源枯竭型城市（Resource-exhausted City），中国于2008年、2009年、2012年分三批确定了69个资源枯竭型城市（县、区）。这是影响中国社会经济发展和可持续发展的一大"瓶颈"[48]。

正由于中国人口众多，人均资源相对不足，加之生态环境问题较为突出，并已成为影响全国经济和社会发展的重要因素。为解决好经济社会发展中的这些重大问题，中国先后制定了控制人口增长、保护自然资源、维护生态平衡的基本国策，而且国家已将"经济建设和人口、资源、环境的关系"列入推进社会主义现代化建设过程中必须处理好的12种全局性重大关系之一[41]。如何有效地实施这些基本国策，切实地解决好在经济社会发展过程中出现的人口、资源与环境突出矛盾问题，尚需理论上的指导，这个理论就是关于人口、资源、环境在经济发展过程中的内在联系理论。因此，深入开展人口、资源与环境经济学的学科建设和学术实践研究不仅十分必要，而且非常重要和紧迫，对于解决国家和区域经济建设与人口、资源、环境协调发展、实施可持续发展战略具有十分重大的理论意义和实际应用价值。

（二）对推进人与自然和谐共生的现代化建设的重大战略意义和实践价值

人口、资源、环境与经济发展间的关系，从根本上看贯穿于人与自然的关系之中，是人与自然关系的最终体现。人口、资源、环境与经济四个组分，可以分为两大板块：①人口和经济，体现了"人"及其社会经济活动；②资源和环境，体现了自然（或自然界）。这两个板块之间的关系，也就是人与自然的关系，从古至今一直深受关注。

自地球上出现人类，地球的历史既是自然史，同时又是人类的历史。人类有自然属性，又有社会属性。人类历史发展规律表明，人类只是大自然中的一部分，是自然历史演化的产物，应与大自然保持和谐相处、协调发展的关系，正确地认识自然、尊重自然、护育自然，而不能把自身当作自然的主人，去征服自然，向自然过度索取，否则必然遭受大自然的严厉惩罚。"杀鸡取卵、竭泽而渔"的发展方式已走到了尽头，顺应自然、保护生态的绿色发展方式昭示着人类美好的未来。追求人与自然和谐共生，是人类面对生态危机做出的智慧选择。人们将大自然比作母亲，人类在母亲的怀抱中生存，向往的是人与自然的和谐画卷——青山常在，绿水长流，蓝天白云，山秀川美，土肥壤沃，鱼丰虾盛，鸟语花香，风调雨顺……

2017年10月18日，习近平总书记在中国共产党第十九次全国代表大会上的报告《决胜全面建成小康社会夺取新时代中国特色社会主义伟大胜利》中指出："人与自然是生命共同体，人类必须尊重自然、顺应自然、保护自然。人类只有遵循自然规律才能有效防止在开发利用自然上走弯路，人类对大自然的伤害最终会伤及人类自身，这是无法抗拒的规律。""我们要建设的现代化是人与自然和谐共生的现代化，既要创造更多物质财富和精神财富以满足人民日益增长的美好生活需要，也要提供更多优质生态产品以满足人民日益增长的优美生态环境需要。必须坚持节约优先、保护优先、自然恢复为主的方针，形成节约资源和保护环境的空间格局、产业结构、生产方式、生活方式，还自然以宁静、和谐、美丽。"[21] 2021年4月30日，习近平总书记主持十九届中央政治局第二十九次集体学习时发表重要讲话，强调要完整、准确、全面贯彻新发展理念，保持战略定力，站在人与自然和谐共生的高度来谋划经济社会发展[102]。2022年10月16日，习近平总书记在中国共产党第二十次全国代表大会上的报告《高举中国特色社会主义伟大旗帜为全面建设社会主义现代化国家而团结奋斗》中明确提出："中国式现代化是人与自然和谐共生的现代化。"[22] 习近平总书记指出："人与自然是生命共同体，无止境地向自然索取甚至破坏自然必然会遭到大自然的报复。我们坚持可持续发展，坚持节约优先、保护优先、自然恢复为主的方针，像保护眼睛一样保护自然和生态环境，坚定不移走生产发展、生活富裕、生态良好的文明发展道路，实现中华民族永续发展。"[22] 习近平总书记的重要论述充分阐明了人与自然是生命共同体的关系，揭示了人类经济社会发展活动必须尊重自然、顺应自然、保护自然的道理，充分体现了习近平总书记对资源环境保护与人类经济社会发展、人与自然关系的深邃思考以及对事关中华民族永续发展问题的高瞻远瞩和崇高境界[103]。

在新时代推进人与自然和谐共生的现代化建设中，人口、资源与环境经济学应该也能够发挥出日益重大的作用，尤其在人与自然共同体建设、节约资源与保护环境、文明发展道路建设与模式探索、国家和民族永续发展大计谋划等诸多重大方面提供有重要战略意义和实践价值的理论成果支撑，为推进人与自然和谐共生的现代化建设作出积极的贡献。

参考文献

［1］白永秀，吴振磊．创立中国特色人口资源环境经济学的设想［J］．当代经济研究，2012（7）：83-87．

［2］中国人民大学人口研究所，南开大学人口与发展研究所，复旦大学人口研究所，等．关于加强人口、资源与环境经济学学科建设的呼吁书［J］．人口研究，2000，24（1）：46．

［3］［美］弗·卡特，汤姆·戴尔．表土与人类文明［M］．庄崚，鱼姗玲译，陈淑华校．北京：中国环境科学出版社，1987．

［4］雷毅．生态伦理学［M］．西安：陕西人民出版社，2000．

［5］自然之友．《20世纪环境警示录》：撒哈拉沙漠扩展导致上千万人沦为"生态难民"［EB/OL］．http：//www.people.com.cn/GB/huanbao/57/20011221/632023.html，2001-12-26．

［6］曲格平．文明衰败的启迪［N］．人民日报，2002-06-25（10）．

［7］恩格斯．自然辩证法［M］．北京：人民出版社，1955．

［8］自然之友．《20世纪环境警示录》：1934年持续长达3天美国的"黑风暴"事件［EB/OL］．http：//www.people.com.cn/GB/huanbao/56/20011126/613127.html，2001-11-26．

［9］Cohen B. Dust Bowl：The Southern Plains in the 1930s［J］. The Journal of Popular Culture，2005，38（6）：1102-1103．

［10］王石英，蔡强国，吴淑安．美国历史时期沙尘暴的治理及其对中国的借鉴意义［J］．资源科学，2004，26（1）：120-128．

［11］徐国劲，谢永生，骆汉．生态问题的经济社会根源与治理对策——以美国"黑风暴"事件为例［J］．生态学报，2019，39（16）：5755-5765．

［12］蔡运龙．自然资源学原理［M］．北京：科学出版社，2000．

［13］国务院新闻办公室．《中国的环境保护（1996-2005）》白皮书［Z］．2006-06-05．

［14］国家林业和草原局．中国荒漠化和沙化状况公报［EB/OL］．http：//www.forestry.gov.cn/main/58/content-832363.html，2015-12-29．

［15］张岂之．关于生态环境问题的历史思考［J］．史学集刊，2001（3）：5-10．

［16］第五届全国人民代表大会．中华人民共和国宪法［M］．北京：人民出版社，1978．

［17］本书编写组．《中共中央关于制定国民经济和社会发展第十一个五年规划的建议》辅导读本［M］．北京：人民出版社，2005．

［18］本书选编组．中华人民共和国国民经济和社会发展第十一个五年规划纲要学习参考［M］．北京：中共党史出版社，2006．

［19］胡锦涛．高举中国特色社会主义伟大旗帜为夺取全面建设小康社会新胜利而奋斗——在中国共产党第十七次全国代表大会上的报告［M］．北京：人民出版社，2007．

［20］曹前发."生态兴则文明兴"——从毛泽东到习近平看中国共产党带领人民加强生态建设创造美好生活的百年征程［EB/OL］. https：//www.dswxyjy.org.cn/n1/2021/1102/c423718-32271337.html，2021-09-25.

［21］习近平. 决胜全面建成小康社会 夺取新时代中国特色社会主义伟大胜利——在中国共产党第十九次全国代表大会上的报告［M］. 北京：人民出版社，2017.

［22］习近平. 高举中国特色社会主义伟大旗帜 为全面建设社会主义现代化国家而团结奋斗——在中国共产党第二十次全国代表大会上的报告［M］. 北京：人民出版社，2022.

［23］中国科学院可持续发展研究组. 2001中国可持续发展战略报告［M］. 北京：科学出版社，2001.

［24］水利部. 中国水土保持公报（2022年）［EB/OL］. http：//www.mwr.gov.cn/sj/tjgb/zgstbcgb/202308/t20230825_1680719.html，2023-08-25.

［25］自然之友.《20世纪环境警示录》：1998年中国长江洪水［EB/OL］. http：//www.people.com.cn/GB/huanbao/57/20020108/643415.html，2002-01-08.

［26］国家林业局. '98洪水聚焦森林［M］. 北京：中国林业出版社，1999.

［27］卜兆宏，唐万龙，席承藩. 强化治理山丘水土流失才是平原水患治本之策［C］//许厚泽，赵其国. 长江流域洪涝灾害与科技对策［M］. 北京：科学出版社，1999：118-124.

［28］杨子生，刘彦随. 中国山区生态友好型土地利用研究［M］. 北京：中国科学技术出版社，2007.

［29］杨子生，杨诗琴，杨人懿，等. 云南土地资源可持续利用研究［M］. 北京：经济管理出版社，2022.

［30］何应武. 论长江上游地区水土流失及其综合治理［J］. 区域开发研究，1991（1）：49-53.

［31］孙杰，赵承，王立彬. 绿色的长征——中国退耕还林纪事［M］. 北京：中国时代出版社，2002.

［32］水利部. 中国水旱灾害防御公报2021［M］. 北京：中国水利水电出版社，2022.

［33］Rachel Carson. Silent Spring［M］. London：Penguin Classics，1962.

［34］[美] D. 梅多斯. 增长的极限［M］. 于树生译. 北京：商务印书馆，1984.

［35］杨国秀. 可持续发展的研究历史及其内涵［J］. 科技进步与对策，1997，14（1）：24-27.

［36］[美] 莱斯特·布朗. 建设一个可持续发展的社会［M］. 祝友三译. 北京：科学技术文献出版社，1984.

［37］World Commission on Environment and Development（WCED）. Our Common Future［R］. Oxford：Oxford University Press，1987.

［38］United Nations. 21世纪议程［R］. 国家环境保护局译. 北京：中国环境科学出版社，1993.

［39］郭日生.《中国21世纪议程》的制定与实施进展［J］. 中国人口·资源与环

境，2007，17（5）：1-5.

［40］国家计划委员会，国家科学技术委员会．中国 21 世纪议程——中国 21 世纪人口、环境与发展白皮书［M］．北京：中国环境科学出版社，1994.

［41］江泽民．正确处理社会主义现代化建设中的若干重大关系——在党的十四届五中全会闭幕时的讲话（第二部分）［J］．求实，1995（11）：2-7.

［42］江泽民．必须始终注意处理好经济建设同人口资源环境的关系——江泽民同志在中央人口资源环境工作座谈会上的讲话摘要［J］．国土经济，1999（Z1）：1.

［43］国务院学位委员会．授予博士、硕士学位和培养研究生的学科、专业目录（1997年颁布）［EB/OL］．http：//www.moe.gov.cn/srcsite/A22/moe_ 833/200512/t20051223_ 88437.html.

［44］童玉芬，周文．中国人口、资源与环境经济学 20 年回顾：发展与挑战［J］．中国人口·资源与环境，2018，28（11）：171-176.

［45］熊升银，王学义．推动新时代人口、资源与环境经济学创新发展的思考［J］．福建商学院学报，2022（2）：74-80.

［46］张岩．中国人口、资源与环境经济学文献计量分析［J］．劳动经济评论，2015，8（1）：72-83.

［47］吕红平．人口、资源与环境经济学学科建设［J］．河北大学学报（哲学社会科学版），2001，26（3）：66-71.

［48］吕红平，王金营．关于人口、资源与环境经济学的思考［J］．人口研究，2001，25（5）：28-34.

［49］张象枢．论人口、资源、环境经济学［J］．环境保护，2002（2）：6-8.

［50］吕昭河．超越"经济人"：对"人口、资源与环境经济学"学科性质的探索［J］．思想战线，2003，29（6）：10-14.

［51］王胜今，齐艺莹．我国人口、资源与环境经济学学科发展的思考［J］．吉林大学社会科学学报，2004（6）：89-94.

［52］李通屏，邵红梅，邓宏兵．经济学帝国主义与人口资源环境经济学学科发展［J］．中国人口·资源与环境，2007，17（5）：22-26.

［53］罗丽艳．基于二元价值论的人口、资源与环境经济学概念框架［J］．人口与经济，2008（3）：41-45.

［54］童玉芬．人口、资源与环境经济学的经济学分析视角探析［J］．人口学刊，2009（6）：14-18.

［55］毛汉英．县域经济和社会同人口、资源、环境协调发展研究［J］．地理学报，1991，46（4）：385-395.

［56］孙尚清，鲁志强，高振刚，等．论中国人口、资源、环境与经济的协调发展［J］．中国人口·资源与环境，1991，1（2）：4-9.

［57］姚予龙，谷树忠．西部贫困地区人口、资源、环境与社会经济协调发展［J］．中国农业资源与区划，2003，24（3）：22-26.

［58］齐晓娟，童玉芬．中国西北地区人口、经济与资源环境协调状况评价［J］．中国人口·资源与环境，2008，18（2）：110-114.

[59] 胡国良．新疆地区人口、资源、环境与经济协调发展综合评价［J］．新疆大学学报（哲学·人文社会科学版），2009，37（4）：23-26．

[60] 段永蕙，景建邦，张乃明．山西省人口、资源环境与经济协调发展分析［J］．生态经济，2017，33（4）：64-68，79．

[61] 逯进，常虹，汪运波．中国区域能源、经济与环境耦合的动态演化［J］．中国人口·资源与环境，2017，27（2）：60-68．

[62] Chenyu Lu, Jiaqi Yang, Hengji Li, et al. Research on the Spatial-temporal Synthetic Measurement of the Coordinated Development of Population-economy-society-resource-environment (PESRE) Systems in China Based on Geographic Information Systems (GIS)［J］. Sustainability, 2019（11）：2877．

[63] Junjie Cao, Yao Zhang, Taoyuan Wei, et al. Temporal-spatial Evolution and Influencing Factors of Coordinated Development of the Population, Resources, Economy and Environment (PREE) System: Evidence from 31 Provinces in China［J］. International Journal of Environmental Research and Public Health, 2021（18）：13049．

[64] 范丽玉，高峰．中国省域人口、资源、经济与环境（PREE）系统耦合协调的时空演变特征与预测分析［J］．生态经济，2023，39（3）：168-176．

[65] 杨云彦．人口、资源与环境经济学［M］．北京：中国经济出版社，1999．

[66] 张象枢．人口、资源与环境经济学［M］．北京：化学工业出版社，2004．

[67] 邓宏兵，张毅．人口、资源与环境经济学［M］．北京：科学出版社，2005．

[68] 钟水映，简新华．人口、资源与环境经济学［M］．北京：科学出版社，2005．

[69] 王珍．人口、资源与环境经济学［M］．合肥：合肥工业大学出版社，2006．

[70] 麻彦春，魏益华，齐艺莹．人口、资源与环境经济学［M］．长春：吉林大学出版社，2007．

[71] 何爱平，任保平．人口、资源与环境经济学［M］．北京：科学出版社，2010．

[72] 王文军．人口、资源与环境经济学［M］．北京：清华大学出版社，2013．

[73] 朱群芳．人口、资源与环境经济学［M］．北京：清华大学出版社，2013．

[74] 《人口、资源与环境经济学》编写组．人口、资源与环境经济学［M］．北京：高等教育出版社，2019．

[75] 刘耀彬．人口、资源与环境经济学模型与案例分析［M］．北京：科学出版社，2014．

[76] 刘耀彬，肖小东，胡凯川．人口、资源与环境经济学模型与案例分析（第二版）［M］．北京：科学出版社，2020．

[77] 白永秀．聚焦人口资源环境经济学理论与实践［M］．北京：科学出版社，2012．

[78] 周毅．人口、资源、环境、经济、社会、科技可持续发展研究［M］．北京：新华出版社，2015．

[79] 周海旺．人口、资源、环境经济学理论前沿［M］．上海：上海社会科学院出版社，2016．

[80] 陈浩．中国人口资源环境与经济发展［M］．北京：经济科学出版社，2019．

[81] 朱晓. 人口、资源、环境与经济协同发展研究：以新疆为例［M］. 大连：东北财经大学出版社，2010.

[82] 刁文桐. 人口、资源与环境经济学学科建设研讨会在沪举行［EB/OL］. http：//news.fudan.edu.cn/2018/0207/45318.html，2018-02-07.

[83] 赵时亮，李大悦. 人口、资源与环境经济学：历史、现状与未来［J］. 中国人口·资源与环境，2017，27（11增刊）：1-5.

[84] 李克强. 论"人口、资源与环境经济学"的理论基础［J］. 中央财经大学学报，2007（4）：53-58.

[85] 杨云彦，程广帅. 人口、资源与环境经济学学科的新发展［J］. 求是学刊，2006，33（1）：62-66.

[86] 顾卫临，陈泽伟，刘新宇. 破解中国发展的资源环境困局——十五年的十五次中央人口资源环境工作座谈会的变迁［J］. 瞭望新闻周刊，2005（10）：30-33.

[87] 国家统计局农村社会经济调查总队. 新中国农业五十年统计资料［M］. 北京：中国统计出版社，2000.

[88] 农业部. 新中国农业60年统计资料［M］. 北京：中国农业出版社，2009.

[89] 自然资源部. 中国自然资源统计公报2022［EB/OL］. https://www.mnr.gov.cn，2023-04-12.

[90] Brown L R. Who Will Feed China［J］. World Watch，1994（9-10）：1-10.

[91] Brown L R. Who Will Feed China? Wake-up Call for a Small Planet［M］. New York：W. W. Norton & Company，1996.

[92] 国务院第三次全国国土调查领导小组办公室，自然资源部，国家统计局. 第三次全国国土调查主要数据公报［N］. 人民日报，2021-08-27（17）.

[93] 新华社. 第三次全国国土调查主要数据成果发布［N］. 人民日报，2021-08-27（17）.

[94] 杜尚泽. 那么粮食怎么办？（微镜头·习近平总书记在中央经济工作会议上）［N］. 人民日报，2021-12-12（1）.

[95] 朱婷. 让18亿亩耕地"实至名归"［EB/OL］. https://www.rmzxb.com.cn/c/2022-04-21/3099297.shtml，2022-04-21.

[96] 习近平. 切实加强耕地保护全力提升耕地质量稳步拓展农业生产空间［N］. 人民日报，2023-07-21（1）.

[97] 杨子生，贺一梅，李笠，等. 城郊污染型湖区土地利用战略研究——以滇池流域为例［A］//倪绍祥，刘彦随，杨子生. 中国土地资源态势与持续利用研究［M］. 昆明：云南科技出版社，2004：280-292.

[98] 中新社. 滇池未爆发蓝藻云南48亿元治理水质无根本好转［EB/OL］. https://www.chinanews.com.cn/gn/news/2007/06-28/966776.shtml，2007-06-28.

[99] 张文凌. 云南首次货币化评估滇池［Z］. 中国青年报，2002-05-15.

[100] 环境保护部，国土资源部. 全国土壤污染状况调查报告［R］. 中国国土资源报，2014-04-18（2）.

[101] 国家统计局，生态环境部. 中国环境统计年鉴2021［M］. 北京：中国统计出

版社，2021.

[102] 习近平. 努力建设人与自然和谐共生的现代化 [J]. 求是，2022（11）：4-9.

[103] 陆昊. 全面推动建设人与自然和谐共生的现代化 [J]. 求是，2022（11）：17-22.

第二章 研究对象、内容、方法及学科特点

一般而言，科学研究发展成熟而成为一个独立学科的基本标志是：必须有独特的研究对象、独立的研究内容（范畴）以及相对成熟的研究方法[1]。由此又决定了该学科的性质与特点。1997年以来，尽管众多的专家学者积极开展了人口、资源与环境经济学的学术研究和学科建设工作，也取得了很多学术成果，但总体上来看，在人口、资源与环境经济学的研究对象问题上，目前并未形成较为一致和比较成熟的意见[2-5]；相应地，在学科的研究内容和研究方法上也就缺乏较为成熟的框架体系和研究范式。因此，进一步深入思考和探索学科的独特研究对象和独立的研究内容（范畴）体系，并寻求有学科特色和相对成熟的研究方法与研究范式，进而总结和提炼学科的性质与特点，对于人口、资源与环境经济学的建设和发展是至关重要的紧迫任务。

第一节 研究对象

恩格斯指出："一门科学应当具有自己特有的研究对象，即在性质上不同于其他学科所研究的对象，这是确定科学的独立性的毋庸争辩的准则。当一门科学研究为其他科学所不研究的东西时，这门科学才是独立的。"[6]

人口、资源与环境经济学是在全国人口剧增、资源短缺和生态环境恶化的严峻形势下创立的新型经济学分支学科。经过20多年的建设和发展，人们对该学科有了很多的思考和探索，但总体上对于学科的研究对象尚未取得相对统一的认识，既有将人口、资源与环境经济学研究对象和内涵限定为可持续发展经济学的倾向，也有将人口、资源与环境经济学过分泛化之势[7]。

一、现有的典型观点

到目前为止，学术界针对人口、资源与环境经济学的研究对象提出了多种认识和观点，归纳起来，主要有以下四种观点：

（1）以经济过程和经济发展中的人口、资源、环境三大因素之间的内在联系以及它们各自所起的作用为研究对象。其代表性的表述有两个：①郭志刚（2000）[8]认为，将人口、资源、环境作为研究对象时，由于人口、资源、环境都不是一个简单的对象，因而首先要进行抽象，这种研究对象概念化是理论研究的必要；人口、资源与环境之间的关系主要是通过经济过程得以建立，也就是说，经济过程是联结人口、资源、环境的枢纽，因此，人口、资源与环境的理论研究视野中必须包括经济过程。如果将经济过程排除在研究

框架之外,将很难解释这三者之间的内在联系,其理论分析也很难深入下去。此外,如果将经济过程排除在研究框架之外,这一研究也不再隶属于经济学科。②吕红平和王金营(2001)[2]认为,本学科要从所研究的人口、资源、环境这三个不同的领域中抽象出一个能够通用的概念,然后以此为基础,用一条线索将整个研究贯通起来。根据人口、资源与环境经济学的学科性质以及它所要解决的问题,或者从它所要研究的主要内容来说,可以把它的研究对象规定为:经济过程和经济发展中的人口、资源、环境三大因素之间的内在联系以及它们各自所起的作用。

(2) 人口、资源与环境经济学的研究对象包括广义和狭义两个范围。杨云彦(2001)[9]认为,广义的人口、资源与环境经济学不仅要覆盖人口经济学、资源经济学、环境经济学的内容,也应包含研究人口、资源与环境协调发展的可持续发展经济学的内容;而在上述研究范围中,可持续发展经济学是构成人口、资源与环境经济学的核心,这便是狭义的人口、资源与环境经济学。

(3) 人口、资源与环境经济学的对象是人口再生产、狭义经济再生产与环境再生产三位一体的广义国民经济再生产体系。张象枢(2002)[10]认为,如果从整体上、从全过程中来分析人口再生产、狭义经济再生产和环境再生产彼此之间互为条件、相互制约的关系,可以发现此三者是三位一体的统一过程。人口的生产过程,同时也是狭义经济再生产产品的消费过程和环境资源的消费过程。狭义经济再生产的生产过程,同时也是人力资源和自然资源的消费过程。环境再生产的生产过程,即治理环境污染与生态建设过程,同时也是狭义经济再生产产品和人力资源的消费过程。三者之中任何一个过程都不能离开其他两个过程而独立存在,彼此构成三位一体的统一整体。该观点认为,在原来狭义的国民经济再生产体系之中,人口、自然环境仅被视为对于国民经济再生产体系起着某种影响作用的系统外部因素,从未全面展现人口、自然环境与狭义经济再生产过程彼此之间的内在经济联系。因此,把人口、资源与环境经济学的研究对象定义为人口再生产、狭义经济再生产与环境再生产三位一体的广义国民经济再生产体系,将为更深入地揭示人口、自然环境与狭义经济再生产之间的内在经济联系、寻求协调其相互关系的最佳途径开拓一个更为广阔的研究空间。

(4) 将人口、经济、环境协调发展作为人口、资源与环境经济学研究的出发点,并将区域人口、资源、环境与可持续发展的研究作为该学科的一个主要研究对象。王胜今和齐艺莹(2004)[11]认为,人口、资源、环境问题主要是一种经济现象,如果单从经济学的研究角度出发,这个学科的研究对象只能有一个,即如何处理在经济发展过程中人口、资源、环境之间的关系。但从目前的研究内容来看,人口、资源与环境经济学还是一门新兴的交叉学科和边缘学科,其基本理论框架还不十分成熟,人口、资源、环境既具有社会属性,又具有自然属性,这三者之间既相互联系,又保持相对独立。因此,目前要解决的首要问题是在马克思的"两种生产"(人类自身的生产和物质资料的生产)理论基础上,把"三种生产"(人口生产、物质生产、环境生产)理论,即人口、经济、环境协调发展作为人口、资源与环境经济学研究的出发点。此外,王胜今和齐艺莹(2004)[11]提出,在积极开展人口、资源与环境经济学基础研究的同时,还应当大力提倡开展区域人口、资源、环境与可持续发展的研究,并把它作为该学科的一个主要研究对象。

二、本书关于本学科的研究对象

上述四种典型观点中，第一种观点基本上体现了人口、资源与环境经济学的核心研究内容，是对该学科研究对象的较好诠释和凝练。可以在此基础上进一步概括和提炼。

从第二种观点来看，其广义范围有若干已有学科简单堆积之嫌，未能反映出本学科的核心研究内容。其狭义观点也不可取，毕竟两个学科的研究核心不同、视角不同，研究范式亦有别，不能相互替代。可持续发展经济学是从20世纪90年代初以来在世界范围内兴起的一门以经济可持续发展为研究对象的经济学[12]。著名生态经济学家刘思华（1997）[13-14]将可持续发展经济学定义为"着重研究人类经济活动的需求与生态环境资源的供给之间的矛盾运动过程所发生在可持续发展经济系统的可持续发展经济问题和所体现的可持续发展经济关系发展规律及其机理"的科学。并指出：可持续发展经济学的研究对象主要不是研究"生态-经济-社会"三维复合系统的矛盾及其运动和发展规律，而是以此为范围在三维复合系统的总体上着重研究可持续发展经济系统的矛盾运动和发展规律，也就是从可持续发展系统的总体上揭示可持续发展经济系统的结构、功能及其诸要素之间的矛盾运动和可持续发展的规律性[14]。马传栋（2003）[15]认为，可持续发展经济学是研究生态经济社会复合系统由不可持续发展向可持续发展状态转变及维持其可持续发展动态平衡状态运行所需要的经济条件、经济机制及其综合效益的学科。洪银兴和曲福田（2023）[16]修订出版的《可持续发展经济学》一书，在学科研究对象上采用的是刘思华（1997）《可持续发展经济学》一书中的观点。可见，从根本上说，可持续发展经济学的研究对象在于经济可持续发展，所要解决的是经济的可持续发展问题。也就是说，可持续发展经济学旨在研究经济的可持续发展问题，尽管必然涉及人口、资源和环境等因素的影响研究，但它并不着力研究"人口-资源-环境-经济"这一复杂巨系统内各个组分之间的相互关系，也不完全是以人口、资源、环境与经济协调发展作为研究核心和研究范式，因此，从根本上难以取代人口、资源与环境经济学。这也就意味着，狭义的人口、资源与环境经济学就是可持续发展经济学的观点难以成立。

就第三种观点而言，我们认为，"三种生产"理论可以作为人口、资源与环境经济学的理论基础，但不宜直接作为本学科的研究对象。

第四种观点基本上是可行的，但也还不够全面。人口、资源与环境经济学研究的出发点在于解决人口、资源、环境与经济的协调发展问题，实现国家和区域人口-资源-环境-经济系统的良性循环和人类社会的可持续发展。第四种观点的表述中，"人口、经济、环境协调发展"的提法，漏掉了"资源"一项，显然是不妥的；此外，将区域人口、资源、环境与可持续发展的研究作为该学科的一个主要研究对象，在表述上也欠妥，既然人口、资源与环境经济学研究的出发点在于人口、资源、环境与经济的协调发展，在研究对象上也需要相应地突出人口、资源、环境与经济的协调发展这一根本性主题，至于可持续发展，作为一种思想理念和发展战略，贯穿于该学科研究的始终，但不宜作为本学科的研究对象。

综合上述分析，本书认为，人口、资源与环境经济学的研究对象可以表述为非常简洁、精炼的一句话：人口、资源、环境与经济相互关系及其协调发展。这是确定本学科基本研究内容体系的基础。

第二节 研究内容

确定了学科的研究对象之后,需要顺理成章地确定该学科的研究内容体系(或学科体系),这是学科建设的关键性环节。一门学科之所以能够成为独立的学科,关键就在于该学科拥有独特的研究对象和独特的研究内容体系(或学科体系),这是该学科能够区别于其他学科的基本标志。

从人口、资源与环境经济学来看,尽管近20多年来不少学者对其研究内容体系进行了有益的探索和实践,但从已出版的学科著作或教材来看,由于该学科的形成时间还较短,总体上还不成熟。吕红平和王金营(2001)[2]总结了该学科在研究内容体系方面尚存在的三个主要问题:①没有从人口、资源、环境的关系出发抽象出该学科最基本的概念,进而进行科学的演绎,形成其学科体系,而是对人口与资源、人口与环境关系中存在的各种问题进行"分而治之"的研究,这一做法造成了整个内容体系不严谨、漏洞较多的问题。②没有形成一条研究的主线,在内容安排上存在或然性,明显存在"切蛋糕式"研究的缺陷,也就是说,不同部分的独立性太强,相互调换位置并不影响其整体结构(这实际是整体结构不成熟所使然)。如不少著作或教材中关于人口与资源、人口与环境关系的分析,人口经济学、资源经济学、环境经济学的内容安排等,并不存在哪一个在前哪一个在后的问题,相互调换位置完全不影响其分析结构。而一个学科在体系上成熟的标志之一应当是其体系的严谨性,各个部分在整个内容体系中的地位和作用就决定了各个部分在这个学科体系中的应有位置,不可以相互调换。③没有按经济学科的研究方法进行研究,即不是用经济学的思维方式与概念体系去研究人口、资源、环境之间的关系和问题,而是采用社会学的研究方法研究人口与资源、人口与环境关系中所存在的各种问题,因此,虽然许多著作或教材以经济学冠名,但实际上不是经济学的研究内容;还有一些研究,尽管在研究人口、资源、环境三个部分各自的内部关系时采用了经济学的研究方法,但在整体把握上没有经济学主线的主宰,因而难以形成严谨的学科体系。这些问题是我们在构建该学科体系(也就是学科研究内容)时需要深入思考和探索来极力加以避免的。

在参考和借鉴已有著作或教材[9,17-28]以及部分学者精辟观点[2-5,11]基础上,本书遵循学科研究的逻辑结构,将人口、资源与环境经济学的研究内容体系确定为三个基本部分,以此构成本学科的基本体系。

一、人口、资源与环境经济学的一般学科问题研究

结合人口、资源与环境经济学的产生与发展状况,一般学科问题的研究内容大致包括10个方面:①学科产生的背景与过程;②学科研究现状;③研究的目的与意义;④研究对象;⑤研究内容体系;⑥研究方法;⑦学科性质与定位;⑧学科特点;⑨本学科与其他相关学科的关系;⑩学科的理论基础。这10个问题是任何一门独立的学科在其发展和建设中必须首先解决的基本问题。通过这10个问题的研究和探讨,对本学科作出明确的界定和阐释,展示该学科的基本轮廓和所要解决的问题。

从学科著作或教材的写作框架范式来看,这10个一般学科问题的研究可以列为"第

一部分（或第一篇）：人口、资源与环境经济学总论"。当然，也可以称为"绪论"或"导论"等。

在第9个问题"本学科与其他相关学科的关系"中，重点要分析清楚人口、资源与环境经济学与已有的人口经济学、资源经济学、环境经济学的联系与区别。

在第10个问题"学科的理论基础"中，考虑到"人口-资源-环境-经济"系统是一个复杂的巨系统，人口、资源与环境经济学是一门综合性极强的交叉性学科，其涉及的基础理论是多方面的，学科著作或教材都不可能面面俱到，本书拟紧紧围绕"人口、资源、环境与经济协调发展"这一核心目标，对可持续发展理论、人与自然和谐共生理论、生态经济理论、"两山"理论、人口经济理论、资源节约集约利用理论、循环经济理论、稀缺性理论、三种生产理论、外部性理论10个基本理论进行探讨和阐释。

二、人口、资源、环境与经济相互关系的理论分析

这一部分是人口、资源与环境经济学的核心内容。总体上，着重运用经济学的理论和方法，把人口、资源、环境置于经济学的框架之下，对经济过程和经济发展中的人口、资源、环境之间的关系进行系统的理论分析。首先，需要对人口-资源-环境-经济系统进行总体上的分析，包括人口、资源、环境的链接纽带——经济过程与经济发展的分析、人口-资源-环境-经济系统基本特点的分析等。其次，在此基础上，①要深入地分析和阐释人口、资源、环境在经济过程与经济发展中的地位与作用；②系统地分析人口、资源、环境与经济可持续发展的关系，从而揭示人口、资源、环境与经济发展之间的内在联系规律和协调机制。

基于此，这一部分的研究可以概括为三个具体内容：①人口-资源-环境-经济系统的总体分析。包括人口、资源、环境、经济的概念与内涵探析及本学科关注的问题；人口、资源、环境的链接纽带——经济过程与经济发展的分析；人口-资源-环境-经济系统基本特点的分析。②人口、资源、环境在经济过程与经济发展中的作用分析。包括人口在经济过程与经济发展中的作用分析；资源在经济过程与经济发展中的作用分析；环境在经济过程与经济发展中的作用分析。③人口-资源-环境-经济系统的内在协调机制。包括人口、资源、环境与经济协调发展的基本结构；人口、资源、环境、经济四个子系统分别在人口-资源-环境-经济系统内在协调机制中的作用机理。

三、人口、资源、环境与经济协调发展的实践研究

这一部分是人口、资源与环境经济学在国家和区域人口、资源、环境与经济协调发展实践中的应用研究。理论分析固然是非常重要的，但实践研究也很重要，毕竟理论来源于实践，且更为重要的是应用于实践和指导实践。因此这一部分的研究是人口、资源与环境经济学研究的根本目的或归宿。实践研究的范畴相对较为宽广，但其重点无疑是将人口、资源与环境经济学的理论应用于国家和区域人口、资源、环境与经济协调发展重大问题及其影响因素的具体分析之中，研究人口-资源-环境-经济系统问题产生的主要原因，探讨解决问题的基本对策和关键措施，服务于国家、区域以及全球可持续发展战略的科学实施。

近20年来，许多学者分别开展了全国尺度、省域尺度和县域尺度的人口、资源、环

境与经济发展耦合协调度分析等相关研究,初步实现了理论分析与实证研究的有机结合,但仍需进一步深入和完善。尤其要以人与自然和谐共生的中国式现代化战略为引领,大力强化国家新战略下的人口、资源、环境与经济协调发展研究实践。

此外,针对人口-资源-环境-经济系统运行中所出现的影响国家和区域可持续发展的重大问题,如新时代生态文明建设问题、重大生态环境修复与可持续发展问题、事关区域经济发展和城乡居民增收的自然资源诅咒问题等,均需要人口、资源与环境经济学科担负起使命和责任。只有主动服务于国家和区域可持续发展战略,不断地强化人口、资源与环境经济学前瞻性、创新性的应用研究,才能日益显示出本学科的强大生命力,持续提升本学科的凝聚力和影响力。

第三节 研究方法

研究方法(Research Methods),按"百度百科"的解释,指在研究中发现新现象、新事物,或提出新理论、新观点,揭示事物内在规律的工具和手段。从一般性学科来讲,通常有调查法、观察法、实验法、文献研究法、演绎法、归纳法、实证研究法、规范分析法、定量分析法、定性分析法、跨学科研究法、个案研究法、功能分析法、数量研究法、模拟法、探索性研究法、信息研究方法、经验总结法、描述性研究法、数学方法、思维方法、系统科学方法、综合分析法、比较分析法等。研究方法作为科学研究的基础工具和手段,决定了研究的可靠性和有效性。在研究中,合理选择和运用研究方法对于研究结果的准确性和科学性有着重要影响。科学的研究方法有利于学科的可持续发展和学术规范的形成,推进社会进步与社会发展。

人口、资源与环境经济学研究的是非常复杂的人口-资源-环境-经济系统,必然需要系统论的思想和研究方法。同时,作为经济学分支学科,经济学研究中的规范分析方法和实证分析方法依然是人口、资源与环境经济学研究的基本方法。在研究过程中,还涉及与人口、资源、环境问题相关的定量模型预测与分析方法。总体上来看,运用不同的研究方法,对人口、资源与环境经济问题的研究都是有益的,本学科需要强调的是研究方法的多元化,而不能仅限于某一种方法。此外,有必要指出的是,人口、资源与环境经济学研究中,还需要"把论文写在祖国大地上",深入实际,开展实地调查研究,从实践到理论,再回到实践,不断丰富本学科的研究内容和方法范式。

一、系统论的研究方法

系统论的研究方法,一般是指用系统的观点去研究社会经济活动,把研究对象放在系统的形式中,从整体出发,从系统与要素、要素与要素、结构与功能、系统与周围环境之间的相互关系、相互作用和相互制约中,对其进行考察和辩证分析,以达到最优处理问题的一种研究方法[29]。主要包括五个方面:①整体性分析。该方法强调将研究对象视为一个整体,考虑系统与其组成部分以及环境之间的相互关系。②模型化。即通过建立系统的模型(如数据模型、流程图等)来模拟系统的行为和结构,以便于分析和设计。③最优化。该方法旨在找到问题的最优解决方案,其中涉及技术指标、经济效益、社会目的和环境效益等诸多方面。④动态性。该方法充分考虑系统的动态变化，包括系统结构与功能的动态关系以及系统与环境之间的物质、能量和信息的流动。⑤定性和定量分析。结合使用文献研究法、实证研究法、定量分析法和定性分析法等多种研究方法，全面理解和揭示系统的特性和行为。

在人口、资源、环境与经济的相关研究中，已有不少研究者运用系统论的研究方法进行过有益的探索实践。例如，李俊梅（1997）[30]将土地利用视为生态-经济-社会复合系统，运用系统论的思想和方法进行综合研究，提出了一套较为实用和科学的单因素分析→多因素分析→系统分析的结构分析方法体系；靖学青（1997）[31]从一般系统论的思想和观点出发，探索和总结了国土资源评价的系统分析方法，以提高区域国土资源评价的质量和水平；苏宁男和刘新梅（1997）[32]运用系统科学与工程的思想与技术，将水资源开发利用置于一个复杂时变的社会经济系统中进行模拟与分析，以反映研究区域未来时期水资源开发利用的发展变化趋势，为制定与国民经济和社会发展协调一致的水资源开发利用战略奠定了基础。

总体上说，系统论的研究方法是一种多角度、全方位的方法，重在强调系统的整体性、动态性和相互依赖性，并通过建立模型和分析来寻找系统的优化。由于人口、资源与环境经济学的研究对象是一个复杂的巨系统，是对各学科交叉而成的综合性学科，因而系统论的研究方法受到人口、资源与环境经济学研究者的重视。有的学者认为，该学科的特点决定了在研究过程中必然要跨越多个学科；在方法论上，跨学科研究特别崇尚系统论的思想和方法，加之20世纪发展起来的信息论、系统论、控制论所提供的方法论指导具有已经证实的普遍性，因而系统论的研究方法对于人口、资源与环境经济学这一学科是不可缺少的[33]。还有学者认为，在研究过程中必须确立系统论的思想，分析人口问题要结合资源和环境问题，分析资源和环境问题也不能脱离人口问题，要通盘考虑、综合分析，提出系统的解决问题的方法[2]。王胜今和齐艺莹（2004）[11]认为，把人口、资源与环境经济学作为一门独立的学科提出来，就是要把人口、资源、环境与经济、社会作为一个整体、一个系统，从一个新的视角重新审视。因此，采用系统论的观点和方法进行研究，才会使这一学科具有生命力，同时也是避免该学科成为其相关学科简单组合的唯一有效途径。

二、实证分析和规范分析同时并重的研究方法

实证分析方法和规范分析方法是经济学研究中的主要方法。英国著名经济学家约翰·内维尔·凯恩斯在《政治经济学的范畴与方法》（*The Scope and Method of Political Economy*）一书中用规范分析和实证分析对两种不同的科学进行了分类[34]。

实证分析（Positive Analysis），是指排除了主观价值判断，只对经济现象、经济行为或经济活动及其发展趋势做客观分析，只考虑经济事物之间相互联系的规律，并根据这些规律来分析和预测人们经济行为的效果。适用于"是什么"的问题。相反的概念是"规范分析"。所谓规范分析（Normative Analysis），乃是指以一定的价值判断为基础，提出某些分析处理经济问题的标准，树立经济理论的前提，作为制定经济政策的依据，并研究如何才能符合这些标准。它是对经济行为或政策手段的后果加以优劣好坏评判的研究方法。它要回答的是"应该是什么"的问题。

上述研究表明，实证经济学实际上就是一门关于"是什么"的学科，而规范经济学则是一门"应该是什么"或"为什么"的学科。实证经济学讨论事实，不做任何评价，只给出一个客观道理，客观描述事物存在的一个状态；规范经济学则讨论价值，对已有的事物现象、事物运行状态做出是非曲直的主观价值判断，力求回答"事物的本质应该是什么"，但由于立场不同，得出的结论也不同。

从人口、资源与环境经济学的研究对象和内容来看，规范分析是要从某一伦理标准和价值判断出发，提出人们在利用资源、环境进行经济活动的过程中应当遵守的行为准则和标准，探讨和研究怎样做才能符合这些准则和标准的理论和政策，同时对于已有的经济政策和经济行为的福利结果进行考察和分析；而实证分析则是描述和考察人口、资源、环境协调发展过程中各经济变量之间的关系，研究各经济变量是如何运行的，经济现象的现状如何，存在哪些可供选择的方案以及选择某方案会有什么样的结果等。也就是说，规范分析研究的是人口、资源、环境经济学中关于价值标准和政策理论的"质"的规定性，实证分析研究的是"量"的问题[11]。

在经济学研究中，既要重视实证研究，也绝不能忽视甚至压制规范研究，这两种方法应该并重[35]。同样，对于人口、资源与环境经济学来说，这两种方法在其研究过程中缺一不可[11]。

事实上，实证分析和规范分析是相对而言的，而不是绝对的。任何具体的经济问题分析都不可能离开人们的行为。从经济理论发展的历史来看，由于提出什么问题来进行研究，采用什么方法来研究，研究过程中突出强调哪些因素，实际上涉及人们的价值判断问题，因此，大多数经济学者认为经济学既是实证的科学，又是规范的科学。在经济研究中，既要分析经济现象"是什么"，又要论证经济现象"应该是什么"。

理论源于实践，又指导实践。美国著名经济学家、诺贝尔经济学奖得主米尔顿·弗里德曼（1953）[36]认为，实证科学是研究"是什么"的系统知识，其终极目标是发展能够对观察到的现象提供有效的解释，并对尚未观察到的现象提供既合理又有意义的预测的理论。林毅夫（2001）[37]指出，理论分析只能说明在理论所阐述的逻辑机理中，因（给定的条件）对果（所要解释的现象）的产生是有正的还是负的影响，但无法说明这个影响的量有多大。是否真的有影响以及影响有多大，只能从经验实证中才能获知。因此，不能将理论研究与实证检验割裂开来。

三、定性分析与定量分析相结合的研究方法

定性分析（Qualitative Analysis）与定量分析（Quantitative Analysis）是包括人口、资源与环境经济学在内的经济学等许多学科在研究中常用的重要方法。

定性分析是对研究对象进行"质"的方面的分析。主要是凭分析者的直觉、经验，依据分析对象过去和现在的延续状况及最新的信息资料，对分析对象的性质、特点、发展变化规律作出判断。对经济学而言，定性分析旨在揭示经济现象的性质及其内在规定性与规律性。定性分析主要是解决研究对象"有没有""是不是"的问题，该方法一般可分为三个过程：分析综合、比较、抽象和概括。

定量分析是对研究对象的数量特征、数量关系与数量变化的分析。定量分析通常依据相关调查和统计数据，建立数学模型，并用数学模型计算出分析对象的各项指标及其数

值。对经济学而言，定量分析的功能在于分析经济现象之间量的关系，揭示和描述经济现象的相互作用和发展趋势。

上述定性分析与定量分析两种方法应该是统一的、相互补充的关系。一方面，定性分析是定量分析的基本前提，没有定性的定量往往是一种盲目的、毫无价值的定量；另一方面，定量分析也会使定性分析更加科学、准确，可以促使定性分析得出广泛而深入的结论。也就是说，此二者是相辅相成的，定性是定量的依据，定量是定性的具体化。定量分析必须建立在定性预测基础上，但现代的定性分析方法同样需要采用数学工具进行计算，不能将定性分析与定量分析截然划分开来。在实际研究中，定性研究与定量研究常常配合使用：一方面，在进行定量研究之前，研究者须要借助定性研究确定所要研究的现象的性质；另一方面，在进行定量研究过程中，研究者又需要借助定性研究确定现象发生质变的数量界限和引起质变的原因。

当然，定性研究与定量研究也存在六个不同之处：①着眼点不同，定性研究着重事物"质"的方面，而定量研究则着重事物"量"的方面；②在研究中所处的层次不同，定量研究是为了更准确地定性；③依据不同，定量研究依据的主要是调查得到的现实资料数据，而定性研究的依据则是大量历史事实和生活经验材料；④手段不同，定量研究主要运用经验测量、统计分析和建立模型等方法，定性研究则主要运用逻辑推理、历史比较等方法；⑤学科基础不同，定量研究以概率论、统计学、计量经济学等为基础，而定性研究则以逻辑学、历史学等为基础；⑥结论表述形式不同，定量研究主要以数据、模式、图形等来表述，定性研究结论则多以文字描述为主。

在经济学研究中，越来越多的研究者非常重视运用数学方法开展定量研究，这显示出数学方法在经济学研究中有着明显的优势。正如英国经济学家约翰·内维尔·凯恩斯（John Nevill Keynes，2017）[34]所指出：数学方法的运用有以下五个，①有利于防止演绎推理中出现的错误；②能够突出经济现象变动中的连续性的重要性；③增加了在经济真实特征上处理变量（如需求、成本）的能力（不采用数学方法时往往将这些变量当作常数）；④有助于理解可能存在于不同现象（如供应、需求和价格间）相互依赖的关系；⑤其表述简明、清晰。因此，在经济学研究中必须加强定量研究，运用数学工具进行具体的实证分析，以更好地阐明相关经济问题的规定性，揭示其发展趋势和内在规律。但也应看到，经济学毕竟不是数学，经济学研究中片面地追求的高度数学化并不可取[38]。更有学者已在呼吁：经济学绝不能"数学化"，必须运用定性分析与定量分析相结合，而以定性分析为主的方法[39]。因此，需要充分认识定性分析与定量分析之间的辩证关系，两者都不能偏废。而且，在很多情况下，定性研究应作为首选[40]。也就是先定性、后定量，先掌握经济现象的实质，分析其结构框架，再进一步选用适当的量化方法佐证定性结论的准确性。没有定性的定量分析，好比是无源之水、无本之木，没有生命力[35]。

第四节 学科性质与定位

学科是相对独立的知识体系，通常是自然科学、社会科学两大知识系统内知识子系统的集合概念，属于分化的科学领域。衡量和界定一个学科的学科性质主要是从该学科的

"学科门类"归属（是自然科学还是社会科学等）的角度进行分析。学科定位（Disciplinary Location），一般是指学科在"学科门类"中的意义和位置，不仅涉及学科的发展方向，且还涉及今后学以致用的问题。在人口、资源、环境经济学的建设中，正确认识本学科的性质，合理确定本学科的意义和位置，是至关重要的学科研究内容之一。

一、学科性质

（一）交叉学科性质

当代科学发展的最重要特征在于既高度综合又高度分化，在此过程中产生了众多的分支学科。交叉学科（Interdiscipline），是指不同学科之间相互交叉、融合、渗透而出现的新兴学科。这类新兴学科，既可以是自然科学与社会科学之间相交叉而成，也可以是自然科学和人文社会科学内部不同分支学科相交叉而成，还可以是技术科学与社会科学内部不同分支学科相交叉而成。随着社会的不断发展，各种学科间往往不再局限于单纯的某一领域的研究，而是跨学科、跨领域的研究，这从根本上适应了时代的发展需求。

从前述人口、资源与环境经济学的研究对象和研究内容来看，该学科是在传统发展模式导致资源衰竭、生态环境退化甚至恶化、经济社会难以持续发展的严峻背景下创立的一门新兴的交叉学科。它既涉及人口经济学、资源经济学、环境经济学、可持续发展等经济学科，也涉及社会学、地理学、生态学、管理学等其他学科的内容，系这些学科交叉、融合而产生的新型学科。因此，人口、资源与环境经济学的基本学科性质就是交叉学科性质。这一学科性质决定了在其研究过程中必然要跨越多个学科，在方法论上则要坚持系统论的思想开展人口、资源、环境与经济关系的综合研究。此外，这一学科性质还强调了该学科的社会经济科学与自然科学交叉的特征，既涉及一般的人文社会经济科学知识，也涉及一些自然科学知识，这就要求将这两类不同性质的学科有机地融合起来，寻求经济过程和经济发展中实际问题的正确解决途径与措施，尤其是需要解决好经济社会可持续发展中的模式选择问题。

（二）经济学科性质

从学科属性来看，人口、资源与环境经济学属于"社会科学"之下的经济学类。国务院学位委员会1997年颁布的《授予博士、硕士学位和培养研究生的学科、专业目录》中，在第2个学科门类"02 经济学"之下，设置了2个一级学科——"0201 理论经济学"和"0202 应用经济学"。"0201 理论经济学"之下又设置了6个二级学科，即020101 政治经济学，020102 经济思想史，020103 经济史，020104 西方经济学，020105 世界经济，020106 人口、资源与环境经济学[41]。可见，从国家的规定性来看，人口、资源与环境经济学属于经济学类，具有经济学科的性质。

从第三章中讨论的"三种生产理论"理论来看，国民经济再生产体系应当是人口再生产、物质资料再生产与环境再生产构成的"三位一体"，全面、深入地认识和揭示人口、自然环境与物质资料再生产之间的内在经济联系，寻求协调人口、资源、环境与经济相互关系的最佳途径，是实现经济社会可持续发展的根本性保障。因此，人口、资源与环境经济学不仅是一门经济学分支学科，而且是最基本、最重要的经济学学科，在经济学类中居于举足轻重的地位，它研究与涉及的问题是经济学学科的灵魂与本质[42]。这也是后面进行学科定位的基础和依据。

（三）宏观经济学科性质

经济学是研究人类社会在各个发展阶段上的各种经济活动和相应的经济关系及其运行、发展规律的学科。其核心思想是资源稀缺性和有效利用资源，通常分为微观经济学和宏观经济学两大主要分支。微观经济学研究的是个体或个体与其他个体间的决策问题，包括经济物品的消费、生产过程中稀缺资源的投入、资源的分配、分配机制上的选择等。宏观经济学则以国家、地区层面作为研究对象，常见的分析包括收入与生产、货币、物价、就业、国际贸易等问题。

人口、资源与环境经济学研究的是人口、资源、环境与经济的相互关系问题，由于资源、环境问题的共同性之一是外部性特征很强，因而在资源与环境问题上必须有政府的政策调节和管理，也就是通过行政手段和经济手段使微观经济活动的外部性在其运行当中内部化，即外部性收益和损失得到必要的补偿。因此，人口、资源与环境经济学应该是一门宏观经济学，需要将资源主要作为宏观经济过程的输入，而将最终产品和环境两者作为经济过程的输出，来研究经济如何运行才能取得最大效益[8]。

事实上，自1997年人口、资源与环境经济学创建以来，主流的研究都是以国家和区域作为研究尺度，致力于国家和区域人口、资源、环境与经济协调发展的理论研究与实践探索，以服务国家和区域经济社会可持续发展作为根本目标。

二、学科定位

合理地确定本学科在经济学体系中的意义和位置，有助于推动人口、资源与环境经济学的建设，促进这一新兴交叉学科的健康发展。白永秀和吴振磊（2012）[42]提出了"中国特色人口资源环境经济学"的两个定位：①人口资源环境经济学是"以人为本"的经济学；②人口资源环境经济学研究的基本问题是经济学类中各种学科的灵魂与本质，在经济学类学科中居于核心地位。对于第二个定位，我们深表赞同和认可；但对第一个定位，我们认为，"以人为本"本身没有问题，因为开发资源、保护环境、发展经济的最终目的乃是为了人类的良性发展，使人类拥有美好的生存空间和生活环境条件。但强调"以人为本"，往往容易造成"以人为主导""以人为中心"的"人类中心主义"思想和理念再次蔓延开来，重蹈传统发展模式的覆辙。鉴于此，在参考和借鉴白永秀和吴振磊观点基础上，这里将人口、资源与环境经济学的学科定位确定为以下两个方面：

（一）人口、资源与环境经济学是一门以"人与自然和谐共生"为本的经济学

以"人与自然和谐共生"为本，突出强调的是自古以来一直倡导的"天人合一"思想，体现的是人类与大自然和谐共处、共生共荣的可持续发展理念，这是人口、资源与环境经济学的魂。

人口、资源与环境经济学所研究的人口、资源、环境与经济协调发展这一核心和关键问题，与当今中国式现代化所强调的"人与自然和谐共生"是一脉相通的。中国式现代化的内在要求是"人与自然和谐共生"，认为"自然是生命之母，人与自然是生命共同体，人类必须敬畏自然、尊重自然、顺应自然、保护自然"[43]。党的二十大报告将"促进人与自然和谐共生"列为中国式现代化的本质要求，并指出"中国式现代化是人与自然和谐共生的现代化""必须牢固树立和践行'绿水青山就是金山银山'的理念，站在人与自然和谐共生的高度谋划发展"[44]。这是现代生态文明的新型发展模式。人与自然和谐共生属于

人与自然相处的最高境界，已将自然生态与经济发展、社会民生有机融合在一起，集"经济社会持续发展、社会和谐与人民幸福、生态环境良性循环、资源高效安全利用、人与自然景观互融、先进生态文化引领传承"为一体[45]，成为指导国家和区域人口、资源、环境与经济协调发展战略和实践的重要理论。因此，人口、资源与环境经济学的发展和建设需要以人与自然和谐共生理论为指导，在研究"人口-资源-环境-经济"这一复杂巨系统的运行和发展时，必须始终遵循人与自然和谐共生的思想和理念，树立起"人与自然是生命共同体"的基本意识，尊重自然规律、顺应自然规律，科学地构建起现代生态文明下的可持续发展新模式，为中华民族的伟大复兴乃至各国解决现代化过程中的世界性难题提供科学依据。

（二）人口、资源与环境经济学在经济学类学科中居于核心地位

白永秀和吴振磊（2012）[42]认为，人口、资源与环境经济学研究的基本问题是经济学类中各种学科的灵魂与本质。这是很有道理的。人口、资源与环境经济学是研究人口、资源、环境与经济的相互关系及其协调发展的一门新兴学科，其关键是人类生存与发展中稀缺性资源与环境的有效利用与培育，它追求的是人口、资源、环境与经济的协调发展，最终走向的是现代生态文明下的可持续发展道路，这既是人类生存与发展的基本问题与核心问题，同时也是其他经济学学科（包括理论经济学其他分支学科和应用经济学）的出发点和落脚点。也就是说，人口、资源与环境经济学是理论经济学的基础与核心，理论经济学的其他分支学科是从不同的侧面、不同的视角去研究人口、资源、环境与经济的协调发展问题，而应用经济学则是研究人口、资源、环境与经济协调发展中的具体问题。

第五节 学科特点

许多专家学者从不同角度探讨了人口、资源与环境经济学的学科性质和特点，如周新城（2000）[46]认为，人口、资源与环境经济学的特点可概括为三点：综合性，理论性，以研究解决经济问题为主。吕红平和王金营（2001）[2]着重对该学科的综合性、应用性等特征进行了阐释。白永秀和吴振磊（2012）[42]对该学科的理论性特点做了阐述。参考以往相关专家学者的观点，本书认为，人口、资源与环境经济学的学科特点主要体现在综合性、理论性和应用性三个方面。

一、综合性

上一节指出的"交叉学科性质"决定了人口、资源与环境经济学的重要特点之一就是综合性。本学科所研究的是人口-资源-环境-经济系统，该系统将人口、资源、环境和经济四个子系统有机地结合在一起，形成了综合性的复杂巨系统。研究这一复杂巨系统的人口、资源与环境经济学，是以往的人口经济学、资源经济学、环境经济学、可持续发展以及社会学、地理学、生态学、管理学等相关学科交叉、融合而产生的新兴学科。由于这一学科既涉及人文社会科学知识，也涉及自然科学知识；既包含人口经济学、资源经济学、环境经济学等经济学科，也包含社会学、地理学、生态学、管理学等其他学科的相关内容，因此，人口、资源与环境经济学的综合性就是体现在：要对以上诸多学科按照人口、

资源与环境经济学的学科性质和研究目的进行提炼与综合，使这一学科既要反映各个"子学科"的精华，又不同于原来的"子学科"；既有原来各个"子学科"的印迹，又远远超出了原来的"子学科"的范畴，从而形成一个基于以上诸"子学科"之上的新学科[2]。

从各"子学科"来看，国内外在人口经济学、资源经济学、环境经济学以及社会学、地理学、生态学、管理学等学科的建设上已经取得了很大成就，基本上都在各自的学科领域形成了较为系统的研究框架和学科体系，但这显然是不够的。作为一个新兴的学科，人口、资源与环境经济学绝不是人口经济学、资源经济学、环境经济学等学科的简单相加，而是经过"综合"之后形成的一个全新的学科，是由以上诸学科有机组合而成的整体。因此，现今的任务是从可持续发展观出发，把人口、资源、环境与经济有机地结合起来，作为一个整体进行综合性的研究，探索人口、资源、环境与经济之间的相互关系及其规律性，推进人口、资源、环境与经济协调发展的研究实践。

二、理论性

人口、资源与环境经济学本是应用性很强的学科，那为什么国务院学位委员会1997年颁布的《授予博士、硕士学位和培养研究生的学科、专业目录》把它归入一级学科"0201理论经济学"，而没有归入到一级学科"0202应用经济学"？其"理论性"体现在哪里？

前中国人民大学研究生院院长周新城教授（2000）认为，其"理论性"指的是该学科专业的培养目标应当是从事战略性理论研究的人才，而不是操作性人才。从事人口、资源与环境经济学的教学、科研人员应该有创新精神和独到见解，能够对国家经济、社会发展决策提供咨询和创造性意见[46]。王胜今和齐艺莹（2004）[11]也认为，该学科的研究目的是为政府制定可持续发展的相关政策提供理论依据。

白永秀和吴振磊（2012）[42]认为，人口、资源与环境经济学属于理论经济学的范畴，因而要加强学科的经济学理论性建设。也就是要依托理论经济学的支持，把理论经济学作为它的发展基础。其还认为，人口、资源与环境经济学的建设与发展，并不否定已有的人口经济学、资源经济学、环境经济学等学科的存在，但人口经济学、资源经济学、环境经济学等学科更多是研究技术层面的问题，而人口、资源与环境经济学更多的是研究理论层面的问题。

复旦大学人口研究所（2003）[47]撰写的《第二届全国高校"人口、资源与环境经济学"学科建设研讨会会议纪要》指出，人口、资源与环境经济学既有理论经济学的特点，又有应用经济学的特点。人口、资源与环境经济学属于理论经济学范畴，其原因在于本学科是研究可持续发展机理的，为正确评估资源的价值提供政策的理论指导。然而，鉴于本学科具有较强的实践性和可操作性，注重调查研究和对实际数据的处理，强调研究结果形成实际政策咨询建议，因而也有应用经济学的特点。

综上所述，人口、资源与环境经济学作为综合性很强的交叉学科，其本身既有着理论经济学的特点，又具有应用经济学的特色，因而是理论性与应用性并重的学科。

三、应用性

人口、资源与环境经济学的"应用性"这一特点，主要是由该学科的产生背景和研究目的所决定的[2]。人口、资源与环境经济学是适应于综合解决人口、资源、环境等制约经济社会发展的重大问题之需要而产生的，这也体现了研究、制定和实施可持续发展战略的客观要求。也就是说，人口问题、资源问题和环境问题之所以成为"问题"，乃是指人口增长、资源短缺、环境退化甚至恶化已到了与经济社会发展不相适应的程度，或者说与经济社会发展日益增长的需求之间产生了巨大矛盾，威胁到了经济社会的持续发展，因此，在经济社会发展中必须有效地解决人口问题、资源问题和环境问题。在解决这些问题的过程中，不宜单纯地就人口问题谈控制人口、就资源短缺问题谈节约和保护资源、就环境恶化问题谈保护环境，而是需要将所有这些问题综合地置于发展问题的大框架下，并服务于发展的需要。可持续发展理念的提出，使人们对解决人口问题、资源问题、环境问题的目的性更加明确，各国政府纷纷把解决人口问题、资源问题、环境问题视为实现可持续发展战略的主要内容。从根本上来讲，如果能有效地解决好人口问题、资源问题、环境问题，使人口、资源、环境与经济能够协调地发展，那么可持续发展的战略目标也就能够顺利实现。因此，在国家和区域的可持续发展进程中，必须对人口、资源、环境等关系到可持续发展战略的重要因素做出理论上的科学论证，以获得最佳的经济合理性、生态适宜性和社会可行性，人口、资源与环境经济学正是以解决这些问题为其主要研究任务，旨在实现人口、资源、环境与经济的协调发展。因此，人口、资源与环境经济学的"应用性"色彩是非常浓厚的。此外，正如吕红平和王金营（2001）[2]指出，人口、资源与环境经济学的应用性还体现在为实施可持续发展战略提供具有科学性、可行性和可操作性的可选方案，并对之进行科学论证方面，从而使理论研究走出理论家的殿堂，应用和服务于可持续发展实践，对可持续发展实践起到应有的指导作用。

第六节 本学科与其他学科的关系

上述表明，人口、资源与环境经济学是人口经济学、资源经济学、环境经济学、可持续发展等相关学科交叉、融合而产生的新兴学科。因此，人口、资源与环境经济学必然与人口经济学、资源经济学、环境经济学有着密切的联系，需要不断地从这些学科中汲取营养，但它又不同于人口经济学、资源经济学、环境经济学等学科，是建立在这些学科基础之上的更具综合性、整体性、系统性的学科。

一、人口、资源与环境经济学的多源头特点

人口、资源与环境经济学的产生与发展过程，从根本上来讲，是通过"可持续发展"这一重大战略思想和理念，将已有的人口经济学、资源经济学、环境经济学等多个学科整合在一起并不断地交融、深化的过程。也就是说，该学科的发展存在多源头的特征。李通屏等（2007）[7]将这种多源头的特点直观地用以下的关系式来表达：

$$PREE = SD \cdot (PE + RE + EE + \cdots)$$

式中，PREE表示人口、资源与环境经济学（Population, Resources and Environment Economics），SD表示可持续发展（Sustainable Development），PE表示人口经济学（Population Economics），RE表示资源经济学（Resources Economics），EE表示环境经济学（Environment Economics)。

从上式可以看出，人口、资源与环境经济学的形成与发展，是通过可持续发展的理念，将已有的多个学科整合起来并不断交融和深化的过程。也就是说，人口、资源与环境经济学源于多个子学科，但又不是这些子学科的简单叠加，它既有原各"子学科"的印迹，又远超出了原"子学科"的范畴，而是经过对原各"子学科"进行高度综合与提炼之后形成的新学科。因此，人口、资源与环境经济学与各"子学科"之间既相互联系又有显著的区别，它不像原"子学科"那样相对单纯地研究人口与经济问题、资源与经济问题、环境与经济问题，而是从整体上综合地研究人口、资源、环境与经济相互关系及其协调发展问题。

二、基础性分支学科的发展是人口、资源与环境经济学建立和发展的基础

人口、资源与环境经济学源自人口经济学、资源经济学、环境经济学等多个学科。其中，人口经济学无疑是起步较早、其理论和方法也较为完备的分支学科之一。英国经济学家、人口学家马尔萨斯1798年发表的《人口原理》(*An Essay on the Principle of Population*) 开启了人口经济研究的先河，此后，人们开始重新审视人口自身的增长与生产资料和生活资料供给的相互关系，由此形成了现代人口经济学的基本框架。第二次世界大战之后，世界人口的发展经历了三个重要的变化：①20世纪40年代末到60年代初，全球人口快速地增长，截至1960年突破30亿人；②发达国家和一些新兴工业化国家或地区的人口增长率表现出持续下降的趋势，使人类对自身发展给予了高度关注；③日益加强的人口迁移和城市化趋势，为人口经济学研究提出了新的课题，并促使人口经济学日益走向成熟。工业革命以来，人类的生产和生活方式不断地消耗大量的自然资源，尤其是掠夺式的生产模式破坏了人类自身生存的生态环境，人类不得不面对日益突出的资源消耗和环境破坏问题。这时，人类对自身发展前景的关注从单纯的人口与经济关系扩展到人地关系、资源稀缺性和有效利用以及环境问题等。从马尔萨斯早期的人口增殖力较土地生产物质资料的能力更为巨大，再到现代马尔萨斯主义的"粮食短缺""能源危机""资源耗竭""环境污染"等，都是对人口、资源与环境关系关注的结果，这推动了人类向可持续发展道路的迈进。因此，在现代人口经济学研究中纷纷纳入了可持续发展的内容。

随着资源与环境问题的日益突出，经济学、环境科学、自然资源学、地理学及其他相关学科的研究者从不同于人口经济学的角度，广泛地开展了对资源问题、环境问题的研究，形成了自身的学科体系和研究方法。其中的资源经济学主要研究自然资源（土地、森林、水资源等）在经济社会发展过程中的有效配置问题以及资源配置决策的收入分配效果，着力于研究各种选择方案、政策和工程项目的效益和成本以及这些效益和成本的影响范围，并提出相关政策建议。这门学科的产生和发展对于当今人口、资源与环境经济学的建立和发展有着重要的作用。

相对而言，环境经济学是20世纪60年代才得以兴起的一门年轻的学科。在学科认知中，环境经济学和资源经济学的范围划分往往难以统一。人们既可以将具体的环境视为一种自然资源，又可以将自然资源视为整个环境的一部分。在环境经济学产生之前的长时期中，大多数人错误地认为没有必要专门对环境问题进行经济学研究，认为自然资源的供给与其他生产要素的供给之间不存在实质性的差别，而作为废弃物排放场所并具备自我净化

能力的人类生存环境是取之不尽、用之不竭的，因而无须纳入研究稀缺性的经济学领域中，这是导致环境破坏和恶化问题日益严重化的重要原因，与现代生态环境观是相悖的。通常认为，环境经济学是运用经济学理论与方法来研究自然环境的保护和发展及其与人类活动关系的学科，至少包括环境的污染与治理、生态平衡的破坏与恢复等内容。环境经济学的研究方法，也源于现代经济学，它为环境分析提供了一种思想方法和分析工具，可为环境问题的解决提供现实的、有效的工具。

总体来看，人口经济学、资源经济学和环境经济学存在研究对象和学科体系的差别，但此三者之间也有其共同点[3]：一是这三个学科的分析框架均属于现代经济学的范畴；二是此三者关注的均为各自学科研究对象对社会其他因素的影响，基本上未考虑其他因素对所研究对象的影响。随着全球人口的快速增长、自然资源的大量消耗和生态环境的日益恶化，人类逐渐发现依靠单独的一门学科已无法解决新产生的各种问题，只有综合各个学科的优势，把其有机地联系起来，对学科进行整合，开展跨学科研究，才能对新的问题进行深入系统的分析，进而提出解决问题的有效方法。人口、资源与环境经济学正是在此背景下，以人口经济学、资源经济学和环境经济学等相对成熟的学科为基础，以可持续发展理论为主线，经过学科综合和提炼，形成具有自身学科体系和特色的一门独立的新兴学科。

三、可持续发展是人口、资源与环境经济学之魂

传统发展观以追求经济的无限增长和物质财富的无限增加为终极目标。这种发展观的理论前提有两个：①自然资源的供给能力具有无限性，经济增长和物质财富增长所依赖的自然资源在数量上不会枯竭，因而对它的开发利用可以不受约束；②自然环境的自净能力具有无限性，人类生产和生活的废弃物排放不至于对自然环境构成非可逆性的破坏。在这种发展观指导下，在世界工业化的进程中，无论是先前的发达国家工业化还是之后的发展中国家工业化，基本上都是把经济增长建立在无限索取自然资源、大量地消耗石化能源的基础上，使工业文明建立在对不可再生资源的大规模开发和自然环境容量的无顾忌利用的基础上；同时，传统发展观又片面地强调发展的速度和发展的数量，严重忽视对资源的节约利用和保护增值，忽视对污染的防治，忽视对人口、经济、社会与资源、环境关系的自觉协调，导致人们的发展行为和发展方式越来越脱离人类社会与自然界的协调发展轨道。于是，与传统发展观相对立的可持续发展观便应运而生。

1980年，世界自然保护联盟提出了"可持续发展的生命资源保护"问题。1981年，美国学者莱斯特·布朗出版了《建设一个持续发展的社会》一书，首次比较系统地阐述了可持续发展的思想。1987年，联合国环境与发展委员会出版《我们共同的未来》，正式提出了"可持续发展"的概念，系统地阐明了持续发展战略思想，在世界各国掀起了可持续发展的浪潮，标志着可持续发展观的基本形成。1992年联合国召开的世界环境与发展大会通过了《21世纪议程》，要求各国制定和组织实施可持续发展战略、计划和政策，迎接人类面临的共同挑战。

可持续发展作为世界一个全新的发展战略，从根本上革新了人类社会的传统发展观和发展战略。它要求人口、资源、环境和经济四者之间均能在质量上提高、在时间上得到无限延续。这一新型战略以依靠科技进步、提高人口素质、开发人力资源、提高资源利用效率、促进环境友好，把人口、资源、环境和经济发展作为统一整体为其基本特点[7]。因

此，可持续发展观的提出，有效地整合了原来独立、分散的人口经济学、资源经济学和环境经济学等分支学科，促成了综合性、整体性、系统性的一门新兴学科——人口、资源与环境经济学顺利诞生。

参考文献

[1] 杨子生．土地资源学［M］．北京：经济管理出版社，2021．

[2] 吕红平，王金营．关于人口、资源与环境经济学的思考［J］．人口研究，2001，25（5）：28-34．

[3] 杨云彦，程广帅．人口、资源与环境经济学学科的新发展［J］．求是学刊，2006，33（1）：62-66．

[4] 童玉芬，周文．中国人口、资源与环境经济学20年回顾：发展与挑战［J］．中国人口·资源与环境，2018，28（11）：171-176．

[5] 熊升银，王学义．推动新时代人口、资源与环境经济学创新发展的思考［J］．福建商学院学报，2022（2）：74-80．

[6] 恩格斯．自然辩证法［M］．北京：人民出版社，1955．

[7] 李通屏，邵红梅，邓宏兵．经济学帝国主义与人口资源环境经济学学科发展［J］．中国人口·资源与环境，2007，17（5）：22-26．

[8] 郭志刚．人口、资源、环境与经济发展之间关系的初步理论思考［J］．人口与经济，2000（6）：12-16．

[9] 杨云彦．人口、资源与环境经济学［M］．北京：中国经济出版社，2001．

[10] 张象枢．论人口、资源、环境经济学［J］．环境保护，2002（2）：6-8．

[11] 王胜今，齐艺莹．我国人口、资源与环境经济学学科发展的思考［J］．吉林大学社会科学学报，2004（6）：89-94．

[12] 杨文进．略论发展经济学与可持续发展经济学的区别［J］．江西财经大学学报，1999（3）：15-18．

[13] 刘思华．创建中国特色的可持续发展经济学［J］．中南财经大学学报，1997（4）：77-85．

[14] 刘思华．可持续发展经济学［M］．武汉：湖北人民出版社，1997．

[15] 马传栋．可持续发展经济学［M］．济南：山东人民出版社，2003．

[16] 洪银兴，曲福田．可持续发展经济学［M］．北京：商务印书馆，2023．

[17] 张象枢．人口、资源与环境经济学［M］．北京：化学工业出版社，2004．

[18] 邓宏兵，张毅．人口、资源与环境经济学［M］．北京：科学出版社，2005．

[19] 钟水映，简新华．人口、资源与环境经济学［M］．北京：科学出版社，2005．

[20] 王珍．人口、资源与环境经济学［M］．合肥：合肥工业大学出版社，2006．

[21] 麻彦春，魏益华，齐艺莹．人口、资源与环境经济学［M］．长春：吉林大学出版社，2007．

［22］何爱平，任保平．人口、资源与环境经济学［M］．北京：科学出版社，2010．

［23］杨云彦，陈浩．人口、资源与环境经济学［M］．武汉：湖北人民出版社，2011．

［24］王文军．人口、资源与环境经济学［M］．北京：清华大学出版社，2013．

［25］朱群芳．人口、资源与环境经济学概论［M］．北京：清华大学出版社，2013．

［26］周海旺．人口、资源与环境经济学理论前沿［M］．上海：上海社会科学院出版社，2016．

［27］钟水映，简新华．人口、资源与环境经济学［M］．北京：北京大学出版社，2017．

［28］《人口、资源与环境经济学》编写组．人口、资源与环境经济学［M］．北京：高等教育出版社，2019．

［29］何盛明．财经大辞典［M］．北京：中国财政经济出版社，1990．

［30］李俊梅．关于土地利用系统分析方法体系的探讨［J］．地域研究与开发，1997，16（增刊）：1-5．

［31］靖学青．区域国土资源评价的系统分析方法［J］．自然资源学报，1997，12（4）：370-376．

［32］苏宁男，刘新梅．贫水地区水资源开发利用的系统分析方法［J］．资源开发与市场，1997，13（3）：99-105．

［33］邬沧萍，穆光宗．新的学术生长点：人口、资源、环境经济学研究［J］．中国人口、资源与环境，2000，10（4）：5-8．

［34］［英］约翰·内维尔·凯恩斯．政治经济学的范畴与方法［M］．党国英，刘惠译．北京：商务印书馆，2017．

［35］郭世辉．关于经济学研究方法的几点思考［J］．西安文理学院学报（社会科学版），2008，11（1）：84-86．

［36］Friedman M. The Methodology of Positive Economics［A］//Friedman M. Essays in Positive Economics［M］. Chicago：University of Chicago Press，1953：3-43．

［37］林毅夫．经济学研究方法与中国经济学科发展［J］．经济研究，2001（4）：74-81．

［38］曾国安．不能从一个极端走向另一个极端——关于经济学研究方法多元化问题的思考［J］．经济评论，2005（2）：74-85．

［39］尹世杰．也谈经济学研究方法的多元化问题［J］．经济评论，2005（4）：10-14．

［40］郭世辉．关于经济学研究方法的几点思考［J］．西安文理学院学报（社会科学版），2008，11（1）：84-86．

［41］国务院学位委员会．授予博士、硕士学位和培养研究生的学科、专业目录（1997年颁布）［EB/OL］．http：//www.moe.gov.cn/srcsite/A22/moe_833/200512/t20051223_88437.html，2005-12-23．

［42］白永秀，吴振磊．创立中国特色人口资源环境经济学的设想［J］．当代经济研究，2012（7）：83-87．

[43] 习近平. 论坚持人与自然和谐共生[M]. 北京：中央文献出版社，2022.

[44] 习近平. 高举中国特色社会主义伟大旗帜　为全面建设社会主义现代化国家而团结奋斗——在中国共产党第二十次全国代表大会上的报告[R]. 北京：人民出版社，2022.

[45] 左其亭，张乐开，张羽，等. 人与自然和谐共生理论与实践[J]. 华北水利水电大学学报（自然科学版），2023，44（6）：10-15，65.

[46] 周新城. 关于人口、资源与环境经济学学科建设的意见[J]. 人口研究，2000，24（1）：43-45.

[47] 复旦大学人口研究所. 第二届全国高校"人口、资源与环境经济学"学科建设研讨会会议纪要[J]. 人口研究，2003，27（4）：93-95.

第三章 学科的理论基础

人口、资源与环境经济学研究的是"人口-资源-环境-经济"这一复杂巨系统，是一门综合性极强的交叉性学科，因此，其涉及的基础理论是多方面的。这里主要围绕人口、资源、环境与经济的协调发展问题，对可持续发展、人与自然和谐共生、生态经济、"两山"论、人口经济、资源节约集约利用、循环经济、稀缺性、三种生产、外部性等基本理论加以讨论。

第一节 可持续发展理论

可持续发展理论（Sustainable Development Theory）是当今世界各国在经济社会发展和资源开发利用、生态环境保护中特别关注的重大理论，对于指导人口、资源与环境经济学的建设与发展、推进国家和区域的人口、资源、环境与经济的协调发展具有重要的现实意义。

一、可持续发展思想的提出

可持续发展的思想是在传统发展模式暴露出诸多方面弊端并再也难以为继的背景下提出的。传统发展观基本上是一种工业化发展观，表现为对经济高速增长目标的努力追求，这种观念必然是以牺牲自然环境、过度利用资源为代价的，导致了日益严重的全球性资源与环境问题，危及了人类本身和人类后代的生存与发展。面对世界经济高速增长而引发的一系列环境问题和社会问题，人们不得不反思自己对待自然的态度和行为，修订发展的方向，调整发展的战略。

1972年6月5~16日，联合国在瑞典斯德哥尔摩召开了第一次国际环保大会——人类环境会议，该会议在讨论中提出并使用了"合乎环境要求的发展""无破坏情况下的发展""生态的发展""连续的或持续的发展"等，并最终选择了"可持续发展"这一提法[1]。1978年，国际环境和发展委员会首次在文件中正式使用了可持续发展概念。1980年，联合国环境规划署（UNEP）发表了著名的报告书《世界自然保护大纲》（*World Conservation Strategy*），强调环境和发展相互依存的关系，"保护自然环境是持续性发展的必要条件之一"。自此，"可持续发展"概念便问世并逐渐传播开来。

1987年，世界环境和发展委员会（WCED）向联合国提交了报告书《我们共同的未来》（OCF）[2]，明确提出了环境和发展的新方法论"可持续发展"（Sustainable Development）——既不损害满足后代人需求的可能性和能力而又满足当代人需要的发展，并强调要重视加强全球性相互依存关系以及发展经济和保护环境之间的相互协调关系。

1989年，联合国发表了《环境署第15届理事会关于"可持续发展"的声明》（以下简称《声明》）（Declaration on Sustainable Development）。《声明》指出："可持续的发展是指满足当前需要而又不削弱子孙后代满足其发展需要之能力的发展，而且决不包含侵犯国家主权的含义。"会议提出的"可持续发展"观念迅速被世界各国普遍接受，成为国际社会所公认的发展思路。

1991年10月，UNEP等世界组织在世界各地共同发行了《保护地球——可持续性生存战略》（Care for the Earth: A Strategy for Sustainable Living）一书。对WCED定义的"可持续发展"概念重新具体定义为"在作为支持生活基础的各生态系统内容能力限度范围内，持续生活并使人们生活质量得到改善"。

1992年6月，为纪念联合国人类环境会议召开20周年，在巴西里约热内卢召开了有183个国家代表参加的"联合国环境与发展大会"（UNCED），这是人类历史上空前的关于可持续发展的国际环境会议。会议发表了著名的《里约宣言》（27项原则）及其行动计划《21世纪议程——为了可持续发展的行动计划》[3]。可以说，《21世纪议程——为了可持续发展的行动计划》为人类奔向可持续发展的光明大道指明了方向。

1994年3月，中国政府制定了《中国21世纪议程——中国21世纪人口、环境与发展白皮书》[4]，成为指导中国国民经济和社会发展中长期发展战略的纲领性文件，对中国的可持续发展起到了重要的推动作用。

二、可持续发展的基本概念

自20世纪80年代中期以来，国内外对"可持续发展"作出了近百种不同的定义，但归纳起来主要有以下五种类型[5,6]：

（1）从自然属性定义可持续发展。认为"可持续发展是寻求一种最佳的生态系统以支持生态的完整性，即不超越环境系统更新能力的发展，使人类的生存环境得以持续"。这是由国际生态联合会和国际生物科学联合会在1991年11月联合举行的可持续发展专题讨论会的成果。

（2）从社会属性定义可持续发展。1991年，由世界自然保护同盟、联合国环境规划署和世界野生生物基金会共同发表的《保护地球——可持续生存战略》中给出的定义，认为"可持续发展是在生存不超出维持生态系统涵容能力之情况下，改善人类的生活品质"，并提出人类可持续生存的九条基本原则。主要强调人类的生产方式与生活方式要与地球承载能力保持平衡，可持续发展的最终落脚点是人类社会，即改善人类的生活质量，创造美好的生活环境。

（3）从经济属性定义可持续发展。认为可持续发展的核心是经济发展，是在"不降低环境质量和不破坏世界自然资源基础上的经济发展"。

（4）从科技属性定义可持续发展。认为可持续发展就是要用更清洁、更有效的技术方法，以保护环境质量，尽量减少能源与其他自然资源的消耗。着眼点是实施可持续发展，科技进步起着重要作用。

（5）从伦理方面定义可持续发展。认为可持续发展的核心是目前的决策不应当损害后代人维持和改善其生活标准的能力。

综观各类定义，总体上看，"可持续发展"的概念以世界环境和发展委员会（1987）

在《我们共同的未来》中的定义较为普及，可持续发展是指既能满足当代人的需要又不对子孙后代满足其需求的能力构成危害的发展。也就是通常所说的"绝不能吃祖宗饭，断子孙路"。其基本特征是公平性（Fairness）、持续性（Sustainability）和共同性（Common）[7]。其主要内容可概括为生态可持续性、经济可持续性和社会可持续性三个方面，其中生态环境可持续性（资源的可持续利用和良好的生态环境）是基础，经济可持续性（同时重视数量和追求质量的集约型经济增长）是前提，社会可持续性（谋求社会的全面进步）是目标。

三、可持续发展的基本内涵

可持续发展的内涵有两个基本方面：发展（Development）与持续性（Sustainability）（见图3-1）。发展是前提和基础，持续性是关键，没有发展，也就没有必要去讨论是否可持续了；没有持续性，发展就行将终止。这里的"发展"应包括两方面的含义：①它至少应含有人类社会物质财富的增长，因而经济增长是发展的基础；②发展作为一个国家或区域内部经济和社会制度的必经过程，它以所有人的利益增进为标准，以追求社会全面进步为最终目标。"持续性"也有两方面的含义：首先，自然资源的存量和环境的承载能力是有限的，这种物质上的稀缺性和在经济上的稀缺性相结合，共同构成经济社会发展的限制条件。其次，在经济发展过程中，当代人不仅要考虑自身的利益，而且应该重视后代的人的利益；既要兼顾当代人的利益，也要为后代发展留有余地。

也就是说，可持续发展是发展与可持续性的统一，两者相辅相成，互为因果。放弃发展，则无可持续性可言，只顾发展而不考虑可持续性，则将丧失长远发展的根基。可持续发展战略追求的是近期目标与长远目标、近期利益与长远利益的最佳兼顾，经济、社会、人口、资源、环境的全面协调发展。

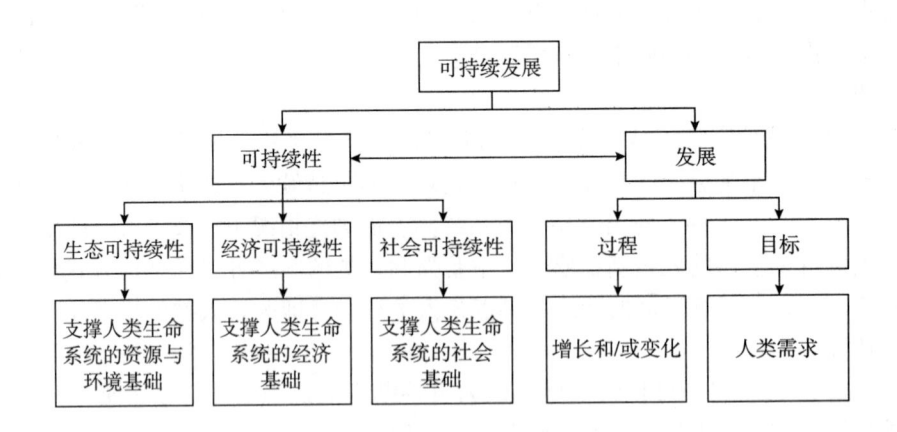

图3-1 可持续发展内涵

可持续发展理论认为，经济可持续发展是基础，生态（环境）可持续发展是条件，社会可持续发展则是目的。该理论一方面鼓励经济增长，强调经济增长的必要性，但同时认为，可持续发展的标志是资源的永续利用和良好的生态环境，最终的目标是谋求社会的全面进步。

四、可持续发展理论对人口、资源与环境经济学的指导意义

可持续发展从实质上是要将当前的经济发展与长远的经济发展有机结合、统筹考虑，正确处理经济发展与人口、资源、环境之间的关系，促进人类社会的全面进步和永续发展。它不仅要考虑当前的经济发展，更要考虑未来长远的持续发展，使经济增长与人类的需求、资源的节约、生态环境的保护协调地发展。可见，从根本上来看，可持续发展理论和人口、资源与环境经济学的核心目标是一致的，即追求人口、资源、环境与经济之间的协调发展。因此，在理论上，可持续发展理论能够对人口、资源与环境经济学的发展和建设起到非常重要的支撑性作用。正因如此，有的学者甚至将人口、资源与环境经济学等同于可持续发展经济学。在实践上，可持续发展理论对国家和区域人口、资源、环境与经济之间的协调发展起着重要的指导作用。可以说，在国家和区域人口、资源、环境与经济协调发展的研究和实践中，始终都需要遵循可持续发展理论。

第二节 人与自然和谐共生理论

一、人与自然关系的四个发展阶段

自人类诞生以来，人与自然的关系便开始存续至今，并成为自然界中最基本和最基础的关系。人与自然的关系亦称"人天关系""人地关系"，这时，"天""地"指的是大自然。总体上来看，人与自然的关系大致经历了四个阶段：早期渔猎经济时代的依赖大自然阶段、农耕经济时代的适应自然与"天人失衡"并存阶段[1]、工业文明时期的"征服自然"与遭自然惩罚阶段和生态文明时期的追求人与自然和谐相处可持续发展阶段。

（1）早期渔猎经济时代的依赖大自然阶段。在人类社会早期的渔猎经济时代，人类各方面依赖大自然，靠自然界提供的物质资料维持生存，那时，大自然是人的"无机身体"。

（2）农耕经济时代的适应自然与"天人失衡"并存阶段。进入农耕经济时代，由于劳动工具的发明和农业生产的发展，人类适应大自然、利用自然资源的能力显著增强，尽管这时人与自然在总体上尚处于阶段性和谐的状态，但也时常出现"天人失衡"的情况[8]，一些农业文明地区由于过度耕种、过度放牧、过度渔猎等掠夺性开发利用大自然的方式，使自然生态系统局部崩溃，如幼发拉底河与底格里斯河流域古文明的衰落、古丝绸之路上"楼兰古国"的消亡等；此外，由于那时的农业生产尚处于"靠天吃饭"状态，无法应对洪、旱、虫、风、火、地震等自然灾害，因而使局部地区和某些时段的天人关系失衡。

（3）工业文明时期的"征服自然"与遭自然惩罚阶段。到了工业文明时期，由于科学技术突飞猛进，大机器的制造、能源的开发使人类驾驭大自然的能力越来越强，于是，出现了"征服自然""改造自然""人定胜天"的观念，妄图竭尽一切可能地利用自然、征服自然，其结果超出了自然界的承受限度，破坏了自然生态的平衡，于是，大自然开始报复人类。正如恩格斯所批判的："我们不要过分陶醉于我们对自然界的胜利。对于每一次这样的胜利，自然界都报复了我们。"[9]

（4）生态文明时期的追求人与自然和谐相处可持续发展阶段。受到大自然的惩罚之后，人们开始关注人与自然之间的协调问题，日益追求人与自然和谐相处，于是提出了可持续发展的思想理念[2]，并于1992年6月在巴西里约热内卢召开的联合国环境与发展大会上通过了标志性的文件《21世纪议程》[3]，这是人类转变传统发展模式和生活方式、走可持续发展道路的一个里程碑，被誉为与地球签订了"天人合一之约"——实施可持续发展战略。此后，人与自然和谐相处、人口-资源-环境-经济协调发展、可持续发展成为全球性的主流思想和核心理念。

二、人与自然和谐共生思想理念的提出及基本含义

人与自然和谐共生的理念，最早可以追溯到古代中国哲学家老子。他提出了"道"与"自然"的概念，强调人类应当顺应自然的规律，与自然和谐共生，以实现真正的幸福与平衡。这种理念在之后的文化和哲学思想中得以发展和推广，形成了中国古代独特的"天人合一"思想、道法自然思想、顺应和保护自然思想，积淀了丰富的人与自然和谐共生的智慧。习近平同志在继承中国古人生态智慧的基础上创新性地提出了关于人与自然和谐共生的重要论述。2016年1月，习近平同志指出："人因自然而生，人与自然是一种共生关系，对自然的伤害最终会伤及人类自身。只有尊重自然规律，才能有效防止在开发利用自然上走弯路。"[10] 2018年5月，习近平同志指出："自然是生命之母，人与自然是生命共同体。人类必须敬畏自然、尊重自然、顺应自然、保护自然。"[10]将人与自然关系提升到生命共同体的高度，使"天人合一"的中国智慧在新时代焕发出新的生机。党的十九大报告指出："人与自然是生命共同体，人类必须尊重自然、顺应自然、保护自然""我们要建设的现代化是人与自然和谐共生的现代化"[11]；党的二十大报告进一步将"促进人与自然和谐共生"列为中国式现代化的本质要求，并指出"中国式现代化是人与自然和谐共生的现代化""必须牢固树立和践行'绿水青山就是金山银山'的理念，站在人与自然和谐共生的高度谋划发展"[12]。

在人与自然关系问题上，"和谐共生"（Harmonious Coexistence 或 Harmonious Symbiosis）已成为中国式现代化的内在要求。从基本含义上来讲，"和谐"，意味着人与自然和睦相处，达到协调、适应和平衡状态；"共生"，意味着人与自然同生共在、一荣俱荣、一损俱损。因此，人与自然和谐共生的概念可以理解为：人类与自然界和睦相处、协调发展从而达到同生共处、一荣俱荣的"生命共同体"状态。

人与自然和谐共生也可以理解为人文系统与自然系统达到共生共存的状态，涉及经济、社会、生态、资源、景观、文化等多维系统的参与，包括了六个方面的基本内涵[13]：经济社会的持续发展（基本要求）、社会和谐与人民幸福（出发点）、生态环境良性循环（根本保障）、资源高效安全利用（基本遵循）、人与自然景观互融（生动体现）、先进的生态文化引领传承（重要支撑）。

三、人与自然和谐共生理论对人口、资源、环境与经济协调发展战略与实践的重要指导意义

"人与自然是生命共同体"的观点，决定了人与自然和谐共生是人与自然关系的理想状态，是人与自然相处的最高境界，这是一种将自然的完整、稳定与有序看成人类命脉、

将优良的生态环境看成人类根本福祉的文明形态,是一种将经济社会发展控制在自然承载力范围内的文明形态,属于生态文明的核心理念[14]。因此,人与自然和谐共生理论已将自然生态与经济发展、社会民生有机融合在一起,集"经济社会持续发展、社会和谐与人民幸福、生态环境良性循环、资源高效安全利用、人与自然景观互融、先进生态文化引领传承"为一体,成为指导国家和区域人口、资源、环境与经济协调发展战略和实践的重要理论,是人口、资源与环境经济学发展和建设的理论基础。而且,人与自然和谐共生理论与可持续发展理论、生态经济理论、"两山"理论等是一脉相通的。

从"人与自然和谐相处"到"人与自然和谐共生",是理论与实践上的创新和重大突破[13],具有世界性意义。总的来看,西方式现代化对待人与自然关系的态度属于"控制自然",支配自然、控制自然成为生产方式、思维方式和实践方式,这种现代化模式导致人类赖以生存的生态平衡被打破,人与自然之间成为二元对立关系[15]。从当前乃至未来看,虽然世界各国建设生态文明的道路、模式会因国情而有所不同,但实现人与自然和谐共生的价值追求却是一致的。毕竟大自然孕育了人类,为人类馈赠了居所与营养,是人类的根、人类的源、人类的本。作为生命之母的大自然已经度过了45亿年,而地球上人类的出现仅仅300万年,大自然并不需要人类,人类却离不开大自然,人类搭乘着地球之舟漂浮在无垠的星际之中,与地球一荣俱荣、一损俱损[14]。因此,实现人与自然和谐共生应当是全世界共同的目标追求。中国式现代化的内在要求是"人与自然和谐共生",认为"自然是生命之母,人与自然是生命共同体,人类必须敬畏自然、尊重自然、顺应自然、保护自然"[10],因而在现代化路径上清晰地昭示了绿色、低碳、循环、可持续发展之路,为解决现代化过程中的世界性难题提供了中国方案,尤其为发展中国家在实施现代化进程中正确处理"人与自然关系",保障国家人口、资源、环境与经济协调发展提供了可参考和借鉴的路径。

第三节 生态经济理论

一、生态经济的基本概念

所谓生态经济(Eco-economics),即生态(Ecology)与经济(Economics)的结合与统一。从系统的角度来看,生态经济本身是一个复杂的系统,即生态经济系统(Eco-economic System),它是生态系统(Ecological System)与经济系统(Economic System)的联系、结合与统一。

生产是自然、社会经济和技术三大因素的综合体,即生产综合体。它实际上是一个巨大的复合系统,叫生产系统,是自然生态系统、社会经济系统和技术系统的有机结合。生产过程包括自然再生产过程和经济再生产过程,前者是构成整个生产的基础,它通过多层次的循环运转,形成生态系统,后者则通过生产、加工、运输、销售、分配、消费的完整系列过程而形成经济系统。

在整个生产过程中,生态系统的再生产和经济系统的再生产是相互交织的。在这两个系统之间以及系统之内,存在多维的必然联系。就两个系统之间的联系而言,生态系统再生产是经济系统再生产的基础，它决定着后者的发展规模和速度；经济系统则对生态系统具有主导的作用，从而制约整个生产的发展方向和自然资源的利用目的。两者相互依存、相互制约、相辅相成，彼此互有反馈作用（见图3-2）。图3-2揭示了生态经济系统中生态系统与经济系统的物质循环与能量流通的关系，即生态系统通过自然再生产过程使物质循环和能量转换发生变化后，将各种再生产品输出到经济系统再生产，成为经济系统的输入；而经济系统则输出劳动、技术等，成为生态系统的输入。如此往返、循环，将自然资源和其他生产资源通过生产过程而形成最终产品。在上述物质循环和能量流通的关系中，在物、能输入和输出之间保持着相对的动态平衡状态，如果一旦停止运转或严重失衡，生产就要终止或受到障碍。

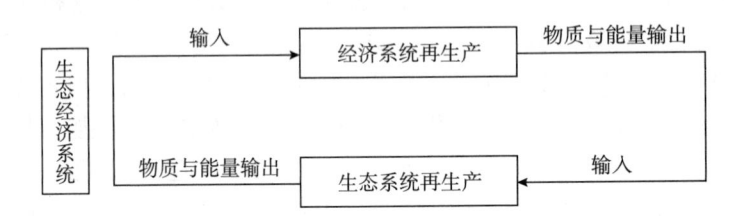

图 3-2 生态系统与经济系统之间的物质循环与能量流通

上述自然再生产过程和经济再生产过程之间相互依存、相互制约的关系，就是生态系统和经济系统的有机结合和矛盾统一，即生态经济或生态经济系统。生态系统和经济系统相互矛盾、统一的运动规律，称为生态经济规律；两者在矛盾运动中形成的动态相对稳定状态，称为生态经济平衡；由此而产生的生产力，就是生态经济生产力（Eco-economic Productivity）；它所提供的效益，称为生态经济效益（Eco-economic Benefits）。

二、生态平衡、经济平衡与生态经济平衡

生态系统是一个开放系统。在此系统中，生物与其环境之间通过长期适应，生物与生物、生物与环境之间进行着多层次的物质循环和能量转换，形成了具有特定功能的相对稳定的结构，即生态平衡。它包括三个方面：①生态系统物能输入与输出的平衡；②结构的平衡，即生物与生物、生物与环境之间在结构上相对稳定的比例关系；③功能的平衡，即食物链能量转化和物质循环的正常运行。在生产中，必须保持这三种平衡，方能确保生产的正常进行；否则，一旦这种生态平衡遭受破坏，导致自然环境的恶化，将使生态系统的物质循环和能量转换受到阻碍，从而使生物产量下降、生产力衰退，整个生产就会承受严重损失。因此，保持生态平衡是指导和发展生产必须遵守的自然规律。生态平衡规律也是衡量生态效益的基本法则，生态效益的大小，主要在于它是否符合生态平衡规律以及适应程度的大小。

从生态经济学的观点来看，生态平衡规律是客观存在的自然规律，生态平衡是生态系统良性循环的基础，而经济社会的发展必须建立在生态系统良性循环的基础之上，因而生态平衡是经济平衡（经济系统中所形成的动态相对稳定状态）的基础，从而也是生态经济平衡的基础。生态平衡引致经济平衡，从而也引致生态经济平衡，而经济系统的良性循环必须建立在生态经济平衡的基础之上，因此，经济社会的发展必须重视生态经济平衡和生

态经济规律。生态经济学原理要求人们从微观入手、宏观全局，对现有生态经济系统的得失做出生态经济评价，并采取相应的生态措施和经济手段，以进一步优化生态经济系统，要求既要考虑生态效益，又要考虑经济效益和社会效益，使之符合生态经济规律，实现人口、土地资源、生态环境和经济发展四者的统一与协调发展。

三、生态经济效益基本原理

生态经济效益由生态效益、经济效益和社会效益三者有机构成，是此三种效益的综合效益。自然资源开发利用的最终目标就是获取最大的综合效益，亦即最佳生态经济效益。

（一）生态效益

生态效益以生态平衡和生态系统的良性、高效循环为基础。它是人们在生产中遵循生态平衡规律，使自然界的生物系统对人类的生产、生活条件及环境所产生的有益或有利的结果。从这一点上说，生态效益好，也就是环境效益好，两者是一致的。在生产中要求生态效益或环境效益达到的目标和标志，就是根据生态平衡规律或生态经济规律，指导和发展生产，协调"人类-自然资源-生态环境"的关系，正确评价和合理开发利用自然资源，保护和增进其生态经济生产力，提高生态效益和生态经济效益，使自然资源可持续利用而不衰，促进生产和经济社会的可持续发展。

（二）经济效益

经济效益是指人们在取得经济效果的基础上所获得的经济利益，因此，要取得经济效益，首先必须有经济效果。经济效果是反映投入产出关系的，它就是所费与所得的关系，即生产经营中所投入的物化劳动和活劳动的费用与所得产品的价值之比。经济效益以生态经济平衡和生态经济系统的良性、高效循环为基础。因此，不能为了提高经济效益去牺牲生态环境和浪费自然资源，而必须在保证最佳生态经济效益的前提下，实现最大的宏观综合经济效益。

（三）社会效益

社会效益是指资源开发利用和生产经营活动所产生的社会影响和给社会带来的效益。它包括局部利益与整体利益的关系和眼前利益与长远利益的关系。目前，一般将社会效益集中于对社会需求性的满足程度上，即生产经营活动对社会需求性的满足程度越大，其社会效益也越大；反之，则社会效益越小，甚至没有社会效益。一切资源开发利用、生产经营活动都是为了满足人类和社会生存与发展的需要而进行的，因此，评价资源利用效益、生产经营效果好坏的依据指标之一，就是要看它是否取得最佳社会效益，并遵照社会需求与地区优势（包括资源优势和生产优势）相结合的原则。

（四）生态效益、经济效益与社会效益的辩证统一关系

上述三个效益中，生态效益处于基础地位，它是经济效益和社会效益的基础和前提，关系到人类发展的根本利益。而经济效益则处于核心地位，一切生产和整个经济的发展，必须以经济效益为中心；提高生态（环境）效益，也是为了提高宏观经济效益；不提高经济效益，就不能扩大再生产，因而也就不能促进生产和经济社会的发展。而社会效益则具有决定性的作用，因为一切生产活动均是为了满足社会的需要，如果没有社会效益，生态效益和经济效益将无从发挥。由于上述三个效益产生的共同基础是生态经济系统，并受制于生态经济规律，因而从根本上讲，生态环境效益与社会经济效益是一致的、同向的，但在一定条件下也会有矛盾、会发生异向。因此，必须正确地运用生态经济规律和生态经济理论，去分析和处理资源开发利用中生态（环境）效益、经济效益和社会效益的辩证统一关系。

四、生态与经济协调理论

生态经济学理论是因应当代解决经济社会发展中生态与经济的不协调并推动其走向协调的理论，并由此建立了自身的整个学科理论体系，其中，生态与经济协调理论是整个生态经济学理论体系的核心理论[16]。

生态与经济协调理论是在从工业社会向生态社会转变的过程中产生的，体现了生态文明时代人们改变经济发展中生态与经济不协调严重现状的要求，其运行以生态社会中生态与经济不协调和实现协调的矛盾运动为动力，其生命力以实现生态社会中经济社会的可持续发展为目的。实现生态与经济协调发展是当今新的生态文明时代与过去工业文明时代对比的一个突出特点。因此，生态与经济协调理论体现了生态文明时代的基本特征。

生态经济学有着一系列的基本理论范畴和基本原理，如生态与经济整体统一原理、生态经济平衡与良性循环原理、经济-生态-社会三个效益统一原理、生态与经济协调理论等，它们彼此相互联系和依存，同时从不同方面对生态经济发展实践起着理论指导的作用。这些理论范畴与原理最终所起的指导实践、推进生态与经济协调的基本作用是相同的。因为这些理论范畴与原理的建立均以"生态与经济协调"这一生态经济学核心理论为基础，并由此赋予其共同的理论特色。

五、生态经济理论对人口、资源与环境经济学的指导作用

从生态经济系统的观点来看，人口、资源、环境与经济状况的综合评价，实质上就是生态经济评价；研究人口、资源、环境与经济发展的相互关系及其规律，其目标就是要促进生态与经济的协调发展，获取最佳的生态经济综合效益。因此，生态经济理论对于人口、资源与环境经济学研究具有非常重要的意义。

从字面上来看，人口、资源与环境经济学的核心目标——人口、资源、环境与经济协调发展在内涵上要比生态经济学的核心理论——生态与经济协调更为宽广，但鉴于生态经济学的科学性、实用性尤其是生态与经济协调理论的基础性作用，人口、资源与环境经济学需要从生态经济学中汲取营养，借鉴生态与经济协调等生态经济学理论，建立适合本学科发展的人口、资源、环境与经济协调发展理论和实践范式。

在当今生态文明时代、实施可持续发展战略的进程中，生态经济学和人口、资源与环境经济学的存在与作用是密切关联和内在统一的，两者的目标和任务是相同的或是相通的，都是为了解决当代普遍存在的日益严重的生态与经济不协调的问题，通过指导人们端正自身的经济思维和经济行为，使当代经济从生态与经济不协调和不可持续发展走向生态与经济协调和可持续发展。生态与经济协调了，也就为人口、资源、环境与经济的协调发展奠定了坚实的基础。从系统论的角度来看，生态经济系统良性循环是"人口-资源-环境-经济"巨系统良性循环、健康发展的基础和前提。

第四节 "两山"理论

2005年8月15日，时任中共浙江省委书记的习近平同志在安吉县余村考察时首次提出"绿水青山就是金山银山"的科学论断和发展理念，这是对可持续发展道路的理论化扩展[17]，对于新时代人口、资源、环境经济学的发展与建设具有重要的指导意义。

一、基本含义

"两山"理论（Two Mountains Theory），或称"两山论"，是指"绿水青山就是金山银山"，这是关于生态环境与物质财富、生态保护与经济发展的一种思想理论，它跟本章的人与自然和谐共生、可持续发展的思想理论以及生态经济理论是一脉相承的，在本质上是相一致的。

从生态学角度来看，绿水青山（Clear Waters and Green Mountains）在本质上指的是人类赖以生存的水域、山地等自然生态系统处于健康、稳定、良性循环的状态，没有被人类的生活、生产活动所破坏。若自然生态系统遭受破坏，如水域被污染，山地植被被过度砍伐而导致严重水土流失等，意味着原来的绿水青山也就不复存在。可见，绿水青山是对健康生态系统的一种指代，它代表的是支撑经济社会发展的优质生态系统和优质生态环境，是自然本身蕴含的生态价值、生态效益。

金山银山（Mountains of Gold and Silver），从社会经济层面来看，它代表的是经济持续发展及其基础上的社会发展，体现的是经济价值和经济效益。

二、绿水青山与金山银山间的辩证关系

绿水青山与金山银山并不是对立的，而是共存的，也就是说：拥有金山银山的同时也可以拥有绿水青山[17]。两者间的辩证关系表现在两个方面：

一方面，绿水青山为金山银山的创造提供了基础条件和可能性。主要体现在以下三个方面：①绿水青山是创造金山银山的前提，金山银山必须建立在绿水青山的坚实基础之上。长期的历史发展实践表明，破坏生态环境就是破坏生产力。②绿水青山是创造金山银山的条件，保护好绿水青山才能守护金山银山，也就是说，保护生态环境就是保护生产力。③改善绿水青山才能发展金山银山，也就是说，改善生态环境就是发展生产力。

另一方面，金山银山也会反作用于绿水青山。主要体现在以下两个方面：①没有金山银山（经济社会发展和人民生活水平提高），对于人类社会而言，绿水青山的实际意义会极大地削弱，守着绿水青山过穷苦日子的方式显然并不可取。②没有一定的经济投入，绿水青山往往难以守护，如植树造林、绿化沙漠、污染防治等均需大量的资金投入；有了金山银山的经济投入，可以反哺绿水青山，实现青山永在、绿水长流。

绿水青山与金山银山之间的辩证关系深刻揭示了生态环境保护与经济社会发展之间的辩证统一，同时也凸显了绿水青山的根本地位。

三、"两山"理论的三个层次

（1）既要绿水青山，也要金山银山。这体现了绿水青山与金山银山的统一兼顾、共存

共生。这一层次强调了在经济发展过程中,既要追求经济财富的增长,也要保护好自然环境,实现经济发展与生态环境保护的"双赢"。在自然-经济-社会系统中,绿水青山是劳动对象和社会发展的基础,金山银山是劳动的结果和社会发展的动力,两者相辅相成、缺一不可,因此,绿水青山与金山银山必须统筹兼顾,不能顾此失彼。

(2) 宁要绿水青山,不要金山银山。这体现了绿水青山的优先地位。这一层次进一步强调了生态环境保护的重要性,表明在绿水青山与金山银山之间,宁愿选择前者,即生态环境本身的价值高于物质财富的价值。这是因为人类社会经济的发展需要遵循自然规律并接受生态环境的限制,违背自然规律、破坏生态环境的经济发展最终必然会反噬人类社会本身。若因破坏生态环境而失去了绿水青山,那么人类社会的发展必将变成无源之水、无本之木。

(3) 绿水青山就是金山银山。这体现了绿水青山与金山银山之间转化的机制和成效。这也是对前两个层次的升华,不仅强调生态环境本身就是财富,而且意味着保护好生态环境就能实现经济价值,充分体现了生态环境与经济价值之间的内在统一性。整个自然界和人类社会是一个统一的生态经济整体,该整体中的自然生态循环和社会经济循环并非独立的循环,而是耦合交织融合在一起,两者统一协调,相互促进。生态系统和经济系统的和谐统一,意味着"绿水青山就是金山银山"。

四、"两山"理论对推进人口、资源、环境与经济协调发展的意义

"两山"理论深刻地反映了社会经济发展与生态环境保护的辩证统一关系,其根本目的在于以经济可持续发展、人与自然和谐相处为目标,建设生产发展、生活富裕、生态良好的文明社会。

该理论从根本上更新了关于自然资源与生态环境的传统认识,打破了发展与保护对立的束缚,树立了保护自然环境就是保护人类社会、建设生态文明就是造福人类社会的新型思想理念。

该理论告诉我们,绿水青山既是自然财富、生态财富,又是社会财富、经济财富。绿水青山既是人类社会持续发展的最大资本,也是更具基础性和本源性的财富,离开了绿水青山,人类社会的一切财富都将失去基础和本源。

"两山"理论的践行,旨在推进绿水青山向金山银山转化,推动生态环境保护和经济社会发展的有机融合,将生态环境优势转变为经济发展优势,在经济发展中保护生态环境,在生态环境保护中发展经济,推进经济过程和经济发展的绿色化、生态化,最终实现国家和区域人口、资源、环境与经济的协调发展。长期的发展实践表明,护美绿水青山,做大金山银山,实现经济社会发展与人口、资源、环境相协调,才能让良好的生态环境成为经济社会持续发展的支撑点。

第五节 人口经济理论

开展人口、资源与环境经济学研究,必然涉及人口问题。在人地关系中,人居于主导的地位。人口与自然资源、生态环境的关系、比例及其结合方式,决定着自然资源开发利用的状况。因此，人口问题的探讨不可避免地成为人口、资源与环境经济学的一个首要问题。但人口、资源与环境经济学并不研究人口本身的发展规律，而是分析人口发展与自然资源、生态环境和经济发展的相互关系，从而揭示人口与资源开发利用之间的联系和规律。所以，人口经济理论是指导人们正确认识和解决人口与资源、环境和经济发展关系的理论依据，并成为人口、资源与环境经济学的重要基础理论。

人口与人口经济问题是一切社会经济问题的先导，历来深受人们关注，提出了形形色色的人口理论。这里仅对人口、资源与环境经济学研究有重大作用的几种人口经济理论作简要评述。

一、马尔萨斯的《人口论》

英国的人口学家、经济学家托马斯·罗伯特·马尔萨斯于1798年匿名发表了一本小册子，书名全称是《人口原理：人口对未来社会进步的影响，兼对戈德文先生、康多塞特先生和其他作者的理论进行评价》，后来马尔萨斯又精心修订过五个版本的《人口论》。马尔萨斯的这本书被认为是200多年来社科领域内争议最多的一部著作。

马尔萨斯人口理论是以讨论人具有食欲和性欲这两个"本性"开始的。其主要内容包括"两个前提、三个定理"：

"两个前提"：一是食物系人类生存所必需；二是两性间的情欲是必然的，且几乎会保持现状。从这两个"人类本性"出发，可以得出一个最基本的经济比例，也就是食物或生活资料的增长与人口的增殖之间的关系。他提出了"两个级数"的论点：①人口，在无所妨碍（也就是没有任何限制因素）时，以几何级数率增加；②生活资料（食物等），只以算术级数率增加[18]。

也就是说，人口的增殖速度比生活资料的增速快。为此，他还提出，保持两个级数平衡的出路就是抑制人口的增长。他将支配人类命运的人口自然法则归纳为三个定理：①人口的制约原理，即人口的增长必然要受到生活资料的限制，意味着人口与生活资料之间必然存在某种正常的比例；②人口的增殖原理，即"生活资料增加，人口也常随着增加"；③人口的均衡原理，即"占优势的人口繁殖力为贫困和罪恶所抑制，因而使现实的人口得以与生活资料保持平衡"。这个原理与前两个原理紧密相连，它表明人口与生活资料之间最终将实现均衡，然而这种均衡并非自然实现，而是种种"抑制"的产物。他认为，动植物的生长繁衍会因为空间和滋养物的缺乏而受到抑制，而人类的生长繁衍则会因为食物的缺乏而受到抑制。他认为失业、贫困、疾病、战争、灾荒等都是抑制人口增长的合理手段，即"积极抑制"。后来又提出"道德抑制"，即节制生育。

该理论的有价值之处是它所强调的人口增长与生活资料增长之间的关系，却是一个值得关注的问题，因为人口增长过快，必然影响人均收入以及所占有的物质资料丰度等方面，阻碍人民生活水平的提高。中国改革开放以来实行的计划生育政策，很难否认没有这方面的考虑。马尔萨斯的人口理论在客观上提醒了人们注意人口与生活资料比例的协调，防止人口的过速增长，因而成为现代理论的开端，在经济学上也被得到广泛的应用，可以说，也是当今人类被关注的焦点。因此，该理论对于研究人口、资源与环境经济学问题具有一定的价值和现实意义。

二、"适度人口"理论

适度人口（Optimum Population）理论，从渊源上可以追溯到 2000 多年前古希腊时期著名的哲学家柏拉图和亚里士多德提出的"理想国"理念以及中国古圣人孔子的思想。但作为一种独立的、系统的人口经济理论，适度人口理论（Theory of Optimum Population）产生于 19 世纪 80 年代，在 20 世纪又得到了进一步的丰富。一般公认，英国经济学家埃德文·坎南比较完整地提出和论证了这一理论，是该理论的奠基者。1888 年，他在《基础政治经济学》一书中明确地提出了适度人口思想[19]。坎南在 1888 年的《基础政治经济学》和 1914 年、1928 年的《财富论》等书中，非常注重探讨人口问题，从人口与土地、人口与生产率、人口与收益等方面的关系去探讨人口的适度规模。

在分析人口与土地的关系时，坎南认为人口与土地的比例关系并不是无限制的，在两者的关系上应该存在一个点，在这一点上，有利与不利刚好达到平衡。超过这一点，每人占有的空间和物质减少，不利就超过了有利，就打破了这种平衡。因此，他认为，在知识、技术进步的条件下，人口与土地之间的平衡点下的人口就是适度人口。

在分析人口与生产率、人口与收益方面，坎南认为，在任何一定时期，或者在任何特定条件下或其他条件都保持不变时，总有一个可以称为最大收益点，此时人口数量刚好恰当地适应环境。超过这一点，无论人口是多于或少于此时的人口，收益（或劳动生产率）都会下降（"递减"），该点对应的人口被定义为"适度"人口。

总体来看，从 1888 年提出适度人口问题到 20 世纪 30 年代，坎南的适度人口学说在不断发展完善。1888 年《基础政治经济学》一书把最大生产率作为衡量是否达到适度人口的标准，认为达到产业最大生产率时点的人口为适度人口；1914 年出版的《财富论》一书则把最大收益作为衡量是否达到适度人口的标准，并将此观点持续到 20 世纪 30 年代。适度人口论得到了西方许多人口学者的赞同。

归纳起来，适度人口理论的要点是：所谓"适度人口"，就是在一定的自然资源、技术水平和资本设备的条件下，使人均商品和劳动的实际收入最高（达到"最大收益点"）时的人口。在未达到"最大收益点"之前，人口显得不足；超过"最大收益点"之后，则人口过剩。该理论认为，人口不足有两个缺陷：①劳动力不足；②生产专业化困难，因为人口不足，社会将不能通过分工而获得大规模生产的经济效益。人口过剩主要有三个缺陷：①人口对资源的压力增大；②人均收入下降；③生活水平相应地下降。可见，适度人口是较为理想的人口规模。

"适度人口"理论仍有一些不足，如适度人口很难确定，因为适宜人口概念联系到自然资源、资本设备和技术水平，而自然资源尤其可再生资源的生产潜力是相对无限的，资本设备和技术水平也是可变的，因而"适度"是一个不断变化的动态概念；同时，适度人口理论忽略了人口质量方面的因素，等等。但是，"适度人口"理论是要在人口与资源之间确定最恰当的比例，使人口规模能达到保证工农业生产的最大收益和人类幸福的目标，它把人口发展与经济发展以及人口发展与可能提供的资源紧密联系起来考虑。这对于人们正确认识评价自然资源、合理开发利用自然资源，是有重要参考价值的。20 世纪 80 年代后期以来，全国先后开展多次土地资源人口承载能力研究，其目的和任务就是揭示土地资源所能提供的食物产品总量所能供养的人口数量，以使土地资源、食物生产与人口间平衡、协调地发展。近年来又掀起了"资源环境承载力评价"的热潮，这可以说是该理论提供的启发性的研究方向。

三、马寅初《新人口论》

中国著名经济学家马寅初先生于1957年的《新人口论》[20]一书，分析了中国人口与社会主义经济建设、人口与发展生产力的关系，提出了十分精辟的见解：①否定了社会主义社会不存在人口问题的观点，指出了中国人口大量无限制增长的严重性，认为中国人口问题主要是"人口多、资金少"的突出矛盾，人口增长太快，而资金积累太慢，从而拖了经济建设的后腿，阻碍了社会主义工业化和生产力的发展。②指出中国人多地少，可垦耕地有限，粮食商品率低，农民收入少，而大量的人口增长还会带来剩余劳动力多、文化教育和科学技术落后、生活水平低的矛盾。③解决上述矛盾的根本途径是控制人口，实行计划生育，提高人口质量，多积累资金，加强技术装备，发展生产。

上述人口经济理论，对于中国制定正确的人口政策，有计划地控制人口增长，使人口增长与经济发展相适应、人口与资源环境相协调，具有重大的现实意义。据石玉林等（1989）[21]的研究，从保证人口低消耗型的基本需要和保持生态环境不致恶化的角度出发，中国土地资源的最高人口承载力为15亿~16亿人，但到2025年时，估计全国总人口将达15亿人，即达到中国土地资源人口承载力的极限，故15亿人应成为中国人口控制的目标。近30多年来，中国解决人口问题的途径主要有两个：①坚持计划生育政策，控制人口增长速度，提高人口质量；②充分发挥现有人口的作用，综合开发资源，发展生产，提高劳动生产率，生产出足够的农产品，从而使人口发展与经济发展相协调，自然资源、粮食生产与人口保持平衡发展。中国未来的自然资源开发利用，必须以此作为科学决策的出发点依据。

第六节 资源节约集约利用理论

传统的粗放型经济增长方式造成了资源消耗高、浪费大、环境污染严重等一系列问题。随着经济的快速增长和人口的不断增加，淡水、土地、能源、矿产等资源不足的矛盾更加突出，环境压力日益增大。因此，必须统筹协调经济社会发展与人口、资源、环境的关系，进一步转变经济增长方式，加快建设资源节约型社会，提高资源利用效率，减少损失浪费，以尽可能少的资源消耗，创造最佳的经济效益和社会效益。为此，国务院于2005年6月印发了《关于做好建设节约型社会近期重点工作的通知》，制定了加快建设节约型社会的五项重点工作：大力推进能源节约，深入开展节约用水，积极推进原材料节约，强化节约和集约利用资源，加强资源综合利用[22]。于是，资源节约集约利用理论应运而生，成为人口、资源与环境经济学的重要基础理论。

一、资源节约集约利用的概念和内涵

资源节约集约利用（Economical and Intensive Use of Resources），包括资源节约与集约化利用两个方面，两者既相互联系、密不可分，同时又有较大的区别。

(一) 资源节约利用的基本概念和内涵

节约资源,是相对于"浪费资源"而言的,是指资源在数量上的节省和限制,尽可能用最少的资源来满足人们生产、生活的需要。也就是说,节约主要是指在资源使用上的减少和高效利用。按资源类型,可分出节地型、节水型、节能型等。

在内涵上,资源节约利用中的"节约",应当是指在各项建设和生产领域乃至生活层面上,通过采取法律、行政、经济、技术等综合性措施,提高资源利用效率,以最少的资源投入获得最大的经济收益和社会收益,保障经济社会可持续发展。这表明,资源节约利用是通过"提高资源利用效率"来实现的,而不是通过抑制和压缩正常的、健康的资源供给来实现的;追求的目标是"以最少的资源获得最大的经济收益和社会收益"。现在讲节约资源,并不是不满足合理的资源需求,而是要建立更加科学、合理的资源节约利用理念和资源利用方式。对于资源利用者而言,节约并不是吝啬,并不是该用的资源不用,而是用尽可能少的资源来获取更大的综合效益,以达到节约资源的目的。换句话说,资源节约利用具有以下三个含义:①珍惜所有资源,防止浪费;②资源利用中,规划者和利用者都要精打细算,不能大手大脚,尽力用最少的资源投入达到最佳的资源利用目标和效率;③鉴于资源的珍贵性和稀缺性,资源节约利用不仅在于尽可能减少资源占用量,也包括尽量少占或不占优质资源。

(二) 资源集约利用的基本概念和内涵

资源集约利用,是相对于"粗放利用"而言的,是指集中投入较多的劳动、资金、技术和其他生产要素,以获取更多产出和经济收益的资源利用方式。以土地集约利用为例,它是指在单位面积土地上适度提高投入(包括资金、劳动力和科学技术等生产要素)强度以增加土地产出量的土地利用方式。单位面积土地所投资本和劳动力越多,土地利用的集约度越高;反之,则越低。如农业利用方面的耕地整理,改造中、低产田,改良土壤和改善土地生态环境,提高耕地复种指数;建设用地方面的合理提高建筑容积率、建筑密度,优化产业结构、科学布局生产力等。

二、资源节约与集约利用的区别与联系

资源节约利用与集约利用既相互联系、密不可分,同时又有明显的区别。

两者的不同之处在于:资源节约利用是对资源利用在数量上的要求,强调数量上的节省,它通常是一个微观概念,针对具体项目,通过一些具体的规范、技术指标来保证实现。资源集约利用是对资源投入资本、劳动力、科技等生产要素强度的要求,强调单位资源上投入的强度。当然,要实行集约利用,需要具备相应的三个条件:①具备相应的经济实力,能够向资源提供足够的物质投入;②要拥有足够的劳动力向资源投入人工;③具备先进的科学技术和管理方式。无论是经济实力还是劳动力都必须与科学技术和科学管理相结合,没有科学技术和先进的管理方式,只是简单地向资源堆积物质和劳动力,不但难以达到提高资源利用效率的目的,甚至适得其反。总体上,集约用地是一个宏观概念,针对区域资源利用,不针对具体项目。

一方面,资源节约利用主要是从保护资源的角度出发,通过一些政策、措施或技术手段来减少社会经济发展对具有自然价值的资源造成不可逆的消耗,它强调的是资源利用效果;而集约用地主要是针对人类的社会经济活动而言的,指通过增加生产要素的投入、提

高资源利用率和优化资源利用结构等措施，使资源利用效率达到一个合理水平的行为，它强调的是资源利用方式。

另一方面，资源节约利用与集约利用又是相互联系的：两者都是充分、合理地利用资源的有效措施，是一个事物的两个方面。要做到资源节约利用必然要求提高资源利用的集约度；由于提高了资源利用集约度，使资源利用效率得到提高，也就是资源满足人们需求的能力得到提高，自然也就节约了资源。

也就是说，资源节约利用与集约利用有关，一般而言，集约利用必然导致资源节约利用；而集约利用是资源节约利用的主要手段。当然，应当指出，集约利用不是资源节约利用的唯一手段，资源节约利用也不仅仅寄望于集约利用，资源节约利用还有其他更为广泛的措施选择。

三、资源节约集约利用理论在推进人口、资源、环境与经济协调发展中的意义与作用

在人口-资源-环境-经济这一巨系统的循环过程中，资源的节约集约利用起着至关重要的作用。通过实施资源节约集约利用，最大限度地减少资源的浪费和损耗，实现资源的高效利用和可持续利用，包括对土地、水、能源、矿产等各种资源的节约利用，在国家和区域经济、社会、生态环境等方面均具有重要的意义和价值。一方面，资源节约集约利用是为了应对资源短缺和环境污染等问题而提出的。随着人口增长和经济发展，资源的需求呈现出不断增加的趋势，但许多资源（如矿产资源、能源资源等）本身就存在有限性，若不加以节约利用，资源的消耗速度可能远远超过其再生和更新的速度，导致资源短缺甚至枯竭。此外，资源的过度开采和使用还会引发环境污染和生态破坏，对人类的健康和生存造成威胁。另一方面，资源节约集约利用可以提高资源利用的效率和效益。通过采用先进的生产工艺和技术手段，可以减少资源的损耗和浪费，提高生产效率和成本效益。如通过推广清洁生产技术，可以降低生产过程中的废气、废水和固体废弃物的排放，减少对环境的污染，助推可持续发展；通过加强资源的综合利用和循环利用，可以最大限度地利用资源的二次价值，减少对原始资源的需求，降低资源开采和使用的成本，提高资源利用的经济效益。因此，资源节约集约利用理论在推进人口、资源、环境与经济协调发展战略中具有重要的理论意义与实践价值。

党的二十大报告指出，要"实施全面节约战略，推进各类资源节约集约利用，加快构建废弃物循环利用体系"[12]，这是建设人与自然和谐共生的中国式现代化的内在要求，是实现高质量发展的必然选择，是维护国家资源安全的重要举措，是加强生态文明建设的应有之义。

在今后一定时期内，中国仍将处于工业化、城镇化的深化发展阶段，资源需求将保持刚性增长，转变资源利用方式、提高资源利用效率的任务还很艰巨，须要把资源节约集约利用策略摆在更加突出位置，努力用最小的资源消耗支撑人口、资源、环境与经济的协调发展。珍惜和节约资源，推进各类资源节约集约利用，是推动资源高效利用、维护国家资源安全的有力保障，对推动碳达峰碳中和、推进生态文明建设、实现可持续发展战略目标意义重大[23]。在应用资源节约集约利用理论中，需要坚持系统观念，综合推进"能水粮地矿材"高效利用；大力倡导节约资源就是增加资源的理念，推行简约适度、绿色低碳的生活方式，反对奢侈浪费和过度消费，努力形成崇尚节约的社会氛围；充分发挥科技创新

作用，围绕能源、战略性矿产、水资源高效利用及粮食节约减损等重点领域，强化对资源节约的科技支撑；健全资源有偿使用的价格、财税、金融等政策，加快建立体现资源稀缺程度、生态损害成本、环境污染代价的资源价格形成机制，不断完善和逐步提高重点产业、重点产品的能耗、水耗、物耗标准，促进资源科学配置和节约高效利用。

第七节 循环经济理论

一、循环经济的概念与提出

循环经济（Circular Economy），其完整的表达是资源循环型经济。按上海辞书出版社2013年12月出版的《管理学大辞典》中的解释，系以资源节约和循环利用为特征、与环境和谐的经济发展模式。强调把经济活动组织成一个"资源-产品-再生资源"的反馈式流程。其特征是低开采、高利用、低排放。所有的物质和能源能在这个不断进行的经济循环中得到合理和持久的利用，以便将经济活动对自然环境的影响降低到尽可能小的程度[24]。

循环经济理论（Theory of Circular Economy），被认为是美国经济学家波尔丁1966年在《即将到来的太空船地球经济学》（*The Economics of the Coming Spaceship Earth*）[25] 一文中提出的。波尔丁用当时发射宇宙飞船获得的启发来分析地球经济的发展，他认为飞船是一个孤立无援、与世隔绝的独立系统，靠不断消耗自身资源存在，最终它将因资源耗尽而毁灭。唯一使其延长寿命的方法就是要实现飞船内的资源循环，尽可能少地排出废弃物。同理，地球作为茫茫无垠的太空中一艘小小的飞船，人口和经济的不断增长终将用完这一"小飞船"中的有限资源，人类的生产和消费废弃物也终将使"飞船"全部污染，到那时，整个人类社会就会崩溃。为此，波尔丁提出以既不耗尽资源又不污染环境、能循环利用各种物质的"循环式"经济来替代"单程式"经济，来解决环境污染和资源枯竭问题的设想。

1990年，英国环境经济学家戴维·皮尔斯和凯利·特纳根据波尔丁的循环经济思想，建立了第一个正式以循环经济命名的循环经济理论模型[26]。在这个模型中，将经济系统与自然生态系统合二为一，共同组成新的生态经济大系统。

循环经济思想的提出，是人类对难以为继的传统经济增长方式的反思，体现了人类对人与自然关系认识的深化。

二、循环经济理论的本质与内涵

循环经济的理论基础是生态经济理论。生态经济是一种尊重生态原理和经济规律的经济。要求经济社会发展须要遵循生态学理论，将人类经济社会发展与生态环境作为一个统一体，强调把经济系统与生态系统的多种组成要素有机联系起来进行综合考虑，做到经济社会与生态发展全面协调，达到生态效益与经济社会效益的最佳目标。因此，生态经济与循环经济在本质上是一致的，都是要使经济活动生态化，都是要遵循可持续发展思想和理念。但两者又是有区别的，即生态经济强调的核心是经济与生态的协调，注重经济系统与生态系统的有机结合，强调宏观经济发展模式的转变；而循环经济则侧重于整个社会物质循环的应用，强调的是资源被多次重复利用（循环）和生态效率，注重生产、流通、消费全过程的资源节约和循环利用。

循环经济理念的产生和发展，是人类对人与自然关系深刻认识和反思的结果，也是人类在社会经济高速发展中陷入资源危机、环境危机、生存危机之后深刻反省自身发展模式的产物。由传统经济模式向生态经济、循环经济的转变，是在全球严峻的人口剧增、资源短缺和生态恶化形势下的必然选择。循环经济理念要求改变重开发而轻节约、片面追求GDP增长、重速度而轻效益、重外延扩张而轻内涵提高的传统型经济发展模式，将传统的依赖资源消耗的线形增长型经济转变为依靠生态型资源循环的新型经济发展模式。它既是一种新的经济增长方式，也是一种新的污染治理模式，同时又是经济发展、资源节约与环境保护的一体化战略模式。

循环经济与传统经济的不同点在于：传统经济是一种由"资源-生产-消费-废弃物排放"单向流动的线性经济，其特征是"三高一低"（高开采、高消耗、高排放和低利用）。在这种传统经济中，人们往往高强度地把地球上的物质和能源提取出来，之后又将污染和废弃物大量地排放到地表水系、空气和土壤中，其对资源的利用是粗放的、一次性的，通过把资源持续不断地变为废弃物来实现经济的数量型增长。与此相反，循环经济注重的是与环境和谐、协调的新型经济发展模式，要求将经济活动构建成一个"资源-产品-再生资源"的反馈式流程，其特征是"三低一高"（低开采、低消耗、低排放和高利用）。全部的物质和能源能在这个不断进行的经济循环中得到合理和持久的利用，以便将经济活动对自然环境的影响降低到尽可能小的程度。

三、循环经济理论在推进人口、资源、环境与经济协调发展中的作用与指导意义

推进人口、资源、环境与经济协调发展，最根本的途径是要实现经济增长方式的转变，即摒弃传统的资源高度依赖型发展模式，采取建立在物质不断循环利用基础上的新型经济发展模式，实现经济发展、社会进步和环境保护的"多赢"。因此，实施人口、资源、环境与经济协调发展的可持续发展战略，必须持续、高效地发展循环经济。

如上所述，循环经济是运用生态学规律来指导人类社会的经济活动，是建立在物质循环利用基础上的一种新型经济发展模式，要求经济活动形成"资源-生产-消费-二次资源"的封闭流程。循环经济遵循减量化（Reduce）、再利用（Reuse）、再循环（Recycle）的"3R"原则。①减量化原则，要求用较少的资源投入来达到既定生产目的或消费目的，在经济活动的源头注意节约资源和减少污染，必须预防废弃物的产生而不是产生后再治理。②再使用原则，要求尽可能多次以及尽可能多种方式使用物品。通过再利用，可以防止物品过早成为垃圾，并节约生产这些物品所需要的各种资源。③再循环原则，要求尽可能多地再生利用或资源化。资源化能够减少对垃圾填埋场和焚烧场的压力。资源化方式有原级资源化和次级资源化两种。原级资源化是将消费者遗弃的废弃物资源化后形成与原来相同的新产品；次级资源化是将废弃物变成不同类型的新产品。在这三个原则中，再使用和再循环原则的实施，可以强化减量化原则的实施。总体上说，循环经济的"3R"原则可以保证以最少的资源投入，达到最高效率的使用和最大程度的循环利用，实现污染物排放量的最小化，使经济活动与自然生态系统的物质循环规律相吻合，从而实现人类活动生

态化转向和经济规模效益递增。因此，循环经济体现了一种新的经济发展理念，它确立了新型的资源观和经济发展模式，从根本上改变了人们的传统思维方式、生产方式和生活方式。它要求全社会增强珍惜资源、循环利用资源、变废为宝、保护环境的意识，实现资源利用的减量化、产品的反复使用和废弃物资源化。它要求政府在产业结构调整、科技发展、城市建设等重大决策中，综合考虑经济效益、社会效益、环境效益，节约资源，减少资源与环境的损耗，促进经济、社会与自然的良性循环。它要求企业在确定经营方针和从事经济活动时，兼顾经济发展、资源合理利用和环境保护，逐步实现"低排放"或"零排放"，从而形成人与自然和谐发展的循环型经济社会[27]。

循环经济理论与可持续发展是一脉相承的，它强调社会经济系统与自然生态系统和谐共生，是集经济、技术和社会为一体的系统工程。它既不是单纯的经济问题，也不是单纯的技术问题和环境保护问题，而是以协调人与自然关系为准则，模拟自然生态系统运行方式和规律，使社会生产从数量型的物质增长方式转变为质量型的服务增长方式，推进整个社会走上生产发展、生活富裕、生态良好的文明发展道路，促进"人口-资源-环境-经济"系统的良性循环和整体协调发展。目前在许多发达国家，发展循环经济已经成为趋势。从中国来看，2008年8月全国人大常委会通过了《中华人民共和国循环经济促进法》（2009年1月1日起实施）。2021年7月，国家发展改革委印发了《"十四五"循环经济发展规划》（以下简称《规划》）。该《规划》指出，大力发展循环经济，推进资源节约集约循环利用，对保障国家资源安全，推动实现碳达峰、碳中和，促进生态文明建设具有十分重要的意义；《规划》提出，到2025年，资源循环型产业体系基本建立，覆盖全社会的资源循环利用体系基本建成，资源利用效率大幅提高，再生资源对原生资源的替代比例进一步提高，循环经济对资源安全的支撑保障作用进一步凸显[28]。

第八节 稀缺性理论

一、稀缺性的概念与分类

经济学上的稀缺性（Scarcity），是指资源有限而需求无限的状况。它反映了人类欲望的无限性与资源的有限性之间的矛盾。正如一个家庭通常不能给予每个成员想要的全部东西一样，一个社会通常也不能给予每个人所向往的最高生活水平。

稀缺性是不可避免的，是一个普遍存在的现象，这是因为人类的欲望是无限的，而地球上可用的资源往往是有限的。正由于存在资源的有限性、稀缺性，才需要经济学研究如何最有效地配置资源，使人类的福利达到最大程度。

资源的稀缺性可以进一步划分为绝对稀缺和相对稀缺。绝对稀缺是指资源的总需求超过了总供给；相对稀缺是指资源的总供给能够满足总需求，但因分布不均衡会造成局部的稀缺。通常所说的稀缺性，乃是相对稀缺。

此外，在理论上，资源的稀缺性也可以分为经济稀缺性和物质稀缺性。如果资源的绝对数量并不少，那么可以满足人类相当长时期的需求，但因获取资源需要投入生产成本且能够获取的资源数量是有限的、供不应求的，这种情况下的资源稀缺性称为经济稀缺性。

如果资源的绝对数量短缺，那么不能满足人类相当长时期的需求，这种情况下的资源稀缺性则称为物质稀缺性。

正是由于稀缺性的存在，才决定了人们在使用经济物品中不断地做出选择，如决定利用有限的资源去生产什么、如何生产、为谁生产以及在稀缺的消费品中如何进行取舍、如何用来满足人们的各种需求。

二、稀缺性产生的原因

从总体上来看，稀缺性之所以产生，主要在于资源数量的有限性、人类获取有用物品能力的有限性、人口规模扩大导致人均资源量的减少以及人类欲望的无限膨胀性。

（一）资源数量的有限性

大自然提供给人类的自然资源总是有限的，如土地、石油、淡水等。有限性是地球上绝大部分自然资源的基本特性。以土地资源为例，地球陆地表面的土地面积是有限的，同样，一个国家、一个地区的土地面积也是有限的。土地不像其他生产资料那样可以通过人类再生产来增加其数量。土地面积的有限性，是一个客观的普遍现象。作为土地中之精华的耕地资源，因受地形、气候、水资源、土壤等多种因素的制约，其面积非常有限。随着城市化、工业化的快速发展，大量的耕地被用于工业、住宅和基础设施建设，导致了农田面积的显著减少，甚至还破坏了生态环境，并因此而导致生物多样性的减少，引发一系列的环境问题。能源资源的有限性是人们可以最为直接和深刻地感受到的。传统的能源，如石油、天然气等，是很重要的经济支撑和发展基石，但其储量日益减少，过度依赖这些能源资源不仅造成了环境污染，还极易造成能源危机。水资源的有限性也是一个亟待解决的难点问题。水是人类生活的基本需求，然而水资源的供给却相对匮乏，且分布不均衡，一些地区面临着严重的水资源短缺问题。总体上说，自然资源的供给是有限的，长期的过度开采和不合理的利用已经给人类社会带来了资源衰竭、环境恶化等诸多问题，从而加剧了资源的稀缺性。

（二）人类获取有用自然物品能力的有限性

在自然界中，有一些自然现象和自然过程，如雷电、火山、风等，往往蕴含着非常丰富的能源，但由于科学技术的限制，目前人类还无法完全利用这些自然物，甚至视其为自然灾害。雷电、火山、风属于自然资源还是自然灾害？从广义上来看，自然资源不仅限于能够创造财富或经济价值的那些自然物，而应该泛指一切对人类生存和社会发展有用的自然物（包含能量等），包括已经或正在利用的和尚未利用的。有些自然物在目前看来是无用的，因而似乎不能称为资源。但"有用"与"无用"并没有绝对的界限，而只是相对的概念。任何自然物都或多或少具有潜在的用途，只不过人们暂时尚未发现它、认识它和利用它而已。随着社会的发展、科技的进步，将必然为人类所认识、利用，从而成为对人类有用的资源[29]。从这个意义上说，雷电、火山、风都是潜在的自然资源。尽管风灾在每年的"统计年鉴"中均有记录，但风力发电也已有多年的记录。提及雷电（Thunder and Lightning），按"百度百科"的解释，是指伴有闪电和雷鸣的一种雄伟壮观而又有点令人生畏的放电现象。其实，岂止是"有点令人生畏"，对大多数人而言，一旦看见闪电、听见雷鸣，恐惧感便立即涌上心头，视之为不亚于地震、海啸、大洪水之类的自然灾害。每时每刻世界各地约有1800个雷电交作在进行中，每秒钟约发出600次闪电，其中约有

100次袭击地球。全世界每年有4000多人惨遭雷击。中国的雷电灾害亦不少，最为严重的是广东省的东莞、深圳、惠州一带，其雷电灾害已达世界之最。闪电的平均电流是3万安培，最大电流可达30万安培。闪电的电压高达1亿~10亿伏特。1个中等强度雷暴的功率可达1000万瓦，相当于一座小型核电站的输出功率。闪电的温度达17000~28000℃，相当于太阳表面温度的3~5倍①。如此之高的热量，如果能被人类开发利用，变害为利，资源衰竭的问题必将有所缓解。火山也是如此，这里不再赘述。

（三）人口规模扩大导致人均资源量的减少

资源的稀缺性与人口规模有着密切的相关关系。以人口和耕地资源为例，1961年世界总人口为30.68亿人，到2021年增至79.09亿人，年均增幅达1.59%，而同期耕地面积年均增幅仅为0.16%，使世界人均耕地面积已由1961年的0.4137公顷（6.2亩）减至2021年的0.1766公顷（2.6亩），年均减幅达1.41%。从中国来看，自中华人民共和国成立以来，"地大物博，人口众多"一直是国人引以为豪的两大优势，是家喻户晓、老少皆知的中国基本特点。如果避开人口来看中国，确实是"地大物博"。地大，指国家领土辽阔，据中国政府网站（www.gov.cn）数据，全国陆地总面积约为960万平方千米，居世界第三位；海域总面积约为473万平方千米，海域分布着7600个岛屿。物博，指资源丰富，物产丰裕。淡水资源和矿产储量分别占世界第6位和第3位；2012年以来，谷物、肉类、花生和茶叶产量稳居世界第1位，油菜籽产量稳居第2位；粗钢、煤、发电量、水泥、化肥、汽车、微型计算机和手机等工业产品产量稳居世界第1位；2021年，原油产量居世界第5位，仅次于美国、俄罗斯、沙特阿拉伯和加拿大。然而，如果从人口来看中国，那就只剩下"人口众多"，而且由于近70年来人口增长过快，"人口众多"已演变成"人口太多"，使"地大物博"相应地演变成为"地少物稀"[30]。据《中国统计年鉴》，1950年全国总人口为5.52亿，到2021年，全国总人口已达14.13亿人，年均增速达1.33%。平均人口密度达150人/平方千米，相当于世界平均人口密度（60人/平方千米）的2.5倍。丰富的资源和工农业产品产量被14亿多人口这个庞大的分母一除，中国就成为人多地少的国家，2021年人均耕地仅为世界平均水平的1/2；人均淡水资源量远远低于世界平均水平，成为世界上严重缺水的国家之一；人均钢、煤、石油和人均粮、棉、肉类等工农业主要优势产品产量均低于世界平均水平。

（四）人类欲望的无限膨胀性

人类欲望的本质是一个复杂的问题，可以从不同的角度来理解和解释。从生物学角度来看，人类欲望的本质是基于人类的生存和繁衍所需要的生物学本能，人类具有对食物、水等基本生理需求的欲望，这些欲望与人类的生存和繁衍密切相关。从心理学角度来看，人类欲望的本质可以理解为心理上的不满足感。人类往往对现状有一定的不满意，希望拥有更多的资源、更高的社会地位、更大的自主权等，以获得更多的自我满足感和幸福感。1943年，美国心理学家亚伯拉罕·哈罗德·马斯洛在《人类动机理论》（*A Theory of Human Motivation*）一文中初步构造了需求层次理论，将人类需求按层次划分为五等[31]：生理需求（Physiological Needs）、安全需求（Safety Needs）、情感和归属需求（Love and Belonging）、尊重需求（Esteem）、自我实现需求（Self-actualization）。依此顺序，这五种需

---

① Baidu百科.雷电[EB/OL].https://baike.baidu.com.

求由低至高，逐层上升，形成阶梯状。这一金字塔形的需求层次理论被称为"马斯洛需求层次理论"（Maslow's Hierarchy of Needs）。从社会学角度来看，人类欲望的本质是基于社会需要和价值的文化构建。人们的欲望往往受到所处文化和社会环境的影响。正由于人永远会想要改进自己所处的环境，因此，人的欲望往往是永远不会满足的，人一生所追求的东西，就是拾级而上，先满足了低一级的需求，再去追求更高一级的需求。从经济学角度来看，人类欲望的本质是经济需求的体现。人们需要通过劳动和生产获得物质财富，以满足自己的生活需求和欲望。经济学认为人类欲望是无限的，但资源却是有限的，因而人们需要在资源的有限性中做出选择和取舍。

三、稀缺性理论对人口、资源与环境经济学建设与发展的意义

由于稀缺性的客观存在，地球上存在资源的有限性与人类的欲望和需求的无限性之间的矛盾。如何利用有限的资源去生产"经济物品"以有效地满足人类的欲望和需求，是人类产生对如何生产进行选择的行为基础。正因为如此，资源的稀缺性成为经济学第一原则，一切经济学理论皆基于该原则，资源的稀缺性决定了人类的经济及一切活动需要面临选择的问题，经济学理论就是围绕这一问题提出观点和论证。萨缪尔森和诺德毫斯（2014）[32]认为，经济学是一门研究人类社会如何使用稀缺资源生产有价值的商品以及把这些商品在不同的人们中进行分配的学科。如果资源是无限的，那么生产什么和为谁生产都不会成为问题。贝克尔（1995）[33]也认为，经济学是研究"稀缺资源如何在各种可供选择的目标之间进行分配"。资源的稀缺性是经济分析价值意义的前提，如果没有资源稀缺性，自然物质随手拈来，不需要花费成本，也就不存在经济分析的价值和意义；另外，对稀缺性资源的合理配置又是经济分析追求的价值目标，也就是说，经济分析的目的就是寻找稀缺资源的高效开发利用的途径，以实现最优的资源配置。

其实，不仅资源是有限的，存在稀缺性，同样，环境也有显著的稀缺性。从国际上近60年来关于经济发展与环境保护关系的争论中，日益显示出了环境的重要性。环境被认为是人类福利的直接来源，或者作为经济活动和经济过程的投入而提高了人类的福利。环境质量对人类福利的重要性以及环境退化导致的人类福利减少和生存条件恶化，充分说明了环境在满足人类需要上的不可易得性，表明了环境是一种稀缺性的经济资源和直接的福利资源[34]。

再从"人口、资源与环境经济学"中的人口来看，随着近70多年来人口规模的快速增长，过去的"人口众多"已变为当今的"人口太多"，因此，现今的人口问题似乎是一种"过剩"的存在。然而，在经济学意义上，正如评价自然资源的贫瘠与丰裕不仅要看其数量（储量），更要考察其资源品位、可得性、开采的技术能力以及市场价值，同样，对于人口资源的丰裕与稀少性判断，不能仅看其人口总规模，表面上的"人口过剩"最可能导致的是人口资源的贫瘠化或开发利用的低效化。在现代社会，人口资源的丰度主要取决于人口资源的内在质量高低、内在结构与相关联的社会生产结构的匹配性。在当今经济实践中，人口素质的提高往往总是不能满足社会经济发展的需求，人力资本的稀缺性日益凸显，越来越成为经济发展的关键性要素，主导和制约着经济的发展。21世纪是人力资本的世纪，经济社会发展的动力源泉在于人力资本投资与存量增长的程度，具有知识和市场开拓能力的高素质的人口资源是最紧缺的经济资源。因此，人口资源的内在品质和结构具

有难以消解的资源稀缺性。

上述表明,"人口、资源与环境经济学"中的人口、资源和环境,都是稀缺性的经济资源,具有经济分析的价值和意义,对这一稀缺性资源的使用,服从于最优配置效率的理性经济行为的逻辑。鉴于此,吕昭河(2003)[34]将"人口、资源与环境经济学"的研究对象定义为"研究'人口资源环境'作为稀缺性经济资源的合理配置的经济学分支学科"。这也充分表明了稀缺性理论在人口、资源与环境经济学建设与发展的重要指导性意义与价值。通过对人口、资源和环境稀缺性的深刻剖析,实现这些稀缺性经济资源的合理配置,可以有效地推进国家和区域人口、资源、环境与经济的协调发展。

第九节 三种生产理论

一、传统的两种生产理论

两种生产(Two Kinds of Production),一般是指物质资料的生产和人类自身的生产。物质资料的生产是人类利用自然、改造自然、创造物质财富的生产活动;而人类自身的生产则是指为了维持和延续人类自身的生存而进行的人的增殖和种的繁衍,即人口的生产。

"两种生产"理论被视为恩格斯唯物史观关于生产关系的重要界定。恩格斯在《家庭、私有制与国家的起源》(The Origin of the Family, Private Property and the State)一书的序言中指出:"生产本身又有两种:一方面是生活资料即食物、衣服、住房以及为此所必需的工具的生产;另一方面是人类自身的生产,即种的繁衍。一定历史时代和一定地区的人们生活于其下的社会制度,受到两种生产的制约:一方面受劳动的发展阶段的制约,另一方面受家庭的发展阶段的制约"[35]。

上述两种生产之间是相互制约、相互影响的。一方面,人口的生产是物质资料生产的基础。这是因为物质资料的生产所需要的劳动是由人来提供的,具有劳动能力的人对物质资料进行生产并且根据人们的需要进行改造。没有人类的生产,也就没有物质资料的生产。另一方面,物质资料的生产制约着(甚至决定着)人口的生产。物质资料的生产包括生活资料的生产和生产资料的生产。人类的生存和发展对物质资料具有强烈的依赖性,没有丰富的物质资料,人们正常的衣食住行就会遭遇危机,整个人类社会的发展亦将受到阻碍。物质资料生产从根本上决定着人口发展的基本趋势,制约着人口数量和质量的变化。

二、生态社会下的三种生产理论

从人与自然环境之间的关系角度来看,上述两种生产理论存在一个基本的理论假定:自然环境可以供给无限的环境资源与消纳无限的废物。这意味着,当人类对自然环境的作用强度和范围较小,没有破坏自然环境正常运行的基础时(即满足理论假定),自然环境的客观存在并不会影响到两种生产理论正确地指导社会实践。然而,在工业社会时期,人类盲目开发利用自然所引发的自然环境破坏以及对人类社会造成的不良影响和危害是有目共睹的,恩格斯也有过精彩论述:"我们不要过分陶醉于我们对自然界的胜利。对于每一次这样的胜利,自然界都报复了我们。"[9]

当今时代的生态危机以及由此引发的资源衰竭、生态退化等种种生态环境问题和碳汇交易、生态补偿等新型机制，日益凸显了生态系统自然力所产生的资源价值。在此背景下，有识之士认识到，上述两种生产理论没有克服传统政治经济学仅是社会经济系统内部的物质资料生产与再生产的经济现象和过程来研究社会再生产运动及其规律性的根本缺陷，并明确提出了环境生产、物质生产和人口生产相互适应的三种生产理论。1993年，程福祜等（1993）[36]的《环境经济学》一书认为：以人为主体的经济活动与作为客体的环境系统组成的环境经济系统实际运行，是通过环境生产、物质生产和人口生产相互适应地结合发展的，这是环境与经济结合发展的最基本关系。于是，包含"环境生产"在内"三种生产（物质生产、人口生产、环境生产）理论"随即产生。所谓环境生产，是指生态系统中的生物有机体、非生物有机体以及生态系统本身及其相互之间进行的物质循环和能量转换，从而生产出对人类和自然有利的环境资源要素或抑制有害的因素，包括通常意义上的自然资源、对人类废弃物的消纳，以及提供舒适和美学上的享受等功能。

三、三种生产理论对人口、资源与环境经济学的指导意义

在整个自然与人类社会经济系统中，客观的国民经济再生产体系应当是人口再生产、物质资料再生产与环境再生产构成的"三位一体"，不能再把自然环境仅视为对国民经济再生产体系起着某种影响作用的系统外部因素，不能忽视自然环境与传统的狭义经济再生产过程之间的内在经济联系。这三种生产之间是互为条件、相互制约的关系，是三位一体的统一过程。人口的生产过程，同时也是物质资料再生产产品的消费过程和环境资源的消费过程。物质资料再生产的生产过程，同时也是人口资源和自然资源的消费过程。环境再生产的生产过程，即治理环境污染与生态建设过程，同时也是物质资料再生产产品和人口资源的消费过程。三者之中任何一个过程都不能离开其他两个过程而独立存在，彼此构成三位一体的统一整体[37]。因此，三种生产理论全面展现了人口、自然环境与物质资料再生产过程彼此之间的内在经济联系。在人口、资源与环境经济学研究中，深入地认识和揭示人口、自然环境与物质资料再生产之间的内在经济联系，有助于寻求协调人口、资源、环境与经济相互关系的最佳途径，为人口、资源与环境经济学的发展和建设开拓一个更为广阔的研究空间。

第十节 外部性理论

外部性（Externality）是经济学上的重要术语，亦称外部成本、外部效应或溢出效应（Spillover Effect）、外部效果、伴随效果、副作用和毗邻影响。资源与环境的外部性特征非常突出，外部性理论对于人口、资源与环境经济学有着重要的指导意义和价值。

一、外部性的概念

外部性的概念源于英国经济学家阿尔弗雷德·马歇尔（2008）[38] 1890年出版的《经济学原理》（*Principles of Economics*）中提出的"外部经济"概念。1920年，英国经济学家阿瑟·塞西尔·庇古（1920）[39]在《福利经济学》（*The Economics of Welfare*）一书中

系统地研究了外部性问题，在马歇尔提出的"外部经济"概念基础上扩充了"外部不经济"的概念和内容，将外部性问题的研究从外部因素对企业的影响效果转向企业或居民对其他企业或居民的影响效果。对资源开发的环境影响研究亦始于庇古，他把经济活动对环境的不利影响视为一种负外部性。之后，外部性理论不断得到发展。

就一般的概念而言，外部性通常是指在实际经济活动中生产者（或消费者）的生产（消费）活动对其他生产者（或其他消费者）产生的超越其生产（消费）活动主体范围的利害性影响。这种影响可以是有利（正面）的作用，也可以是有害（不利、负面）的作用。有利（正面）的作用称为外部经济性或正外部性（Positive Externality），有害（不利、负面）的作用称为外部不经济性或负外部性（Negative Externality）。

正外部性的基本特点是对周围事物造成良好影响并使周围的人获益，但行为人并未从周围取得额外的利益，因而社会受益高于个体受益。例如，"造林种树"活动，种树者可以从树木中获得木材与果实的收益，木材与果实交易市场之外的当地居住者则可以不付费就享受到林木茂盛、飞鸟鸣叫的美景、呼吸更加清新的空气，也使当地生态环境得到改善；"教育与培训"活动，不仅提高了公民素质与生产率，还降低了犯罪率，使社会更加文明；又如，使用再生纸的行为，不仅节约了木材资源，还减少了环境污染。

负外部性的基本特点是对周围事物造成不良影响，但行为人并未因此而付出任何补偿，因而社会成本高于个体成本。例如，上游毁林开垦、乱砍滥伐森林造成严重水土流失和洪水泛滥，会对下游的种植、灌溉、运输和工业产生不利影响；"开汽车"这一活动，可以使当事人的交通变得便捷，既节约了时间，还可以用汽车运货，然而其他人却因此而必须忍受汽车行驶过程中产生的噪声以及汽车尾气带来的空气污染；"抽烟"这一消费活动，可以使烟民得到了精神满足，政府也增加了税收，然而却可能导致他人被动吸烟，甚至会污染环境；又如，某自来水厂的取水口建在河流下游，但之后河流上游又兴建了造纸厂，于是，造纸厂排放的废水污染了下游的河水，不仅使自来水厂增加了治理成本，而且供水水质整体下降，这时，造纸厂不仅对自来水厂产生了负外部性，还对整个社会产生了负外部性。

二、外部不经济性的实质与产生原因

（一）外部不经济性的实质与产生原因

与资源环境问题有关的外部性，主要是生产和消费上的外部不经济性。外部不经济性反映的是一事物或活动对周围环境产生的不良影响。这从经济学角度分析，其根源或实质是私人成本的社会化，也就是将私人成本强加给社会。

如果某一生产者在生产过程不可避免地会产生废弃物。废弃物有两种处理方法：一是对废物进行治理，达到无害化后再排入环境中；二是直接排入环境之中。受利润动机的支配，生产者进行生产的目的显然是获得最大的盈利。为达此目的，生产者一般不会主动地选择对废物进行治理这种办法，其原因很简单，那就是对废物的治理需要花费人、财、物等成本，增加不少支出。这些支出将成为其生产成本的一部分（"私人成本"）。由于成本增加，生产者的盈利必然有所减少，这是生产者不愿看到的结果。于是，生产者会放弃治理，选择把污染物直接排入环境之中的做法，这可以节省一笔开支（"私人成本"）。然而，由于污染物排入环境后将造成污染，因而使环境影响范围内的其他人受到损害。一般而言，各种损害均可折算为经济损失，这些损失也就成为对社会造成的经济损失，这种社会损失称为"社会成本"。这样一来，生产者将污染物排入环境中的做法，虽"节省"了治理污染的私人成本，但增加了社会成本，于是，产生了私人成本社会化的问题。许多事实证明，由于环境损害造成的社会成本往往远大于私人成本。

长期以来，各种经济活动所引起的外部不经济性影响是普遍存在的。例如，煤矿企业的酸性废水排放，电厂的空气污染，农场经营者造成的各种土壤退化，造纸厂对附近河流的污染，渔民滥捕过捕行为对鱼的储量以及减少其他渔民捕捞机会的影响，等等。由于空气、河流、海洋、土地都是公共的环境财富，私人成本的社会化必然进一步导致资源被破坏、生态环境不断恶化。

2023年8月，日本悍然将福岛核污染水排海事件更是当今国际上典型的外部不经济性案例。据《人民日报》报道，2023年8月24日，日本政府无视国内外反对呼声，单方面强行启动了福岛核污染水排海，危害海洋环境和人类健康，侵害周边国家合法权益[40]。这种违反国际《防止倾倒废物及其他物质污染海洋的公约》和《联合国海洋法公约》的行为，造成的环境后果是很严重的，因为全世界海洋相连相通，核污染水排海带来的不确定性风险将随着洋流循环冲击地球海洋环境，威胁整个地球生态系统[41]。

2013年，环境咨询公司特鲁科斯特（Trucost）对全球环境外部性成本做了全面尝试性估计[42]，发现2009年全球初级生产和加工行业产生了约7.25万亿美元的未定价外部性损失，相当于世界经济产出的13%。其中土地利用1.8万亿美元，水资源消耗1.9万亿美元，温室气体2.7万亿美元，空气污染0.5万亿美元，土地和水污染0.3万亿美元，废弃物产生0.05万亿美元。最严重的影响有东亚和北美的煤炭发电、南美的畜牧业和农业、南亚的小麦和水稻种植等造成的损害。这项研究的有趣之处是将特定行业产生的外部成本与总收入进行了比较，发现在很多情况下，外部成本远超过行业收入，如北美的煤炭发电造成了3170亿美元的环境破坏，但仅产生了2470亿美元的收入；北非的水稻种植虽然产生了约20亿美元的收入，却造成了840亿美元的环境损失[43]。

（二）外部不经济性产生的原因

资源环境外部不经济性的产生，其根本原因在于环境资源的产权界定不明晰或者界定不当，使环境资源具有公共物品的性质。由于河流、湖泊、地下水等环境资源属于公共物品，往往没有明确的产权，社会中的每个人和企业都可以根据自己的费用效益原则来使用环境资源，并排放废弃物，这必然导致资源的滥用。

当然，人们在滥用资源、损害他人（带来巨大的外部不经济性）时，不仅造成环境资源的严重恶化（社会资源的低效和浪费），最终也将损害自己的经济利益。1968年，美国学者哈定在 Science 上发表一篇题为《公共资源的悲剧》（The Tragedy of the Commons）的文章，提出了著名的公共资源悲剧问题[44]，也就是"哈定悲剧"（有的译为"公共地悲剧""大锅饭"悲剧）。该文中的"the Commons"不仅指公共的土地，且还指公共的水域、空间等，因而译为"公共资源"更为确切。哈定在文中举了一个事例：在一个公地牧场，牧民们面对向其无偿开放的草地，每个牧民都想养尽可能多的牛羊，使自己增加收益，但随着牛羊数量无节制地增加，草地被过度放牧，产草量不能满足牛羊的食量，公地牧场最终因"超载"而成为不毛之地，牧民的牛羊最终全部饿死，这就是公共资源的悲剧。

三、解决外部不经济性的对策与措施

正由于私人成本的社会化,导致经济活动的外部不经济性和环境的恶化,因此,要从根本上解决环境恶化问题,必须消除外部不经济性现象,也就是使外部成本内部化,或者说使外部不经济性内部化。一般而言,社会成本远大于私人成本,如果将私人成本内部化,那么可降低甚至不产生社会成本。就全社会而言,可以用较少的投入来弥补较大的损失,这在经济上是可行的。

将外部成本内部化,即让生产者和消费者产生的外部费用进入其生产或消费决策,由自己承担或"内部消化"。在现实中,与资源环境有关的外部不经济性内在化的方法可分为私人解决方法与公共政策方法两类,其目标都是使资源配置接近于社会最优。

私人解决方法主要包括社会道德约束、慈善行为、构建产业链、签订协议等方式。社会道德约束主要是通过强化社会道德、环境伦理宣传与教育,建立起全社会的资源环境道德规范,让社会公民自觉地遵守和践行。慈善行为可以解决部分资源环境外部性的内在化,如世界许多资源环境非营利性组织(联合国环境规划署、世界银行、世界资源研究所等)长期致力于资助有正外部性的环境资源研究、教育和投资。构建产业链方法,系采取把不同类型的产业经营有机结合在一起的发展形式,使一些产业产生的废弃物变成一种可利用的资源,从而使其对环境造成负外部性的问题得以解决。签订协议,即由利益各方签订协议,达成妥协,以此解决环境负外部性问题。

公共政策方法具体分为管制和经济手段两种。管制,通常是指政府使用规章制度(包括相关的法律、规章、条例和标准等)对资源利用和环境污染外部性进行直接干预和控制。这在发达国家和发展中国家都是非常有效的管理手段。这种方法一方面规定人们的行为必须达到某种标准或明文禁止某些行为,另一方面也包含了对标准实施过程的监督和一些强制性的要求。管制的优点是具有严肃性,最终效果具有确定性。经济手段主要是押金—退款制度、补贴、税收(排污收费等)、可交易的排污许可证。

四、外部性理论对人口、资源与环境经济学建设与发展的意义

资源与环境的经济负外部性是普遍现象,这也是国家和区域人口、资源、环境与经济协调发展的重要制约因素之一,因此,在人口、资源与环境经济学的理论建设与区域人口、资源、环境与经济协调发展的具体实践中,必须认真研究资源与环境的经济负外部性特征及其内在化策略。

以矿产资源开发利用为例,其环境负外部性是非常显著的,主要表现在对矿山生态环境和矿区地质环境的破坏上。多年来,各地小而散的矿山开发活动造成土地的毁损与环境的破坏,引发了采空塌陷、地面沉降、地裂缝、泥石流等多种地质灾害及水土污染,还严重破坏了当地的水文环境,造成矿区生活用水与农业生产用水困难。此外,矿业废渣、煤矸石、尾矿等废弃物的大量堆存也使矿区及其周围的水、土、大气环境受到污染,严重制约着矿业经济以及国民经济的良性、持续发展[45]。因此,需要认真研究矿产资源开发利用的负外部性特征,精准制定消除矿产资源开发中负外部性的重大对策和关键举措。

从水资源开发利用来看,其负外部性特征也是很明显的,主要表现在对水资源生态环境的破坏上。各地小而散的水资源开发活动,往往造成水土流失、江河淤积、生态恶化;

对水资源无节制的开发利用,导致江河断流;地下水超采,导致地面下沉;过度围湖造田,侵占河道,降低了河湖调蓄能力和行洪能力。尤其是城市建设的强大张力,对河湖存在较大威胁,一些地方湖泊萎缩,水质恶化,废水、污水处理能力偏低对城市生态环境造成的不利影响,在一定程度上削弱了本地的水资源优势,严重制约了区域经济、社会与环境的良性发展[46]。因此,需要用外部性理论对此进行深入的分析,进而探寻消除水资源开发中的负外部性的路径,推进区域经济社会与资源环境协调发展。

总体来看,管制手段在世界各国的资源开发利用和环境保护政策实践中一直是占主导地位。土地用途管制、排污标准的实施等均为代表性的管制制度。然而,经济手段也是解决负外部性的有效手段之一,与行政管制手段需要有机结合。此外,由于许多环境资源具有"公共"属性,本质上是"共有资源"。"共有资源"往往会产生"公共资源的悲剧"(The Tragedy of the Commons)。因此,在把"负外部性"内部化过程中,还需要通过科学的制度安排实现收益和损失承担相统一。

参考文献

[1] 周毅. 可持续发展:从概念到理论研究[J]. 南方论刊, 1999(3):6-8.

[2] World Commission on Environment and Development (WCED). Our Common Future [M]. Oxford: Oxford University Press, 1987.

[3] United Nations. 21世纪议程[R]. 国家环境保护局译. 北京:中国环境科学出版社, 1993.

[4] 郭日生.《中国21世纪议程》的制定与实施进展[J]. 中国人口·资源与环境, 2007, 17(5):1-5.

[5] 北京大学中国可持续发展研究中心. 可持续发展:理论与实践[M]. 北京:中央编译出版社, 1997.

[6] 国际环保产业促进中心. 循环经济国际趋势与中国实践[M]. 北京:人民出版社, 2005.

[7] 尹继佐主编. 可持续发展战略普及读本[M]. 上海:上海人民出版社, 1998.

[8] 沈满洪. 人与自然和谐共生的理论与实践[J]. 人民论坛·学术前沿, 2020(11):6-14.

[9] 恩格斯. 自然辩证法[M]. 北京:人民出版社, 1955.

[10] 习近平. 论坚持人与自然和谐共生[M]. 北京:中央文献出版社, 2022.

[11] 习近平. 决胜全面建成小康社会夺取新时代中国特色社会主义伟大胜利:在中国共产党第十九次全国代表大会上的报告[R]. 北京:人民出版社, 2017.

[12] 习近平. 高举中国特色社会主义伟大旗帜 为全面建设社会主义现代化国家而团结奋斗——在中国共产党第二十次全国代表大会上的报告[R]. 北京:人民出版社, 2022.

[13] 左其亭,张乐开,张羽,等. 人与自然和谐共生理论与实践[J]. 华北水利水

电大学学报（自然科学版），2023，44（6）：10-15，65.

[14] 刘湘溶. 关于人与自然和谐共生的三点阐释［J］. 湖南师范大学社会科学学报，2019（3）：9-14.

[15] 韩秋红. 中国式现代化人与自然和谐共生的本质特征与世界意义［J］. 社会科学家，2023（2）：18-23.

[16] 王松霈. 生态经济学为可持续发展提供理论基础［J］. 中国人口·资源与环境，2003，13（2）：11-16.

[17] 王建明."两山"理念的内在逻辑和历史作用［EB/OL］. https：//theory. gmw. cn/2020-08/14/content_34086480. htm，2020-08-14.

[18] ［英］马尔萨斯. 人口论［M］. 北京：商务印书馆，1959.

[19] 彭松建. 评坎南的适度人口理论［J］. 经济科学，1984（5）：64-68.

[20] 马寅初. 新人口论［M］. 长春：吉林人民出版社，1957.

[21] 石玉林，陈国南，石竹筠. 切实保护、充分利用耕地资源［J］. 中国土地科学，1989，3（3）：9-12.

[22] 国务院. 关于做好建设节约型社会近期重点工作的通知［N］. 人民日报，2005-07-06（1）.

[23] 刘德春，郭红，温宗国，等. 如何深入推进各类资源节约集约利用［N］. 学习时报，2023-04-10（7）.

[24] 陆雄文. 管理学大辞典［M］. 上海：上海辞书出版社，2013.

[25] Boulding K E. The Economics of the Coming Spaceship Earth［A］//Jarrett H ed. Environmental Quality in a Growing Economy［M］. Baltimore，MD，USA：Resources for the Future/Johns Hopkins University Press，1966：55-90.

[26] Pearce D W，Turner R K. Economics of Natural Resources and the Environment［M］. New York：Harvester Wheatsheaf Press，1990.

[27] 王征，黄南. 论循环经济促进生态文明的机理［J］. 江苏经贸职业技术学院学报，2014（3）：1-3.

[28] 国家发展改革委."十四五"循环经济发展规划［EB/OL］. https：//www. gov. cn/zhengce/zhengceku/2021-07/07/content_5623077. htm，2021-07-07.

[29] 杨子生. 土地资源学［M］. 北京：经济管理出版社，2021.

[30] 黄永杰."人口众多"与"地大物博"新论［J］. 继续教育与人事，2003（11）：53-55.

[31] Maslow A H. A Theory of Human Motivation［J］. Psychological Review，1943，50（4）：370-396.

[32] ［美］保罗·萨缪尔森，威廉·诺德豪斯. 经济学［M］. 萧琛译. 北京：商务印书馆，2014.

[33] ［美］贝克尔. 人类行为的经济分析［M］. 王业宇，陈琪译. 上海：上海三联书店，上海人民出版社，1995.

[34] 吕昭河. 超越"经济人"：对"人口、资源与环境经济学"学科性质的探索［J］. 思想战线，2003，29（6）：10-14.

［35］恩格斯．家庭、私有制和国家的起源［M］．北京：人民出版社，2019．

［36］程福祜，王翊亭，张世秋．环境经济学［M］．北京：高等教育出版社，1993．

［37］张象枢．论人口、资源、环境经济学［J］．环境保护，2002（2）：6-8．

［38］［英］阿尔弗雷德·马歇尔．经济学原理［M］．刘生龙译．北京：中国社会科学出版社，2008．

［39］Pigou A C. The Economics of Welfare［M］．London：MacMillan，1920．

［40］王慧，马菲，赵益普，等．日方悍然将核污染水排海是对人类未来的极大不负责［N］．人民日报，2023-08-25（16）．

［41］岳林炜，王慧，郭梓，等．核污染水排海是一种暴行［N］．人民日报，2023-08-27（17）．

［42］Trucost ESG Analysis. Natural Capital at Risk：The Top 100 Externalities of Business［EB/OL］．https：//www.trucost.com/publication/natural-capital-risk-top-100-externalities-business，2013-04-15．

［43］［美］乔纳森·M. 哈里斯，布瑞恩·罗奇．环境与自然资源经济学：当代方法（第五版）［M］．姚霖，余韵译．北京：商务印书馆，2023．

［44］Hardin G. The Tragedy of the Commons［J］．Science，1968（162）：1243-1248．

［45］张举钢．矿产资源开发的环境负外部性分析——一个新制度经济学的视角［J］．中国国土资源经济，2009，22（7）：17-18，21．

［46］黄德林，王国飞．武汉市水资源开发的环境负外部性分析［J］．湖北社会科学，2010（6）：67-70．

第二篇

人口、资源、环境与经济相互关系的理论分析

第四章 人口-资源-环境-经济系统的总体分析

从系统论的角度来讲，人口、资源与环境经济学研究的是人口-资源-环境-经济系统的运行与发展问题。人口-资源-环境-经济系统是由人口、资源、环境和经济四个子系统（或四个组分、四个因子）相互联系、相互作用而形成的复杂巨系统。因此，在人口、资源与环境经济学研究中，需要对人口-资源-环境-经济系统进行总体上的分析和阐释。本章拟在分别阐述人口、资源、环境、经济的概念及本学科关注问题基础上，着重分析"经济"因子（经济过程与经济发展）在链接"人口""资源"和"环境"三个因子中的纽带作用，进而阐明人口-资源-环境-经济系统的基本特点。

第一节 人口的概念及本学科关注的问题

一、人口的概念和人口增长模式

人口（Population），是"人口-资源-环境-经济系统"中的核心要素，对资源、环境、经济都有着重要的影响，是事关可持续发展战略的首要因素。从人口的概念和内涵来看，它是一个内容复杂、综合了多种社会关系的社会实体，具有性别和自然构成、多种社会构成和社会关系、经济构成和经济关系。在基本概念上，通常是指一个地理区域的人的数目，强调的是规模。一切社会活动、社会关系、社会现象和社会问题均与人口发展过程相关。人口发展（或人口生产）本身是"两种生产"或"三种生产"体系的重要部分，直接影响到经济社会的可持续发展。

按居住地，人口可以划分为城镇人口和农村人口。此外，还可以根据统计、分析和研究的需要，按年龄、性别、职业、部门等构成，把人口划分为不同的群体。

在人口问题分析中，最基本的是人口数量、人口质量和人口结构三个方面。此外，人口分布、人口迁移等方面的分析也很重要。

通常，一个国家和地区人口的自然增长，系由出生率和死亡率共同决定，其计算式为：

自然增长率=出生率-死亡率

式中，出生率是一年内出生婴儿数占总人数的比率；死亡率则是一年内死亡的人数占总人数的比率。

根据增长率指标，一般把人口增长（或人口转变）模式分为三种：①原始型，其基本特点是高出生率、高死亡率和很低的自然增长率；②传统型，其基本特点是高出生率、低死亡率和高自然增长率；③现代型，其基本特点是低出生率、低死亡率和很低的自然增长率。历史发展表明，人口增长模式往往是由原始型转向传统型，继而向现代型逐步过渡。

二、本学科关注的主要人口问题

（一）人口数量的过快增长

人口问题始终是影响人口、资源、环境与经济协调发展的首要问题。为了生存和发展，人类除要满足吃饭、饮水、穿衣、住房等基本生存需求之外，还有教育、医疗、就业等多方面的需求。人口数量的过快增长已经对资源、环境、经济和社会均产生了巨大的影响，并因此而产生了可持续发展问题。

从世界人口发展史来看，人口增长与生产力发展水平密切相关，同时也受其他社会经济因素和自然因素的影响。史前，由于生产力水平以及人类抗拒自然的能力极其低下，人口增长非常缓慢（见表4-1）。随着生产力的发展和科技的进步，人口增长逐步加快。1750年，世界人口达到7.90亿人，增长率逐步提升；到20世纪中叶（1950年），世界人口达到25.24亿人，较200年前的1750年增长了2倍多。此后，世界人口增长率先后突破1%和2%，人口规模不断地膨胀，增速非常惊人。1999年10月12日，世界人口达到60亿人。整个20世纪，世界人口增加了近45亿人，被称为是全球人口激增的世纪[1]。在1999年，美国人口调查局做了一次有趣的统计：该年世界上每秒有4.2个婴儿诞生，有1.7人死亡，每秒世界自然增长人口2.5人；依此类推，见表4-2[2]。该年自然增长7732万人，相当于该年5.2个上海市的总人口。2011年10月31日，世界人口达到70亿人；2022年11月15日，世界人口达到近80亿人。

表4-1 世界0~2023年人口增长状况

年份	人口规模（亿人）	人口增长率（%）	年份	人口规模（亿人）	人口增长率（%）
0	2.00	—	1970	37.02	2.03
1000	3.10	0.04	1980	44.47	1.85
1250	4.00	0.10	1990	52.82	1.74
1500	5.00	0.09	2000	61.49	1.35
1750	7.90	0.18	2010	69.86	1.22
1800	9.80	0.43	2020	78.41	1.01
1850	12.60	0.50	2021	79.09	0.87
1900	16.50	0.54	2022	79.75	0.79
1950	25.24	0.85	2023	80.45	0.88
1960	30.27	1.83	2050	93.67	0.61

资料来源：①0~1990年和2050年数据引自联合国《1994年世界人口展望》和《1996年世界人口展望》；②2000~2023年人口规模数据来自联合国粮农组织（由EPS DATA整理）；③2000~2022年人口增长率数据来自世界银行（由EPS DATA整理），2023年人口增长率数据系根据联合国粮农组织数据库中人口规模推算。

表4-2 1999年世界每单位时间的人口增长情况　　　　　　　　单位：人

单位时间	出生人数	死亡人数	自然增长人数
每年	131468233	54147021	77321212

续表

单位时间	出生人数	死亡人数	自然增长人数
每月	10955686	4512252	6443434
每天	360187	148348	211839
每小时	15008	6181	8827
每分钟	250	103	147
每秒	4.2	1.7	2.5

资料来源：褚劲风. 全球人口增长及其地区差异［J］. 地理教学，2000（12）：4-5.

世界人口的过快增长还表现在每突破10亿人口的周期明显地缩短：从1804年的10亿人口增至1927年的20亿人口，其间经历了123年；1960年世界人口达到30亿人，仅花了33年；到14年后的1974年，又增加了10亿人；相隔13年的1987年，世界人口突破50亿人；仅隔12年，1999年全球人口增至60亿人；12年之后的2011年，世界人口达70亿人；11年后的2022年，世界人口突破80亿人。

中国作为发展中国家，人口增速总体上非常大。自中华人民共和国成立以来，全国人口总量的发展过程大致经历了以下七个阶段（见图4-1）：①第一个人口高增长阶段（1949~1957年）。1949年之前，由于战乱频繁，经济难以发展，人口发展呈现出高出生率、高死亡率、低增长率的特征；1949年之后，由于社会安定，经济恢复发展，人民的生活水平及医疗卫生条件不断得到改善，使人口发展出现了死亡率大幅度下降、出生率维持在高水平、人口自然增长率显著提高的人口高增长特征[3]。据历年《中国统计年鉴》统计数据，1949年，全国人口出生率为36‰，死亡率为20‰，自然增长率为16‰，年底全国总人口为5.42亿人；到1957年，死亡率下降到10.8‰，自然增长率则上升为23.2‰，总人口达到6.47亿人。在1949~1957年，全国总人口净增1.05亿人。②人口低增长阶段（1958~1961年）。1959~1961年因连续三年的自然灾害，经济发展出现了波折，人民生活水平受到影响，致使人口死亡率突增，而出生率锐减，人口自然增长率大幅度下降，其中1960年和1961年连续两年出现人口负增长。③第二个人口高增长阶段（1962~1970年）。三年严重困难之后，经济发展状况逐渐好转，人口死亡率开始大幅度下降，强烈的补偿性生育使人口出生率迅速回升，人口增长进入了前所未有的高峰期，这一时期的人口出生率最高达43.6‰，平均水平为36.8‰，而人口死亡率降至10‰以下，使这一阶段人口的年均自然增长率达27.5‰，8年净增人口1.57亿人。④人口有控制增长阶段（1971~1980年）。20世纪70年代，尤其是70年代后期，中国政府开始实行计划生育政策，使人口高出生、高增长的势头得到了迅速控制，这一时期的人口出生率和自然增长率分别由1971年的30.7‰和23.4‰下降到1980年的18.2‰和11.9‰。但由于总人口基数庞大，这一阶段人口净增的绝对数仍很大，全国总人口由1971年的8.52亿人增加到1980年的9.87亿人，净增1.35亿人，超过了第一次生育高峰时期的净增人口。⑤第三个人口高增长阶段（1981~1990年）。进入20世纪80年代后，计划生育被确定为一项基本国策，控制人口增长的措施更加严格。但由于20世纪60年代初"第二次人口生育高峰"中出生的人口陆续进入生育年龄，使人口出生率出现回升，由1980年的18.2‰、1981年的20.9‰增至1987年的23.3‰峰值。这一阶段总人口净增1.43亿人。⑥人口平稳增长阶段（1991~2021

年)。进入20世纪90年代后,人口高出生率的态势得到了控制,1998年人口自然增长率首次降到10‰以下,从2000年开始直至2021年,年度净增人口低于1000万人(2012年除外),中国人口总体上进入平稳增长阶段,且增速逐渐下降。⑦人口负增长阶段(2022年至今)。2022年末,全国人口141175万人,比2021年末净减少了85万人,自然增长率为-0.60‰[4],这标志着中国持续60年(1962~2021年)的人口正增长进入了转折点,人口负增长时代来临[5]。2023年末,全国人口140967万人,又比2022年末净减少208万人,自然增长率为-1.48‰[6]。据世界银行数据库统计数据,2022年印度总人口达14.17亿人,首次超过了中国人口(14.12亿人)[4]①。尽管目前中国人口出现了负增长之势,但仍然是14亿人口体量的大国,人口压力依然巨大。

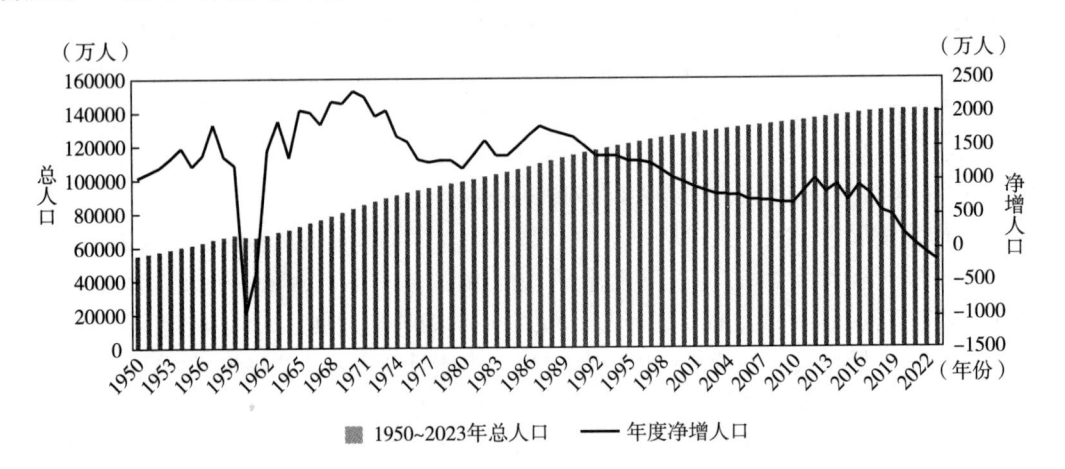

图4-1 中国1950~2023年总人口与年度净增人口

(二)人口的老龄化和少子化

老龄化和少子化是当今中国人口面临的双重挑战,使全国劳动力年龄结构、人口抚养比例、代际关系发生重大变化,将对中国经济、政治、社会发展产生深刻的影响[7]。

人口老龄化(Aging of Population),是指一个国家或地区在一个时期内老年人口比重不断上升的现象或过程。按照国际标准[8],当一个国家或地区65岁及以上老年人口达到人口总数的7%(1982年在维也纳召开的老龄问题世界大会上又确定60岁及以上老年人口占人口总数的10%)时,该国家或地区进入了老龄化社会;当65岁及以上人口占比达到14%时,则步入了中度老龄化社会(或称深度老龄化社会);当65岁及以上人口占比达到20%以上时,则进入重度老龄化社会(或称超老龄化社会)。

1999年及其之前,中国65岁及以上人口比例一直低于7%(见图4-2)。2000年,中国65岁及以上人口比例达到了7%,意味着正式步入了老龄化社会。2021年,中国65岁及以上人口比重达14.2%,意味着进入了中度老龄化社会(即深度老龄化社会)。2023年末,全国65岁及以上人口比重进一步增至15.4%。人口老龄化的结果使劳动年龄人口规模持续萎缩,劳动人口占比大幅下降,人口数量红利消失,劳动力成本大幅上升,并增加

---

① 2022年中国总人口14.12亿人系指31个省、自治区、直辖市和现役军人的人口,不包括港澳台人口。如果加上港澳台人口,中国总人口依然居世界第一位。

劳动年龄人口的负担，还给社会公共福利、医疗卫生等方面带来影响。

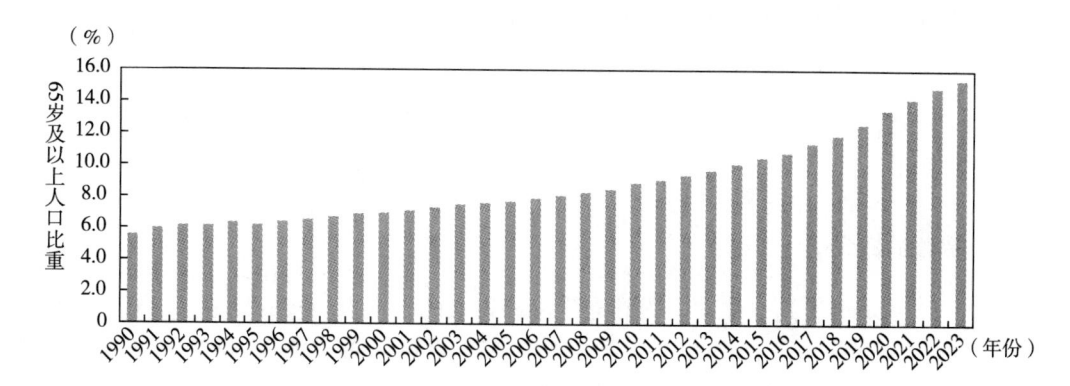

图 4-2 1990~2023 年中国 65 岁及以上人口比重

少子化（Sub-replacement Fertility），是指生育率下降而造成幼年人口逐渐减少的现象。少子化意味着未来人口可能逐渐变少，这对社会结构、经济发展等诸多方面都会产生重大影响。

按人口统计学的划分标准，根据总人口中 0~14 岁人口占比的高低，可划分出 7 个等级：0~14 岁人口占比超过 40%，为超多子化；0~14 岁人口占比在 30%~40%，为严重多子化；0~14 岁人口占比在 23%~30%，为多子化；0~14 岁人口占比在 20%~23%，为正常；0~14 岁人口占比在 18%~20%，为少子化；0~14 岁人口占比在 15%~18%，为严重少子化；0~14 岁人口占比低于 15%，为超少子化[9]。

根据《中国统计年鉴》数据，1990~1999 年中国 0~14 岁人口占比一直高于 23%，属于多子化阶段；2000~2005 年全国 0~14 岁人口占比降至 20%~23%，属于正常时期；2006~2009 年 0~14 岁人口占比又降至 18%~20%，迈入了少子化时代；2010 年开始至今，全国 0~14 岁人口占比降至 18% 以下，达到了"严重少子化"的程度（见图 4-3）。

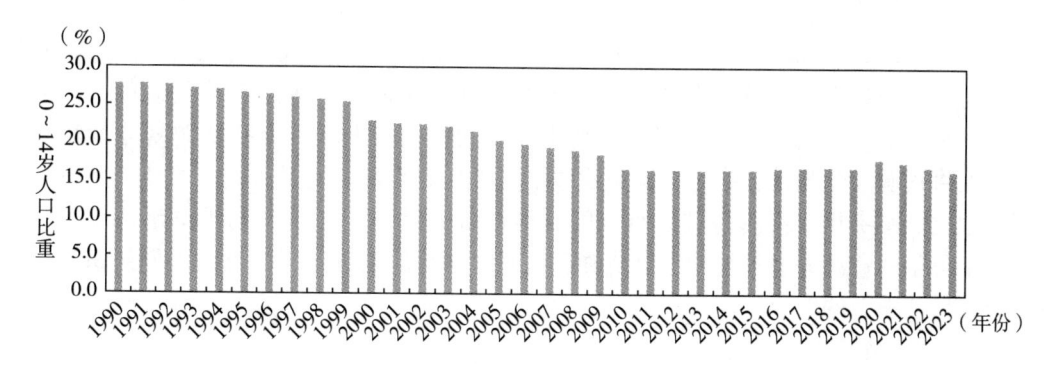

图 4-3 1990~2023 年中国 0~14 岁人口比重

当今低生育率和少子化的出现，在很大程度上与生育基础削弱、生育观念改变、生育成本高有关。当今时代，选择晚婚晚育、不婚不育、单身丁克、不孕不育的比例不断上升，从根本上削弱了生育基础。同时，随着经济社会的发展，"90 后""00 后"年轻人的生育观念已发生了显著的改变，其人生规划以生活品质与享乐优先，往往倾向于晚生、少生甚至不生，以往父母辈的"养儿防老"观念逐渐被淡化。此外，由于住房、教育、医疗等直接成本高，生活压力大，也导致生育意愿低落或不孕不育。

第二节 资源的概念及本学科关注的问题

一、资源的概念

资源（Resources）这一概念，大致有广义和狭义两种观点。按中国的传统解释，资源也称"财源"，所谓"资"，是指"资财""财富"之意；而"源"，即指"来源""源泉"。因此，资源的概念可以理解为"财富之源泉"。《辞海》对资源的解释是"资财的来源，一般指天然的财源"①。联合国环境规划署（UNEP）的解释是"所谓资源，特别是自然资源，是指在一定时间、地点的条件下能够产生经济价值，以提高人类当前和将来福利的自然环境因素和条件"[10]。这一解释赋予了资源概念的质的规定性，即"能够产生经济价值"。以上两种解释，大致代表了资源概念的狭义观点。从广义观点来看，自然资源不仅限于能够创造财富或经济价值的那些自然物，还应该泛指一切对人类生存和经济社会发展有用的自然物（包含能量等），包括已经或正在利用的和尚未利用的。有些自然物在目前看来是无用的，因而似乎不能称为资源。但是，"有用"与"无用"并没有绝对的界线，而只是相对的概念。任何自然物都或多或少地具有潜在的用途，只不过人们暂时尚未发现它、认识它和利用它而已。随着社会的发展、科技的进步，将必然为人类所认识、利用，从而成为对人类有用的资源。人类的发展过程，本来就是不断认识自然、改造自然和利用自然的过程。因此，必须坚持广义的资源概念，以此作为建设人口、资源与环境经济学的出发点。

二、资源的分类

分类（Classification），是任何科学研究的基础和前提。它是根据对象的共同点和差异点，将对象区分为不同种类的逻辑方法。资源分类也不例外，是在比较资源之间共同点和差异点的基础上，根据共同点将资源归纳为较大的类，根据差异点把资源划分为较小的类，从而将资源区分为具有一定从属关系的不同级别的系统。通过分类，可使繁杂多样的资源条理化、系统化，从而为进一步分门别类地研究资源的开发和利用奠定基础[7]。另外，由于科学的资源分类系统能够反映资源内部规律性的联系，因而可为人们认识某一具体资源提供认识上的向导。

（一）自然资源和社会资源

资源一般可分为自然资源和社会资源两大类。前者是由自然界提供的，具有自然属性；后者则具有社会属性或人为属性。

自然资源（Natural Resources），是自然界形成的可供人类生活和生存所利用的一切物质和能量。主要包括土地资源、水资源、气候资源、生物资源、矿产资源、自然风景资源

---

① 辞海编辑委员会．辞海（中册）[M]．上海：上海辞书出版社，1979：3286．

等。由上述概念可见，自然资源是自然界中形成的，因而具有自然的属性。然而，自然资源经过人类开发和改造之后，由于附加了人类活动的因素，使其又带上了社会属性的烙印，因而具有双重属性。如已经开垦利用的土地、已经改良的植物品种、已经驯化的动物等。随着人类社会经济的发展，许多自然资源已经或正在进入生产过程或在其他方面被利用，纯粹的自然资源正日趋减少，但人们仍然把这种资源称为自然资源。

社会资源（Social Resources），又称人为资源，主要包括劳动力资源、各种基础设施与物质装备资源以及科技、信息、管理等非物质资源。

（二）可再生资源与非再生资源

资源分类中另一常用的方法，是根据能否更新或再生，将资源分为可再生资源与非再生资源两大类。

可再生资源（Renewable Resources），是指在自然过程中或在人类参与下可以更新或再生的资源，如太阳能资源、风能资源、潮汐能资源、水资源、土地资源、生物资源等，均属于再生资源。这类资源往往取决于人类适当的、非破坏性的利用和经营。例如，土地资源在合理耕作的情况下，其肥力可以保持而不耗竭；森林在合理采伐更新的过程中，林地可以持续地生产木材和其他林产品；渔场在合理捕捞的条件下，鱼群能够不断繁殖、更新。

非再生资源（Nonrenewable Resources），或称不可再生资源或耗竭性资源，是指自然界中某些数量有限的资源，一经开发利用，其数量便随资源的利用而递减，且已经利用和耗费的部分不能更新和再生以补充或恢复其损失。此类资源最典型的是矿产资源，其数量可用重量或体积表示，其质量可用化学组成来衡量。此类资源的最大特点是非再生性，如煤、石油、天然气等燃料物质，一经利用之后，其本身即不复存在；又如铜、铁等金属材料，经利用后虽然不完全消失，但其损失耗费在所难免。

当然，可再生和非再生是相对而言的，两者之间并不存在不可逾越的鸿沟。例如，非再生资源——石油、煤炭等化石燃料，系来源于古代的再生资源——动植物；某些农田区，因过度垦殖，破坏了森林，最终使耕地被沙漠所侵袭，良田已不复存在；某些濒临灭绝的野生动物，如果不能很好地加以保护，那么它们将会从地球上永远消失。因此，在谈及可再生资源时，应当特别强调适当的非破坏性的利用和经营。

（三）长流资源、可再生资源和不可再生资源

部分学者在可再生资源内续分出长流资源和可再生（或更新）资源两类，从而将资源分为三类，即长流资源、可再生资源和不可再生资源。

长流资源（Flow Resources）又叫恒定资源，即可以永续利用或可以循环利用的资源，它是指数量无限巨大或者经常流动的资源。如太阳能、空气、降水、温热、风能、水能、潮汐能等。此类资源在自然界中不仅存在量大，而且循环运行不息，并不因被利用而造成其数量的减少或损失，因此，如果能对此类资源加以利用，那么可以得其利；如果不加以利用，那么听任其自由流失，则导致其因闲置而白白浪费，实属弃货于地，不胜可惜。可见，在开发利用资源时，对此类资源应尽量加以开发利用，勿使其流失、浪费，其合理利用的目标是采用最先进技术最大限度地进行开发和利用，并提高其综合效益。

可再生资源，或叫可更新资源，主要指生物资源和土壤资源。如上所述，此类资源取决于人类的适当的、非破坏性的经营活动。因此，要使此类资源更新、再生加快，不断增

加其数量,关键在于如何合理利用、保护和管理。可再生资源合理开发利用的目标应是:资源数量应越用越多;生态系统的总体结构功能应随着资源的利用而越来越好;充分发挥其多用性的特点,实行综合开发利用,获得最佳综合效益。

不可再生资源,又叫限量资源或储存资源(Stock Resources),如前所述,其显著特点是不可再生性,其储量随着开发利用的扩大而逐渐减少,因而此类资源开发利用的目标应是积极采用新技术,并完善回收技术,加强综合利用,节约用量,尽量利用再生资源作为代用品,以减少其消耗,延长其利用期限。

(四)"硬件"资源和"软件"资源

从形态上来讲,资源可以分为"硬件"资源和"软件"资源两大类。

"硬件"资源("Hardware" Resources),也可称为物质性资源或"有形"资源,系指客观存在的、在一定的技术和社会经济条件下能被人类用来维持生态平衡和从事生产与社会活动并能形成产品和服务的有形物质,还包括不需加工即可被人类直接利用的客观物质,如空气等。显然,自然资源、能源等均属此类资源。

"软件"资源("Software" Resources),也可称为非物质资源或"无形"资源,它主要指以人类的智能为基础的资源。归纳起来,此类资源主要包括以下十个方面:

(1) 政策资源。人们常说发展生产"一靠政策,二靠科技,三靠投入",这表明,政策是一种最重要的资源。政策是否正确、合理以及贯彻执行得如何,将极大地影响生产和社会经济的发展。这是显而易见的。

(2) 科技资源。科学技术是第一生产力。科学技术水平的高低、发展得快慢,直接影响"硬件"资源的开发利用和社会经济的发展水平。这方面的例子不胜枚举。从科技对自然资源(包括能源)的作用来看,可归纳为三个方面:①科技可以使无穷无尽的潜在资源转化为现实资源。中国石油资源开发利用的历史便是有力的佐证:直到20世纪50年代初期,中国仍被认为"贫油国",当李四光教授的新华夏构造体系理论破除了"贫油国"的错误结论后,才使中国的石油事业迈开了大步,实现了在石油问题上从"无资源"到"有丰富资源"的转变,科学在此起到了决定性作用。②科技可以提高资源的多用性和复用指数,从而增加了资源的实际可用量。人类对煤炭的利用就是一个浅易而明显的实证:大量的煤矸石过去一直被作为废物而占压了大片可耕地,科技的进步使它的其他用途被发现,如与瓷土混合可以烧制特种玻璃瓷,可以从中提取单晶硅及有用物质、烧制水泥等。③科技可以对各种资源进行本质的改造。科技的进步和投入,使人们能对天然的各种物质进行重新排列组合,于是,产生了一批批新物质、新资源,还可以人工合成千万种新物质,极大地提高了同一数量资源的利用系数。

(3) 信息资源。信息与情报占有量的多与少、详与略、新与旧,往往决定一个企业乃至一个地区经济决策正确与否,并将直接影响其经济效益的好坏。

(4) 管理资源。管理水平的高低,直接影响生产水平的高低和经济效益、社会效益的好坏。

(5) 智力资源。劳动者自身素质的高低,已明显成为决定生产力发展的最强大的资源和力量。所以,从根本上来讲,培养人才就是在培养资源;开发劳动者智力,就是在发掘一种取之不尽、用之不竭的合成资源。

(6) 时间资源。时间就是金钱,时间就是效益,时间就是生命。这说明时间作为一种有价值的资源，已被越来越多的人所认识和重视。要使时间转换成资源，主要应从两方面着手：①加快节奏和步伐，尽量缩短原订计划的时间；②善于把握住最佳时机，以便同等时间里创造出最好的效益。

(7) 士气资源。在生产力诸因素中，最重要、最活跃的因素是劳动者，整个生产经营过程都要通过人的积极作用才得以实现。因此，生产经营过程中人的情绪是否稳定、士气是否高昂、生产积极性是否高涨，将会直接影响到企业能否获得好的经济效益。

(8) 声誉资源。对于一家生产企业乃至一个地区、一个国家，其声誉的高低，或说是用户对其印象的好坏，直接影响并将更深入地影响到企业生产经营乃至一个地区、一个国家经济发展的成败。

(9) 结构资源。产业结构严重失衡已成为阻碍经济健康发展的重要因素，也是造成资源短缺、浪费现象严重的重要原因。因此，积极、合理地进行各种生产结构的调整与优化，是获取最大经济效益的重要措施。

(10) 协作资源。发展横向联合和合作，对于发展生产、冲破旧体制对经济的束缚有着十分重要的作用。同时，对于提高生产效益、减少浪费、降低消耗、增加产出也有着不可忽视的作用。

由上所述，可见以人类的智能为基础的"软件"资源对于"硬件"资源的开发利用具有十分重要的决定作用，而这一作用的结果又反馈于整个资源（广义）系统。从某种意义上来讲，"硬件"资源是被动的，而"软件"资源则是主动的，"硬件"资源的作用需要"软件"资源来启动。

(五) 陆上资源、水域资源和大气层资源

按资源在地球上的位置和形态不同，可分出陆上资源、水域资源和大气层资源三类。陆上资源，包括矿产资源、地下水资源、土地资源、生物资源及各种社会资源。水域资源，包括各种水体（如海洋、内海、湖泊、河流等）及水中的生物。大气层资源，包括可供利用的氧气、氢气、氮气和各种稀有气体以及光能资源、热量资源、风能资源等。

(六) 地下资源和地表资源

按资源的赋存条件及特征，可分为地下资源和地表资源两大类。地下资源，因其贮存于地壳之下，又称地壳资源，主要包括矿物原料和能源等。地表资源，因其赋存于地表的生物圈中，也可称生物圈资源，包括土地资源、水资源、气候资源、生物资源以及各种社会资源。

(七) 专有资源和共享资源

根据人类社会对某种资源的利用能否加以控制，即资源利用的可控性，将资源特别是自然资源分成专有资源和共享资源两大类。

专有资源（Own Resources），也称可控资源，是指通过法律或所有权的形式能对资源的利用或使用进行控制、限制或调节的那些资源。例如，属于某一国家领海中的渔业资源或海洋类资源，别国的渔民和渔船就不允许进入捕鱼；又如某一法律规定属于国家所有的矿山、自然保护区，属于某一农场的土地等均为专有资源的具体实例。由于此类资源的所有者对资源拥有所有权，能够对资源利用的方式、强度、速度等进行控制和调节，因而有可能使其合理地开发利用和科学地保护这些资源。

共享资源（Common Property Resources），是指任何集团或个人均可享用的那些资源，故又可称为共用资源。例如,空气、公海、太空等,即属典型的共享资源。应当指出,这种分类在不同国家可能会有所区别。例如,某些多森林的国家,森林有可能是共享资源;某些国家的内陆湖泊也是共享资源。国家对本国资源所采取的管理政策,显然会影响本国共享资源的利用方式;同样,对于世界性共享资源,联合国有关组织所制定的政策、规章等也必然影响其利用的方式。

(八) 已利用资源和未利用资源

为了资源开发研究的需要,可根据资源是否已被开发利用,即是否已进入了生产过程,而将资源分成已利用资源和未利用资源两大类。

已利用资源(Utilized Resources),是指已经为人类所开发利用从而进入了生产过程,发挥了其作用和功能,产生了各种利用效益的那些资源。如已开垦的土地、已利用的动植物资源等,即属此类资源。

未利用资源(Nonutilized Resources),是指目前尚未开发而处于闲置状态,尚未进入生产过程,尚未发挥其作用和功能的那些资源。例如,尚未开发的森林、湖泊,尚未利用的荒野(荒地、荒山、荒坡)、矿床等。

这种分类法对于推进资源的更加合理、更加充分的开发利用具有重要的指导作用和意义。从一国、一地区的实际出发,因地制宜地将已利用资源的深度开发和未利用资源的广度开发有机地结合起来,合理地制订开发计划,科学地运用各种手段和措施,正确地处理人与自然的关系,不断地向各业生产的深度和广度进军,应是资源综合开发的主要任务。

除上述分类方法之外,还可有其他一些分类法。例如,按供求关系可分为稀缺性资源和非稀缺性资源两大类,前者如土地、资金、劳力等;后者如阳光等。不过,这种稀缺性的判断随着地区的变化和时间的变化而变化。

三、自然资源的基本属性

在"人口-资源-环境-经济"系统中,资源主要是指自然资源,也就是对人类生存和经济社会发展有用的自然物,如矿产资源、土地资源、水资源、气候资源、生物资源等。为了更好地了解和分析"人口-资源-环境-经济"系统,这里很有必要对自然资源的基本属性做一阐释。

(一) 整体性

整体性是自然资源的重要物理属性,是指自然资源在自然界中是作为自然资源系统存在的,各个自然资源要素是相互制约、相互联系的有机统一体。在立体空间上,该统一体上至大气圈、下至岩石圈,由上层的气候资源,地表层的水资源、土地资源和生物资源以及下层的矿产资源等构成了立体的垂直系统。各资源子系统也是一个整体,例如,土地资源系由土壤、水文、动物、植物、气候等自然资源构成的自然综合体。资源系统中任何一种资源要素的改变,都会影响到其他资源和资源整体。例如,过度开采地下水会引起地面下沉,使地表的土地资源及生态环境遭受破坏;不当采伐红树林,会影响鱼类繁殖乃至海岸线的退化。在水平空间上,在一个地理区域内,各地段和各项自然资源也是相互制约的一个整体。如黄土高原的水土流失,不仅染黄了一条黄河和一片黄海,整个华北平原也是在漫长的地质时期,主要依靠黄河带来的泥沙沉积而成,这种流域整体性所致的连锁反应要求人们把黄海的开发利用、华北平原的国土整治、黄河上中下游的综合治理和黄土高原的水土保持连为一体来统筹考虑。在时间变化上，自然资源也是一个整体，自然资源系统都具有过去、现在与未来的形成演化过程。此外，资源系统的整体性决定了资源研究的综合性，要求自然资源的开发利用必须坚持全局观、整体观和系统观[10]。正由于自然资源的整体系统性特征，近年来中国提出了"山水林田湖草生命共同体"这一理念，以此作为合理开发利用和保护自然资源的指导性原则。

(二) 有限性与稀缺性

自然资源的有限性包括绝对有限性和相对有限性两个方面。绝对有限性是指任何一种自然资源最终可供利用的数量都存在一个极限，无论人们是否科学地认知到这个极限，它都客观存在并构成自然资源利用的终极约束[11]。例如，对土地资源而言，地球陆地表面的土地面积是有限的，同样，一个国家、一个地区的土地面积也是有限的，土地不像其他生产资料那样可以通过人类再生产来增加其数量[12]。对金属矿物来说，一定时期内其在地球上的储存量是一定的，不会因为人口或者其他因素的变化而增加。自然资源的相对有限性，体现在三个方面：①针对一定数量的人口而言，自然资源的数量是有限的。也就是说，人口增多，人均自然资源必然相对减少。②针对人类开发利用技术所决定的开发利用能力而言，自然资源的数量也是有限的。例如，在一定的技术水平下，如果自然资源开发利用的单位 GDP 产出不高，人们为了实现较高的 GDP 产出目标，必然会加大自然资源的消耗，致使自然资源数量相对不足。③针对不同经济社会发展阶段的资源需求而言，例如，在工业化、城镇化快速发展时期，资源需求量较大，往往与供给之间存在突出的矛盾。自然资源的有限性决定了自然资源的可垄断性，决定了自然资源存在绝对地租；同时，也决定了对自然资源必须合理开发利用。

自然资源的稀缺性乃是指相对于人类无穷无尽的欲望而言，大自然提供的自然资源总是稀缺的。这种稀缺既有物理意义上的稀缺（自然供给的稀缺），又有经济意义上的稀缺（经济供给的稀缺）。从经济学的角度来看，正是自然资源的有限性与人类欲望的无限性之间的矛盾，才使经济学在努力解决这种矛盾的过程中应运而生。因此，经济学的逻辑起点就是自然资源的稀缺性，只有稀缺的自然资源才会进入经济学的视野[13]。

自然资源的有限性和稀缺性，决定了自然资源替代状况的重要性。按自然资源的替代状况，可分为两类：一类是可以替代的自然资源，如木材等各种材料资源；另一类是较难替代的自然资源，如水、氧气等。一般认为，替代资源的存在于使用可以在一定程度上缓解自然资源稀缺性对经济发展的不利冲击。从长远观点来看，不可替代自然资源的重要性在上升。例如，淡水资源是大量消耗的不可替代资源，被称为 21 世纪的石油，其对经济社会的影响日益突出。

(三) 多功能与多用途性

自然资源（单项自然资源、复合自然资源或自然资源系统）往往具有多功能、多用途、多效益的特征。如土地资源，由于多数土地的自然生态条件较为优越，生境状况较好，生态幅度较大，因而土地的适宜利用范围较宽，往往具有"多宜性"的特点，相应地，体现在土地功能上也具有"多功能性"的特点[14]，在开发利用上既可以用于生产用途（如农林牧渔业），也可以用于城乡建设、工矿和交通水利等建设用途，还可以用于旅游地等。又如河流水资源，先是出现了泄洪、排水、补给地下水功能；然后出现了养殖功能；农业社会出现了灌溉、航运功能；工业社会还出现了发电功能；近年来，调节小气候、净化大气、水质等环境功能，娱乐、陶冶情操、景观等休憩功能，以及防灾避难功能等亦深受重视；此外，某些河流也有地域分界功能。再如煤炭，既可以用作燃料，还可以用于发电、炼焦等。

自然资源的多功能与多用途性，为资源满足人类的多种需求提供了可能，但人类社会的需求是多样的，因而也就存在有限数量的资源在不同用途之间的分配问题。因此，在开发利用自然资源时，需要坚持综合开发、优化开发。

（四）空间分布的差异性

自然资源的空间分布往往很不平衡，有的地区富集，有的地区则较为贫乏。从中国来看，尤以土地资源、水资源、能源和矿产等资源的地域差异性更为突出。

从耕地资源来看，根据第三次全国国土调查结果[15]，中国现有耕地资源的分布呈"北方多，南方少"的特点，约64%的耕地分布在秦岭—淮河以北，其中，黑龙江、内蒙古、河南、吉林、新疆5个省（自治区）耕地面积约占了全国耕地的40%。位于一年三熟制地区的耕地仅占全国耕地总面积的14.73%，位于一年两熟制地区的耕地占37.40%，而位于一年一熟制地区的耕地则占了47.87%。位于年降水量≥800mm地区的耕地仅占全国耕地总面积的34.96%；位于年降水量<800mm地区的耕地则占了65.04%。

中国水资源的分布则呈"南方多，北方少"的特点。据《2022年中国水资源公报》[16]数据，2022年全国水资源总量27088.1亿立方米中，北方6区（松花江区、辽河区、海河区、黄河区、淮河区和西北诸河区）水资源总量为5955.5亿立方米，仅占28.18%；南方4区（长江区、东南诸河区、珠江区和西南诸河区）水资源总量达21132.6亿立方米，占71.82%。长江和黄河均为中国的两大江河，长江流域水资源量占了全国总水资源量的31.71%，黄河水资源量仅占全国的2.59%。黄河下游及海、滦河流域的河南、山东、河北3个省2022年耕地面积占了全国耕地总面积的14.00%（全国2022年土地利用变更调查数），同期水资源量却仅占全国的3.49%，可见，水土资源匹配上存在严重的失调。

中国矿产资源尽管分布广泛，但也相对集中。据《中国统计年鉴-2017》[17]，在能源方面，煤炭探明储量80%以上分布于中国北方，其中山西和内蒙古合计占了全国的57%；石油探明储量约98%分布于北方，尤其以东北、华北和西北地区较多；天然气探明储量54365.5亿立方米，主要分布于四川、新疆、内蒙古、陕西，此4个省（自治区）约占了全国的75%；水力资源约90%分布于西南、西北和中南地区，其余10%分布于东北、华北、华东地区。铁矿约70%分布于北方地区，其中辽宁省约占了全国的1/4，四川约占全国的13%；锰矿约80%分布于西南地区，其中广西、贵州分别约占了全国的56%和16%；铜矿主要分布于江西、内蒙古、云南、西藏、新疆、安徽、山西、甘肃，这8个省（自治区）约占了全国的82%；铅矿主要分布于内蒙古（约占全国的35.8%）、云南（约占全国的13.3%），次为新疆、四川、西藏、甘肃、河南、广西、江西、湖南、青海、陕西，此12个省（自治区）约占了全国的91%；锌矿主要分布于内蒙古（约占全国的32.5%）、云南（约占全国的22.1%），次为甘肃、四川、新疆、广西、广东、贵州、陕西，此9个省（自治区）约占了全国的86%；铝土矿主要分布于广西（约占全国的48.7%），次为贵州、河南、陕西、重庆，此5个省（自治区、直辖市）约占了全国的91%；菱镁矿主要分布于辽宁、山东，分别占了全国的84.3%、14.7%；硫铁矿主要分布于四川（约占全国的

30.0%），次为广东、安徽、内蒙古、江西、贵州、广西、河南、云南、新疆，此10个省（自治区）占了全国的93.4%；磷矿主要分布于湖北（约占全国的30.9%），次为贵州、云南、四川、河北，此5个省约占了全国的91%；高岭土主要分布于广西（占了全国的62.3%），次为广东、福建、内蒙古、江西、海南，此6个省（自治区）占了全国的92.7%。

自然资源分布的不均匀性，对经济发展、人民生活以及交通运输均有着重大的影响。自然资源空间分布的不平衡还决定了自然资源在地域之间的流通和调剂。在国际贸易中，石油等自然资源是最重要的进出口单项物资。

四、需要重点关注的资源问题

（一）资源总量丰富，但人均占有量少

从保障国家粮食安全的耕地资源来看，据联合国粮农组织数据库统计数据（见图4-4），中国2000~2021年耕地面积占世界耕地总面积的比例约为8.5%，居世界第三位（仅次于美国、印度），资源总量确实丰富。但由于中国人口规模巨大，2000~2021年总人口一直居世界首位，致使人均耕地面积一直不及世界平均水平的1/2。中国长期以来用占世界7%~9%的耕地养活了占世界20%以上的人口。

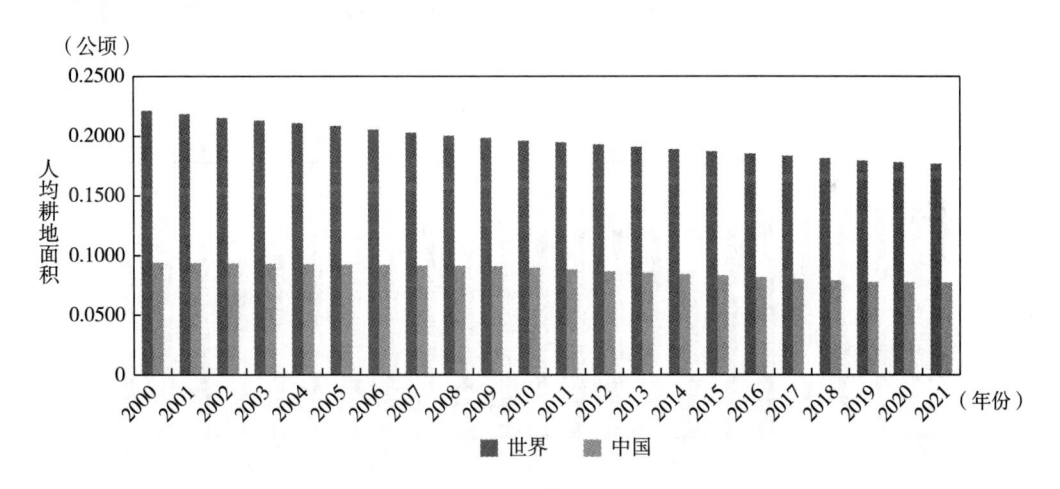

图4-4 2000~2021年中国与世界人均耕地面积的对比

从举世关注的淡水资源来看，据世界银行数据库统计，2020年中国淡水资源总量占世界淡水资源总量的6.57%，居第5位（仅次于巴西、俄罗斯、加拿大、美国）。但人均占有量长期以来仅为世界人均水资源量的1/3（见图4-5），是全球的贫水国之一。水资源的紧缺，致使中国耕地有效灌溉率较低。据第三次全国国土调查结果[15]，在耕地总面积12786.19万公顷中，水田、水浇地和旱地面积分别为3139.20万公顷、3211.48万公顷和6435.51万公顷，这意味着现有耕地中的一半以上属于旱耕地，只能依靠自然降水来进行农业生产，致使中国常年农作物受旱面积约达1000万公顷。

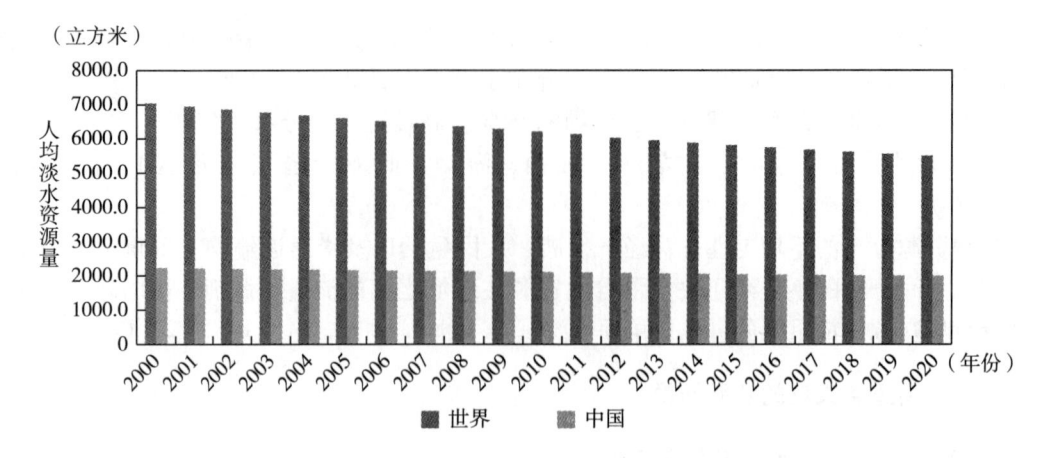

图 4-5　2000~2020 年中国与世界人均淡水资源量的对比

中国森林资源总量也较丰富，据世界银行数据库统计（见图 4-6），2000~2021 年中国森林面积占世界森林总面积比例一直呈上升趋势，2021 年中国森林面积达 2218577.5 平方千米，占同期世界森林总面积的 5.48%，居世界第 5 位（仅次于俄罗斯、巴西、加拿大、美国）。但由于中国人口规模大，人均森林面积显著偏低，2021 年中国人均森林面积仅及世界平均水平的 3/10。

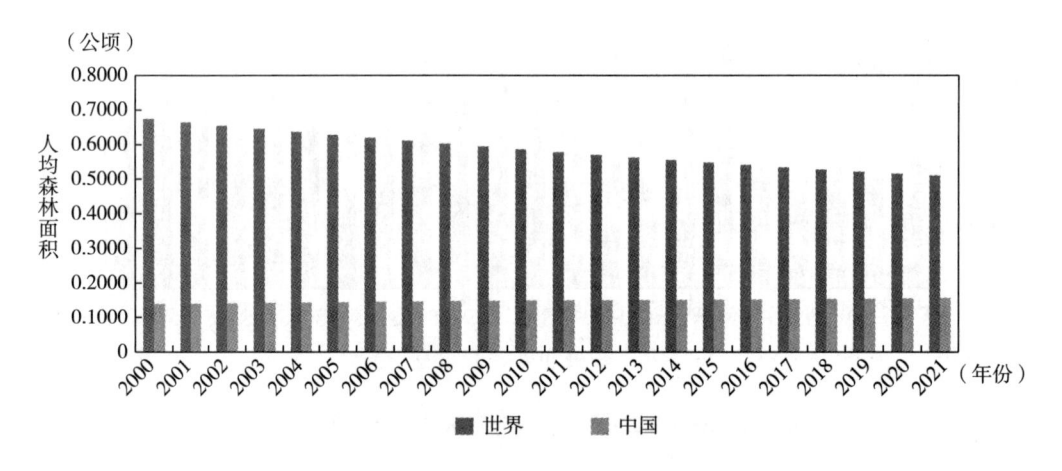

图 4-6　2000~2021 年中国与世界人均森林面积的对比

能源和矿产资源也有类似的特点，大体上，中国能源和矿产资源的人均数量大多不及世界平均水平的 1/2。

（二）资源总体质量不高

以耕地资源为例，据农业农村部 2020 年 5 月发布的《2019 年全国耕地质量等级情况公报》[18]，全国耕地按质量等级由高到低依次划分为 1~10 等，平均等级为 4.76 等。其中，评价为 1~3 等（耕地质量较高）的耕地面积占耕地总面积的 31.24%，这部分耕地基础地力较高，障碍因素不明显，应按照用养结合方式开展农业生产，确保耕地质量稳中有升；评价为 4~6 等（耕地质量中等）的耕地面积占耕地总面积的 46.81%，这部分耕地所处环境气候条件基本适宜,农田基础设施条件相对较好,障碍因素较不明显,是今后粮食增产的重点区域和重要突破口;评价为7~10等(耕地质量较差)的耕地面积占耕地总面积的21.95%,这部分耕地基础地力相对较差,生产障碍因素突出,短时间内较难得到根本改善,应持续开展农田基础设施建设和耕地内在质量建设。可见,目前全国耕地质量较高的耕地面积占比约为1/3,约2/3的耕地质量处于中低水平。另据第三次全国国土调查结果[15],全国耕地按坡度来划分,2°以下坡度(含2度)的平坦耕地7919.03万公顷,占全国耕地的61.93%;2°~6°的耕地1959.32万公顷,占15.32%;6°~15°的耕地1712.64万公顷,占13.40%;15°~25°的耕地772.68万公顷,占6.04%;25°以上的耕地422.52万公顷,占3.31%。从≥25°的陡坡耕地分布情况看,主要分布于西部地区。从耕地的灌溉条件来看,全国有灌溉设施的耕地(水田与水浇地之和)6350.68万公顷,占比为49.67%;无灌溉设施的耕地6435.51万公顷,占比为50.33%。以上表明,从耕地质量等级、适宜坡度、耕地灌溉设施等方面来看,中国的耕地质量不容乐观,耕地保护形势较为严峻。

其他自然资源已存在总体质量不高的问题。从淡水资源的水质来看,近年来通过加强水污染治理和水资源保护措施,水质总体上有所改善,但仍存在区域性水污染问题。从森林资源来看,据第九次全国森林资源清查(2014~2018年),全国森林面积22044.62万公顷中,天然林14041.52万公顷,占比为63.70%,较第一次全国森林资源清查(1973~1976年)的天然林占比78.76%下降了15.06个百分点,北京、天津、河北、山西、宁夏、辽宁、山东、河南、上海、江苏、安徽、广东、广西、海南14个省(自治区、直辖市)天然林占比均低于50%,意味着森林资源在抵抗病虫害、改善群落结构、提高林分生产力及维持生态平衡等方面的总体能力下降;此外,从森林单位面积蓄积量、单位面积生物量和单位面积生物量中的碳等指标来看,中国均显著低于世界平均水平[19]。从矿产资源来看,尽管中国矿产总量丰富、品种齐全,但不仅人均占有量少,大多矿产资源质量偏差,贫矿多,富矿、易选矿少;中小型矿多,大型、超大型矿和露天矿少;成分复杂,共/伴生矿多,开发利用难度大。

(三)经济发展中奇特的"资源诅咒"现象

一般认为,自然资源是人类生存和经济社会发展的基础,丰富的自然资源往往能够促进国家和区域经济的发展和生产率的提升。然而,在有些时候、有些情况下,资源导向型的经济增长模式在不少国家和区域却出现了失败,自然资源优势在经济增长中的作用由"福祉"变成了"魔咒",这使越来越多的经济学家意识到拥有丰富的资源禀赋并不一定能够促进经济的腾飞,相反,优越的资源禀赋条件在很多时候也会对经济增长产生突出的负向阻碍作用。于是,产生了一个特殊的经济现象——资源诅咒,意即丰富的资源反而成为经济上的拖累。

许多发展中国家都在不同程度上存在"资源诅咒"的问题,影响着经济的发展水平和居民收入的提高程度。中国在客观上同样存在"资源诅咒"现象,影响到区域协调发展和民生大计。鉴于此,本书将在第九章对这一奇特的"资源诅咒"现象进行专题分析。

第三节　环境的概念及本学科关注的问题

一、环境的概念与分类

环境（Environment），总是相对于某一中心事物而言的，它因中心事物的不同而不同，随中心事物的变化而变化。与某一中心事物有关的周围事物即为这个中心事物的环境。就人类的环境来看，其中心事物是人类，因而其环境就是以人类为主的外部世界。人口、资源与环境经济学中的环境是以人类为中心的，因此，这里所说的环境是人类生产和生活的场所。《中华人民共和国环境保护法》指出，环境"是指影响人类生存和发展的各种天然的和经过人工改造的自然因素的总体，包括大气、水、海洋、土地、矿藏、森林、草原、湿地、野生生物、自然遗迹、人文遗迹、自然保护区、风景名胜区、城市和乡村等"[20]。这一概念也正是人口、资源与环境经济学中的环境概念。

环境可以有不同的分类方法。

按环境的范围由近到远，可以将环境分为聚落环境、地理环境、地质环境和宇宙环境。聚落环境是人类聚居之地与活动中心，可分为院落环境、村落环境和城市环境。地理环境位于地球的表层，即岩石圈、土壤圈、水圈和生物圈相互制约、相互渗透、相互转化的交错带上。地质环境是指地理环境中除生物圈之外的其余部分。宇宙环境则是指地球大气圈以外的环境，也称星际环境。

根据环境构成要素的特点，可分为自然环境和人工环境（也称社会环境）。自然环境是指影响人类生存和发展的各种自然因素的总体，包括大气、水、土壤、岩石、生物、矿产等；人工环境是指人类根据生产和生活需要而对自然环境进行改造、建设所形成的环境，如农田、牧场、水渠、道路、矿山、工厂、城市、农村、娱乐场等。

按照人们对环境要素的依赖和利用程度，又可将环境分为生活环境和生态环境。生活环境是指人们居住、生活、生产和学习的场所；生态环境则是指生活环境以外的各种自然要素，如矿藏、森林、野生动物、河湖、海洋等。

二、环境与资源概念的区别

（一）资源是环境的一部分

从根本上来看，资源与环境是很难区分的。通常，人们所理解的自然资源，实际上就是自然环境中对人类生存和发展有用的部分。然而，从客观现实来看，在自然界中几乎找不到任何无用的自然要素，即使是裸岩、荒漠等最次等的自然要素类型，也有诸如游憩、野生动植物保护地等有益功能；即使确有无用的部分，但作为环境整体的组成部分，仍可视为有用，毕竟环境的整体效应是显而易见的，况且组成环境的每一要素在当前或未来的科学技术水平下都有可能被人类利用。因此，从人类-资源关系和长远发展考虑，可以认为，环境就是资源[10]。但应当指出的是，并非自然环境中所有的物质和能量均是资源。例如，从现实角度来看，自然环境中的一些物理和化学过程的某些内容（如洪涝、地震、火山活动等）对人类是有害的；一些自然要素（如极地、高山、地核的物质和能量等）

由于处在地球特殊位置，人类难以利用；还有一些自然要素（如特殊动植物、化石等）尽管人类可以利用，但根据需要又必须加以严格保护。可见，从当前乃至未来一定时期内的可利用性而言，资源只是环境的一部分，不能完全画等号。

（二）自然环境和自然资源是两个不同的概念，是同一事物的不同侧面

自然环境和自然资源虽然在概念上是不同的，然而，从具体对象来说，自然环境和自然资源常指同一种物质，即自然界的物质和能量，只是两者的视角不同，自然环境是指人类周围所处的外界客观存在物，而自然资源则是从人类的利用角度来理解这些自然环境因素的存在价值和有用性，也就是说，自然资源是针对人类利用而言的。可见，自然环境和自然资源实际上是同一事物的不同侧面。人们在评论一个地方自然环境的好坏时，往往是从生产或生活的角度来看，有无丰富多样的或充足的自然资源。在现实中，环境因素一旦被人类利用，也就成了资源。例如，从城市卫生来看，垃圾、粪便是污物，但如果用作有机肥施到田中或用于生产沼气，就变成了资源。因此，环境问题和资源利用在某种意义上属于不同视角下的同一个问题。

三、需要重点关注的环境问题

环境问题（Environmental Problems），是指由于人类活动作用于周围环境所引起的环境质量变化以及这种变化对人类的生产、生活和健康所造成的影响。归纳起来，环境问题有两大类：一是自然演变和自然灾害引起的原生环境问题，也称第一环境问题。如地震、洪涝、干旱、低温霜冻、台风、崩塌、滑坡、泥石流等。二是人类活动引起的次生环境问题，也称第二环境问题。次生环境问题一般又分为生态破坏和环境污染两类。生态破坏包括乱砍滥伐引起的森林植被的破坏、过度放牧引起的草原退化、大面积毁林毁草开荒引起的水土流失、沙漠化和土地沙化以及不合理利用土地引起的土壤盐碱化等；环境污染包括工农业生产、交通运输、人们日常生活等造成的大气污染、水环境污染、土壤污染等。

从当今中国建设人与自然和谐共生的现代化战略出发，人口、资源与环境经济学最需要关注的环境问题主要有以下八个方面：

（一）水土流失

水土流失（Soil and Water Loss），一般是指地表土壤（含土壤母质、岩石）因受到水力、风力、重力和冻融等外力的作用而造成土壤和水分同时流失的现象。一般与土壤侵蚀（Soil Erosion）等同起来使用。其主要原因是地面坡度大、土地利用不当、地面植被遭破坏、耕作技术不合理、土质松散、滥伐森林、过度放牧等。中国是一个多山的国家，山地面积占2/3以上，尤其以西部地区山地比例最大。在山地丘陵较多的地区，长期以来，毁林开荒、陡坡垦殖是常见的耕地利用形式。陡坡垦殖的结果往往导致严重的水土流失等生态灾害，地力减退，质量退化，甚至有些不能再耕种。自19世纪80年代以来，水土流失一直被称为中国的头号环境问题，深受关注。经过30多年的持续治理，水土流失的规模和强度得到了有效的控制，但总体上来看，水土流失依然是中国最主要的生态环境问题之一。据水利部发布的《中国水土保持公报（2023年）》，2022年全国水土流失总面积262.76万平方千米，占土地总面积的27.44%[21]。其中，水力侵蚀面积107.14万平方千米，风力侵蚀面积155.62万平方千米。按土壤侵蚀强度划分，轻度侵蚀、中度侵蚀、强烈侵蚀、极强烈侵蚀、剧烈侵蚀面积分别为172.02万平方千米、42.33万平方千米、

18.31万平方千米、14.53万平方千米、15.57万平方千米,分别占全国水土流失总面积的65.46%、16.11%、6.97%、5.53%、5.93%。

严重的水土流失,是生态环境恶化的集中反映,威胁着国家生态安全、饮水安全、防洪安全、粮食安全乃至经济安全,不仅制约着山地丘陵区经济社会发展,还威胁到中下游地区生态安全和经济建设进程。据《三峡工程公报-2022》[22],由于水土流失的影响,自2003年6月三峡水库蓄水至2022年12月,三峡水库累积泥沙淤积量达20.593亿吨,年均泥沙淤积量1.052亿吨,水库排沙比为23.6%。其中,2020年三峡入库悬移质输沙量为1.939亿吨,出库(黄陵庙站)悬移质泥沙量0.495亿吨,不考虑三峡库区区间来沙,水库淤积量1.443亿吨[23]。如此巨量的淤积泥沙,宛如一座巨大的"泥沙屏障",悄然削弱着三峡大坝原本强大的防洪和发电效能,也给三峡大坝的安全运行带来了严峻考验。

(二)土地荒漠化与沙化

荒漠化(Desertification),主要是指在极端干旱、干旱与半干旱和部分半湿润地区的沙质地表条件下发生的以风沙活动为主要标志的土地退化过程,其结果逐步形成风积地貌结构景观。沙化(Sandification),通常是指干旱地区因土地开发利用不当、植被破坏,造成表土风蚀、土壤生产能力下降的现象。长期以来,由于草原过牧、不合理开垦等主要原因,使土地荒漠化与沙化问题已成为中国的又一严峻问题。荒漠化与沙化意味着人们将失去最基本的生存基础——具有生产能力的珍贵土地资源的消失。据第六次全国荒漠化和沙化调查[24],截至2019年,全国荒漠化土地面积257.37万平方千米,占国土总面积的26.81%;沙化土地面积168.78万平方千米,占国土总面积的17.58%;具有明显沙化趋势的土地面积27.92万平方千米,占国土总面积的2.91%。

土地沙化主要发生于西北地区和青藏高原。在上述全国沙化土地面积168.78万平方千米中,以新疆和内蒙古最多,分别占了全国的44.25%和23.59%;次为西藏、青海和甘肃,分别占了全国的12.42%、7.32%和15%。这5个省(自治区)合计占了全国的94.73%。

在全国沙化土地面积中,沙化耕地398.54万公顷。其中,以华北平原区的河北、山东和河南3个产粮大省较多,分别占了全国的24.86%、12.58%和10.88%;次为新疆、吉林、内蒙古、辽宁、安徽、黑龙江,这6个省(自治区)占了全国的38.42%。

(三)岩溶地区的土地石漠化

石漠化(Stony Desertification),是喀斯特山区特有的石质土地的荒漠化现象。它是因土壤严重侵蚀而使基岩大面积裸露或石砾堆积,土地生产力衰退甚至丧失,地表呈现类似荒漠景观的土地退化现象。石漠化是喀斯特地区生态环境恶化的顶级形态,被学术界称为"生态癌症"。长期以来,西南地区的石漠化已与西北地区沙漠化、黄土高原水土流失一起被并称为中国的三大生态灾害。随着近30多年来的持续治理,中国石漠化的规模得到了有效控制,但治理任务依然艰巨。据国家林草局组织开展岩溶地区第四次石漠化调查结果[24],截至2021年,中国石漠化土地面积为722.32万公顷,占岩溶面积的14.92%。

(四)生态系统质量功能问题

总体上看,中国生态系统质量功能问题较为突出。除上述水土流失、荒漠化、沙化、石漠化问题之外,还存在四个问题[25]:①全国乔木纯林面积占比达58.1%,较高的乔木纯林占比会导致森林生态系统不稳定;②草原生态系统整体仍较脆弱,中度和重度退化面积仍占 1/3 以上；③部分河道、湿地、湖泊生态功能降低或丧失；④红树林面积与 20 世纪 50 年代相比减少了 40%，珊瑚礁覆盖率下降、海草床盖度降低等问题较为突出，自然岸线缩减的现象依然普遍，防灾减灾功能退化。

（五）大气污染

大气污染（Atmospheric Pollution），是因人类活动或自然过程引起某些物质进入大气中并因此危害了人体的舒适、健康和福利或环境的现象。大气污染物包括粉尘、烟、雾等小颗粒状的污染物以及二氧化硫、一氧化碳等气态污染物。随着"蓝天保卫战"的实施，中国大气环境面临的严峻形势得到了改变，大气污染物排放总量逐渐有所减少，环境空气质量有向好发展态势。据历年《中国生态环境状况公报》，全国地级及以上城市环境空气质量达标率由 2015 年的 21.60% 升至 2021 年的 64.31%，相应地，城市环境空气质量超标率由 2015 年的 78.40% 降至 2021 年的 35.69%（见表 4-3）。但也应看到，2022 年以来，城市环境空气质量达标率有所降低，由 2021 年的 64.31% 降至 2023 年的 59.88%，而超标率则由 2021 年的 35.69% 升至 2023 年的 40.12%。据《2022 中国生态环境状况公报》，2022 年全国 339 个地级及以上城市中，86 个城市细颗粒物（$PM_{2.5}$）超标，占 25.4%；55 个城市可吸入颗粒物（PM_{10}）超标，占 16.2%；92 个城市臭氧（O_3）超标，占 27.1%。从污染物超标项数来看，57 个城市 1 项污染物超标，31 个城市 2 项污染物超标，38 个城市 3 项污染物超标[26]。

表 4-3 2015~2023 年全国地级及以上城市环境空气质量达标率与超标率的变化

年份	地级及以上城市数量（个）	达标城市（个）	达标率（%）	超标城市（个）	超标率（%）
2015	338	73	21.60	265	78.40
2016	338	84	24.85	254	75.15
2017	338	99	29.29	239	70.71
2018	338	121	35.80	217	64.20
2019	337	157	46.59	180	53.41
2020	337	202	59.94	135	40.06
2021	339	218	64.31	121	35.69
2022	339	213	62.83	126	37.17
2023	339	203	59.88	136	40.12

注：2015~2022 年数据引自历年《中国生态环境状况公报》（生态环境部网站）；2023 年数据引自《国务院关于 2023 年度环境状况和环境保护目标完成情况的报告》（中国人大网）。

另据相关报告，空气质量受不利气象条件影响较大，与近 20 年相比，2023 年春季沙尘天气呈现次数多、强度高的特征，沙尘异常天气导致全国优良天数比率减少 1.3 个百分点、重污染天数比率增加 0.5 个百分点[27]。

（六）水污染

水污染（Water Pollution），是指由有害化学物质造成水的使用价值降低或丧失，并污染了环境。污染物主要有未经处理而排放的工业废水，未经处理而排放的生活污水，大量使用化肥、农药、除草剂造成的农田污水，堆放在河边的工业废弃物和生活垃圾，森林砍伐和水土流失造成的污水，因过度开采而产生的矿山污水。中国不仅人均淡水资源不足，是全球人均水资源较为贫乏的国家之一，而且长期以来河湖水质令人担忧。随着"碧水保卫战"的实施，水环境污染逐渐得到了控制，地表水环境质量总体持续向好，重点流域水质改善明显，但水环境污染问题仍不同程度地存在。据《2022中国生态环境状况公报》，2022年全国地表水监测3629个国控断面中，Ⅰ~Ⅲ类水质断面占87.9%；Ⅳ类水质断面占9.7%，Ⅴ类和劣Ⅴ类水质断面占2.4%。主要污染指标为化学需氧量、高锰酸盐指数和总磷。2022年全国开展水质监测的210个重要湖泊（水库）中，Ⅰ~Ⅲ类水质湖泊（水库）占73.8%；Ⅳ类、Ⅴ类和劣Ⅴ类水质湖泊（水库）占26.2%，其中，劣Ⅴ类水质湖泊（水库）占4.8%。主要污染指标为总磷、化学需氧量和高锰酸盐指数。2022年全国监测的1890个国家地下水环境质量考核点位中，Ⅰ~Ⅳ类水质点位占77.6%；Ⅴ类占22.4%主要超标指标为铁、硫酸盐和氯化物。总体上看，水生态环境不平衡不协调问题依然突出。部分地区汛期水质出现恶化，河湖生态系统健康水平有待提高，滇池等重点湖泊蓝藻水华仍处于高发态势[27]。

（七）土壤污染

土壤污染（Soil Pollution），是指因人类活动产生的有害、有毒物质进入土壤而导致土壤性状和质量变化，并对农作物和人体构成影响和危害的现象。由于工业化的发展，工业"三废"排放量与日俱增，农业中化肥、农药的施（使）用量也逐年显著增加，致使土壤污染日趋加重，其结果农作物不能正常生长，轻者减产，重者绝收，优良农田变成不毛之地。据环境保护部和国土资源部2014年4月发布的《全国土壤污染状况调查公报》[28]显示，全国土壤点位超标率为16.1%，其中耕地土壤点位超标率达19.4%，其中轻微、轻度、中度和重度污染点位比例分别为13.7%、2.8%、1.8%和1.1%，主要污染物为镉、镍、铜、砷、汞、铅、滴滴涕和多环芳烃。南方部分地区地表水由于污染出现水体富营养化，北方部分地区地下水硝酸盐含量超标，西北地区等地表土壤中农膜固体残留物较多。总体上来看，目前中国耕地污染问题突出，不仅影响农产品的产量和品质，还危害人居环境安全，威胁生态环境安全。

（八）自然灾害

自然灾害（Natural Disasters），是指给人类生存带来危害或损害人类生活环境的自然现象，包括干旱、高温、低温、寒潮、洪涝、山洪、台风、大风、冰雹、霜冻、暴雨、暴雪、酸雨、大雾、雾霾、地震、海啸、崩塌、滑坡、泥石流、地面塌陷、地裂缝、地面沉降、沙尘暴、火山喷发等。中国是自然灾害频繁发生的国家，对经济社会发展和人民生活乃至生命财产的影响和威胁较大。据历年《中国统计年鉴》数据，全国2010~2022年农作物因干旱、洪涝、风雹、低温冷冻等受灾的面积达30140.59万公顷，年均受灾面积2318.51万公顷，占农作物总播种面积的14.62%；其中，绝收面积3455.51万公顷，年均绝收面积265.81万公顷。在受灾总面积中，旱灾占41.73%，水灾占38.23%，风雹灾害占11.49%，低温冷冻（含雪灾）占8.38%，其他灾害占0.17%。可见，旱灾和水灾是影响农业生产的主要自然灾害。

地质灾害是影响和危害人类生命财产、生产生活活动或破坏人类赖以生存和发展的资源与环境的重要自然灾害，主要包括崩塌、滑坡、泥石流、地面塌陷、地裂缝、地面沉降等。据历年《中国统计年鉴》数据，全国2000~2022年发生地质灾害共计419555处，年均发生地质灾害18242处。其中，崩塌共计299358处，年均13016处；滑坡共计78385

处，年均 3408 处；泥石流 25987 处，年均 1130 处；其他地质灾害 15825 处，年均 688 处。同期因地质灾害造成人员伤亡共计 49435 人，年均伤亡 2149 人；直接经济损失共计 946.78 亿元，年均直接经济损失 41.16 亿元。

第四节 经济的概念及本学科关注的问题

一、经济的概念、作用与特征

（一）经济的定义

经济（Economy），是指在一定的社会制度和生产方式下，人们进行生产、分配、交换和消费等活动的总体。生产（Production），是指以一定生产关系联系起来的人们，利用生产工具改造自然、创造适合人们需要的物质资料的过程，也就是人们通过劳动创造产品的过程。分配（Distribution），是指已生产出来的产品，通过一定形式被社会成员占有的过程。交换（Exchange），是指人们相互交换劳动产品的过程。消费（Consumption），是指人们为维持自身的生存和发展的需要而对各种生活资料的使用和消耗过程。

上述生产、分配、交换、消费四个环节是依次相互联结的，次序不能颠倒。从物质资料生产活动的全过程来看，生产是起点；产品被生产出来后，在各社会成员之间进行分配，分配决定着产品归个人的比例；把分配得到的产品让渡给其他社会成员，以换回自己所需要的产品，即为交换；把交换得到的产品进行使用和消耗，用来满足自身的生活需要，这就是消费，它是全过程的终点。

在"生产、分配、交换、消费"这个动态整体中，这四个环节是相互联系、相互作用的：①生产是基础，起着决定作用，即决定着分配、交换和消费。一是生产决定着分配的对象、分配的性质和方式；二是生产决定交换的产生和发展的程度、交换的规模；三是生产决定消费的对象、消费的方式、消费的质量和水平、消费的动力。②分配、交换和消费又反作用于生产。一是分配对生产有着反作用——产品分配得是否合理，会加速或阻碍生产的发展；二是交换对生产也有反作用——产品交换的快与慢，对生产的发展起着促进或阻碍作用；三是消费对生产同样有着反作用，消费是生产的最终目的，消费使产品的生产过程才算真正完成，使产品成为真正意义上的产品，消费引导生产的发展，为生产创造出动力，为再生产创造出劳动力。③分配、交换和消费三个环节之间也相互影响，尤其分配和交换是连接生产与消费的纽带和桥梁，对生产和消费有着重要的影响。

（二）经济的作用

经济是人类社会不可缺少的重要组成部分，对于人类社会的作用是多方面的。

（1）保障人类生存，改善人民生活。经济活动给人类提供所需的物质和资源，确保人们的基本生活需求得到满足。通过劳动创造财富，人们能够购买食物、衣物、住房等生活必需品，并提高人们的生活水平，使人们的物质和文化生活得到改善。

（2）推动社会的发展。经济的发展和繁荣会引发社会其他领域的发展。当社会中的人们拥有了足够的经济财富，便会有更多的时间和精力投入文化、艺术、科技和教育等领域，推动社会文明的进步。

（3）促进社会的稳定。经济的发展和繁荣会带动更多的就业机会，减少贫困和失业率，使人们能够创造更多的财富，提升民众福祉，促进社会稳定。

（三）经济的特征

从特征方面考察，经济有其自身的特点，这些特点直接影响着人们的生产和生活。

（1）普遍性。所有的人都会参与到经济活动之中，包括生产、销售、消费、投资等。即使是没有劳动能力的老幼病残者，也都是消费者。

（2）目的性。经济活动乃是为了获取更多财富和资源而进行的活动，都是追求效益最大化。无论是生产者、销售者、消费者、投资者或其他经济人，参与的经济活动和经济行为最终都是向着利润最大化而努力。

（3）复杂性。经济活动涉及生产、分配、消费和投资等诸多方面，这些方面相互关联且复杂。处理和解决经济问题需要较高的专业知识和技能。

（4）全球化。经济全球化已成为主要趋势，不同国家和地区的经济联系更加紧密。货物的自由流动、资本的跨国流动和技术的跨国转移均为全球化的特点。

（5）创新驱动性。创新包括科技创新、商业模式创新和产品创新等多方面，在经济发展中起着关键的作用。鼓励和支持创新是促进经济增长和提高竞争力的重要手段。

（6）不确定性。由于市场变化、政策调整等因素的不确定性，经济活动和经济发展的结果往往难以预测。这就要求，在经济决策时需要考虑各种不确定性因素并进行风险管理。

（7）资源有限性。资源的有限性是考察经济活动和经济发展的基本前提，需要在有限的资源下做出合理选择和决策，以实现可持续发展。

（8）社会公平与效率平衡性。经济发展需要同时实现社会公平和经济效益，但这两者之间往往存在矛盾，需要找到平衡点。

（9）动态性。经济是一个动态的过程，其发展和变化是持续不断的。这体现在市场的波动、产业的变革和技术的创新等多方面。

（10）需求导向性。现代经济的一个重要特点是市场需求对经济发展的推动作用。企业和政府需要根据市场需求进行生产和供给，以满足消费者需求。

总体来说，经济活动是人们生活中极其重要的一个部分。从经济的概念、作用和特征等方面来看，可以了解到经济对人们的影响和作用以及人们如何通过经济活动和经济发展来提高生活水平。正是由于经济活动的上述特点及其重要性，使各国政府高度重视经济发展，并采取一系列措施来促进经济发展。

二、需要重点关注的经济问题

《中华人民共和国国民经济和社会发展第十四个五年规划和2035年远景目标纲要》明确指出："我国发展不平衡不充分问题仍然突出，重点领域关键环节改革任务仍然艰巨，创新能力不适应高质量发展要求，农业基础还不稳固，城乡区域发展和收入分配差距较大，生态环保任重道远，民生保障存在短板，社会治理还有弱项。"[29] 在这些问题中，人口、资源与环境经济学最为关注的经济问题主要是"发展不平衡"及其导致的"农业基础还不稳固，城乡区域发展和收入分配差距较大"等问题，这些问题集中于居民收入不平衡、区域发展不平衡、产业结构不平衡，这三大不平衡制约着中国经济的持续发展。

（一）居民收入不平衡

收入不平衡主要指居民收入和财富严重分化，最突出的表现是居民收入差距较大。据《中国统计年鉴-2023》[4]，到了2022年，全国居民按收入五等份分组的人均可支配收入依然差异很大（见表4-4）。从中国全体居民来看，20%低收入组家庭人均可支配收入只有8601.1元，不及20%高收入组家庭人均可支配收入（90116.3元）的1/10，也就是说，20%低收入组的家庭人均可支配收入比20%高收入组约少了9.5倍。从全国城镇居民来看，20%低收入组家庭人均可支配收入只有16970.7元，比20%高收入组的家庭人均可支配收入（107224.1元）约少了5.3倍。从全国农村居民来看，20%低收入组家庭人均可支配收入仅为5024.6元，比20%高收入组的家庭人均可支配收入（46075.4元）约少了8.2倍。

如果用农村居民20%低收入组的家庭人均可支配收入（5024.6元）与城镇居民20%高收入组的家庭人均可支配收入（107224.1元），农村居民20%低收入组家庭人均可支配收入不及城镇居民20%高收入组的1/20，或者说，农村居民20%低收入组的家庭人均可支配收入比城镇居民20%高收入组约少了20.3倍。

另据《中国统计年鉴-2023》[4]数据，2022年末全国乡村人口为49104万人，其中20%低收入组的乡村人口折算为9820.8万人，那就意味着2022年全国9820.8万乡村人口的全年人均可支配收入只有5024.6元，月均可支配收入418.7元。

表4-4 2022年全国居民、城镇居民和农村居民按收入五等份分组的人均可支配收入

单位：元

组别	20%低收入组家庭人均可支配收入	20%中间偏下收入组家庭人均可支配收入	20%中间收入组家庭人均可支配收入	20%中间偏上收入组家庭人均可支配收入	20%高收入组家庭人均可支配收入
全国居民	8601.1	19302.7	30598.3	47397.4	90116.3
城镇居民	16970.7	31179.6	44282.9	61724.1	107224.1
农村居民	5024.6	11965.3	17450.6	24646.2	46075.4

注：数据引自《中国统计年鉴-2023》[4]。全国居民按收入五等份分组是指将所有调查户按人均可支配收入水平从低到高顺序排列，平均分为五个等份，处于最低20%的收入群体为低收入组，依此类推依次为中间偏下收入组、中间收入组、中间偏上收入组、高收入组。

（二）区域发展不平衡

中国的区域经济可分为四大板块，即东部地区、中部地区、西部地区和东北地区。东北地区包括辽宁省、吉林省、黑龙江省；东部地区包括北京市、天津市、河北省、上海市、江苏省、浙江省、福建省、山东省、广东省、海南省、台湾省、香港特别行政区、澳门特别行政区；中部地区包括山西省、安徽省、江西省、河南省、湖北省、湖南省；西部地区包括内蒙古自治区、广西壮族自治区、重庆市、四川省、贵州省、云南省、西藏自治区、陕西省、甘肃省、青海省、宁夏回族自治区、新疆维吾尔自治区。由于各地自然生态环境各异、人口分布不均衡、自然资源开发利用程度不同，中国区域经济之间的发展存在很大差异性。这四大板块的基本状态为：东部率先、西部开发、中部崛起和东北振兴。东部沿海地区在全国实现了率先发展，部分城市收入水平已接近发达国家；但中西部大部分地区发展水平还不高，有的仍较落后。表4-5表明，东部地区土地面积仅占全国的9.8%，

总人口占全国的40.1%，GDP占全国的51.7%；中部地区土地面积占全国的10.8%，总人口占全国的25.8%，GDP占全国的22.1%；西部地区土地面积占全国的71.0%，总人口占全国的27.1%，GDP占全国的21.4%；东北地区土地面积占全国的8.3%，总人口占全国的6.8%，GDP仅占全国的4.8%。

如果用反映土地综合利用和总体产出水平的指标——土地综合生产率（Integrated Land Productivity）[30]来表征，东部地区2022年土地综合生产率达66.64万元/公顷，是中部地区的2.6倍、西部地区的17.5倍、东北地区的9.1倍。可见，土地综合生产率的差异性规律为：东部地区>中部地区>东北地区>西部地区。

从居民收入来看，2022年居民人均可支配收入和农村居民人均可支配收入的区域差异性呈现出与土地综合生产率相似的特点。城镇居民人均可支配收入的区域差异性则呈现出"东部地区>中部地区>西部地区>东北地区"的特点。

表4-5 2022年中国四大经济区域主要经济指标比较

指标	全国合计	东部地区	中部地区	西部地区	东北地区
土地面积占比（%）	100	9.8	10.8	71.0	8.3
总人口占比（%）	100	40.1	25.8	27.1	6.8
GDP占比（%）	100	51.7	22.1	21.4	4.8
第一产业占比（%）	100	32.1	25.7	33.2	8.9
第二产业占比（%）	100	50.9	23.4	21.3	4.4
第三产业占比（%）	100	55.0	20.7	19.7	4.6
土地综合生产率（万元/公顷）	12.73	66.64	25.95	3.80	7.32
人均GDP（元）	85724	109957	73105	67087	60085
居民人均可支配收入（元）	36883.3	47026.7	31433.7	29267.4	31405.0
城镇居民人均可支配收入（元）	49282.9	58459.9	42733.4	42173.3	39098.0
农村居民人均可支配收入（元）	20132.8	25037.3	19080.1	16632.1	18919.2

注：土地面积数据引自《中国土地资源》[31]；人口和各类经济数据引自《中国统计年鉴-2023》[4]。本表数据不含台湾地区、香港地区、澳门地区。

（三）产业结构不平衡

产业结构不平衡是制约中国经济进一步发展的重要因素。在追求质量与效益的时代，工业化初期的产业结构已经明显失衡，部分产业占据了过多的资源，制约了新兴产业的发展。总体来看，产业结构不平衡的问题着重要关注以下三个方面：

（1）农业基础还不稳固。农业仍然是制约国民经济发展的薄弱环节，其基础地位尚较脆弱，农业发展速度相对滞后。主要有以下四个原因：①农业领域的投资不足，致使农业生产的技术装备水平较低，农业基础设施薄弱，抗灾能力差。长期以来，第一产业投资在固定资产投资中的占比一直处于很低的水平，尽管逐年有所增加，但到了2022年全国第一产业投资占比也只有2.38%。②从业人员与产业增加值不相匹配，劳动生产率水平较低。据《中国统计年鉴-2023》，2022年全国第一产业就业人员占比为24.1%，而第一产业增加值只有7.3%。③农产品供给尤其是粮食供给始终处于基本平衡但偏紧的状态。尽管中国农产品特别是粮食总产量逐年增加，但由于人口总量巨大，人均占有量在世界上尚处于较低水平。粮食等一些农产品供给还偏紧，尚需部分进口。据《中国农村统计年鉴-2022》[32]，2021年全国进口小麦977万吨、玉米2835万吨、大豆9652万吨（此三者合计13464万吨）、棉花215万吨、食用植物油1039万吨。④农业生产上还面临着可耕地少的具体国情问题。耕地是农业生产的基础，然而，中国耕地资源家底并不丰厚。第三次全国国土调查显示，2019年底全国现状耕地12786.19万公顷，与2009年底的第二次全国土地调查数据相比，净减少了752.27万公顷（10年净减1.13亿亩）[33]。从耕地资源禀赋来看，超过一半的耕地"靠天收"，有的还面临荒漠化、石漠化威胁以及水土流失、地下水严重超采、土壤退化、面源污染加重等问题。此外，未来一个时期，中国工业化、城镇化对土地资源的需求仍然旺盛，城乡建设和基础设施配套等各类非农建设不可避免地仍将占用一部分耕地，农业结构调整、造林种树造成耕地流失的规模仍然不小，违法违规用地问题仍有发生，耕地占用与保护的矛盾和压力依然突出。因此，总体上来看，中国以约占世界9%的耕地养活世界近20%的人口，人均耕地少、总体质量不高、空间格局错配的耕地资源条件难以根本扭转[34]。

（2）经济对投资高度依赖，消费占比不足。据《中国统计年鉴》数据，2004~2022年中国全社会固定资产投资占GDP比重高达41%~55%，远高于其他国家；其中，房地产投资的差异更大，2009~2022年中国房地产投资占GDP比重达10%~14%，是美国的3~4倍。然而，房地产业增加值占GDP比重却不高，2021年仅为6.72%，比2018年的7.03%下降了0.31个百分点。

（3）第三产业发展不足，内部结构尚不合理。尽管2015年以来中国第三产业占GDP比重已突破50%，2022年达52.8%，但与英美法等发达国家第三产业占GDP比重（达70%以上）相比，仍有较大的差距。此外，在服务业中，权重行业为批发零售、交运仓储等传统服务业，信息技术、租赁和商务服务、科学研究等知识与技术密集型服务业占GDP比重较低。据《中国统计年鉴-2022》，2021年中国批发和零售业、交通运输和仓储及邮政业占GDP比重分别为9.58%、4.21%，而信息技术服务业（含信息传输、软件）、租赁和商务服务业、科学研究和技术服务业占GDP比重分别仅为3.87%、3.26%、2.45%。

第五节 人口-资源-环境-经济的链接关系

在人口、资源与环境经济学中，人口、资源、环境和经济是相互联系、相互作用的统一整体，即"人口-资源-环境-经济系统"。但在以往的人口、资源与环境经济学研究中，存在一种倾向，即直接将人口、资源与环境联系起来，来研究此三者之间的关系。这种倾向显然忽略了经济（包括经济过程与经济发展）在三者之间的作用，其缺陷非常明显[35]：一是将经济过程排除在人口、资源与环境经济学的研究框架之外，很难解释人口、资源与环境三者之间的内在联系，相关的理论分析亦难以深入进行下去；二是将经济过程排除在人口、资源与环境经济学的研究框架之外，本学科也就不再隶属于经济学科，相关的研究同样也就不再具有经济学的特点。因此，需要认真分析"人口-资源-环境-经济系统"中经济因素（包括经济过程与经济发展）在人口、资源与环境三者之间的独特作用，将人口、资源、环境与经济四者紧密地融合在人口、资源与环境经济学的理论框架之中，进行综合性、整体性和系统性的分析和研究。

在分析"人口-资源-环境-经济系统"中经济因素在人口、资源与环境三者之间的作用时，也可以将人口-资源-环境-经济系统分解为四个子系统，即人口子系统、资源子系统、环境子系统和经济子系统。这时，不难发现，经济子系统在这四个子系统中处于"枢纽"地位，起着链接人口、资源和环境三个子系统的纽带作用（见图4-7）。

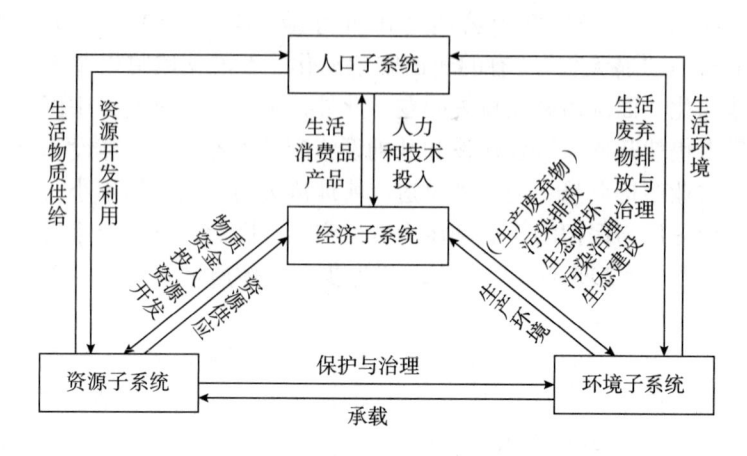

图4-7 人口、资源、环境与经济四个子系统相互关系简图

一、经济子系统与人口子系统的链接关系

人口与经济之间相互作用、相互依存、相互制约。一方面，人是一切经济活动的主体，不仅作为生产力的决定性要素（劳动力）参与直接生产过程，而且还作为消费者成为生产过程的终点和归宿。如果无人口的存在，就不存在消费，也就没有物质资料的生产，因而也就没有任何经济活动。另一方面，物质资料的生产是人类社会生产和发展的基础。如果无人类的经济活动，没有人们吃、穿、住等所需要的物质资料的生产、分配、交换和消费，也就不会有人类自身的生存和发展。经济子系统与人口子系统的链接关系可以简要地表述为：人口子系统为经济子系统提供了人力（劳动力）及其技术要素的投入，直接参与和推动了经济过程和经济发展；经济子系统则为人口子系统提供了人类吃、穿、住等所需要的物质资料（生活消费品），人类在生活过程中通过对经济过程提供的最终消费品的消费而得以生存和繁衍。可以认为，在人口子系统与经济子系统的相互关系中，经济子系统是具有决定意义的，是人口子系统存在和发展的基础。

需要说明的是，尽管人类赖以生存的一些物质消耗至今仍直接来源于自然形态的资源（如阳光、空气、水、各类野生食物等），而处于经济生产过程之外，但这部分资源在人类物质消耗中正变得越来越小。加之地球上的资源已日益展示出枯竭的景况，而且许多自然形态的资源正因污染而受到很大的破坏，处于亟须节约和保护的状态，其价值尚不能正确反映在现有市场经济运行中，也未受到应有的重视和珍惜，因而在人口、资源与环境经济学中将其直接作为环境状况来对待[35]。

二、经济子系统与资源子系统的链接关系

资源与经济之间的关系同样是相互依存、相互促进的。一方面，资源（土地、矿产、

水等）是经济生产过程的基本投入要素，为经济过程提供劳动对象。从根本上来讲，经济增长的过程就是人类对自然资源进行加工和再加工从而获取所需的物质资料、推动社会经济发展的过程。因此，自然资源与经济过程-经济发展的关系非常密切，经济过程与经济发展依靠于自然资源的开发与利用。另一方面，经济过程与经济发展能够为自然资源的开发利用提供相应的物质与资金投入，没有经济上的物质与资金投入，自然资源的开发利用将难以进行。因此，经济子系统与资源子系统的链接关系可以简要地表述为：资源子系统为经济子系统提供了自然物质资源要素的投入，表现为经济过程与经济发展中的资源供应，直接参与了经济过程和经济发展；经济子系统则为资源子系统提供了自然资源开发利用所需要的物质与资金，确保了自然资源开发利用的进行。

三、经济子系统与环境子系统的链接关系

环境与经济之间的关系也是相互作用、相互促进又相互制约的关系。一方面，环境是经济生产过程的基本场所，为经济过程提供生产条件；同时，环境也是人类社会在经济活动（经济过程和经济发展）中产生的各类废弃物的排放场所和自然净化场所。因此，经济过程和经济发展离不开环境条件，任何经济过程和经济发展都是在一定的环境条件下进行的。另一方面，经济过程与经济发展产生的各类生产废弃物容易污染环境，不合理的经济活动将导致生态破坏和环境恶化，最终阻碍经济的发展。因此，环境问题实际上是从经济活动中产生，又需要在生产过程中解决的问题，而矛盾的主要方面是经济活动。可见，环境问题归根到底主要是经济问题，环境问题一旦严重化，必然会阻碍经济的发展。当然，经济的发展对环境也会有促进作用，表现为可以拿出更多的资金用于保护和改善环境，为解决环境问题提供必需的技术装备；此外，高技术产业发展要求必须提高环境质量，经济发展也促使人们提高对环境质量的要求。因此，经济子系统与环境子系统的链接关系可以简要地表述为：环境子系统为经济子系统提供了基本的生产环境条件，良好的环境条件可以促进经济过程的健康进行和经济的发展；经济子系统既可以为环境子系统排放各类废弃物和污染物，产生环境问题，还会造成生态破坏，也可以为环境子系统提供所需要的物质、资金与技术进行污染治理和生态建设，将自然生态环境按照人类发展的要求建设成优化的生态环境和生产环境。

以上表明，在人口、资源、环境与经济的相互关系中，有两个明显的特点：

（1）人口（作为人类群体的数量抽象）起着主导性的作用。人类通常是通过其物质生活与客观的自然世界发生联系，而人类的物质生活的主体是经济生活，主要包括生产和消费两个方面。因此，人类主要是经过生产和消费两个方面的物质生活而与资源、环境发生相互作用。人口中的一部分人作为劳动力参加经济过程，自然资源则为经济过程提供劳动对象，这是经济过程所需的两种投入。经济过程的产出中既包括最终消费品，也包括其他物质形态的废弃物。前者被人类消费，后者则经排放后会影响环境。人类在生活过程中一方面通过对最终消费品的消费，得以生存和繁衍；另一方面，又产生出生活废弃物，影响环境。环境又反过来影响人类的生活，并导致人口数量的变化。

（2）经济过程处于人口、资源、环境三者之间，将此三者联系在一起，起到联系枢纽的作用。正由于人类主要是经过生产和消费两个经济方面的物质生活而与资源、环境发生相互作用，因此，人口与资源、环境之间关系的研究不能脱离经济过程来抽象地谈论。正

如郭志刚（2000）[35]指出，如果不将经济过程纳入人口-资源-环境-经济研究框架之内，就看不到资源是如何转变为可以供人类直接消费的生活消费品的，也看不到资源如何转变成破坏环境的废弃物。因此，图4-7应当是人口-资源-环境-经济系统和人口、资源与环境经济学研究的基本理论框架范式。

第六节 人口-资源-环境-经济系统的基本特点

在任何尺度的空间范围内，人口、资源、环境与经济四个要素之间相互作用、相互联系而形成了一个复杂的体系，按系统论的观点，这个体系构成了一个系统，在人口、资源与环境经济学中称为"人口-资源-环境-经济系统"，可简称为"PREE系统"。这一系统系由人口、资源、环境与经济四个子系统组成的复杂巨系统①，不仅具有一般系统的特征，而且其系统内部结构及子系统之间的相互作用机制比一般系统更为复杂。可持续发展战略不仅依赖于PREE各子系统内部的协调发展，更取决于各个子系统之间的协调程度[38]。总体上来看，这一复杂性巨系统主要具有整体性、层次性、关联复杂性、开放性、动态性、能控性、地域差异性等特征。

一、整体性

任何一个系统均具有整体性（Integrity）的特点。通常，系统是由若干要素组成的具有一定新功能的有机整体，作为系统子单元的各个要素一旦组成系统整体，也就拥有了原独立要素（子系统）所不具有的性质和功能，形成了新的系统的质的规定性，从而表现出整体的性质和功能不等于各个要素的性质和功能的简单加和。PREE系统由人口（Population）、资源（Resources）、环境（Environment）、经济（Economy）四个子系统构成，尽管整个系统的协调发展有别于各子系统内部的协调发展，但仍需以它们内部的协调发展为基础。然而，PREE系统不是各部分要素杂乱无序的简单堆积，而是各要素相互作用、相互联系而组成的有机整体。因此，PREE系统的协调发展不仅是人口、资源、环境、经济各子系统内部的协调发展，而且在于各子系统之间关系的协调，这样，整个PREE系统才能具有各个子系统所不具备的特殊的整体功能。

前述的图4-7直观地反映了人口、资源、环境与经济四个子系统之间的相互关系，从而展示了PREE系统的整体性特征。通过经济子系统（经济过程和经济发展），将人口、资源、环境之间的关系有机地建立起来，形成了新的、不同于原来四个独立子系统（人口、资源、环境、经济）的PREE系统。正由于如此，本书特别强调，人口、资源与环境经济学不是以往人口经济学、资源经济学和环境经济学等单个子学科的简单相加或堆积，

---

① 钱学森等（1990）[36]提出了一个学科新领域——开放的复杂巨系统及其方法论，认为如果组成系统的元素不仅数量大且种类也很多，它们之间的关系又很复杂，并有多种层次结构，这类系统称为复杂巨系统（Complex Giant System）。如果这个系统是开放的，就称为开放的复杂巨系统（Open Complex Giant System, OCGS）。例如，生物体系统、人脑系统、人体系统、生态系统、地理环境系统、社会系统等均属于复杂巨系统，其中社会系统因其组成元素是人，由于人的意识作用，系统元素之间的关系不仅复杂且带有很大的不确定性，这是迄今为止最复杂的系统，属于特殊的复杂巨系统。戴汝为（1997）[37]将复杂巨系统概括为一门21世纪的科学。

而是建立在人口、资源、环境和经济相互关系综合研究基础上的关于 PREE 系统研究和协调发展的新型学科。

正由于 PREE 系统是作为一个整体而存在的,在 PREE 系统管理和人口、资源、环境与经济协调发展实践过程中,必须充分认识 PREE 系统的整体性内涵,尊重系统的整体性,按照整体性原则办事,最终达到人口、资源、环境与经济协调发展的目的。系统管理理论强调,无论是政府部门还是社会个人,均应运用生态学、生态经济学、可持续发展等相关学科理论知识更深刻地系统理解人口问题、资源问题、环境问题和经济问题,理解 PREE 系统结构、功能和动态的整体性。具体而言,PREE 系统的整体性主要包括以下五个内涵:

(1) PREE 系统是人与自然的协调统一与和谐共生。PREE 系统管理理论强调人是自然环境系统的一部分,人因自然而生,人与自然是一种共生关系,对自然的伤害最终会伤及人类自身,尊重自然规律是有效防止在开发利用自然资源和自然环境上走弯路的根本保证。这与中国"天人合一"的传统思想是一脉相承的。因此,人与自然共同构成了相应尺度的 PREE 系统,这就要求在进行 PREE 系统管理时必须遵循人与自然协调统一、和谐共生的准则,保障国家和区域人口、资源、环境与经济协调发展。为此,从认识论上需要实现根本性转变:①从传统的"征服自然"理念向"人与自然和谐共生"理念转变,遵循生态伦理道德,建设现代生态文明;②从追求粗放型的、以过度消耗资源和破坏环境为代价的传统发展模式向增强可持续发展能力、实现经济社会与资源环境协调发展的绿色发展模式转变。通过加强 PREE 系统的科学管理,积极推进人与自然和谐共生的中国式现代化建设。

(2) PREE 系统中人口、资源、环境、经济的统一共存。任何国家和区域的 PREE 系统都是由人口、资源、环境、经济四者相互联系、相互作用而成的整体或统一体,有其自己特有的组成、结构和功能。在 PREE 系统管理实践中,不能忽视任何一个组成部分的作用和影响,否则,必然会割裂这一复杂巨系统内各个组分之间的必然联系,从而破坏 PREE 系统的完整性,最终导致人口、资源、环境与经济的发展不协调、不可持续。

(3) PREE 系统的发展过程是时间和空间相统一的动态演变结果。PREE 系统是复杂的人类社会发展系统,任何一个国家和区域的 PREE 系统都是不断发展变化的,在每一个时间点或每个时期,PREE 系统的现状都是发展变化过程中的一个阶段而已,是 PREE 系统在一定时间和空间下的暂时结果。在人类社会发展进程中,只有坚持动态发展的观点,才能够把握好 PREE 系统的整体性内涵,弄清 PREE 系统的发展特征,为 PREE 系统的可持续管理提供科学依据。

(4) PREE 系统的生态、经济和社会价值统一。PREE 系统管理既要突出自然资源和自然环境的生态服务功能、生产功能、文化价值、旅游功能等,同时强调人类作为 PREE 系统的管理主体,要对自然环境系统的物质索取加以约束,按照资源环境承载能力进行合理的开发利用,维护生态环境保护与经济发展的辩证统一关系,坚持"在发展中保护、在保护中发展"的基本策略,实现经济社会发展与人口、资源、环境相协调,产生生态效益、经济效益与社会效益相统一的巨大综合效益。

(5) PREE 系统各管理主体的统一协作。PREE 系统的管理和人口、资源、环境与经济协调发展实践最终系由政府及其各职能部门、相关组织和个人等各类型的主体来实施,但不同主体间的管理水平、意志等方面的差异性往往较大，有时甚至在管理的要求、目的等方面大相径庭，因此，要求各主体间必须统一协作，按照 PREE 系统整体性和可持续发展的要求，沿着 PREE 协调发展的目标和任务进行统一的科学管理。

二、层次性

系统的层次性（Hierarchy），是指系统各要素在系统结构中表现出的多层次状态的特征。任何系统均具有层次性。一方面，任何系统都不是孤立的，它和周围环境在相互作用下可以按特定关系组成较高一级的系统；另一方面，任何一个系统的要素，也可在相互作用下按一定关系成为较低一级的系统，即子系统，而组成子系统的要素本身还可以成为更低一级的系统。PREE 系统不仅由人口（Population）、资源（Resources）、环境（Environment）、经济（Economy）四个子系统构成，而且每个子系统中又包含有不同级别的层次，层次之中又有层次，层级非常复杂。例如，环境系统中包含水、大气以及土壤等子系统，每个子系统中又可分为更小的亚系统。虽然整个系统的协调发展有别于各子系统内部的协调发展，但也要以它们内部的协调发展为基础。然而，PREE 系统不是各部分要素杂乱无序的偶然堆积，而是各要素组成的有机整体。因此，系统的协调发展不仅仅是各子系统内部的协调发展，而且在于各子系统之间关系的协调，这样，整个系统才能具有子系统所不具备的特殊的整体功能。

层次性是系统本身的规定性，反映的是系统从简单到复杂、从低级到高级的发展过程。层次不同，系统的属性、结构、功能也不同。层次越高，其属性、结构、功能也越显复杂。尤其 PREE 系统作为开放的复杂巨系统，各要素、各组分之间的联系犹如一张错综复杂、纵横交错、层层叠套的立体网络，将自然界物质系统、子系统、中介系统等各系统囊括在内，并直接带入社会范畴中，将同层次子系统存在的交叉性、不同层次系统存在的纵横性加于社会系统，这是一个异常复杂的动态网络图，不仅将相同层级的子系统进行囊括、关联、依存，还将不同层级的系统进行囊括、联系、叠套，保持了水平和垂直层次中的交叉性质。因此，在创建控制和干预 PREE 系统时，必须以系统的层次性为基础。首先，PREE 系统中的每一要素、每一组分均依自身的属性和功能，从属于与之相符的层次，执行系统分配的职能和任务，因此，创建 PREE 协调干预系统必须以层次结构明确为基本要求。其次，对 PREE 系统管理、控制的过程，实际上也就是对 PREE 系统层次进行协调的过程。PREE 系统各层次之间，各依自己的职能，遵循系统的总目标进行相应的运动，这是系统有序化的保证。此外，对 PREE 系统进行干预和改造，使之协调发展、可持续发展，关键在于对系统各层次及各要素之间比例关系的调整，必须把不适合居于较高层次的要素调整到较低层次，而将低层次要素中已具备高层次属性和功能的要素，相应地调整到较高层次，确保系统从层次内容到层次形式的统一，这是 PREE 系统协调、平衡和稳定的保证。

三、关联复杂性

PREE 系统中每个子系统内部都有着密切联系，而且各个子系统之间、系统与外部环境之间也存在相互依赖、相互作用的联系。这些联系不仅多样（如单向与多向联系、稳定与不稳定联系），而且是非线性、不可逆的。这些非线性、不可逆的复杂联系是系统有序的根本性原因。正是各子系统内部、各个子系统之间、系统与外部环境之间的"协同作用",推动着整个 PREE 系统朝着持久、有序、稳定和协调的方向发展。

PREE 系统的这种关联复杂性,这里可以借鉴毕军(2020)[39]在第二届中国城市水环境与水生态发展大会"热点研讨"环节时发表的《绿色流域管控的系统性风险及对策》演讲中涉及的四个方面关联复杂性(时空、要素、过程、现象)来加以说明。

1. 时空关联的复杂性

自人类诞生以来,便产生了相应的人口、资源、环境与经济的相互关系,整个 PREE 系统在不同时期的特点及其地域空间的差异性较大,四者不同协调发展类型、方式、路径等方面的时空分布具有多样性的特征,而且存在非常复杂的关联关系。这样复杂的时空关联关系,使当某一时期、某一个要素或组分发生变化之时,会影响到其他要素或组分产生相应的变化,从而使整个 PREE 系统出现不同形式的演化。例如,过去长期以来人口规模的快速增长,往往引起自然资源开发利用强度提高和规模扩展,进而容易导致资源破坏或枯竭、环境退化甚至恶化,最终使人口、资源、环境与经济的相互关系呈现不协调或失衡状态,危及可持续发展。

2. 要素关联的复杂性

从 PREE 系统不同层次的组成要素来看,人口、资源、环境与经济不同类型的关系之间的连接是非常复杂的,例如,资源的短缺可以在区域或全球层面上引起产业链的风险,环境规制的变化会对就业乃至整个经济系统造成影响,不同环境要素的流动也可能导致环境公平性问题,毁林开荒、陡坡垦殖造成的严重水土流失引发的大水灾会摧毁中下游地区经济和基础设施,等。此外,PREE 系统不同层次的要素之间关联的强弱程度(连接密度或强度)有着很大的差异性。因此,在认识人口、资源、环境与经济关系及其协调发展状况时,既要认真考虑 PREE 系统各要素是如何关联的,还要考虑这些构成要素之间连接的强度。

3. 过程关联的复杂性

对于 PREE 系统中任何独立发生的事件,由于各事件之间相互作用、相互影响,基于协同、加和、拮抗、独立等效应,对系统会产生不同的作用效果。不同人口、资源、环境与经济组合类型之间存在复杂的非线性关联关系,使人口、资源、环境在经济过程和经济发展中的作用与影响更加难以准确预测。如新型污染物带来的经济影响风险,并非简单的污染物与负经济效应之间的单一关联关系,还受到人口、经济、技术、区域等多方面关联因素的复合影响;人口老龄化作为全球性的重要社会现象,不仅仅是生育率下降、寿命延长、教育水平提高等因素的影响结果,同时还与经济发展和产业结构调整、移民、政策等诸多因素有着复杂的密切联系。此外,在对 PREE 系统的认知过程中,各种环境问题的放大或缩小效应也会对人口和经济系统产生难以预测的影响。

4. 现象关联的复杂性

从国家和区域的层面来看,PREE 系统各类突出问题和现象(如人口红利下降、少子化与老龄化、资源枯竭、环境污染、生态破坏、经济负增长等)之间也存在很复杂的关联联系。一些以往在区域 PREE 系统管控中不太关注的事件和现象,如年轻人晚婚晚育甚至不婚不育、资源浪费、干旱、洪水、地震、土壤污染等,实际上也都与 PREE 系统协调发展存在直接或间接的关联性。

总之，作为开放复杂巨系统，PREE 系统有着多方面、多维度的关联复杂性，在人口、资源、环境与经济协调发展实践和管控中需要充分认识不同维度的关联复杂性，为 PREE 系统协调发展战略决策提供科学依据。

系统的关联复杂性这一特征近年来也常应用于重大工程决策过程中[40]。霍兰（2019）[41]、Pich 等（2002）[42]、Salet 等（2013）[43] 指出，基于复杂适应系统理论，重大工程决策复杂性产生的重要原因之一是决策点之间的相互关联，呈现关联复杂性的特征。作为重大工程决策过程中的重要特征，关联复杂性是指一个决策的制定不仅会影响自身，还会对系统内其他决策产生作用，进而对决策系统整体适应性产生影响，使系统产生了开放性、远离平衡态、自组织等特点。这种重大工程决策中的关联复杂性研究对于 PREE 系统的科学调控、管理和决策研究具有重要的参考价值。

四、开放性

开放性是系统的重要特性，是指系统与周围环境处在相互联系、相互作用的关系之中，不断与其环境进行着物质、能量、信息的交换。尽管在经典物理世界中可以假设出封闭系统来进行受力分析和计算，但在现实世界里，不存在理想的绝对封闭系统，也就是说，完全与系统外毫无联系的孤立系统是不存在的，因此，任何系统都是开放的，总是与外界有一定形式的联系，总是受到外界的一定程度的干扰。比利时物理化学家普里戈金于 1969 年在《从混沌到有序：人与自然的新对话》[44] 一书中提出的耗散结构理论认为，一个远离平衡的开放系统，不断地与环境进行着物质和能量的交换，一旦系统的某个参变量变化达到一定的阈值，系统可以由原来的混沌无序状态转变为一种在时间、空间或功能上的有序状态。PREE 系统是一个高度开放的系统，它像有机体新陈代谢一样，与外界环境不断交换资源、资金、人员、技术等要素，这种能量、物资和信息的交换对于降低系统的内部增熵，提高系统的有序度产生重要的影响，是系统维持"耗散结构"状态、形成有序和自组织的基础和前提。

PREE 系统作为开放的复杂巨系统，其"开放性"与"复杂性"是紧密相关的。尽管开放性是否产生复杂性，与开放的性质和程度以及系统自身的固有性质有关，但复杂系统必然是对外界环境开放的[45]。复杂性科学研究的先驱者之一、遗传算法之父霍兰（2008）在其一系列里程碑式的著作《自然和人工系统中的适应》[46]《涌现——从混沌到有序》[47]《隐秩序：适应性造就复杂性》[41] 等之中提出了具有全新视野的复杂适应系统（Complex Adaptive System，CAS）理论，揭示了适应性主体组成的复杂系统是如何演化、适应、凝聚、竞争、合作和产生多样性、新颖性和复杂性的。该理论系统中的成员视为具有适应性的主体（Adaptive Agent）（简称主体），能够与环境以及其他主体进行交互作用。主体在这种持续不断的交互作用的过程中，不断地"学习"或"积累经验"，并根据学到的经验改变自身的结构和行为方式。整个宏观系统的演变或进化，包括新层次的产生、分化和多样性的出现，新的、聚合而成的、更大的主体的出现等，都是在这个基础上逐步派生出来的。也就是说，系统中的各个成员这种积极的、主动性地与其环境之间以及相互之间的反复的、相互的作用，即"适应"，才是系统发展和进化的基本动因，也就是"适应产生复杂性"。可见，PREE 系统这样的复杂系统，由于有适应开放的背景，使系统能够通过从环境中获得有效的信息，通过"学习""积累经验"和自我调整，不断改变自身的行为策略，以更好地适应性发展，从而保证系统的动态有序结构的维持和健康发展。

以往人们常说的"要致富，先修路"，充分说明了交通线路建设在提高区域 PREE 系统对外开放程度、促进当地经济发展过程中有着重大作用。通常而言，一个区域、一个城市的发达、繁荣往往与这个区域、这个城市的交通线路发达度成正比。从国内来看，沿海地区的发展往往比内陆地区更为发达，原因在于交通的便利，这意味着相关信息的开放性，如先进的技术、理念、资源等能够更加快速、容易地被接纳。古今中外的历史经验表明，交通发达度的变化严重影响到城市的兴衰，很多城市的发展和壮大都是随着交通运输线的形成而开始的，但也是随着交通运输线的衰落而萧条的。例如，扬州地处大运河入江要道，曾是京杭大运河的重要节点城市，在 16 世纪中叶一度是全世界经济最繁华的地方，但从 19 世纪后期开始，随着陆路交通开始发展，河运逐渐失去了主导地位乃至衰落，导致扬州的经济地位显著下降，城市发展相对衰落。长春曾是中国重要的工业城市，但随着铁路运输的衰落和汽车工业的滑坡，长春的经济地位早已大幅下滑。又如，美国康涅狄格州的首府哈特福德（Hartford）曾是美国最富裕的城市之一，以其保险业和有轨电车闻名，然而，随着 I-84 高速公路的建设，破坏了该城市整体结构，相当于拆解了城市，城市的地理格局和经济结构发生了变化，相对富裕的白人阶层纷纷流出城市，带走了技能、产业，保险等支柱产业纷纷外迁，带走了城市的税基，导致了城市的不平等和资源分散，最终导致哈特福德的衰落，现已成为美国最贫穷的城市之一。

五、动态性

任何系统都有着一定的运动、发展、变化过程，这就是系统的动态性。它指的是系统的状态变量随时间有着明显的变化，是时间的函数。系统的状况可以由其状态变量随时间变化的信息（数据）来描述。因此，动态性特征实际上也就是指时间性特点，也反映了系统的变化过程。从系统论角度来看，PREE 系统是在动态演化过程中不断形成耗散结构，且这种耗散结构本身亦不断高级化的过程。在时间轴上，PREE 系统是一个量变积累到质变飞跃的过程：系统在达到某种协调状态后，会随着某些条件限制的突破产生跃进过程，从而平衡被打破，之后在系统的协同作用下，系统又逐渐达到新的协调状态，如此循环往复，在动态演化中不断推动 PREE 系统向高层次、高水平的阶段发展。

作为复杂巨系统，PREE 系统各要素在不同时期呈现的状态（数量、质量、类别、特征等）是不同的，也就是说，PREE 系统内各子系统以及不同层次的组分都有着随时间而演变的动态变化特点。以自然资源为例，其随时间变化的属性主要表现在四个方面：①资源形成的时间尺度变化，从月、年到数十年、数百年，甚至数万年、百万年；②资源种类的增减变化；③资源质量的变化；④自然资源变化速率的演变。自然资源的时间性往往受自然节律制约。同时，PREE 系统各要素的这种动态变化往往非常复杂。以人口规模为例，从人类诞生至今已经历了很复杂的变化过程：7 万年前，地球上的总人数不过 1.5 万人；1 万年前，总人口也只有几十万的规模；从人类诞生到 1804 年，经过数百万年的岁月，世界总人口才达到 10 亿。然而，自 1804 年之后，人类每增长 10 亿人所用的时间越来越短：从 10 亿人到 20 亿人（1927 年），用时 123 年；从 20 亿人到 30 亿人（1960 年），用时 100 多年；从 30 亿人到 40 亿人（1974 年），用时 14 年；从 40 亿人到 50 亿人（1987 年），用时 13 年；从 50 亿人到 60 亿人（1999 年），用时 12 年；从 60 亿人到 70 亿人

(2011年),用时12年;从70亿人到80亿人(2022年),用时11年。随着人口规模的演变,其间涉及人口出生率、死亡率、自然增长率、人口质量、人口结构等一系列指标和特征亦呈现相应的动态变化,进而又影响到资源开发规模与利用方式、环境影响、经济发展水平与发展路径等诸多相关要素和特征的动态变化,并决定着整个PREE系统的动态变化状况及其特征。这种动态变化受到一系列因素的影响,包括"先天"的各种自然因素以及"后天"的各类人为因素(如经济社会状况、民族与传统习俗、科技水平、政策制定、管理模式等),这些因素的影响往往是复合的、非线性的,使整个PREE系统的演变过程异常复杂。

从PREE系统内"经济子系统"中的"生产者"(含企业)来看,可以视为"经济子系统"之下的次一级子系统(以下简称"生产系统"),为了适应其外部经济系统乃至整个PREE系统动态变化的需要,必须不断地完善和改变自身的功能,而"生产系统"内部各个更次级子系统的功能及其相互关系也必须随之相应地发展变化。生产系统就是在这种不断变化的动态过程中生存和发展,生产者的生产规模、产品结构、工艺过程、生产组织、管理机构、规章制度、生产经营方针、管理方法等均具有很强的时限性。

六、能控性

能控性(Controllability),指的是控制作用对被控系统的状态和输出进行控制的可能性,也就是系统的状态变量可由外输入作用来控制的一种性能。它体现了外加控制作用u(t)对受控系统的状态变量x(t)和输出变量y(t)的支配能力,回答了u(t)能否使x(t)和y(t)作任意转移的问题。如果在一个有限的时间间隔内,可以用幅值没有限制的输入作用,使偏离系统平衡状态的某个初始状态恢复到平衡状态,就称这个初始状态是能控的。能控性是系统控制论中具有"决定性意义"的问题。所谓控制论系统,可以理解为用控制论的观点和方法对其所要研究对象的一种抽象,是内部由施控部分和被控部分构成并相互作用着的、相对于环境保持自身稳定和实现确定目标的动态系统(动力学系统)[48]。据此,具有某种直接的人口、资源、环境与经济目标,独立执行某种PREE系统功能的区域PREE系统,都可用控制论的观点和方法进行抽象和分析。PREE经济系统是控制论系统,在人与自然和谐共生的中国式现代化建设和可持续发展战略的实施中,研究PREE系统的能控性问题具有重要的意义。

在PREE系统中,人起着重要的主观能动作用。通过对自然规律和社会规律不断深化地认识,人类以各种信息形式控制PREE系统内各种能量流、物质流和信息流的流向、流速和流量,降低PREE系统的混乱度。因此,由于人类社会活动的积极参与,PREE系统实质上是一个复杂系统自组织/组织合作的过程,人类可以通过决策——选择科学的发展模式对可持续发展过程进行干预和控制,促进PREE系统的协调发展。

七、地域差异性

地域差异性(Regional Differences),是地球不同空间范围内自然、经济、人文、社会等诸方面差别的综合反映。这是地理学研究的主要方面之一,也是地理学的主要特性之一。经济学、社会学等学科也较为关注地域差异性问题。总体上看,组成PREE系统的人口、资源、环境和经济四个子系统以及各个子系统内部不同级别的组分或更次级子系统不仅各自有着显著的空间地域差异性。以自然资源为例，其分布受地域分异规律制约，表现出明显的空间差别：气候资源、水资源、土地资源与生物资源的分布主要受地带性因素影响，同时受非地带性因素制约；矿产资源、化石能源等则主要受非地带性因素控制，特别是大地构造和成矿规律的制约。同时，PREE系统中各要素、各组分、各级不同子系统之间的关系在不同地域所表现出来的结构和矛盾是不尽相同的，有明显的空间地域差异性。例如，整个东部、中部和西部人口、资源、环境和经济之间的组合关系以及PREE系统结构、状态、矛盾和问题有着很大的差异性，相应地，各区域解决人口、资源、环境与经济协调发展问题的策略、措施等也显著有别。

正因为地域差异性规律的客观存在，经济学、地理学、资源科学等诸多学科均强调"因地制宜"这一重要原则。"因地制宜"中的"因"即为随顺，"制"即制定、规定，"宜"指适当、合宜。因此，因地制宜也就是根据各地的实际情况，制定相应的、适宜的办法和措施。解决人口发展、生态环境等诸多问题需要按照因地制宜的原则来正确制定决策和规划；自然资源的开发利用必须遵循因地制宜的原则；发展区域经济同样要切实贯彻因地制宜的原则；人口、资源、环境和经济协调发展的区域实践更要坚持从实际出发，实事求是地制定科学的规划和可行的措施，绝不能"一刀切"地进行。

此外，由于PREE系统的开放性特征，不同地域的PREE系统之间存在物质、能量、信息等方面的不断交换，因此，制定某一地域PREE系统的发展、调控等举措时必须考虑到对其他地域发展的影响，坚持区域协调发展。

综上所述，PREE系统是一个开放的复杂巨系统，针对这一复杂巨系统应研究各子系统内部及其相互之间存在的复杂联系，利用系统的自组织特性，运用调控手段来纠正PREE系统在动态运行中产生的不协调因素，寻求整个PREE系统的最优结构，使PREE系统的协调发展达到新的最佳层次。

参考文献

［1］邬沧萍，陈卫.世纪之交的全球人口问题［J］.世界经济，1998（10）：36-41.

［2］褚劲风.全球人口增长及其地区差异［J］.地理教学，2000（12）：4-5.

［3］中央政府门户网站.中国人口现状［EB/OL］.https：//www.gov.cn/test/2005-07/26/content_ 17363.htm，2005-07-26.

［4］国家统计局.中国统计年鉴-2023［M］.北京：中国统计出版社，2023.

［5］倪建军，陈阳.人口负增长对中国经济安全影响分析［J］.国家安全研究，2023（6）：85-101.

［6］国家统计局.中华人民共和国2023年国民经济和社会发展统计公报［EB/OL］.https：//www.stats.gov.cn/sj/zxfb/202402/t20240228_ 1947915.html，2024-02-28.

［7］胡鞍钢，鄢一龙.老龄化、少子化的双重挑战［J］.当代贵州，2017（8）：64.

［8］United Nations. Dept. of Economic and Social Affairs. The Aging of Populations and Its Economic and Social Implications［M］. New York：U. N. Dept. of Economic & Social Affairs，1956.

［9］李文凯，任群罗．我国少子化现状及原因分析［J］．西部学刊，2024（1）：159-164．

［10］封志明．资源科学导论［M］．北京：科学出版社，2004．

［11］黄贤金．自然资源经济学（第三版）［M］．北京：高等教育出版社，2021．

［12］杨子生．土地资源学［M］．北京：经济管理出版社，2021．

［13］孙永平．自然资源丰裕经济学［M］．北京：人民出版社，2022．

［14］杨子生，张宇欣，费燕，等．试论土地利用功能分区与土地用途分区的区别于关联［A］//刘彦随，熊康宁，但文红．中国农村土地整治与城乡协调发展研究［M］．贵阳：贵州科技出版社，2013：35-42．

［15］国务院第三次全国国土调查领导小组办公室，自然资源部，国家统计局．第三次全国国土调查主要数据公报［N］．人民日报，2021-08-27（17）．

［16］中华人民共和国水利部．2022年中国水资源公报［EB/OL］．http：//www.mwr.gov.cn/sj/tjgb/szygb/202306/t20230630_1672556.html，2023-06-30．

［17］国家统计局．中国统计年鉴-2017［M］．北京：中国统计出版社，2017．

［18］农业农村部．2019年全国耕地质量等级情况公报［J］．中华人民共和国农业农村部公报，2020（4）：113-120．

［19］石春娜，王立群．我国森林资源质量变化及现状分析［J］．林业科学，2009，45（11）：90-97．

［20］全国人大常委会．中华人民共和国环境保护法［M］．北京：法律出版社，2014．

［21］水利部．中国水土保持公报（2023年）［EB/OL］．http：//www.mwr.gov.cn/sj/tjgb/zgstbcgb/202403/t20240329_1708287.html，2024-03-29．

［22］水利部．三峡工程公报-2022［EB/OL］．http：//www.mwr.gov.cn/sj/tjgb/sxgcgb/202309/t20230914_1683105.html，2023-09-14．

［23］水利部．三峡工程公报-2020［EB/OL］．http：//www.mwr.gov.cn/sj/tjgb/sxgcgb/202111/t20211130_1553255.html，2021-11-30．

［24］国家林业和草原局．我国首次实现所有调查省份荒漠化和沙化土地"双逆转"［EB/OL］．https：//www.forestry.gov.cn/main/4169/20230105/154742612627173.html，2023-01-05．

［25］国家发展和改革委员会，自然资源部．全国重要生态系统保护和修复重大工程总体规划（2021-2035年）［EB/OL］．http：//gi.mnr.gov.cn/202006/t20200611_2525741.html，2020-06-11．

［26］生态环境部．2022中国生态环境状况公报［EB/OL］．https：//www.mee.gov.cn/hjzl/sthjzk/zghjzkgb/202305/P020230529570623593284.pdf，2023-05-29．

［27］赵英民．国务院关于2023年度环境状况和环境保护目标完成情况的报告［EB/OL］．http：//www.npc.gov.cn/npc/c2/c30834/202404/t20240424_436701.html，2024-04-24．

［28］环境保护部，国土资源部．全国土壤污染状况调查公报［N］．中国国土资源报，2014-04-18（2）．

［29］国务院．中华人民共和国国民经济和社会发展第十四个五年规划和2035年远景目标纲要［N］．人民日报，2021-03-13（1，5-14）．

［30］YANG Renyi, LIU Fenglian, PENG Haiying, et al. Analysis on the Spatio-temporal Change of Integrated land Productivity of China in Recent 20 years［A］//Zhang Henry, Cheng Changbo. Proceedings of The 8th Academic Conference of Geology Resource Management and Sustainable Development［M］. Sydney, Australia：Aussino Academic Publishing House, 2020：585-595.

［31］李元. 中国土地资源［M］. 北京：中国大地出版社, 2000.

［32］国家统计局农村社会经济调查司. 中国农村统计年鉴-2022［M］. 北京：中国统计出版社, 2022.

［33］国务院第三次全国国土调查领导小组办公室, 自然资源部, 国家统计局. 第三次全国国土调查主要数据公报［N］. 人民日报, 2021-08-27（17）.

［34］自然资源部. 积极推进盐碱地综合改造利用［J］. 求是, 2023（23）：15-20.

［35］郭志刚. 人口、资源、环境与经济发展之间关系的初步理论思考［J］. 人口与经济, 2000（6）：12-16.

［36］钱学森, 于景元, 戴汝为. 一个学科新领域——开放的复杂巨系统及其方法论［J］. 自然杂志, 1990, 13（1）：3-10.

［37］戴汝为. 复杂巨系统科学——一门21世纪的科学［J］. 自然杂志, 1997, 19（4）：187-192.

［38］曾嵘, 魏一鸣, 范英, 等. 人口、资源、环境与经济协调发展系统分析［J］. 系统工程理论与实践, 2000（12）：1-6.

［39］毕军. 绿色流域管控的系统性风险及对策［EB/OL］. https：//www.163.com/dy/article/FRHS39B305509P99.html, 2020-11-16.

［40］谢嘉康, 李亚迪, 宁延. 基于NK模型的重大工程决策关联复杂性分析［J］. 科技管理研究, 2024（8）：182-189.

［41］［美］约翰·霍兰. 隐秩序：适应性造就复杂性［M］. 周晓牧, 韩晖译. 上海：上海科技教育出版社, 2019.

［42］Pich M T, Loch C H, De Meyer A D. On uncertainty, Ambiguity, and Complexity in Project Management［J］. Management Science, 2002, 48（8）：1008-1023.

［43］Salet W, Bertolini L, Giezen M. Complexity and Uncertainty：Problem or Asset in Decision Making of Mega Infrastructure Projects?［J］. International Journal of Urban and Regional Research, 2013, 37（6）：1984-2000.

［44］［比］伊里亚·普里戈金. 从混沌到有序：人与自然的新对话［M］. 曾庆宏, 沈小峰译. 上海：上海译文出版社, 1987.

［45］李析. 钱学森开放复杂巨系统研究［D］. 太原：太原科技大学, 2018.

［46］Holland J H. 自然与人工系统中的适应——理论分析及其在生物、控制和人工智能中的应用［M］. 张江译. 北京：高等教育出版社, 2008.

［47］［美］约翰·霍兰. 涌现——从混沌到有序［M］. 陈禹译. 上海：上海科学技术出版社, 2006.

［48］彭纪南. 经济系统能控性的方法论分析［J］. 系统辩证学学报, 1993（1）：42-47.

第五章 人口、资源、环境在经济过程与经济发展中的作用

从第四章的相关分析获知，人口、资源、环境与经济四个要素之间相互作用、相互联系，形成了一个复杂的系统，即"人口-资源-环境-经济系统"。在这一复杂系统中，经济过程处于人口、资源、环境三者之间，将此三者联系在一起，起到联系枢纽的作用。为了进一步认识"人口-资源-环境-经济系统"内部联系规律性，揭示人口、资源、环境与经济之间的相互关系，很有必要深入地分析人口、资源、环境在经济过程与经济发展中的作用，为国家和区域性人口、资源、环境与经济协调发展实践提供支撑。

第一节 人口在经济过程与经济发展中的作用

经济是物质资料生产、分配、交换、消费关系的总和，起点是生产，终点是消费。人是一切经济活动的主体，既是生产者又是消费者，人口在经济过程与经济发展中起着主导性的作用，不仅作为生产力的决定性要素参与直接生产过程，而且还作为消费主体成为生产过程的终点和归宿。没有人口的存在，就没有消费也就没有物质资料的生产，从而也就没有任何经济活动。因此，人口的发展既反映了经济的发展，又影响和制约着经济的发展。整个人类社会的发展过程就是在经济和人口相互作用、相互制约中实现的。人口是经济发展的基础和动力，一个国家或地区的人口规模和结构直接影响其经济活动的规模和结构。

人口与经济发展的关系包含了人口变化诸方面与经济发展诸要素之间的双向的、直接的或通过其他中间变量间接联系的循环影响关系。迄今为止，所有的理论研究尚未能够全面、深入地将其作为一个完整的整体来揭示人口变化子系统与经济发展子系统之间多元的内在联系。一般地，人口变化对经济发展影响的主要流程路径有五个[1]：①人口自然变动（包括出生、死亡）、机械变动（指人口迁移）→人口增长→人口规模→消费、投资→总需求；②人口迁移、人口规模→人口年龄结构→消费、储蓄、投资→总需求；③人口规模、人口年龄结构→政府支出→总需求；④人口增长、人口规模、人口结构→劳动力供给状况、人均资源占有水平→经济产出；⑤人口素质（教育水平）→劳动力素质、技术进步→经济产出。另外，经济发展也会通过多种途径对人口自然增长、机械增长、人口结构和人口素质产生多方面的、深刻的、直接的或间接的影响。考虑到人口与经济发展内在关系的多重性和复杂性，本节主要从人口数量增长的经济效应、人口质量提高的经济效应、人口结构变化的经济效应三个方面进行分析。

一、人口数量增长的经济效应

关于人口数量的问题，最初是由马尔萨斯在 18 世纪末提出来的。马尔萨斯（1959）[2]认为，人口数量的增长总是要超过产出的增长，其结果是导致对产出的争夺。之后，人口与经济增长的研究逐渐深入。通常认为，人口数量对经济发展有着正反两个方面的影响：一是人口对经济有积极的促进作用，这是因为人口增长会为经济发展提供充足的劳动力，同时，人口增长产生了总需求增加的可能性，会激励厂商扩大生产规模；二是过快的人口增长对经济又有消极的阻碍作用，其原因是人口过快增长会降低人均收入水平和生活水平，还会使就业问题恶化。此外，过多的人口增长会使自然资源和能源难以满足人们的需要，过度的资源开发会破坏生态平衡，不利于环境保护。

总体来看，人口增长对经济发展的影响，主要取决于人口增长的数量和速度与国民经济的发展是否相适应。如果与经济发展相适应，那么能促进经济的发展；反之，会阻碍经济的发展。这里从劳动力资源和就业、储蓄与投资、国民收入及其分配、消费、技术进步五个方面讨论人口增长的影响。

（一）人口增长对劳动力资源和就业的影响

劳动力人口（Population of Working Ages），是指一个国家或地区全部人口中具有劳动能力（属于劳动适龄范围）的那部分人口。按国际一般通用标准，15~64 岁属于劳动适龄范围。劳动力人口形成一个国家或地区的劳动力资源，是整个社会人口最重要的组成部分。

人口和劳动力资源的关系，在数量上是总人口和劳动力人口的比例关系，但实质是消费者人口和生产者人口的比例关系。一个国家或地区的经济发展与其劳动人口数量和就业状况密切相关[3]。一定的人口规模，决定了该国或地区相应的劳动者数量。在人口年龄结构一定的前提下，人口规模的变化直接影响劳动者数量的变化：人口规模增加，则劳动者规模也扩大，其经济后果既可能是有充足的劳动力资源供给，也可能是就业形势的加剧；如果人口数量减少，那么劳动者规模也随之缩小，其经济后果既可能是劳动力资源供给的短缺，也可能是就业形势的改善。

一般地，劳动人口只有在被足够的生产资料吸收时，才能充分就业。如果人口增长的速度超过了生产资料增长的速度，就会无法满足进入劳动年龄人口的全部就业要求。人口增长和就业量的增加须以不影响劳动生产率的提高为前提，否则就会制约社会经济的发展，还意味着劳动力资源并未得到合理和充分的利用。因此，人口增长速度应当适宜，确保劳动力人口总供给量和劳动力需求量相适应，以实现充分就业，促进物质生产不断发展，劳动生产率不断提高。

（二）人口增长对储蓄、投资的影响

人口增长将阻碍储蓄和投资，从而给劳动生产率乃至经济增长带来负效应，这在发展中国家尤为明显。美国人口学家科尔和经济学家胡佛于 1958 年提出了表达人口增长与储蓄、投资关系的人口经济理论模型[4]，认为储蓄（S）依存于国民收入（Y）和人口（P），并决定着投资（I）。其表达式为：$I=S=aY-\beta P$（式中的参数 β 的符号是正号）。按该模型，当人口（P）增长时，储蓄（S）便减少。

假定投资（I）由劳动资料（I_c）和福利支出（I_{wg}）构成，且只有劳动资料（I_c）才

能带来产品的增产。福利支出（I_{wg}）由I_{wc}（现有人口所需要的福利支出）和I_{wi}（增加人口所需要的福利支出）两个因素组成，两者均与人口因素相关：$I = I_c + I_w = I_c + (I_{wc} + I_{wi})$。为了备齐学校及其他资本，$I_{wi}$必会显著超过$I_{wc}$。因此，人口增长率越高，福利支出的增加亦越突出，因而将导致增产的资本比例变小，从而阻碍经济的增长。

（三）人口增长对国民收入及其分配的影响

通常的理解是人口的过快增长会降低人均收入水平。辩证地看，如果人口增长有利于劳动者和生产资料相结合，使两者的比例更合理，从而更有利于提高劳动生产率和经济效益，这会促进国民收入以较快的速度增加。由于人均国民收入占有量与人口总量（分母）呈反比例关系，因此，如果国民收入增长速度快于人口增长速度，那么人均国民收入将趋于增加；反之，人均国民收入将趋于下降。

从国民收入的分配来看，一部分用于积累，另一部分则用于消费，两者呈此消彼长的关系。然而，用于消费的份额系随着消费人口的变化而变化，如果人口增长过快，在不降低人民平均消费水平的条件下，必然要消费更多的国民收入，于是可用于积累的份额相应地就会减少，从而使社会扩大再生产能力下降。

（四）人口增长对消费的影响

人口数量对社会消费需求的影响可以从两个方面来看：①消费需求也是带动经济增长的引擎，也就是说，在一定的消费能力条件下，随着人口数量增加，意味着有效的消费需求增加，从而有利于经济增长，这是一些地方千方百计要吸引人口、提升"人气"的重要原因；②在"蛋糕"（消费资料数量）一定的条件下，人口数量越多，意味着人均消费水平会下降。因此，保障人口增长速度慢于消费资料增长速度是非常必要的。

（五）人口数量对技术进步的影响。

人口数量对技术进步的影响也很明显，这可从两个方面来观察：

（1）人口数量的多少可以影响人们的生产方式，从而进一步影响人们追求技术进步的动力和积极性。在人口规模大、劳动力资源丰富的国度里，人们倾向于使用劳动力偏向的生产方式；若在劳动力稀缺的条件下，人们则会产生节约劳动的技术追求。

（2）从人类历史来考察，人口压力主要表现为人口数量的压力，这是推动技术进步的重要力量。与马尔萨斯的论点根本不同，丹麦经济学家博斯鲁普（1965）[5]提出了人口增长推动技术进步的"人口推动假说"（Population-push Hypothesis），认为增进生产的一些技术发明允许不依赖人口增长的多寡而发生，但这些新的技术发明的运用和推广却有赖于人口的增长。在原始时代，由于人口的增长，对食物的需求随之增加，迫使人类从单纯的采集和狩猎过渡到养殖和种植业。这是一个了不起的技术进步。随着人口数量的进一步增加，农业种植技术和养殖技术一直受到食物需求压力的推动，从而更新的技术不断地出现。于是，人口增加、技术进步和经济增长之间便构成了一个持续的循环。

二、人口质量提高的经济效应

人口质量（Population Quality），也称"人口素质"，包括人口总体的身体素质、文化素质和思想素质，反映人口总体认识和改造世界的条件和能力。其中，反映人口文化素质的指标包括识字率、文盲率、就学率、每十万人口中各种文化程度人口数、人口的平均受教育年限、每百万人口中从事研究与开发的科学家与工程师、每万职工中技术人员所占比重等。人口质量对劳动力资源、经济增长等有着多方面的影响。劳动力人口的素质决定于整体人口的质量。劳动力资源可以区分为普通劳动力资源和智力资源，普通劳动力资源量主要受人口数量的制约，而智力资源量则主要受人口质量的制约。教育是提高人口质量的主要手段，文化教育和科技水平的高低是当代人口质量的重要标志。人口质量的提高有利于促进经济发展。通过教育提高人口质量，可以为国家培养在科学上有发现和发明、在生产技术上有创新和变革的科研与设计队伍，能掌握和运用先进生产方法的技术队伍，善于组织、指挥、控制和协调的既懂技术又懂经济的管理队伍，从而促进科学技术的进一步发展，改进经济管理方式，使社会生产效率和效益更高，进而促进经济发展和人均国民收入的提升。此外，人口质量的提高，有助于形成健康、合理的人口再生产模式，缓解实现经济可持续发展的人口数量压力。

在当今知识经济时代，随着人口质量的提高，人们可以主要通过对自身知识技能的充分运用，不断地满足日益增长的需求，以知识为核心的生产和生活方式可以建立在资源与环境的可持续利用基础之上，因此，从这个意义上来说，人口质量在实现人口、资源、环境与经济协调发展的过程中处于一个非常关键的地位。

从已有的人口质量提高的经济效应研究来看，对于教育、知识与技术在经济增长中的作用研究较为引人注目。

（一）教育在经济增长中的作用与贡献研究

传统的经济增长理论，把经济增长的动力归之于劳动力、资本等生产要素的量的增加。"二战"之后，针对不同国家在经济发展上的表现，一些经济学家开始意识到经济增长中劳动力质量的重要性。人力资源要素，特别是劳动力资源的质量，被一些经济学家认为是经济增长的最重要源泉。尤其对照"二战"后一些发展中国家的经济发展和日本、西欧的迅速恢复，就会得出这一结论。"二战"后，一些发展中国家大量吸收资本投资，但效果并不显著；日本和德国则在战后废墟上迅速重新崛起，其原因就在于两者之间人口质量的巨大差异。美国著名经济学家、1979年诺贝尔经济学奖获得者舒尔茨（1961）[6] 认为，虽然日本和德国在"二战"期间遭受毁灭性的打击，但那主要是物质资本上的破坏，而有较高素质和生产技能的人力资源则没有被破坏，加之这两国悠久的文化传统和重视教育的现代国策，为其经济发展提供了大量高素质的劳动力，这使两国的经济发展得以建立在高技术水平和高效益基础上，于是两国出现了经济复兴的奇迹。而人口质量低下的国家，因其人力资源素质的低下抑制了对资本的吸收，劳动者生产技术和管理水平低下，难以发挥资本的效率，因而经济增长最终受到限制。可见，经济增长的源泉与人力资本的积累密切相关。

舒尔茨于20世纪50年代在对美国农业经济的一系列研究中发现，传统经济学把经济增长的原因归之于土地、劳动力和资本的增加，这已不能解释当时的实际情况。舒尔茨认为，美国农业产量的增加和农业劳动生产率的提高已不是因为传统的生产要素的增加，而是由于劳动者能力和技术水平的提高。劳动者技术和水平的提高，实际上是对人进行投资的结果，也就是人口质量的提高带来经济的增长。于是，在20世纪50年代末和60年代初，舒尔茨（1961，1990）[6-7] 和贝克尔（2016）[8] 提出了"人力资本"（Human Capital）的概念，并对人力资本的内涵、形成的途径和在国民经济增长中的贡献等问题进行了系统研究。1960年，舒尔茨在美国经济协会的年会上以会长的身份作了题为《人力资本投资》的演说，阐述了许多无法用传统经济理论解释的经济增长问题，明确提出人力资本是当今时代促进国民经济增长的主要原因，认为"人口质量和知识投资在很大程度上决定了人类未来的前景"[6]。舒尔茨强调，人力资本即人口质量，表现为人的知识、技能、经验以及技术熟练程度等能力和素质，其取得必须进行投资；同时还指出："经济的发展主要取决于人的质量，而不是自然资源的丰瘠或资本存量的多寡。"[7] 后来，舒尔茨也被誉为"人力资本概念之父"。舒尔茨和贝克尔创立的人力资本理论（Human Capital Theory）认为，物质资本指物质产品上的资本，包括厂房、机器、设备、原材料、土地、货币和其他有价证券等；而人力资本则是体现在人身上的"非物质资本"，即对生产者进行教育、职业培训等支出及其在接受教育时的机会成本等的总和，表现为蕴含于人身上的各种生产知识、劳动与管理技能以及健康素质的存量总和。舒尔茨、贝克尔等从家庭经济分析的角度认为，提高孩子质量方面的投入，实际上是一种投资。微观上讲，对家庭而言，可从孩子身上得到更大效用；就宏观而言，为国家经济增长增加了新的最重要的要素。投资于人力资本的方式和途径较多，一个重要方面是教育。

为此，舒尔茨（1961）[6]和另一位经济学家丹尼森（1962）[9-10]都利用美国的资料对教育在经济增长的贡献作出了测算，但两人的测算方法有所不同，舒尔茨采用的是投资收益法，丹尼森使用的是因素分析法[11]。舒尔茨测算结果表明，教育带来的对美国1929~1957年经济增长的贡献率为33%。丹尼森选取同一时间段的美国教育对经济增长贡献的测算结果为35%。可见，两位经济学家虽然测算方法不同，但得出的结论较为近似，均表明教育在美国1929~1957年的经济增长中发挥了非常大的作用。

（二）知识与技术在经济增长中的作用研究

新古典增长理论一般只考虑资本和劳动两个生产要素，把技术进步当成外生的变量。例如，索洛（1957）[12]在经济增长理论模型中引进了一个总量生产函数：

$$Y = A \cdot F(K, L)$$

式中，Y 为产出，K、L 分别为决定经济增长的两个主要生产要素——资本和劳动（这里土地作为固定因素而未列出），A 为时间函数。为了得到经济增长率，对生产函数求导，并做离散化处理，得到：

$$\frac{\Delta Y}{Y} = a + \alpha \frac{\Delta K}{K} + \beta \frac{\Delta L}{L}$$

式中，$\frac{\Delta Y}{Y}$ 表示经济增长率，$\frac{\Delta K}{K}$ 表示资本增长率，$\frac{\Delta L}{L}$ 表示劳动增加率，α、β 分别表示资本和劳动的产出弹性系数。$a = \frac{1}{A}\frac{dF}{dt}$ 为经济增长率扣除物质资本和劳动投入增加带来部分的余额，这被索洛认为是"技术进步"对经济增长的贡献率。

然而，20世纪80年代中期以来，经济学界出现了新经济增长理论，认为人口质量提高带来的技术进步是经济持续增长的决定性内生变量，把人口质量与经济增长的研究推到一个新的高度。新经济增长理论（内生增长理论）在经济增长理论模型中加进了第三个要素——知识和技术，把人口质量的因素作为经济增长的内生因素予以研究。较有代表性的是罗默提出的知识外溢与经济增长理论和卢卡斯提出的人力资本外在性与经济增长的理论。

1. 罗默内生经济增长模型

1986年，美国经济学家罗默提出了收益递增与长期增长模型（Increasing Returns and Long-Run Growth）[13]。其生产函数可表示为：

$$Y_i = F(k_i, K, X_i), \quad K = \sum_{i=1}^{N} k_i$$

式中，Y_i为i厂商的产出水平，k_i为i厂商生产某产品所拥有的专业化知识，K是N个厂商的专业化知识的累计总和，X_i为i厂商投资的资本与劳动等生产要素。

该模型将专业化知识与物质资本、劳动一样作为一种生产要素纳入生产函数之中。由于知识具有可再生性和"溢出效应"的特点，知识的投入和积累呈现边际生产率递增的态势，因而能够提高资本投入的收益率。物质资本投入促进知识增长，知识增长又促进资本效益递增，这种良性循环的结果促进了经济长期的持续发展。

1990年，罗默发表《内生技术变化》（Endogenous Technological Change）一文[14]，进一步发展了内生增长理论，提出了一个含资本、劳动、人力资本和技术水平的四要素模型，揭示了知识溢出效应与经济增长的关系。该模型的分析是由三个经济部门展开的，即研究与开发部门、中间产品部门、最终产品部门。各部门生产函数式为：

研究与开发部门：$A(t+dt) - A(t) = \delta H_A(t) A(t) dt$。$A$为现有知识存量，$\delta$为研究与开发活动生产效率的参数。

中间产品部门：$K(t) = Y(t) - C(t)$，$K = \eta \sum_{i=1}^{A} x_i$。$K$为人力资本，$x$为产品数目。

最终产品部门：$Y(H_Y, L, x) = H_Y^\alpha L^\beta \sum_{i=1}^{\infty} x_i^{1-\alpha-\beta}$。$H_Y$为人力资本，$L$为人力资本。

平均增长率：$g = \delta H - \dfrac{\alpha r}{(\alpha+\beta)(1-\alpha-\beta)}$。$H$为人力资本，$r$为贴现率。

上述的最终生产函数包含资本、劳动、技术、人力资本四大要素。在平衡增长情况下，经济增长率（g）与人力资本存量（H）呈正相关，与研究与开发部门的生产率（δ）呈正相关，与贴现率（r）呈负相关，与人口规模则没有关系。

在这个内生化模型中，知识积累、技术进步具有"溢出效应"和规模效应，边际生产率的递增性及其与资本等生产要素的相互作用，形成了知识、技术与投资之间相互作用的良性循环，提高了投资收益率，使经济收益规模递增。

罗默的内生增长理论较好地解释了各国经济增长中人均收入增加存在巨大差异的根本原因，即各国人力资本存量和科技水平发展的差异性。人力资本存量和科技水平越高的国家和地区，其经济增长率就越高，人均收入增加则越多；相反，在一些经济落后的国家和地区，由于人力资本总体水平（国民文化程度）不足，缺乏丰富的人力资本存量和对研究与开发的要素投入，使技术水平处于落后状态，导致这些国家陷入"低收入陷阱"，经济增长缓慢甚至产生负增长，相应地，人均收入水平低下，国家及国民陷入贫困落后状态[15]。

2. 卢卡斯人力资本外溢效应模型

卢卡斯（1988）[16]借鉴了舒尔茨和贝克尔等的人力资本理论引入经济增长模型，以解决索洛模型中将外生技术进步作为经济增长驱动力的不足，从而实现经济增长的内生性。卢卡斯认为，人力资本不仅指个人体内所拥有的知识、技能，还包括了独立于个人之外的知识技术，因此，区分出人力资本的两种效应，即内部效应和外部效应。人力资本的内部效应是指个人可以从其拥有的知识得到收益；外部效应即其正外部性，是指个人拥有的人力资本会从一个人扩散至另外的人，从旧产品传递到新产品，从家庭旧成员传递到新成员，从而有助于提高整个社会所有生产要素的生产率，产生递增的社会生产率。正是由于人力资本外部性产生的收益递增，使人力资本成为经济增长的发动机。

在模型构建方面，卢卡斯借鉴罗默（1986）[13] 提出的知识资本的外部效应建模方法，并借鉴和改进了宇泽（1965）[17] 的模型处理技术，据此构建了卢卡斯人力资本外溢效应模型。该模型将经济活动分为人力资本生产部门与最终产品生产部门，并假设人力资本积累有助于提高最终产品部门的生产率水平，表现为人力资本具有部门间正向溢出效应。模型由人力资本生产部门与最终产品生产部门构成。

卢卡斯模型表明，人力资本增值越快，则部门经济产出越快；人力资本增值越大，则部门经济产出越大。该模型的贡献在于承认人力资本积累不仅具有外部性，而且与人力资本存量成正比；承认人力资本积累（人力资本增值）是经济得以持续增长的决定性因素和产业发展的真正源泉。

上述知识外溢和人力资本外在性理论还可以解释经济发展过程中的智力倒流现象[3]。按传统经济学理论，生产要素越稀缺，其边际生产率会越高，收益率也越高。在不发达地区，人口质量较低，人才稀缺，应该对高素质人才有吸引力。但现实情况是，发达国家和地区不仅大量吸引了欠发达国家和地区的资本，还造成了这些不发达地区人才的外流，这种现象被称为"脑流失"现象。知识外溢和人力资本外部性带来的收益递增理论则认为，由于发达国家和地区知识存量较多，导致在这些地区投资的收益率也较高，一定技能的工人生产率和工资率同样较高，在劳动力自由流动的条件下，必然会从低收入的不发达地区流向较高收入的发达地区。

三、人口结构变化的经济效应

人口结构又人口构成，系指某一国家或地区一定时期内人口的构成状况。刘长茂（1991）[18] 提出了一个人口结构体系，认为人口结构可分为人口的自然结构、经济结构、社会结构、质量结构和地域结构五个大类。其中，人口的自然结构包括人种、性别、年龄三种结构；人口的经济结构包括人口的产业、行业、职业、收入分配和消费类型等结构；人口的社会结构包括人口的阶级、民族、宗教、语言和婚姻家庭结构；人口的质量结构包括人口的身体素质结构和文化结构；人口的地域结构包括自然地域结构、行政地域结构、城乡结构。总体上来说，这一人口结构体系是较为完整的。

一方面，人口结构是人口发展变化的结果，也是一定社会经济和政策的产物，其形成受到社会经济和原有人口状况的制约。另一方面，一定的人口结构形成后，又会反过来对社会经济发展和人口发展产生一定的影响。结合中国实际，这里主要对年龄、性别、城乡、地域四种人口结构进行经济学分析。

（一）人口年龄结构对经济发展的影响

1. 人口年龄结构分析的常用指标

人口年龄结构是从年龄的角度考察总人口中不同年龄或不同年龄段人口所占的比例及相互关系。年龄一般指一个人存活时间长度的指标，以年为单位计算，通常以其存活期跨越的整年数（也即所过的生日次数）来计算，这与人们通常所说的"周岁"的意思相同。年龄组是指按照某一个年龄段对人口进行分组以便进行分析的一种常用指标。在年龄结构分析中，常用的指标有以下四个：

（1）平均年龄。这是反映人口总体年龄状况的一个综合性指标。其计算式为：

$$\text{平均年龄} = \frac{\sum(\text{各年龄组的组中值} \times \text{各年龄组人数})}{\text{人口总数}}$$

（2）年龄中位数。用以反映总体人口年龄状况的一个综合性指标，但其含义是指将全体人口按年龄大小的顺序进行排列，且正好把总人口分成相等的两个部分的那个年龄。其计算式为：

$$\text{年龄中位数} = \text{中位数所在组下限} + \frac{\frac{\text{总人口}}{2} - \text{中位数前各组累计人口数}}{\text{中位数所在组人口数}} \times \text{组距}$$

（3）老年人口系数和少年儿童系数。老年人口系数指65岁及以上人口数占总人口数的比例，少年儿童系数指0~14岁少年人口数占总人口数的比例，其计算式为：

$$\text{老年人口系数} = \frac{65\text{岁及以上人口数}}{\text{总人口数}} \times 100\%$$

$$\text{少年儿童系数} = \frac{0\sim14\text{岁人口数}}{\text{总人口数}} \times 100\%$$

（4）老少比。也称老化系数，指某一时点的总人口中老年人口数与少年儿童人口数的比例，其计算式为：

$$\text{老少比} = \frac{65\text{岁及以上人口数}}{0\sim14\text{岁人口数}} \times 100\%$$

国际上，通常根据一个国家或地区的老年人口系数、儿童少年人口系数、老少比和年龄位数的状况来判断其人口年龄结构类型。联合国曾根据不同年龄组人数在总人口中的比例、老少比值和年龄中位数等指标，将不同国家或地区的人口划分为年轻型、成年型和老年型（见表5-1）。不同类型的年龄结构，必然会影响到未来人口的再生产。年轻型人口的未来育龄人群规模大，出生率高，死亡率低，因而人口增长的速度必然较快。相反，老年型人口未来的育龄人群规模较小，出生率相对也较低，死亡率则相对更高一些，因而人口增长速度必然较小，甚至会出现人口负增长的状况。

表5-1 联合国划分人口年龄结构类型的标准

指标	年轻型	成年型	老年型
少年儿童系数（%）	40以上	30~40	30以下
老年人口系数（%）	4以下	4~7	7以上
老少比（%）	15以下	15~30	30以上
年龄中位数（岁）	20以下	20~30	30以上

资料来源：李通屏，朱雅丽，邵红梅，等. 人口经济学[M]. 北京：清华大学出版社，2014：109.

2. 人口年龄结构的社会经济意义

人口年龄结构从数量上反映的是不同年龄或年龄段人口的比例关系，实质上也反映了人口因素可能对经济社会发展产生的潜在影响。也就是说，人口年龄结构类型与社会经济发展之间是一种互动关系，这种关系主要是通过抚养系数或抚养比来表示。抚养比（Dependency Ratio），是指被抚养人口与劳动年龄人口的比值，如少年儿童抚养比、老年人口抚养比，将老年人口抚养比和少年儿童抚养比加总，即构成了总抚养比（也称为负担系数），反映了平均每个劳动年龄人口所要供养的人口数。这些指标的含义和计算式如下：

（1）少年儿童抚养比和老年人口抚养比。少年儿童抚养比是指0~14岁需要抚养的少年儿童数占15~64岁社会劳动年龄人口数的比例，老年人口抚养比是指65岁及以上需要抚养的老年人口数占15~64岁社会劳动年龄人口数的比例，其计算式为：

$$少年儿童抚养比 = \frac{0\sim14岁人口数}{15\sim64岁劳动年龄人口数} \times 100\%$$

$$老年人口抚养比 = \frac{65岁及以上人口数}{15\sim64岁劳动年龄人口数} \times 100\%$$

（2）总抚养比。指少年儿童抚养比和老年人口抚养比之和。其计算式为：

$$总抚养比 = \frac{0\sim14岁人口数 + 65岁及以上人口数}{15\sim64岁劳动年龄人口数} \times 100\%$$

需注意的是，劳动年龄人口和实际参与劳动的人口数量往往并不完全一致，还需要用分年龄、性别的劳动参与率来进一步分析和研究。此外，不同类型人口的抚养比差别很大，一般而言，成年型人口的抚养比较小，而年轻型和老年型人口的抚养比相对较大。当抚养比较低时，人口年龄结构有利于经济发展和积累，甚至构成一个国家经济发展的"黄金时代"；反之，过高的抚养比则有可能延缓经济的增长。

3. 人口红利与经济增长

人口红利（Demographic Dividend），是一个常用的经济学术语，指一个国家的劳动年龄人口占总人口比重较大，抚养率比较低，为经济发展创造了有利的人口条件，整个国家的经济呈现高储蓄、高投资和高增长的局面。这里涉及"劳动人口比"和"人口抚养比"两个指标，劳动人口比指劳动人口数（即15~64岁社会劳动年龄人口数）与被抚养人口数（即0~14岁少年儿童数与65岁以上老年人口数之和）的比例；人口抚养比则为劳动人口比的倒数，亦即被抚养人口数与劳动人口数的比值，与上述的"总抚养比"同义。

通常认为，劳动人口数若比被抚养人口数越多，即劳动人口比越高、人口抚养比越小，则人口红利多，这将有利于经济增长。其机制表现在四个方面[20]：①抚养负担轻，可以把更多的资金投入生产而不是消费上，有利于经济增长；②劳动力供给充沛，劳动力成本低，增强产品在国际上的竞争力；③青壮年人口的创造力高（如爱因斯坦连续发表5篇重要论文都是在26岁时）；④青壮年人口的储蓄率较高，有助于经济的较快增长。

研究表明，人口红利对经济增长的贡献较大。根据美国经济学家Bloom等（2007）[21]的研究，人口红利可以解释东亚经济奇迹的1/4；国内经济学家蔡昉和王德文（2005）[22]利用省际数据的研究表明，人口红利可以解释1982~2000年中国经济增长的1/4。这些研究将人口抚养比作为解释经济增长的附加变量加入经济增长方程中，人口红利对经济增长的贡献则由人口抚养比的回归系数来计算得到。如蔡昉和王德文（2005）[22]的研究中，抚养比的系数为-0.115，意味着抚养比每提高一个百分点，年均GDP增长速度下降0.115个百分点。1982~2000年，中国的抚养比下降了20.1个百分点，年均GDP增速因此而提高了2.3个百分点,同期中国GDP年均增长率为8.6%,据此,人口红利的贡献率为1/4强。

据Cheten等（2006）[23]对中国和印度从20世纪60年代到2000~2005年人口转型和储蓄及投资情况的研究,中国和印度在60年代的抚养比基本一致,但由于中国实行较为严格的计划经济政策,因而中国的储蓄率和投资率均高于印度。此后,两国的抚养比均呈现下降,但中国下降的速度高于印度的下降速度,尤其中国实行严格的计划生育政策之后,中国的抚养比迅速下降,到2000~2005年,中国的抚养比降低到43.6%,而印度的抚养比为61.8%。随着抚养比的下降,两国的国民储蓄率均同步上升,由此带动了两国投资率的上升。人口红利的增加可以部分解释两个国家的高速经济增长[20]。

人口红利还可能影响到进出口。其机理是：随着劳动人口比例的增加,一个国家的产出将增加,从而增加出口;另外,劳动人口比例增加也导致一个国家收入的增长,从而提高国家的进口。田巍等（2013）[24]使用一个变通的劳动人口比,即"劳动人口/全部人口",并把这个比例引入传统的引力方程中作为一个新的解释变量,利用176个国家/地区1970~2006年的双边贸易数据进行了计量分析。其结果支持了以下理论预测：贸易国的劳动人口比例上升会增加双边贸易流,出口国（进口国）平均劳动人口比每上升1%,出口（进口）会上升至少3%（2%）。这一发现对于理解人口大国（如中国和印度）或贸易大国（如中国和美国）的贸易有着重要的理论和现实意义。

4. 人口老龄化对经济发展的影响

人口老龄化,是指老年人口在总人口中所占比例不断上升的过程。根据1956年联合国《人口老龄化及其社会经济后果》[25]确定的划分标准,当一个国家或地区65岁及以上老年人口数量占总人口比例超过7%时,则意味着这个国家或地区进入老龄化。1982年7月26日~8月6日在维也纳召开的老龄问题世界大会上,确定一个国家或地区进入老龄化的标准为60岁及以上老年人口占总人口比例超过10%[26]。2000年以来,中国正式步入了老龄化社会;2021年,中国65岁及以上人口比重达14.2%,意味着进入了中度老龄化社会。人口老龄化的结果使劳动年龄人口规模持续萎缩,劳动人口占比大幅下降,人口数量红利消失,劳动力成本大幅上升,并增加劳动年龄人口的负担,还给社会公共福利、医疗卫生等方面带来影响。

（1）对劳动力规模和劳动生产率的影响。人口老龄化通常伴随着新增劳动力数量的绝对减少和劳动经济活动人口年龄结构的相对老化,这意味着将从数量和质量两个方面对社会劳动力产生影响,从而直接影响社会生产力。在既定的经济结构前提下,不断减少的劳动力供给,会造成企业劳动成本上升,影响竞争力。欧洲和日本在20世纪后期经历的劳动力短缺,是造成其经济成长乏力、陷入长期低迷的一个重要因素。与此同时,劳动力的老化,将导致劳动者知识技能老化,创新精神缺乏,企业活力不足。在知识和信息成为企业创新能力主要源泉的时代,老化的劳动力明显不利于企业和社会的持续进步。通过观察劳动力年龄与劳动生产率之间的关系,可以发现,劳动力人口进入45岁或50岁之后,尽管有着较为丰富的经验,但随着年龄的增长,其体力、智力、记忆力均会逐渐衰退,相应地,其劳动能力和劳动速度逐渐缩减,劳动动作的敏捷程度和头脑的反应速度相对下降,因而影响产品的精密程度和整体质量,影响市场竞争力。法国人口学家索维（1983）[27]也认为劳动力年龄人口老化将会削弱创新和发明的力量,妨碍劳动生产率的提高,劳动力老化对经济发展和创新的影响在未来可能更为明显。在当今现代市场经济体制条件下,新兴的产业和行业不断涌现,传统的产业和行业逐渐衰退消失,劳动者的职业变换日益频繁,老龄劳动者接受新的知识和新的科技能力较为迟钝,对新产业和新就业岗位的适应能力较低,因此,老化的劳动力较难适应产业结构的调整,会引起经济增长速度的下降。

(2) 对劳动年龄人口和公共支出的压力。人口老龄化,无论是从老年人口总量增加还是比例上升的角度,均意味着家庭和社会负担的老年人口数的增加。老年抚养比的上升,使公共和私人两个方面的支付都会增加。老年人的负担大致可以分为经济赡养、精神慰藉和日常护理三个方面。没有建立社会统筹的养老保障体系的情况下,老年人的基本生活、医疗卫生和娱乐等负担将主要依赖家庭。在家庭规模越来越小的条件下,养老将成为一个不可忽视的家庭负担。即便建立了完善的社会养老保障体系,家庭成员在日常护理和精神慰藉方面也会增加一定的负担。在人口老化程度不断加深的情况下,为了维持养老保障体系的顺利运转,政府往往会不断提高社会保障税费的交纳比例,这将直接影响到劳动者的实际收入水平、企业的竞争能力。美国人口经济学家斯彭格勒等研究认为[19],赡养一个老年人的平均费用显著高于抚养一个人从婴儿到青年(0~18岁)的费用,因此,支付给老年人口的赡养费用是给青少年人口抚养费用的3倍;而且,花在孩子身上的大部分支出是人力资本投资,而子女付给老龄人口的赡养费用属于纯粹的消费性支出,这种消费性支出随着老龄人口的增加而增加,因而相应地减少了用于社会生产的资本积累,资本积累的减少可能导致降低未来的经济增长率。

(3) 对消费和投资的影响。人口老龄化使越来越多的老年人退出劳动力大军行列,由原来的生产者变为消费者,这必然导致社会经济负担的急剧增加,具体主要表现在退休老年人口的养老金、医疗费用、护理保健费用、社会福利费用、社会保障费用的快速增长,其中老年人的生活照料是老年抚养中非常重要的一部分。随着人口老龄化程度的加深,高龄老人的比重不断增加,老人的生活照料负担呈日益严重的趋势,这必然使家庭和社会把收入更多地投向纯消费性领域,从而相应地减少社会生产资本的积累,最终对社会长期发展产生不利的影响。据美国战略与国际研究中心(CSIS)的估计值(见表5-2),2000年至今,经济合作与发展组织(OECD)国家全部养老金的公共成本和老年人健康保险金等全部老龄相关支出平均占GDP的16.9%,到2050年,这种成本将上升到22.4%。从微观家庭来看,家庭人口老龄化会使家庭收入水平降低,从而影响家庭人均消费水平的提高,使家庭消费向老年人倾斜,进一步影响了其他家庭成员消费水平的提高。此外,由于老年人的储蓄水平低、预期收入少、承担风险能力差,因此,人口老龄化和老年人口的增多不但会降低总的储蓄水平,还会抑制储蓄增长率的提高,这势必会影响资本积累和投资,从而对经济发展产生不利的影响。

表5-2 经济合作与发展组织(OECD)国家与老龄人口相关的支出占GDP的百分比

单位:%

支出\年份	2000	2010	2020	2030	2040	2050
养老金	7.4	7.6	8.7	10.1	10.9	10.8
健康照顾	5.5	5.8	6.5	7.4	8.0	8.3

续表

支出 \ 年份	2000	2010	2020	2030	2040	2050
长期照料	1.2	1.3	1.6	1.9	2.1	2.3
全部老龄相关支出	16.9	17.0	18.7	20.9	22.1	22.4

资料来源：Meeting the Challenge of Global Aging: A Report to World Leaders from the CSIS Commission on Global Aging[28]。

（二）人口性别结构对经济发展的影响

人口性别结构是指一个国家或地区总人口中男性人口和女性人口各自所占的比重。通常，将某一人口中女性人口数量赋值为100，而男性人口数量相应的分值即为该人口的性别比。用公式表示为：性别比=女性人口数量/男性人口数量×100。平常人们所说的人口性别结构，除总体人口性别结构之外，还有按年龄组别、区域范围、行业职业范围等因素来考察某一特定人口的性别结构问题。从不同角度分析人口性别比有着很现实的社会经济意义。

人口性别结构对经济的影响不容忽视，主要体现在劳动力市场供需平衡与男女就业、消费需求结构、储蓄率、房价以及城乡经济和社会稳定上。

1. 人口性别比例直接影响劳动力市场供需平衡和男女就业大计

性别比例的不平衡可能导致某些行业或领域的劳动力短缺，从而影响企业的正常运营和产业发展。通常，如果男性人口过多，可能会导致某些行业女性劳动力短缺；女性人口过多则可能导致其他行业的女性劳动力过剩。这种性别比例的失衡会影响到企业的招聘和用工安排，进而影响到经济的整体运行效率。

就业是当今的一大难题，尤其对于大学生而言，就业难就业慢问题日益显著，矛盾也越来越突出，加之男女比例严重失调，使女性就业的形势变得更为严峻。据《中国统计年鉴-2023》[29]，2022年全国城镇调查失业率达5.5%，比2018年上升了0.6个百分点。中国人口基数大，劳动力充足，市场竞争激烈，科技进步速度加快，随着计算机的广泛应用，下岗人数逐年上升。在下岗失业者中，下岗女工的比例显著超过男工。中国经济增长正在经历迅速"资本深化"的过程，压低成本，追求高效，实现更高的利润成为各大企业的共同追求。然而，公司任用女性的成本相对男性要高，加上女性在生理和婚孕方面占据时间，使其在工作状态和创新能力上比男性更具劣势，造成女性就业更加困难。性别比例失衡加剧了这种状况的发生[30]。

2. 人口性别比例会影响消费需求结构

不同性别的消费者在消费行为和偏好上存在差异，因此，性别比例的变化会导致消费需求的转变。通常，如果男性人口比例较高，可能会增加对汽车、电子产品等方面的需求；如果女性人口比例较高，那么可能会增加对服装、化妆品等方面的需求。这种消费需求的变化必然会影响到市场的供需平衡，进而影响到经济的增长。

3. 人口性别比例会影响储蓄率

提高储蓄率是个人择得理想配偶的手段。当今时代，金钱观念在人们头脑中的影响越来越深刻，存钱买房买车往往成为结婚前的必要准备。男性为了在婚姻市场上更具优势，展示自己的经济实力，储蓄便成为其投资的一部分。加之目前全国男性比例偏高，使全国总体储蓄率明显上升。

4. 人口性别比例对房价的推动作用

随着中国男女性别比例的逐渐失衡，婚姻市场的竞争力逐年加大。住房作为结婚的前提之一，其商品性特征日益明显，男方买房已成为中国的传统特征，这使男性对房屋需求不断增大，进而推动了房地产行业的发展。

5. 人口性别比例失衡对城乡经济和社会稳定的影响

由于男性较多，女性相对偏少，出现了城乡社会大量男性无妻可娶的问题，造成男性单身家庭增多，这会引致一系列的社会稳定问题，也不利于经济发展。同时，由于婚姻市场的挤压、竞争造成婚姻关系的"劫贫济富"现象（即年轻女性从经济欠发达地区向相对发达地区"转移"），这将对经济欠发达地区的社会经济及治安等产生强烈影响，极大地阻碍了经济欠发达地区社会经济的发展。

（三）人口的城乡结构对经济发展的影响

人口的城乡结构是指一个国家或地区城镇人口与乡村人口的比例关系，反映了城市化进程和经济发展水平。人口城乡结构可以划分为多种不同的类型，例如，乡村人口比重超过60%时称为乡村型人口城乡结构，城镇人口比重超过60%时称为城镇型人口城乡结构。人口的城乡构成反映了一个国家或地区的农业发展水平、第二产业和第三产业的发展水平，也反映了整个社会的经济发展水平。

通常，人们总是以城市化水平来度量人口的城乡结构。所谓城市化（Urbanization 或 Urbanisation），也就是指乡村人口不断转变为城市人口的过程。一般认为，是一个农业人口转化为非农业人口、农业地域转化为非农业地域、农业活动转化为非农业活动的过程。由于人口从农民转变为市民的过程是一个多维的、综合的过程，因而城市化的内涵非常丰富，主要体现在以下四个方面：①人口城市化过程中人们居住的地理空间分布发生了变化，即从乡村迁移到了城市，或是原来的乡村通过人口的更大密度的集聚而形成了新的城市；②人们的生产方式发生了变化，由农业生产经营转变为非农业生产经营，且这些非农业生产经营活动的布局更加集中；③人们的生活方式发生了变化，由适应农业生产经营的生活方式转变为适应非农业生产经营的生活方式；④人们的价值观念以及相关的社会制度也发生了相应地变化。

推进城市化发展，对于国家或地区经济社会可持续发展具有三个重要的意义：①城市化的发展把各种生产要素以集约的方式加以利用，以规模经济的方式取得资源要素，给人类带来最大的福利，这是一种资源高效率利用的发展方式。②城市化把人们生产过程中可能对资源和环境造成负面影响的污染集中起来，可以进行有效的处理，是一种把生态效益与经济效益结合起来的发展方式。③城市的生产方式和生活方式使人们更多地使用人力资本而非自然资源来谋取福利，这是人类不断追求高生活质量条件下实现可持续发展的希望之所在。

另外，在城市化发展过程之中也会出现诸如交通拥挤、环境污染、住居空间狭小、医疗卫生条件较差等"城市病"。这也是未来可持续发展战略中需要深入研究的课题，最关键的是通过合理的规划和科学的管理来保障城市化进程的健康发展。

（四）人口地域结构对经济发展的影响

人口地域结构是指按照人口居住标识来划分的不同地域的人口在总人口中所占的比重，反映了人类长期适应、利用和改造大自然的结果。通常，人口地域结构包括多个方面的具体表现形式，如人口自然地域结构、人口行政地域结构、人口城乡结构、人口经济类型结构等。这些结构不仅揭示了人口的空间分布，还反映了人口与自然环境、社会经济条件的相互作用和影响。也就是说，上面已讨论的人口城乡结构实际上也是人口地域结构的表现形式之一，只是人口城乡结构在经济社会发展中较为重要，因而单独加以论述。这里主要讨论的人口自然地域结构，系指一个国家或地区总人口在不同自然地理区域之间分布的状况，其形成与变化既取决于地质、地形、地貌、气候、水源、土壤、生物资源、矿产资源等人类生存和发展所必需的自然要素规定的人口容量，还在很大程度上受人为因素的影响。人们常常用某个地区的人口总量或人口密度、人口经济密度等指标来考察分析人口的地域结构。

总体来看，人口地域结构的形成和变化受到多种因素的影响，包括地理环境、气候条件、经济发展状况、社会政策等。研究人口地域结构对于理解人口迁移和流动模式、优化资源配置、促进区域协调发展等方面具有重要意义。同时，人口地域结构的变化也是社会经济发展水平和制度变化的重要反映，对于制定相关政策和规划具有指导作用。

从理论上来讲，人口地域分布受到区域人口承载能力（Population Carrying Capacity）（或称人口容量）的影响。一个地区人口容量的大小，受到支撑人口生存和发展的资源和环境因素的制约，这也就是地理学和资源科学工作者长期以来致力研究的自然资源人口承载力或资源环境人口承载力。当然，在现实中，准确地计算和核实某个地区资源环境的承载能力是很困难的。这是因为即使是等量的资源，若采用不同的开发利用方式，会将产生不同的社会经济效益，从而产生不同的资源环境人口容量。更何况对于一个非封闭的、对外开放的区域，可以凭借"比较优势"原则，弥补本地区在某些资源上的欠缺和不足，从而极大地提高其资源环境的人口容量。在一个开放的系统中，可以通过对外开放，引进人才、技术、资金、信息乃至资源，全面提升自己的社会经济实力，大幅度地扩展其资源环境的承载能力。

人口地域结构的改变，主要通过人口的迁移和流动来实现。人类自诞生以来，为了适应生存和发展需要，不断进行着迁移和流动，因而人口的地域结构不断发生着改变。总的来看，人口的迁移和流动，可以分为自愿性迁移流动和非自愿性迁移流动两类。自愿性迁移流动是人们基于生存和发展所需资源的余缺以及各地经济社会福利差别而采取的主动调节人口地域结构的行为；非自愿性迁移流动既有政府组织的有明确调节人口地域分布目标的开发性移民，也有因其他因素而被迫进行的人口迁移和流动。

从长期的具体实践来看，发达国家的人口迁移和流动总体上有以下五个特点[3]：①大规模的人口迁移和流动往往是伴随着工业化的发展而产生和发展的，可以说，工业化是促使发达国家早期人口大规模流动的最重要力量。②发达国家的劳动力非农化与城镇化基本上是同步进行的，也就是其人口迁移和流动、工业化和城镇化在同一过程中实现。③发达国家的早期人口迁移和流动一般都伴随着较为重大的土地制度变革和明显的农业生产劳动率的提高，因而促进和保证了农业人口不断向城镇流动和农业劳动力向非农领域的流动。④其人口迁移和流动的动力机制在不同阶段有所不同，在产业革命兴起阶段系由工矿建筑业来吸引农村劳动力，在当代则是第三产业成为吸引人口迁移和流动的最重要产业。⑤当代发达国家的人口迁移和流动仍以较高的速度进行着，但又表现出新的特征。与发达国家相比，发展中国家的人口迁移和流动在发生背景与流动模式上有着独特之处，主要特点有三个：①发展中国家目的地为城镇的人口迁移和流动，尤其是从乡村向城镇的流动成为人口迁移和流动的主流或主要方向。这就是说,发展中国家人口迁移和流动还处于泽林斯基人口迁移和流动阶段论的早期阶段。②发展中国家乡村→城镇人口迁移和流动的突出特点是流动人口以非正式或非永久性方式流动,流动人口尽管工作在城镇或大部分时间待在城镇,但并非城镇的永久性居民,经常在乡村与城镇间来回流动。③发展中国家在人口大规模从乡村向城镇流动过程中往往不具备相应吸纳能力的非农产业,这使大批流动人口流入城镇非正式部门,而这些部门因劳动力密集且生产率低下,生产过程不稳定,往往造成严重的失业问题。这些问题为未来的新型城市化战略、城乡融合发展战略提出了紧迫的研究课题。

第二节 资源在经济过程与经济发展中的作用

经济活动系以自然资源为物质基础和劳动对象,是人类通过开发利用自然资源以满足其物质和文化需要的活动。能源和土地、水、森林、矿产等自然资源是人类立足生存之本和发展进步的源泉。因此,资源在经济过程与经济发展中起着物质基础和劳动对象的作用。从根本上看,经济的发展是资源满足人们需求的体现,丰富的自然资源往往在国家和地区经济发展中起着正向的促进作用,能够促进国家和地区经济的发展和生产率的提升。但有时,由于过分依赖资源产业,会造成对科技发展、人力资源开发、制造业等诸多方面的忽视,使资源导向型的经济发展模式在不少国家和区域出现了失败,也就是说,存在着"资源诅咒"的问题,这属于自然资源丰裕禀赋对经济发展的负向阻碍作用。为此,本节将资源的作用分为正向促进和负向阻碍两种作用进行分析,以期辩证地揭示资源在经济过程与经济发展中的作用,为国家和地区正确地选择发展策略提供依据。

一、资源对经济的正向促进作用

自然资源是影响经济发展的一个重要因素,自然资源禀赋与经济发展的关系是经济学研究中的一个重要领域,自然资源对经济发展的影响程度、作用机理等问题得到了经济学家们广泛而深入的讨论,经济学对资源问题的研究亦处于不断发展和完善之中[31]。总体来看,许多学者的研究表明,丰裕的自然资源是一个国家或地区的福祉,是国家或地区财富增长的基础,能够为经济发展提供资源保障[32]。

(一)经济学家对自然资源促进经济发展作用问题的研究

经济学对资源问题的研究可以追溯至古典经济学时期。古典经济学家充分肯定了资源对经济发展的积极作用。1662年,英国古典政治经济学之父威廉·配第(2006)[33]在其经济学《赋税论》(*Treatise on Taxes and Contributions*)一书中提出了著名的"劳动是财富之父,土地是财富之母"的经济思想,充分说明了土地和劳动在经济发展、创造财富中的能动作用,而土地即为自然资源禀赋的代名词。法国重农学派对自然资源禀赋的作用最为看重,对自然资源禀赋与经济增长之间的正相关关系论述最为详尽。法国古典经济学家弗朗索瓦·魁奈(2006)[34]作为重农学派的创始人,对以土地为核心要素的国民财富创造过程进行了系统研究,认为土地是创造国民收入最关键的要素。法国经济学家安·罗伯特·雅克·杜尔哥(2007)[35]认为,财富的创造过程不在流通而在生产,自然资源是产品生产的重要原材料,其对于财富的增加具有重要作用。重农学派的研究方法和结论被认为较早地从资源与经济发展的关系这一视角进行分析,为后来的研究奠定了良好的基础。

随着社会的不断发展,众多学者对经济增长中的自然资源因素进行了深入的探讨。Rostow(1960)[36]、Murphy 等(1989)[37] 认为,自然资源对经济增长具有重要的促进作用。发展经济学家一直以来普遍认可该观点,这是因为自然资源是决定或制约经济增长的物质基础[38]。按照初级产品出口理论,丰裕的自然资源是发展中国家经济发展的基础(North,1959)[39],通过自然资源开发和出口可将所获得的收入转化成资本,从而增加资本积累,促进经济的长期发展(Nurkse,1953)[40]。之后,发展经济学从两个视角对 Nurkse 的结论进行考察和分析:

(1)从经济学理论模型构建与实证的角度进行分析。Rashe 和 Talom(1977)[41] 首次将自然资源引入柯布-道格拉斯生产函数(Cobb-Douglas),以探寻资源开发与经济发展的基本规律。Rotemberg 和 Woodifor(1999)、Finn(2000)、Doroodian 等(2003)也利用该方法构建了自然资源与经济发展正相关的理论模型,Drake(1972)、Balassa(1980)和 Krueger(1980)通过实证研究认为自然资源开发有助于开发国内市场和积累资本[31]。

(2)从经济史的角度进行长时间维度的考察。在经济发展实践中,自然资源丰裕对一个国家或地区经济发展产生显著正向效应的实例很多,最典型的是美国和加拿大,均为自然资源非常丰裕的国家,其经济发展水平也保持了与自然资源禀赋水平相当的地位。Habakkuk(1962)[42] 研究发现,美国煤、钢、石油、铁矿石等自然资源产品的开采和生产对其确立在全球工业生产中的领导地位起着不可替代的作用,丰裕的自然资源使美国在工业生产中获得了更高的生产率,才使美国经济从 19 世纪之后快速发展起来,形成了美国经济的繁荣局面。Kennedy(1987)[43] 从历史的角度对自然资源与经济发展的相互关系进行了考察,认为早期西欧的崛起正是由于工业化所带来的自然资源的开采,美国、加拿大、澳大利亚、新西兰等国也是通过发展自然资源产业实现了从世界格局"外围"到"中心"的转换。此外,Wright(1990)对美国经济的研究发现,在美国制造业出口产品中不可再生自然资源密集型产品所占比例很高,且在大衰退前约 50 年的时间内该类产品出口一直保持持续上升的态势[32]。

(二)自然资源开发与经济发展的关系

自然资源开发与经济发展的关系非常密切,自然资源是经济发展的重要物质基础,经济发展必须建立在大量开发利用和消耗自然资源的基础之上。

1. 自然资源是经济发展的基础和前提条件

一国或地区的经济发展必须以自然资源开发为前提,其具体表现有三个[44]:①经济发展以资源总量消耗为前提。经济发展与资源消耗总量之间存在一定的数量关系。一个国家或地区所能实际使用的自然资源,是决定该国或地区经济发展速度、经济规模总量的前提条件,其实际使用的资源总量是决定该国或地区经济增长潜力以及这种潜力能否最终充分发挥出来的前提条件。②经济发展所表现的经济结构改善与资源结构变化密切相关。通常,资源结构决定着产业结构和经济结构的形成、规模与变化,同时,产业结构和经济结构的调整、优化升级也能推动资源产业结构和资源结构的改善。③经济发展所要求的生态环境改善系建立在合理开发利用自然资源的基础之上。对资源的破坏性开发、浪费性利用以及在开发利用自然资源过程中对生态环境的破坏或污染,会对经济发展产生持久性的危害或损害。长期的发展实践证明,只有合理地开发利用自然资源,才能有效地保护和改善生态环境，从而促进经济的可持续发展。

2. 自然资源对经济发展的直接作用

自然资源开发利用不仅是经济发展的基础和前提条件，而且是经济发展的重要组成部分，其对经济发展的直接作用可归结为以下五个方面[44]：①自然资源禀赋状况决定着资源开发利用和资源产业发展状况，进而决定着资源经济乃至整个国民经济的发展状况。②资源稀缺程度的增加在客观上要求实现经济增长方式的转变，改变过去那种主要依赖大量消耗资源以获得经济增长的传统模式，走资源节约集约和循环利用的新型经济发展道路。③资源稀缺性要求实行市场配置资源，实现资源市场配置的最优化，提高资源使用的经济福利。④资源具有公共品的特性决定了政府在资源配置中应发挥积极的调控作用，以减少资源垄断所产生的效率损失、减少资源开发利用中的破坏和浪费、降低资源利用所发生的负外部性，从而提升资源的利用效率，推进经济的有效增长和发展。⑤由于资源具有较强的关联性，资源的开发利用必然会带动其他生产要素的有效利用，还会产生相应的市场供给或创造相关的市场需求，并使生产要素的配置结构发生改变，从而推动经济结构的改善和经济绩效的提高。

3. 自然资源开发与经济发展的协调

由于自然资源的有限性与稀缺性，一个国家（或地区）的经济发展难以长期依靠大量消耗资源的传统发展方式。对资源的过度消耗、大量浪费必将损害经济持续发展的基础，降低经济长期发展的潜力。因此，按照可持续发展理论，必须使自然资源的开发利用既能满足当代人的需要又不损害子孙后代健康发展的资源基础，保障经济的可持续发展。为此，当今世界各国需要从可持续发展战略的角度来合理地协调资源开发与经济发展的相互关系，实施自然资源节约集约利用和循环经济模式，大力提升资源利用综合效率，实现自然资源与经济发展的动态平衡与协调发展。

（三）典型案例：美国和加拿大的自然资源开发与经济崛起

1. 美国19世纪自然资源开发在其经济崛起中的关键作用

《剑桥美国经济史（第二卷）》考察了19世纪美国、加拿大和加勒比海的经济史，描述了美国依靠丰饶的自然资源获得迅速发展并超越英国、法国和德国的历史[45]。该书所说的"漫长的19世纪"指《美国宪法》正式实施的第二年（1790年）至第一次世界大战的开始（1914年）。在这"漫长的19世纪"里，美国从一个脱胎于英国殖民统治不久的新独立国家成长为世界经济霸主、全球领先的工业国，自然资源开发在其中发挥了关键性的作用[46]。Faulkner（1989）[47]、Wright（1990）[48]、Romer（1996）[49]等的研究结果均证实了19世纪自然资源开发在美国19世纪经济崛起中的这一关键作用。

以南北战争（American Civil War）为界，19世纪美国的资源开发与工业化可以划分为两个阶段[46]：①美国工业革命奠基时期（1790~1860年），其资源开发的重点是对水力、森林和土地等地表资源的粗放利用。水力是新英格兰地区最主要的工业动力来源，森林则提供了全国95%以上的生产和生活燃料，在广阔的中西部地区形成了俄亥俄和密苏里河以北的小麦王国、密苏里河下游地区的棉花王国和西部大草原地区的畜牧王国。资源的开发推动了工业的增长，在1810~1860年美国工业总产值增长了9倍以上。②美国工业革命完成和世界工业霸权确立时期（1861~1914年），其自然资源开发的重点是煤、铁、铜等矿产资源。1870年英国仍是世界最重要的矿物生产国，但随着美国的铅和煤炭产量分别在1879年和1900年超过英国,到了1913年美国完全取代英国成为工业矿物生产的世界领袖,在当时14种主要矿产中,美国有12种矿物产量位居世界第一,2种矿物位居世界第二[50]。到1894年,美国工业总产值超过了英国,跃居世界第一;到1913年,美国经济总量超过了英国、德国和法国之和。

研究表明,自然资源开发在美国19世纪经济崛起中发挥了关键作用,不仅为美国经济增长和产品竞争力提供了主要源泉,而且对美国工业化的速度和节奏产生了深远的影响。其主要作用表现在以下五个方面[46]:

(1) 提供了美国经济增长和产品竞争力的主要源泉。1820~1913年美国年均实际GDP增长率4.1%,80%以上的贡献来自要素投入数量的增加,自然资源在这一过程中扮演了重要角色。

(2) 深入影响着美国工业化的速度和节奏。工业生产以大规模的矿产资源采掘和加工为基础。在美国内战之前的很长时间里,由于对矿产资源的开发不力,其工业化相对缓慢。内战结束后,随着对煤、铁等矿产资源的大规模开采,美国解决了工业化的资源瓶颈问题,在随后短短的30年里迅速完成了工业革命。

(3) 塑造了19世纪美国技术的变迁方向。在19世纪,美国开创了一条与欧洲不同的技术变迁路径,被称为"美国制造业体系"或"大规模生产体系",以资源密集、资本密集、规模依赖、标准化、大量生产为其特征。之所以创造出这种技术路径,在供给层面上与美国自然资源丰裕有重要关系,因为资源丰裕意味着采用自然资源密集型生产方式在经济上是合理的。

(4) 奠定了美国跨越式发展的资源基础。每次技术革命均以一种重要的廉价投入品(能源或原材料)为前提,当以廉价钢铁为核心投入品的第三次技术革命浪潮在1875年爆发时,由于煤炭、铁矿石、铜矿等矿产资源丰富程度超过英国,通过产品创新、技术变革和组织革命,美国和德国一起引领资本主义世界走向钢铁、电力和重工业时代。而当1908年第四次技术革命到来时,美国由于石油资源独领风骚而成为新技术经济范式的唯一领导者,开启了石油、汽车和大规模生产的时代。这表明自然资源禀赋在其经济跨越式发展中的特殊作用。

(5) 带动了美国区域振兴和国民经济空间布局的合理化。19世纪上半叶,美国的西部经济增长主要依靠小麦、棉花、畜牧等农产品生产以及农产品加工和农业机械制造业;进入19世纪下半叶之后,矿产资源的开发带动了国内工业中心的向西移动,1850~1890年美国制造业中心向西移动了225英里(约合362千米),人口中心向西移动了243英里(约合391千米)。1840年西部地区创造的收入只占全国总收入的17%,到1920年则上升到了54%。

总的来看,美国资源开发利用的做法是较为成功的,其经验也是值得其他国家参考和借鉴的。崔学锋(2012)[46]对此总结了三条经验与启示:①实施就地工业化战略,将资源开发与工业化、区域经济振兴有效结合起来,为资源富集地区通过资源开发带动经济发展提供了典范。就地工业化战略,也就是指在工业化过程中将资源采掘、资源品加工、用于资源采掘和加工的机器制造业、与资源开发相关的生产性服务业和生活性服务业等尽可能放在资源富集地区进行。就地工业化战略改变了资源富集地区单靠资源输出、仅获得有限资源租金的格局,以制成品输出代替资源输出,可以最大限度地以自然资源开发带动区域经济发展。②培育高端产业。自然资源开采后,既可以作为初级原材料和燃料用于出口,也可以进行深加工用于本国的高端产业上。不同的选择导致不同的后果,今天的欠发达国家大多选择第一种做法,结果遭受"自然资源的三重诅咒"——报酬递减、完全竞争和价格震荡。相反,19世纪的美国选择了第二条道路,于是实现了从资源型经济向高技术经济的跨越。③自主技术能力、资源部门创新体系与创新型经济。确保资源开发的成功,还必须以自主技术能力为前提。19世纪美国采矿业的成功牢牢建立在美国本土的技术创新和知识积累基础之上。不少研究表明,自主技术能力是决定资源丰裕能否带来经济繁荣的根本力量。在自然资源开发中,美国建立起了高效的资源部门创新体系,这是一个将私营企业、政府和矿业学校等连接在一起的知识网络系统,涵盖勘探投资、矿产加工、机器设备制造、采矿工程师培训和冶金学革命等各环节。这一创新体系富有成效,使美国在"一战"前夕不仅成为世界第一矿产生产大国和工业强国,而且工矿企业在经营规模和利润率方面都位居世界前列,为20世纪创新型国家的建立奠定了基础。

这些成功的经验使美国经济长期以来处于世界领先地位,避免了欠发达国家普遍出现的"资源诅咒"问题。曹杭杭(2014)[51]从"资源诅咒"贸易条件、"荷兰病"效应、挤出效应、制度机制四个引发机制的角度分别对中、美两国进行分析。结果表明,美国并未表现出"资源诅咒"的迹象。

2. 资源开发和出口在加拿大成为发达工业国历程中所发挥的重要作用

加拿大的经济发展得益于其丰富的自然资源,尤其是渔业资源的开发和出口。加拿大拥有广阔的渔场,包括大西洋渔区和太平洋渔区,这些渔场提供了丰富的海洋资源,其开发和出口对加拿大的经济发展做出了显著贡献。除渔业资源,加拿大的木材、农产品、矿产、能源等资源产业也很突出。这些资源的开发推动了加拿大成为一个重要的出口国,为加拿大的经济发展打下了坚实基础。当然,这也为加拿大经济学家研究大宗商品(产品)的输出理论创造了条件。加拿大学者Machintosh(1923)[52]最早提出了"大宗商品理论"(Staple Theory)的概念。"Staple Theory"也被译为"大宗商品(产品)输出理论""原材料理论"等。1930年,加拿大政治经济学家Innis将该理论发扬光大,对加拿大经济史和文明史开展了系列研究,揭开了资源经济和资源型城市研究的序幕[53]。1963年,Watkins(1963)[54]和Gordon(1963)[55]对加拿大资源型经济与经济增长的关系进行了研究,补充和完善了Innis的大宗商品理论,并对这一领域的研究产生了较大影响。

总体来看,资源开发和初级产品的生产和出口在加拿大国民经济中占重要地位。通常,工业化国家的最突出特点是工业制成品在生产和出口中占据绝对优势,而进口则为大量的原材料、燃料和初级产品。然而,由于特殊的历史和自然条件,加拿大自然资源的开发和初级产品的生产与出口一直在国民经济中占据重要地位,直到20世纪80年代中期,加拿大出口产品中55%以上仍然是初级产品,而进口中制成品的比重高达66%,这种出口产品结构类似于发展中国家[56]。

这表明,加拿大虽是发达的工业国之一,但与其他发达国家的工业化显著不同。通常,发达国家的工业化一般要经历三个阶段:①工业化的过程先从轻工业起步,当发展到一定程度之后,工业由轻工业为主向以重工业为主推进,开始"重工业化"的过程;②在"重工业化"的过程中,工业结构先以原材料工业为中心,当工业化程度进一步提高时,则以原材料、燃料等初级产品为中心的发展转向以加工工业、组装工业为中心的发展演进，进入"高加工度化"阶段；③在"高加工度化"阶段，此时技术密集化的趋势日益明显，各工业部门日益采用高技术、新技术，科学技术越来越成为工业资源中最重要的部分，而自然资源的作用相对淡化，不仅制成品在工业生产和出口中占据日益重要的地位，而且制成品的技术含量亦日益提高。显然，加拿大的工业化过程与上述通常的工业化模式不同，其工业化过程乃至整个经济史实际上是在不断开发某些自然资源、并通过将这些资源和初级产品输出到国际市场来推动其他经济活动，从而使其经济得以不断发展的过程。长期以来，鱼、毛皮、木材、小麦、矿产品、纸浆纸张、石油和天然气等都是加拿大的大宗出口商品。可以认为，加拿大的经济发展史就是一部资源开发利用和初级产品生产及出口的历史。另外，这些产品的生产和出口，促进了交通运输等基础设施的发展和完善，形成了地区专业化部门，并建立了为这些地区专业化部门配套服务的其他部门。因此，这些大宗产品的生产和出口，带动了这些部门的发展，这些部门的发展又形成了地区专业化生产，同时，通过前、后向联系和最终需求联系辐射到国民经济的各部门和其他地区，促进了国民经济的发展。这也就是加拿大经济学家得出"大宗产品出口理论"的源泉。Watkins（1963）[54]等认为，"大宗产品出口理论"适用的基本前提有四个：①该地区拥有丰富的自然资源优势而人口相对稀少；②以某些自然资源为基础的初级产品的大量出口作为经济发展的先行部门，带动其他部门的发展和决定这些部门的发展速度；③具有根据市场变化进行自我调整的能力；④这种地区的经济发展没有遵循从自然经济到工业社会市场经济的一般过程，而是一开始就从市场经济起步。

从现今发展来看，尽管加拿大一直是资源出口大国，但近年来致力于经济的多元化。除传统的资源产业外，技术、创新、金融和服务业也在经济结构中扮演着日益重要的角色，有助于降低对资源价格波动的敏感性，增强了经济的稳健性。

此外，加拿大在开发利用资源过程中很注重自然资源的可持续性，尽管拥有丰富的资源，但不盲目地进行开发，将可持续发展、保护自然资源、保护居民及生态环境、履行国际义务、提倡公正及提高生活质量与健康作为目标。同时，重视可再生资源的研究开发，生物能源、风能、太阳能、光伏发电、低热能和潮汐能的开发与利用已全面展开，其技术水平处于世界先进行列[57]。

二、资源对经济的负向阻碍作用

传统的经济学理论一般认为良好的自然资源禀赋，尤其是丰富的矿产资源是工业化起步的基础和经济增长的引擎，美国、加拿大等发达国家的发展历程也对此给出了很好的实证，如 Habakkuk（1962）[42]研究发现，美国工业化的成功与其矿产资源的开采和生产是分不开的，其丰富的自然资源禀赋可以用来帮助解释 19 世纪美国经济为什么会赶超英国；Watkins（1963）[54]利用"大宗产品理论"阐明了资源开发和出口在加拿大成为发达工业国历程中所发挥的重要作用。然而，自 20 世纪中后期以来，基于大部分资源导向型增长模式的失败和很多资源贫乏的国家和地区却取得了令人瞩目的发展成果的事实，这种传统观点已逐渐被颠覆[58]。Sachs 和 Warner（1995，1997，2001）[59-61]通过实证研究发现，许多资源丰裕国家和地区不仅没有从资源的大规模开发中受益，反而陷入资源优势陷阱，导致经济增长步履维艰甚至停滞不前。Gylfason（2001）[62]、Papyrakis 和 Gerlagh（2004）[63]；Gylfason 和 Zoega（2006）[64]等的研究也得出了类似的结果。对这一反常现象的研究衍生出了近20年来经济学的一个重要发现和热点研究方向——"资源诅咒"学说,即一国或地区的经济由于对自然资源过度依赖而引起一系列不利于长期经济增长的负面效应,最终拖累经济的增长。之后,一些学者将资源诅咒命题拓展到一国内部的区域层面进行考察,如 Papyrakis 和 Gerlagh(2007)[65]研究发现,资源诅咒问题也存在于美国这样一个高度发达的国家内部,发现自然资源丰度降低了投资、教育、开放度和研发支出,增加了腐败,这些效应可以充分解释自然资源丰度对美国一些州经济增长的负面影响。徐康宁和王剑(2006)[66]、邵帅和齐中英(2008)[67]、邵帅和杨莉莉(2010)[68]等部分中国学者通过省级面板数据也证实了资源诅咒效应在中国区域层面同样存在。

(一)资源诅咒理论假说的内涵与分析指标

上述"资源诅咒"概念反映出的"资源诅咒"理论假说基本内涵是:自然资源丰裕与经济增长之间呈负相关关系。也就是说,丰裕的自然资源没有成为经济增长的"福祉",反而是经济增长的"魔咒",即由"好东西"变成"坏东西"。

作为科学的理论假说研究,这里需要弄清楚自然资源的涵盖范畴、自然资源丰裕的度量指标、经济增长的衡量指标、其他变量因素指标等相关分析指标。

从已有的研究实践来看,相关的"资源诅咒"文献并未对自然资源的涵盖范畴作出统一的界定,不同时期所关注的资源对象也不同。总体上来看,早期"资源诅咒"关注的资源范畴较广,包括了经济发展所依赖的不可再生资源和可再生资源,如果按资源的地理分布情况,包括了集中型(或称"点状")资源(Point Resource)和扩散型(或称"面状")资源(Diffuse Resource)[69],前者如煤炭、石油、天然气等矿产资源,后者如农产品和农业资源、森林资源等。随着"资源诅咒"研究的深入,对世界经济至关重要的、能够在政策圈引起专注和施加影响的矿产资源和能源(石油、天然气等)逐渐成为分析的焦点和核心。至今已发表(出版)的"资源诅咒"文献绝大部分都是围绕这几种资源进行研究的。近年来,水资源、土地资源、森林资源等的资源诅咒问题也得到了关注。

资源诅咒实证研究中首先遇到的是自然资源丰裕度的度量问题。不同的学者选取的指标有所不同。国外学者的通常做法是选择一些代理变量来测度资源丰裕程度,一般有以下六种指标[70]:①自然资本占国民财富的比重;②自然资源产品出口额占总出口额的比重;③资源租金占国内生产总值的比重等;④初级产品出口占国内生产总值的比重;⑤初级产业部门劳动力占全国总劳动力的比重;⑥采掘业固定资产投资占全社会总固定资产投资的比重。国内学者衡量资源丰裕程度的具体指标则主要包括以下六种[70]:①采掘业固定资产投资占全社会固定资产投资总额的比重;②采掘业职工收入在该地区职工总收入所占的比重;③采掘业从业人员占当地人口的比重;④能源工业产值占该地区工业总产值比重;⑤煤炭、石油、天然气三种矿产资源的基础储量占全国的相对比重;⑥一次性能源(煤炭、石油、天然气、水电、核电、风电)的生产量占全国的相对比重等。

如何衡量一个地区的经济增长率,学术界的做法也不尽相同。有的学者选择 GDP 的增长率,一些学者则选择人均 GDP 的增长率。此外,是否考虑价格水平的变动,即通货膨胀因素,也就是要考虑区分名义 GDP 和实际 GDP 的差别,值得关注。

另外,在实证研究中,还需要涉及不少其他变量因素指标,尤其是与传导机制有关的挤出效应(如制造业挤出、技术创新能力减弱、物质资本投资减弱、人才资本投资减弱)、制度弱化效应(如进出口减少、生态环境恶化、贫富差距加大、腐败问题严重)等方面的指标。有些指标如制度变量是一个很难测量的指标，不同的学者对不同的制度有着不同的理解，因而衡量的指标也不同。

还需注意的是，由于国内各省在人口规模、经济发展水平、国土面积等方面存在较大差异，以绝对值指标来做彼此的横向比较显得没有意义，因而实证分析模型中的自变量除初始经济发展水平之外，通常均采用相对值指标。以韦结余（2018）[70]分析中国西部地区"资源诅咒"传导机制所采用的指标为例，相对值指标的含义包含以下七个方面：①地区自然资源丰裕度（NR），选用各省份一次能源产量①占全国一次能源总产量比重来衡量；②地区制造业水平（Ind），理论上宜采用制造业增加值和GDP的比重表示，但因1996年之前各省的制造业数据有缺失，因而用各省工业增加值与GDP的比值来衡量，这在一定程度上代表了一个地区的工业化水平；③投资水平（Inv），其计算方式为各省当年的固定资产总投资与该省该年份GDP的比值；④人力资本水平（Edu），采用人均受教育年限来表示；⑤技术水平（RD），采用代表科技创新的科技经费内部支出（R&D）与各省区当年GDP的比值来表示；⑥对外开放程度（Ope），选用进出口贸易总额占GDP比重来表示；⑦市场化程度（Mar），采用非国有经济固定资产投资占全社会固定资产投资的比重来表示。

（二）资源诅咒研究现状

近20年来，国内外学者围绕"资源诅咒效应存在性→资源诅咒传导机制→资源诅咒破解对策"这一主线开展了大量的研究，使这一新兴理论假说的研究被不断地深化。

1. 资源诅咒效应存在性研究

研究资源诅咒理论的前提是要实证"资源诅咒"是否存在。如果不存在资源诅咒，也就不会有后续的资源诅咒传导机制、资源诅咒破解对策等方面的研究。从研究进展来看，学术界可谓是"仁者见仁，智者见智"，目前大致有三种观点：①"资源诅咒"存在论；②"资源诅咒"不存在论；③"资源诅咒"条件存在论。

（1）"资源诅咒"存在论。国内外多数学者认为"资源诅咒"效应是存在的，丰富的自然资源对经济增长会起到一定的抑制作用。国外最具代表性的是Sachs和Warner（1995，1997，2001）[59-61]对"资源诅咒"假说进行了开创性的实证检验，选择95个发展中国家为样本，测算这些国家在1970～1989年的GDP年均增长率，回归结果表明，自然资源禀赋和经济增长有着显著的负相关关系，资源型产品出口每增长16%，经济增长率会下降1%。即使将更多的解释变量（如制度安排、区域效应、价格波动等）纳入回归方程中，自然资源和经济增长的负相关关系依然存在。Gylfason（2001）[62]对22个最不发达国家的自然财富和经济增长的相关性进行分析，结果同样证实了"资源诅咒"效应的存在。国内支持"资源诅咒"存在论的代表性学者有徐康宁和王剑（2006）[66]、李天籽（2007）[71]、胡援成和肖德勇（2007）[72]、邵帅和齐中英（2008）[67]、张馨等（2010）[73]、赵伟伟（2012）[74]、韩健（2013）[75]、赵康杰和景普秋（2014）[76]、谢波（2015）[77]、韦结余（2018）[70]等，这些学者分别以不同时间段的省级面板数据来验证自然资源丰裕度

---

① 从可开采角度分类，一次性能源包含原煤、原油、天然气以及水电。根据中科院标准折算公式进行计算：一次能源总产量=（原煤产量×0.714吨/吨）+（原油产量×1.43吨/吨）+（天然气产量×1.33吨/1000立方米）+（水电产出×122.9千克标准煤/1000千瓦小时）。

与经济增长的关系，得出自然资源与经济增长的负相关关系，进而通过加入不同变量来分析"资源诅咒"的传导机制。

（2）"资源诅咒"不存在论。"资源诅咒"假说自提出以来得到了大多数学者的支持，但作为一种理论假说不可避免地会存在不严谨和不完善之处，于是产生了质疑之声。一些学者质疑自然资源丰裕度量指标的有效性和准确性，进而反对"资源诅咒"悖论的提法本身。Bulte 和 Brunnschweiler（2012）[78]认为，早期的资源诅咒文献往往用初级产品出口占国内生产总值的比重作为资源丰裕的代理变量，但这一资源依赖指标是一个很糟糕的代理变量，因为在大多数的"资源诅咒"模型中，往往是一个内生变量，而这种内生性导致了资源依赖与冲突爆发直接的正相关性。Stijns（2006）[79]认为，用资源依赖作为资源丰裕的代理变量并不能真实地反映客观情况，因为很少国家直接出口自然资源，而是出口自然资源密集度较高的工业产品，因而许多导致经济增长失败的原因与资源本身毫无关系。为此，这些学者尝试使用其他代理变量研究资源丰裕与经济增长之间的关系。例如，Brunnschweiler 和 Bulte（2009）[80]采用国家自然资本总存量的净现值来衡量自然资源丰裕状况，研究发现，资源财富借助于收入效应，降低了冲突（特别是大冲突）爆发的概率。因此，缺乏对资源财富的外生测度变量是资源与发展和冲突实证研究工作面临的重要障碍，也使得确定两者的因果关系变得非常困难。Stijns（2006）[79]采用1970~1989年自然资源储量和产量数据作为自然资源丰裕的度量指标，实证分析结果没有发现自然资源丰裕与经济增长之间存在显著相关性。Cavalcanti 等（2011）[81]采用53个历史和制度背景存在较大差异的石油进口国和出口国的27年面板数据，重新分析了"资源诅咒"假说，结果显示石油丰裕对收入水平和经济增长具有正效应。国内部分学者也认为"资源诅咒"论不成立，例如，丁菊红等（2007）[82]以中国21个资源城市1999~2002年的面板数据为例，对各地区的经济增长和资源水平的关系进行分析，发现在控制海港距离、政府干预等变量后，自然资源与经济增长之间没有显著的负相关性，说明"资源诅咒"在中国不存在；方颖等（2011）[83]使用95个地级市或地级以上城市横截面数据，证实自然资源的丰裕程度与经济增长之间并无显著的负相关关系，"资源诅咒"假说在中国城市层面上不成立；崔学锋（2013）[84]认为，自然资源丰裕度和国家经济增长率之间并不存在什么铁的法则，问题不在于资源本身而在发展战略[46]。

（3）"资源诅咒"条件存在论。这种观点强调不能笼统地去谈"资源诅咒"现象存在或不存在，应展开更精细的研究。尽管多数学者支持"资源诅咒"现象的存在，但"资源诅咒"并不是无条件地存在，持此种观点的认为，只有在一定条件下才会产生"资源诅咒"。例如，持此种观点的人也占相当大的比例。该观点的代表者有 Isham 等（2002）[85]、Murshed（2004）[86]等，这些学者按自然资源的分类，讨论不同国家遭受"资源诅咒"程度的差异。依据自然资源地理分布的不同，将自然资源分为"点资源"（如矿产、能源等资源）和"散资源"（如土地资源），学者通过实证分析得出了"点资源"更容易引起"资源诅咒"效应，这是因为政府可以通过采掘业取得大量的收入，于是容易导致腐败、寻租等现象出现，降低了制度质量和政府效率，不利于经济增长；大量的"散资源"（如土地资源），政府只能依靠企业或个人所得税取得财政收入，不容易引起寻租和腐败现象的存在，不会引起制度质量的降低，因而不会影响该地区的经济增长。该观点的代表者还有 Stijns（2005）[87]通过大量的分析得出结论：土地资源、石油和天然气的丰裕度和经济增长呈负相关关系，煤和经济增长的相关性未确定，矿产储量和经济增长则呈正相关关系。张菲菲等（2007）[88]以省级面板的横截数据为基础，选取水、耕地、森林、能源和矿产五种资源，验证1978~2004年中国不同种类的自然资源丰裕度与经济发展之间的相关关系，结果表明，除水资源外，其余四种自然资源丰裕度均和经济增长呈负相关。

2. 资源诅咒传导机制研究

在"资源诅咒"的研究上，不仅需要实证分析其是否存在，同时还需要对其传导机制进行深入的研究，为"资源诅咒"理论提供合理的解释，为研究"资源诅咒"的破解对策提供理论依据和实证支持。所谓"资源诅咒"传导机制（Transmission Mechanisms），也就是指自然资源通过什么途径对经济增长产生了抑制作用。从国内外已有的研究来看，"资源诅咒"的传导机制主要有以下四种形式：

（1）"荷兰病"。"荷兰病"（Dutch Disease）是指由于一个国家的国民经济中某一初级产品部门异常繁荣而导致其他部门衰落，从而拖累经济发展的一种经济现象。经济学家们常以此来警示经济和发展对某种相对丰富的自然资源过分依赖的危险性。荷兰于20世纪50年代因发现海岸线盛藏巨量天然气，而迅速成为以出口天然气为主的国家，资源带来的财富使荷兰国内创新的动力萎缩，其他工业等部门逐步衰落而失去国际竞争力。Corden和Neary（1982）[89]于1982年给出了"荷兰病"的经典模型，该模型的实质是揭示自然资源丰富的发展中国家因采掘业的大力发展而最终使制造业衰落、经济增长陷入停滞的现象。由于制造业承担着技术创新和组织变革甚至培养企业家的使命，因此，一旦制造业衰落，就会使国家失去长足发展的动力。可见，自然资源的过度丰裕会导致资金和人力资本流向采掘业，从而引起对制造业的挤出效应。不断扩张的资源产业与日益受限的制造业，不仅使资源的利用率不断下降，而且还造成产业链过短，抑制了技术含量较高的制造业发展，并影响新技术的高效使用与推广[90]，因而影响一个国家或地区的经济发展。王保乾和李靖雅（2019）[91]在验证"资源诅咒"存在的基础上，通过传导机制分析证实资源产业对制造业投入的挤出效应；王雅俊和王雅蕾（2022）[92]将制造业水平纳入资源诅咒的传导机制，证实了"资源诅咒"通过挤出制造业阻碍经济增长；杨龙志等（2022）[93]基于"分工抑制效应"假说，通过中介机制研究，证实资源依赖会抑制分工，进而导致"资源诅咒"。

（2）贸易条件恶化论。20世纪50年代初，阿根廷经济学家普雷维什（1950）[94]和德国籍经济学家辛格（1950）[95]提出了"贸易条件恶化论"，也称"普雷维什—辛格命题"（Prebisch-Singer Thesis）或"普雷维什—辛格假说"（Prebisch-Singer Hypothesis）。在此之前，一般认为，初级产品的生产依赖土地和自然资源，由于这些资源的供给是有限的，具有报酬递减趋势，因此，初级产品的价格会不断上升；相反，工业制成品的生产由于规模经济和技术进步，具有报酬递增的趋势，因而其价格会不断下降。由此得出的结论是，初级产品对工业成品的价格比率是上升的。然而，普雷维什和辛格发现，拉丁美洲和其他发展中国家主要生产和出口初级产品，而发达国家主要生产和出口工业制成品。从长期来看，初级产品对工业制成品的贸易条件是趋于下降的，因而发展中国家的贸易条件是趋向恶化的。普雷维什（1950）[94]综合了自己1949年5月向联合国拉丁美洲和加勒比经济委员会递交的题为《拉丁美洲的经济发展及其主要问题》的报告和辛格（1950）[95]的研究成果，写成了《拉丁美洲的经济发展及其主要问题》（*The Economic Development of Lat-*

in America and Its Principal Problems）一书，系统和完整地阐述了"中心—外围"理论（Core and Periphery Theory），将世界划分为两大类：一类是中心国家，另一类是外围国家。"中心国家"指西方高度工业化的国家，技术进步是这些国家经济增长的主要动力，出口的是具有高附加值的工业产品，而进口的是低附加值的原料和初级产品。"外围国家"是没有实现工业化的不发达国家，其经济增长主要依靠出口原材料和初级产品，以换取各种工业产品，这些国家的经济往往是有增长而无发展。由于"中心国家"与"外围国家"存在严重的不平等交换，中心国家的发展是以损害外围国家的发展为代价的，这会导致"外围国家"的经济发展进一步落后。

（3）人力资源不足论。内生经济增长理论认为，人力资本是促进经济长期增长的重要动力，其作用与收益大于自然资源；人力资本积累是一个国家经济增长和技术进步的先决条件。对于资源富集的国家或地区来说，由于自然资源能够在短时期内带来大量的收益，且资源产业对人力资本的要求较低，因此，资源富集的不发达国家或地区会倾向于降低对人力资本的投资，弱化教育对于经济增长的作用，也就是说，资源产业扩张使人力资本的积累效应被"挤出"，从而形成长期经济增长的动力不足，不利于该国家或地区经济的长期增长。Gylfason（2001）[62]研究发现，自然资源水平与教育投入等负相关，Sachs和Warner（1995）[59]实证分析表明，在资源丰裕的国家中，自然资源的开采和初级产品的生产部门并不需要高技能的劳动力，因而降低了政府对教育投资的积极性，同时个人亦缺乏接受教育的激励。邵帅和齐中英（2008）[67]认为，能源开发对人力资本投入水平的挤出效应是"资源诅咒"最主要的传导机制。

（4）制度因素论。不少学者认为，自然资源本身并不产生诅咒，"资源诅咒"之所以产生，更多的是由于制度因素造成的，即丰裕的自然资源往往会带来制度质量的弱化，从而影响一个地区的经济增长。Krueger（1974）[96]认为，丰裕的自然资源包含了大量的经济租金，这将导致在资源产业中产生寻租利益团体。寻租行为的存在，又容易导致腐败、官僚主义产生，会引起一个地区的制度质量弱化，不利于一个地区的经济增长。Baland和Francois（2000）[97]通过建立"资源诅咒"模型，证实了丰富的自然资源将导致寻租活动的增加。Torvik（2002）[98]通过建立一个经济同时具有寻租行为和规模报酬递增的模型，论证了丰富的自然资源可能降低经济增长和社会福利。王宇（2017）[99]认为，决定一国经济兴衰的并不是自然资源的贫富，而是一国制度质量的高下和治理能力的强弱。对于一个国家来说，丰富的自然资源是福音还是诅咒，主要取决于其制度质量和治理水平。制度质量和治理水平较高的国家，能够吸引更多的生产要素进入高效率部门，通过提高劳动生产率水平，促进经济增长；制度质量和治理水平较低的国家，生产要素会大量流向低效率部门，削弱企业家创新能力、降低人力资本积累动力，抑制经济增长。

3. 资源诅咒破解对策研究

从总体来看，国内外对"资源诅咒"破解对策的专门研究较少，相关的破解对策研究内容大多出现于"资源诅咒"实证和传导机制研究的结论部分，且大多较为笼统，可操作性并不强。

从国外来看，由于不同国家或地区的资源禀赋和经济结构不同，因而产生"资源诅咒"的原因和传导机制亦不尽相同，相应地，规避"资源诅咒"的对策也多种多样，主要是建立完善的产权制度、大力发展制造业、充分重视制度质量等。

从国内研究来看，相关的破解对策大致可分为政府对策研究、经济对策研究、环境对策研究、提高城市化水平、提升创新能力等[40]。

（三）存在问题与未来努力方向

1. 现有研究的不足

在"资源诅咒"研究中，首先受到质疑的是指标选取的局限性问题。指标的选取是衡量"资源诅咒"是否存在的关键，截至目前，国际上没有统一衡量自然资源丰裕度的标准，也没有一种方法能够完全度量一个国家的自然资源丰裕度，因而实际研究中只能用一些指标来替代。不同的学科采用度量指标有着较大差异，地理学和资源科学倾向于采用自然资源储量作为自然资源丰裕度的衡量指标，但从经济学的视角来看，潜在的自然资源储量没有产生经济价值，只有开采出来的自然资源才能对经济增长产生实质的影响，因而经济学家往往倾向于采用自然资源的开采量作为自然资源丰裕度的衡量指标。不同的衡量指标往往会得出不同的结论，使用自然资源储量的文献得出的研究结论大多是自然资源丰裕度和经济增长正相关，而使用自然资源开采量（或初级产品出口占 GDP 的比重、初级产品部门的劳动力比重、资源收益占 GDP 的比重、资源产业占 GDP 的比重、资源产业的投资比重和从业人员比重等代理指标）的文献得出的研究结论大多数是自然资源丰裕度和经济增长负相关。Stijns（2006）[79] 认为，Sachs 和 Warer 采用的自然资源丰裕度量指标——"初级产品出口占 GDP 的比重"存在很多局限性，进而采用自然资源储量和产量数据作为自然资源丰裕度的度量指标进行实证分析，发现自然资源丰裕度与经济增长之间并没有显著的相关性。Brunnschweiler（2008）[33] 也认为，Sachs 和 Warner 所采用的自然资源丰裕度的衡量指标（初级产品出口占 GDP 的比重）的有效性不足，因而改用人均矿产和自然资源财富两种指标来衡量自然资源的丰裕度进行回归分析，结果表明丰裕的自然资源并未对经济增长产生负面影响，而是与经济增长正相关。

从分析视角来看，一个国家或地区的经济增长会涉及很多因素，各国家或地区具体情况较为复杂，单纯从自然资源和经济增长的角度去分析问题，必然会产生分析视角的局限性。现有的实证分析大多是从技术层面上考虑，缺乏对一个国家或地区的深入分析和全局性把握。

此外，现有"资源诅咒"的传导机制理论还不能完全说明其存在的根本原因。"资源诅咒"传导机制的研究有待于进一步深化，目前对"资源诅咒"传导机制的研究主要局限于实证分析方面。尽管一些学者提出了一系列与其结论相一致的假设，但我们仍然需要一套正式、严格的理论来系统、深入地阐述"资源诅咒"的传导机制，给出"资源诅咒"科学合理的理论解释。众所周知，经济学的研究假设正是建立在"资源稀缺性"的基础上的，而"资源诅咒"现象的存在明显是一个逻辑上的悖论。历史证明，任何地区经济实现快速增长，关键在于当地政府政策和决策制定的正确性，而这些正确的政策和决策往往是与某些经济理论密切相关的。世界银行（2008）[100] 出版的《增长报告：可持续增长和包容性发展的战略》（*The Growth Report: Strategies for Sustained Growth and Inclusive Development*）中指出，那些被称为"资源诅咒"的自然资源丰裕的国家，主要问题是资源开发合同的不完备、资源矿业权的出售价格太低、对资源所得征税太少以及对资源所得的挥霍浪费等。周建军（2011）[101] 认为，资源本身并不是问题，自然资源也并不必然导致"资源诅咒"，关键在于围绕资源的相关制度设计和管理，资源富集地区缺乏先进理论指导是产生"资源诅咒"现象的最重要原因。

2. 未来努力方向

尽管"资源诅咒"理论假说受到了一些质疑，且这些质疑并非完全没有道理，但毕竟"资源诅咒"理论假说的出现使经济学家开始关注自然资源对经济增长的间接的、负面的影响，扩展了经济学的理论视野，不仅对丰富经济学的已有理论有重要意义，而且对于资源丰裕型发展中国家具有极为重要的现实意义。因此，需要正视当前研究的不足，积极探索未来的努力方向，大力推进"资源诅咒"理论假说的广泛、深入研究。对此，不少学者提出了积极的见解。

陆云航和刘文忻（2013）[102] 认为，未来在"资源诅咒"领域的研究至少还可以从以下三个方面进行拓展：①进一步厘清因果关系问题。尤其应该致力于处理解释变量的内生性问题，寻求满足外生性要求的资源丰裕指标，或寻找适当的工具变量，同时注重延长研究的时段，使因果关系建立在更为扎实的基础之上。②两类资源富裕国的比较研究。除从统计意义上分析资源丰裕对于经济发展的平均效应，还可以深入挖掘资源富国之间以及同一资源富国在不同时期之间的发展差异。在此方面，可以开展丰富多样的国别案例研究，使研究工作向中观和微观层面推进。③探究资源诅咒的政治经济学。资源诅咒的政治经济学是目前的学术研究热点，但还不清楚自然资源财富究竟通过何种机制诱发寻租、引致腐败、破坏法治，也不明白资源丰裕如何影响政治问责，也还不知道为什么某些资源丰富国的选民会选择在其宪法中排除权力制衡机制，使民主制度失去效力等。因此，需要深入研究自然资源与政治制度之间的微观机制。

孙永平（2022）[103] 认为，未来的"资源诅咒"研究必须严格定义其研究的对象，并对自然资源丰裕的度量指标做出严格的界定，这样才能取得学者的共识，从而推动其研究。

宋亦明（2024）[104] 认为，近年来"资源诅咒"领域研究因实证层面的过度证伪和对学理边界的严重忽视而出现知识边际增量明显降低的困境，因此，未来该领域的研究一方面需要重拾描述性分析的传统技艺，找回聚焦于各个资源丰裕国的国别研究，重新发掘被一再忽视的观察视域和理论视角；另一方面需要注重对"资源诅咒"解释机制的边界性和条件性的讨论。

第三节　环境在经济过程与经济发展中的作用

经济与环境是同一个系统中的两个因素，两者既相互作用、相互促进，又相互影响、相互制约。良好的生态环境有利于经济的持续发展，而退化甚至恶化的生态环境则将限制甚至阻碍经济的长期发展。一般而言，可以把环境问题理解为从经济活动中产生，又需要在经济活动过程中加以解决的问题，而矛盾的主要方面是经济活动，因此，环境问题说到底主要是经济问题。本节在阐述环境的经济学功能基础上，着重对环境质量与经济增长关系研究中的环境库兹涅茨曲线、环境恶化对经济发展的影响、生态环境治理对经济增长的影响进行讨论。

一、环境的经济学功能

如第四章第三节所指出，人口、资源与环境经济学中的环境是以人类为中心的，是指人类生产和生活的场所。在经济过程与经济发展中，环境主要具有以下四个作用和功能：

(一) 自然环境是人类的栖息地，是人类不可缺少的生命支持系统

地球提供的自然环境是人类的栖息地，是人类生存的必要条件。地球的形成已有45亿年，地球上产生生命已有42亿年，但地球上出现人类不过短短的300万年，地球是至今为止被发现唯一有生命存在、适合人类生存的星球[105]。新鲜的空气、清洁的水源以及肥沃的土地等环境要素，均为人类生活和繁衍的必要条件；缺少了这些环境条件，人类也就无法生存和发展下去。

自然环境的精巧复杂以及各种自然要素的相互作用，使地球环境系统形成了具有一定稳定性的动态平衡。大气层有效地防止了来自宇宙的各种有害影响，大气运动产生气候变化，江河湖海滋养万物，树木草地形成并保护了土壤，亿万物种组成庞大的基因库，使生命进化繁衍、生生不息。可以说，当前乃至未来很长时期内人类还不能脱离地球环境而长久生存，因此，自然环境是人类不可缺少的生命支持系统。

(二) 环境为人类生活和生产提供物质基础，是人类生产劳动的对象

由于环境要素与自然资源之间的重叠性①，人们往往认为环境是一种资源，能够为人类的生活和生产提供物质基础，是人类的资源库，其本身就是一种财富。人们衣食住行的各种原料，无一不是取自于自然环境，人们所有的经济活动均以来自自然环境的初始产品为原料或动力。在经济活动中，环境是人类生产劳动的条件和对象，人类利用自然资源生产各种商品与服务，以满足自身物质和文化生活上的各种要求。因此，从根本上说，自然环境是人类经济发展的物质基础。

(三) 环境是人类经济活动中产生的废弃物的排放场所和自然净化场所

人类经济活动（包括各种生产和消费活动）中会产生一些副产品，有些副产品不能被利用，成为各种各样废弃物，这些废弃物最终都要排放到环境之中，环境通过各种各样的物理、化学、生物过程，容纳、稀释、分解、转化这些废弃物，转变为对人类无害甚至有用的物质，使之重新进入环境的物质循环当中。环境具有的这种能力称为环境的自净能力。可见，作为废弃物的排置场或接收体，环境本身具有自动净化和控制污染的独特功能。如果环境没有这种自净能力和功能，整个自然界将充斥着各种废弃物，人类生活和生产必将深受影响。然而，需要指出的是，环境的自净能力毕竟是有限的，一是环境不能分解转化所有的物质，如有些人工合成的塑料、有毒化学品等物质无法在环境中自行降解；二是环境对废弃物的净化需要一定的过程，若短时间内排入环境的可降解废弃物过多，废物不能及时得到净化，必然会产生相应的环境污染。

(四) 环境为人类提供美学和精神上的享受，具有独特的美学功能和旅游价值

优美的生态环境满足人们对生活舒适性的要求，能使人们心情愉快、精神放松，因而直接增加人们的福利。同时，良好的环境有利于人们的身体健康，使人们有充足的精力进行生产和劳动，提高劳动效率。

清风丽日，山清水秀，旅游的胜地，娱乐的佳境，这些优美的大自然环境条件有着独

---

① 由于环境要素和自然资源间的重叠，人们对环境和资源的概念有不同认识。有的人认为资源是环境的一部分，是环境为人类提供的一种服务功能；有的人认为环境是资源的一部分，可称为"环境资源"。这里我们将"资源"和"环境"作为两个概念，"资源"为人类提供有形的生产对象，为生活和生产提供物质基础。"环境"提供栖息地和生命支持、废弃物排放与吸纳场所、美学与旅游等功能。

特的美学功能和旅游价值,为人类的精神生活与社会福利提供了难得的物质资源。

此外,人类来自大自然,渴望回归自然乃是人类的天性。许多著名的诗歌、乐曲、绘画均以自然为对象,神奇美丽的大自然启迪着人类的智慧,是人类艺术灵感的重要源泉。

二、环境质量与经济增长关系研究中的环境库兹涅茨曲线

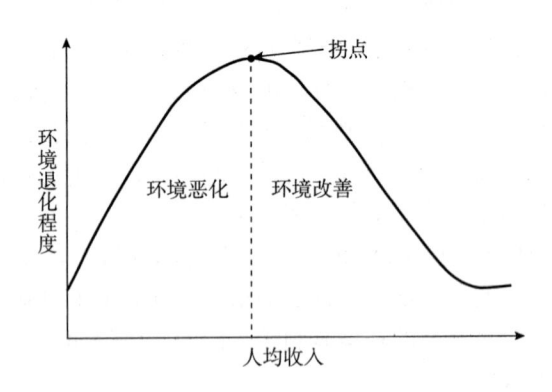

环境库兹涅茨曲线(Environmental Kuznets Curve,EKC),是指当一个国家或地区经济发展水平较低时,其环境污染的程度较轻,但随着人均收入的增加,环境污染程度由低趋高,环境恶化程度随经济的增长而加剧;当经济发展达到一定水平(即到达某个临界点或称"拐点")后,随着人均收入的进一步增加,环境污染程度又由高趋低,环境质量逐渐得到改善(见图5-1)。该曲线最先由美国经济学家Grossman和Krueger所证实。1991年,Grossman和Krueger针对北美自由贸易区谈判中美国担心自由贸易恶化墨西哥环境并影响美国本土环境的问题,首次实证研究了环境质量与人均收入之间的关系,指出了环境污染与人均收入间的关系为"污染在低收入水平上随人均GDP增加而上升,高收入水平上随GDP增长而下降"[106],即环境污染与人均收入之间存在"倒U型"的关系。在其文献中,Grossman和Krueger从经济增长影响环境质量的作用渠道来解释这一"倒U型"关系曲线的出现:经济发展意味着更大规模的经济活动与资源需求量,因而对环境产生负的规模效应;但同时经济发展又通过正的技术进步(如更为环保的新技术使用)效应和结构效应(如产业结构的升级与优化)而减少了污染排放、改善了环境质量。因此,这三类效应共同决定了经济发展与环境质量之间的"倒U型"关系曲线。1993年,Panayotou借用美国经济学家库兹涅茨1955年界定的经济增长与收入差距之间的库兹涅茨曲线(Kuznets Curve)或称"倒U型"曲线(Inverted U Curve)[107],首次将这种环境质量与人均收入之间的关系称为环境库兹涅茨曲线(EKC)[108]。EKC揭示出环境质量开始随着收入增加而退化,收入水平上升到一定程度后随收入增加而改善,即环境质量与人均收入呈现出"倒U型"关系。

图 5-1 环境库兹涅茨曲线

从环境库兹涅茨曲线(EKC)的理论解释来看,主要有四种:①规模效应、技术效应和结构效应说。Grossman和Krueger(1991)[106]等从经济结构视角出发解释了环境库兹涅茨曲线现象,认为库兹涅茨曲线的产生是经济规模效应、经济结构效应及技术效应自然演

进、相互作用的结果。②内生增长说。Stokey（1998）[109]等学者用内生增长模型对EKC曲线进行了理论分析，认为随着经济的发展，技术会不断进步，提高了资源和能源的利用率，致使在给定的产出下自然资源消耗和环境破坏减少，于是既节约了大量资源又更有效地循环利用了资源，因而环境质量出现了"先恶化、后改善"的发展过程。③成本分析说。Thampapillai和Ruth（2002）[110]认为，随着经济增长，许多自然资源开始表现出稀缺性，致使自然资源价格上涨，再加上环境监管的推波助澜作用，导致自然资源成本持续攀升，这迫使企业采用无污染或少污染的生产技术来降低成本，从而实现了自然资源利用的减少，并且EKC曲线也达到了帕累托效率标准（Pareto Optimality）。④环境需求说。Panayotou（1993）[108]、Beckerman（1992）[111]、Carson等（1997）[112]等是从人们对环境服务的消费倾向来展开分析的。这些学者把环境质量看作商品，研究它的收入弹性。对于那些正处于经济起飞阶段的国家，人均收入水平较低，其关注的焦点是如何摆脱贫困和获得快速的经济增长，再加上初期的环境污染程度相对较轻，人们对环境服务的需求较低，因而忽略了对环境的保护，导致环境状况恶化，此时环境服务是奢侈品。随着国民收入提高和产业结构变化，人们的消费结构亦随之变化，人们自发地产生对"优美环境"的需求，此时环境服务成为正常品。此外，还有很多关于EKC曲线形成机制的解释模型研究，这些模型在社会福利函数、环境破坏、污染治理成本和资本的生产率等的假设条件下得到了"倒U型"的EKC曲线。

自环境库兹涅茨曲线提出之后，国内外众多学者从不同国家或地区、不同时间段对环境库兹涅茨曲线进行大量的实证研究[113-118]，发现人均GDP与空气和水质量[119-130]、碳排放[131,132]、雾霾污染[133]、城市生活垃圾[134]等环境指标之间呈"倒U型"关系；此外，学者们还发现了不同形式的EKC曲线，如U型[135-138]、N型[139-142]、倒N型[143,144]、线型[145]等关系。尽管如此，但几乎所有的研究环境污染与经济增长关系的文献均认为经济增长并不会自动地导致更高的环境质量，也就是说，环境质量的提升有赖于环境政策的干预才可能出现。Grossman和Krueger（1995）[146]认为，如果无环境政策的干预，环境污染程度可能不会随经济增长而自动地下降。

三、环境恶化对经济发展的影响

环境与经济之间是相互作用、相互密切关联的。环境问题实际上是随着经济的发展而日益严重的，同时，生态的破坏、环境的恶化反过来又严重地影响着经济的发展。通常，生态环境的恶化，除造成生产力下降等看得见的经济损失之外，还会影响到地区产品的市场竞争力和投资环境以及城市化等发展大计。此外，也会降低人类生存质量，甚至将威胁人类生存。鉴于环境问题的复杂性，这里分别分析环境污染、水土流失、荒漠化、石漠化等主要环境问题对经济发展的影响。

（一）环境污染对经济发展的影响

上述环境库兹涅茨曲线实际上就是从考察和分析环境污染对经济发展的影响而发现的。尤其在传统的工业化模式下，由于该发展模式是以"三高"（高投入、高消耗、高污染）为特点的，这种经济模式只注重发展经济，不考虑生产对自然资源和环境造成的影响。不仅对资源的使用量大，还对自然环境造成了严重的污染与破坏，是建立在传统的"自然资源取之不尽、用之不竭"的观念之上的，从不把环境因素考虑到成本中去。EKC

上拐点左边的曲线段表现出了处于这种经济发展模式下的国家和地区的经济发展与环境质量间的关系，此时经济发展完全依赖于对自然资源的疯狂开采和对自然环境的污染破坏。当人们意识到资源环境问题的严重性之后，为了避免环境继续高速退化，才开始重视环境保护问题。

1. 造成自然资源损耗

环境污染会导致自然资源的大量损耗，这对经济发展有着消耗性和限制性的影响。空气、水源、土地等环境要素一旦受到污染，将使相应的资源无法再被有效利用。空气污染造成许多地区的空气质量下降，威胁人们的健康和生产活动；水污染则使大量的水资源无法满足人们的正常需求；土地污染不仅影响农作物和养殖业的生产，还会使土地生态系统长期无法恢复，从而限制了农用地和城镇用地的扩张。这些资源的损耗和限制给经济带来了很大的负面影响，不仅导致生产效率下降，而且妨碍了经济的可持续发展。

2. 增加生产成本

环境污染会导致生产过程中需要额外的环保措施和设备，因而增加生产成本。为了控制和减少污染排放，企业需要投入资金进行污染治理，包括环保设备的购买、生产工艺的改进、环境管理工作的加强等，这些额外的成本必然会挤占企业有限的资源，减少生产性投资，从而降低企业的利润，影响其竞争力。尽管从某种意义上讲，污染治理成本有时候也能激励企业加强自身的管理，促进企业进行清洁生产或清洁产品的技术创新，扩大企业的市场占有率，因而会有利于企业的竞争力。然而，应当看到，在现实经济活动中，污染治理成本增强企业竞争力的情况仅为少数。环境问题产生的重要原因是市场失灵，环境负外部性在市场经济中是不会自动内部化的，解决环境的负外部性问题有赖于政府的环境管理。通常而言，世界各国的环境管理均由政府强制力来保证执行。这也从另一侧面说明，对于绝大多数企业而言，污染削减、污染治理是一种成本，而不是一种投资。

3. 其他影响

环境污染对经济发展造成的影响还很多，例如，①健康成本增加。环境污染会导致各种疾病，增加医疗费用，降低人类生活质量，影响人类的生活；同时还会影响人类的工作，降低劳动力的工作效率。由此还会导致社会不稳定和矛盾增多。②投资减少。严重的环境污染可能会影响投资者的信心，导致投资减少。主要体现在以下两个方面：一是环境污染直接影响企业的投资决策和运营成本；二是通过影响对外直接投资、外商直接投资以及企业内部风险管理等方面，间接影响投资决策和经济发展。③旅游业受损。环境污染可能会影响旅游业的发展，因为游客可能会因为污染问题而避免到某些地区旅游。④国际形象和竞争力下降。长期的环境污染问题可能会损害一个国家的国际形象，并影响其在全球市场上的竞争力。⑤未来发展受限。日益严重的环境污染在不加以控制或控制不力的情况下，可能会对子孙后代的发展潜力造成长期影响。⑥应对污染的经济负担。政府需要投入大量资金用于污染治理和环境保护，而这些资金可能会从其他重要领域（如教育、基础设施等）转移出去。⑦影响城市化。城市环境污染甚至恶化会通过"劣币驱逐良币效应"，把具有良好经济实力和文化素质的居民"驱逐"出原城市区域，并使技术和资金也随之流失，最终造成受污染区域经济的衰退。

正由于环境污染对人类经济发展产生了多方面的重要影响，甚至危及人类长期的可持续发展大计，因而"污染经济"理论和"污染经济学"随之产生。污染经济系指在人类生产和生活的各项活动中,因受自然环境污染因素和人为污染因素的影响,生态系统的结构和功能遭受扰乱致使人类生产和生活环境恶化、人体健康和国民经济受到损害等所产生的各种经济问题。污染经济学(Economics of Pollution)是最早发展起来的环境经济学部分,也称公害经济学,着力研究环境污染与经济活动的关系,即经济活动中的污染破坏环境问题和污染防治中的经济问题。主要研究内容是:污染及其防治的技术经济分析,污染控制措施的费用效益分析,最佳污染控制水平的确定,环境污染的投入产出分析,等等。可持续发展战略的实施呼唤着污染经济学的深入发展。

(二)水土流失对经济发展的影响

水是生命之源,土是生存之本,水土资源是人类赖以生存和发展的最基本物质条件。可以说,没有水土的恩泽,也就没有人类的生存和发展。由于"先发展后治理"的发展模式使然,自20世纪80年代以来,水土流失问题日益突出,已被许多国家和组织公认为当今世界的头号环境问题,它不仅造成土地沙化、石化、退化,危及当地人民的生存,而且泥沙淤积江河湖库,极大地加剧了水旱灾害的发生,危害和损失巨大,已成为影响和制约经济社会可持续发展战略的最基本问题[147,148]。

1. 水土流失对经济发展的主要影响

(1)致使水土的立地条件丧失,造成土地沙化、石化、退化,影响农业生产,威胁国家粮食安全。水土流失不仅意味着土壤本身的流失,还有土壤养分、土壤水分的流失,因而导致耕地土层变薄,肥力流失,地力衰退,威胁国家粮食安全。20世纪80年代以来,水土流失问题日益加剧,许多山区的土壤已被冲光,耕地被毁坏,基石裸露,造成土地硬石化、沙化,彻底丧失了进行农业生产的基础,甚至出现了山川俱毁、无土可流的局面。中国人均占有耕地面积远低于世界平均水平,人地矛盾突出,而严重的水土流失又加剧了这一矛盾。

(2)泥沙淤积江河湖库,加剧洪涝灾害。水土流失导致大量泥沙下泄,引起河床抬高,河道泄洪面缩小,湖泊淤积,泄洪能力降低,从而加剧洪涝灾害。据统计[149],1950~1999年黄河下游河道淤积泥沙92亿吨,致使河床普遍抬高2~4米;辽河干流下游部分河床已高于地面1~2米;全国8万多座水库年均淤积泥沙16.24亿立方米;洞庭湖年均淤积泥沙0.98亿立方米,是造成调蓄能力下降的主要原因之一。据《三峡工程公报-2023》[150],三峡水库蓄水以来,三峡水库累计淤积量达20.804亿吨,年均淤积量为1.011亿吨,水库排沙比为23.4%。其中,2020年三峡入库悬移质输沙量达1.939亿吨,出库(黄陵庙站)悬移质泥沙量0.495亿吨,不考虑三峡库区区间来沙,水库淤积量1.443亿吨,水库排沙比为25.6%[151]。对举世闻名的中国1998年长江洪水成因分析表明,降雨是长江水患的诱因,围湖造田使水域面积减小、降低了调洪能力是洪水的次因,而中上游山地丘陵区严重的水土流失才是长江洪水的主因[152,153]。

(3)影响经济可持续发展。水土流失不仅造成土地资源退化、影响农业生产和农村经济发展,而且由于水土流失常常导致河流、湖泊和水库淤积,削弱河床泄洪和湖库调蓄能力,容易造成"小洪水、大灾害",影响流域中下游工农业生产,因而阻碍整个经济、社会的可持续发展。

2. 水土流失对经济发展的损失评估

水土流失不仅导致经济损失,还对生态环境造成严重影响。水土流失每年带来的经济损失很大,而带来的生态环境损害更是难以定量估算。

据陈芳朱等（2008）[154]分析评估，2000年全国水土流失造成的经济损失达1887亿元（当年价），约相当于当年GDP总量的2.1%。其中，直接经济损失643亿元，间接经济损失1244亿元，间接经济损失约为直接经济损失的2倍。1990年全国水土流失造成的经济总损失约为1031亿元（当年价），相当于当年GDP的5.5%。尽管2000年全国水土流失的面积和强度均较1990年有所减少，但经济损失却增加了83%。这是由于伴随经济增长，经济社会与生态环境对水土流失更为敏感，且水土流失的影响具有累积与延迟效应。因此，未来发展中水土流失造成的经济损失还会不断增加。

本书以全国31个省（自治区、直辖市）2000年、2011年、2018~2022年（共7年）水土流失面积比例和土壤侵蚀模数为自变量、土地综合生产率[①]为因变量进行回归分析，结果（见表5-3）表明：

（1）以土地综合生产率（元/公顷）为因变量、水土流失面积比例（%）为自变量的回归结果，估计系数为-2.3627，通过了1%的显著性水平检验，表明水土流失面积比例与土地综合生产率之间存在显著的负相关关系。其估计系数显示，水土流失面积比例每增加1个百分点，土地综合生产率下降2.3627元/公顷（即236.27元/平方千米）。

（2）以土地综合生产率（元/公顷）为因变量、土壤侵蚀模数（吨/平方千米·年）为自变量的回归结果，估计系数为-0.0244，通过了1%的显著性水平检验，表明土壤侵蚀模数与土地综合生产率之间存在显著的负相关关系。其估计系数显示，土壤侵蚀模数每增加1吨/平方千米·年，土地综合生产率下降0.0244元/公顷（即2.44元/平方千米）。

表5-3 2000~2022年中国水土流失面积比例、土壤侵蚀模数与土地综合生产率的回归分析结果

估计与检验结果	自变量	
	水土流失面积比例（%）	土壤侵蚀模数（吨/平方千米·年）
估计系数	-2.3627***	-0.0244***
稳健标准误	0.4343	0.0049
t统计量	-5.44	-4.99
t统计量伴随概率P	0.000	0.000
95%置信区间	[-3.2182, -1.5072]	[-0.0341, -0.0148]
F统计量	29.59	24.94
F统计量伴随概率P	0.000	0.000
R^2	0.1698	0.0972

注：***表示估计系数通过了1%的显著性水平检验。

（三）土地荒漠化和沙化对经济发展的影响

按已开展的六次全国荒漠化和沙化调查与监测所给出的定义，荒漠化是指包括气候变

---

① 土地综合生产率是反映土地综合开发利用和总体产出水平的指标，可用国内生产总值与土地总面积的比率来表示[153,155]。由于我们在水利部网站等渠道搜集到的历年"中国水土保持公报"中的各省（自治区、直辖市）水土流失数据只有7年（即2000年、2011年、2018~2022年），因而这里的回归分析中采用的土地综合生产率也是相应的这7年数据。国内生产总值（GDP）数据来源于历年《中国统计年鉴》，各省（自治区、直辖市）土地总面积系全国土地资源调查数[156]。

异和人为活动在内的种种因素造成的干旱、半干旱和亚湿润干旱区的土地退化，这些地区的退化土地为荒漠化土地；沙化是指在各种气候条件下由于各种因素形成的、地表呈现以沙（砾）物质为主要标志的土地退化，具有这种明显特征的退化土地为沙化土地。可见，荒漠化是一个较为广泛的概念，其产生的背景条件和分布范围可以是在干旱、半干旱及干燥半湿润区，它是一种土地退化，包含很多种；沙化是荒漠化的一种表现形式，沙化只能是沙漠戈壁地区，是原先没有沙漠地貌的地区出现了疏松沙质沉积物，因此，沙化必须以沙（砾）质沉积物为主要特征。

1. 中国荒漠化和沙化的严重性

中国是世界上荒漠化和沙化面积大、分布广、危害重的国家之一，严重的土地荒漠化和沙化威胁着国家生态安全和经济社会的可持续发展。据《第三次中国荒漠化和沙化状况公报》[157]，2004年，全国荒漠化土地总面积为263.62万平方千米，占国土总面积的27.46%。其中，轻度荒漠化土地63.11万平方千米，占23.94%；中度荒漠化土地98.53万平方千米，占37.38%；重度荒漠化土地43.34万平方千米，占16.44%；极重度荒漠化土地58.64万平方千米，占22.24%。从荒漠化类型来看，风蚀荒漠化土地183.94万平方千米，占69.77%；水蚀荒漠化土地25.93万平方千米，占9.84%；盐渍化土地17.38万平方千米，占6.59%；冻融荒漠化土地36.37万平方千米，占13.80%。从各省（自治区）荒漠化状况来看，主要分布在新疆、内蒙古、西藏、甘肃、青海5个省（自治区），其面积分别为107.16万平方千米、62.24万平方千米、43.35万平方千米、19.35万平方千米、19.17万平方千米，这5个省（自治区）荒漠化面积占全国荒漠化总面积的95.32%；其余省（自治区、直辖市）占4.68%。从土地沙化状况来看，中国的沙化土地面积大、分布广、类型多样，在沙化土地重点分布的西北、华北和东北地区，形成了一条西起塔里木盆地，东至松嫩平原西部的万里风沙带。截至2004年，全国沙化土地面积为173.97万平方千米，占国土总面积的18.12%，分布在除上海、台湾地区、香港地区和澳门地区外的30个省（自治区、直辖市）的889个县（旗、区）。在沙化土地中，流动沙丘（地）面积为41.16万平方千米，占23.66%；半固定沙丘（地）为17.88万平方千米，占10.28%；固定沙丘（地）为27.47万平方千米，占15.79%；戈壁为66.23万平方千米，占38.07%；风蚀劣地（残丘）为6.48万平方千米，占3.73%；沙化耕地为4.63万平方千米，占2.66%；露沙地10.11万平方千米，占5.81%；非生物工程治沙地96平方千米。从各省（自治区）沙化土地状况来看，主要分布在新疆、内蒙古、西藏、青海、甘肃5个省（自治区），其沙化面积分别为74.63万平方千米、41.59万平方千米、21.68万平方千米、12.56万平方千米、12.03万平方千米，5个省（自治区）面积占全国沙化土地总面积的93.40%；其他22省（自治区、直辖市）占6.60%。

经过多年来的治理，荒漠化和沙化得到了遏制，到2019年第六次全国荒漠化和沙化调查汇总时，首次实现了所有调查省份荒漠化和沙化土地"双逆转"[158]。但总体上来看，中国荒漠化和沙化形势依然严峻（见表5-4）。据第六次全国荒漠化和沙化调查监测[159]，截至2019年，全国荒漠化土地总面积仍达257.37万平方千米，占国土总面积的26.81%。其中，轻度荒漠化土地面积达75.85万平方千米，中度荒漠化土地面积达93.03万平方千米，重度荒漠化土地面积达38.28万平方千米，极重度荒漠化土地面积达50.21万平方千米，分别占全国荒漠化土地总面积的29.47%、36.15%、14.87%和19.51%。从沙化土现状来看，截至 2019 年，全国沙化土地总面积达 168.78 万平方千米，占国土总面积的 17.58%。其中，轻度沙化土地达 30.85 万平方千米，中度沙化土地达 32.78 万平方千米，重度沙化土地达 36.24 万平方千米，极重度沙化土地达 68.92 万平方千米，分别占全国沙化土地总面积的 18.28%、19.42%、21.47%和 40.83%。此外，截至 2019 年，全国具有明显沙化趋势的土地面积达 27.92 万平方千米。这些具有明显沙化趋势的土地主要发生在草地、耕地和林地上，其中，草地面积达 19.19 万平方千米，耕地面积达 4.61 万平方千米，林地面积达 3.10 万平方千米，分别占具有明显沙化趋势的土地总面积的 68.74%、16.51%和 11.09%。

表 5-4 全国第三次（2004 年）至第六次（2019 年）荒漠化和沙化调查监测数

单位：万平方千米

年份 行政区	2004 荒漠化面积	2004 沙化面积	2009 荒漠化面积	2009 沙化面积	2014 荒漠化面积	2014 沙化面积	2019 荒漠化面积	2019 沙化面积
全国	263.62	173.97	262.37	173.11	261.16	172.12	257.37	168.78
新疆	107.16	74.63	107.12	74.67	107.06	74.71	106.87	74.68
内蒙古	62.24	41.59	61.77	41.47	60.92	40.79	59.31	39.82
西藏	43.35	21.68	43.27	21.62	43.26	21.58	42.69	20.96
青海	19.17	12.56	19.14	12.50	19.04	12.46	18.95	12.36
甘肃	19.35	12.03	19.21	11.92	19.50	12.17	19.24	12.07
以上五省区占全国比例（%）	95.32	93.40	95.48	93.69	95.64	93.95	95.99	94.73

资料来源：国家林业部门网站和中国政府网站。

2. 荒漠化和沙化对经济发展的主要影响

（1）吞噬国家和地区的生存和发展空间。据《全国防沙治沙规划（2005-2010 年）》数据[160]，在 1994~1999 年，全国沙化土地净增 1.72 万平方千米，相当于一个北京市的土地面积。浑善达克沙地及其周边、河北坝上、黄河源区、毛乌素沙地中北部等地区土地沙化呈快速扩展之势。即便到了 2019 年，全国荒漠化土地总面积仍达 257.37 万平方千米，全国沙化土地总面积仍达 168.78 万平方千米。这意味着，目前 1/4 以上的国土面积依然受到荒漠化的显著影响，近 18%的国土面积仍然受到土地沙化的显著影响。此外，还有 27.92 万平方千米的国土具有明显的沙化趋势。

（2）降低土地自然生产力，影响种植业发展。以西北地区为主体的土地荒漠化和沙化，由于土壤风蚀过程中表层土壤细颗粒部分被吹走，致使土壤质地粗化，土壤保水能力下降，土壤水分状况变差，显著地降低了土地的可耕作性，造成部分耕地撂荒，可耕地面积减少。尤其在冬季，由于大风吹走了大量的表层土，致使土壤理化结构破坏，肥力严重下降，造成土壤瘠薄，基础肥力低，有效养分缺乏，土地自然生产力降低。据中国科学院测算[160]，沙区每年因风蚀损失的土壤有机质及氮磷钾等达 5590 万吨，折合标准化肥 2.7 亿吨。由于沙化地区土地生产力严重衰退，农业产量低而不稳，部分土地已无法耕种，严重制约了区域土地利用可持续利用，这是荒漠化和沙化地区农村经济较为贫困的重要根源。

（3）自然灾害加剧，沙尘暴频繁。由于荒漠化和沙化地区植被覆盖度低，无法涵养水源，在降水过程中极易产生径流，形成山洪，容易发生滑坡、泥石流等自然灾害，冲毁农田，切断交通，毁坏水利设施，给当地群众的生产和生活造成极大损失。荒漠化还会影响气候，对气候变化和全球变暖产生负面影响。同时，荒漠化和沙化会直接影响土地的植被和水土保持条件，往往导致沙尘暴频繁发生，严重影响交通、生产和生活。

（4）影响牧业、工业生产，阻碍经济发展。荒漠化和沙化地区由于草地荒漠化现象非常显著，当荒漠化侵蚀草原时，原生植物占优势的针茅减少，适口性好的草本减少，其他杂草增多，草牧场的产草量下降，因而限制了牲畜数量的增长，阻碍了畜牧业的持续发展。同时，农牧业产品是轻工业生产的原料，荒漠化影响了农牧业生产，进而影响到相应的工业生产。此外，重工业的生产系以矿产资源为原料，矿产资源的开采过程中由于破坏了上层土壤结构和地表植被，经风蚀、水蚀，土壤产生荒漠化，反过来又会影响农牧业和工业生产。总体上看，荒漠化和沙化地区恶劣的生态环境是该地区群众收入长期处于较低水平的主要根源。据有关部门统计[160]，中国重点沙区农民人均收入仅为全国平均水平的2/3左右，与发达地区差距更大。据《中国统计年鉴-2023》[29]，沙化土地面积比例（指沙化土地面积占土地总面积的百分比值）居全国第三位的甘肃省，2022年甘肃省人均农村居民可支配收入仅为12165.2元，显著低于全国平均20132.8元/人的水平。

（5）其他影响亦很明显，经济损失较大。除以上影响之外，荒漠化和沙化还严重影响大中城市环境质量，威胁工矿企业、国防要地、交通设施和国家大型水利设施的正常生产和安全运营。全国有3000多千米铁路、4万多千米公路和7万多千米灌渠由于风沙危害受到不同程度的破坏，经济损失巨大。据测算[160]，近年来我国每年因沙化造成的直接经济损失高达540亿元，间接经济损失更是难以测算。此外，由于荒漠化地区常常缺乏水源和干旱，极易造成环境恶劣、贫困和落后，严重影响当地居民的生活质量，因而会造成农村劳动力的流失、人口老龄化等诸多限制经济社会发展和进步的系列问题。

3. 荒漠化和沙化对经济发展影响的实证分析

荒漠化和沙化对经济发展的影响极大，每年导致巨大的经济损失；而其带来的整个区域生态环境损害更大，难以定量估算。

李锋（1999）[161]根据1994年宁夏回族自治区20个县（市）荒漠化状况、土地生态系统和社会经济资料，对荒漠化与土地生态系统功能和社会经济的相关关系进行了分析，讨论了荒漠化对土地生态系统功能和社会经济的影响，结果表明：①荒漠化与反映土地生态系统结构和功能的四个指标（土壤肥力、粮食单产、系统抗灾能力和经济持续度）均有显著的相关关系，说明荒漠化对土地生态系统结构和功能有很明显的影响，即随着荒漠化程度加剧，土壤肥力、粮食单产、系统抗灾能力和经济持续度均降低的。进一步的研究发现，荒漠化程度与粮食单产、经济持续度和系统抗灾能力三个指标有明显的复相关关系，说明荒漠化对土地生态系统结构和功能不同方面的影响并非孤立，而是联系在一起。这是由于风蚀和水蚀使表层土壤流失，吹走或带走土壤的细粒部分和土壤养分，引起土壤系统内部结构的变化，造成土壤肥力的降低，从而使作物长势差，粮食单产下降；土壤质地粗糙和作物长势不良，又使系统抵御灾害能力降低，经济持续度下降。②荒漠化与人均GNP、人均纯收入和价值产投比三个指标均存在显著的相关关系，表明土地荒漠化对社会经济具有明显的影响，即随着荒漠化程度加剧，人均GNP、人均纯收入和价值产投比均降低。进一步的研究发现，土地荒漠化与人均 GNP、人均纯收入和价值产投比三个指标存在着显著的复相关关系，说明土地荒漠化对社会经济不同方面的影响并不是孤立的，而是联系在一起的。荒漠化对社会经济的影响是其对土地生态系统影响的必然结果。由于土壤肥力、粮食单产、系统抗灾能力和经济持续度的下降，土地生态系统产生的经济效益必然受到影响，在社会经济上表现为人均 GNP、人均纯收入和价值产投比的降低。

在上述直观观察基础上，这里进一步使用我们搜集到的 2004 年（全国第三次荒漠化和沙化调查监测）和 2019 年（全国第六次荒漠化和沙化调查监测）各省（自治区、直辖市）土地沙化面积数据①，以沙化土地面积占土地总面积比例（%）为自变量、土地综合生产率（元/公顷）为因变量进行回归分析，结果如表 5-5 所示，估计系数为 -1.1746，通过了 5% 的显著性水平检验，表明沙化土地面积比例与土地综合生产率之间存在显著的负相关关系。其估计系数表明，沙化土地面积比例每增加 1 个百分点，土地综合生产率下降 1.1746 元/公顷（即 117.46 元/平方千米）。

表 5-5　2004 年和 2019 年中国沙化土地面积比例与土地综合生产率的回归分析结果

估计与检验结果	自变量：沙化土地面积占土地总面积比例（%）
估计系数	-1.1746**
稳健标准误	0.4587
t 统计量	-2.56
t 统计量伴随概率 P	0.013
95% 置信区间	[-2.0921, -0.2570]
F 统计量	6.56
F 统计量伴随概率 P	0.0130
R^2	0.0407

注：** 表示估计系数通过了 5% 的显著性水平检验。

（四）石漠化对经济发展的影响

石漠化是因土壤严重侵蚀而使基岩大面积裸露或石砾堆积、土地生产力衰退甚至丧失、地表呈现类似荒漠景观的土地退化现象，它是岩溶（或称喀斯特）地区生态环境恶化的顶级形态。石漠化也是荒漠化的一种特殊形式，在整个荒漠化规模中所占的比重不很大，但其危害非常严重，严重恶化了当地生态环境，吞噬着人们的生存空间，致使自然灾害频发，给当地人民群众生产生活和区域经济发展造成了极大危害。且其治理难度很大，是中国西南岩溶地区最为严重的生态问题，被称为"地球的癌症"。

1. 土地生产能力降低甚至丧失，缩小了中华民族的生存与发展空间

石漠化最初表现为土层变薄、土壤养分含量降低、耕作层粗化、农作物产量下降，继

---

① 2004 年各省（自治区、直辖市）沙化土地面积转引自文献[162] 中的"表 1 中国荒漠化土地面积"，只是经过比对中国政府网发布的"第三次中国荒漠化和沙化状况公报"[157]，该文献表 1 中的中国各省（自治区、直辖市）荒漠化土地面积应为沙化土地面积；2019 年各省（自治区、直辖市）沙化土地面积引自《全国防沙治沙规划（2021—2030 年）》[163]。

而导致以森林植被为主体的岩溶生态系统的生态功能逐渐削弱和退化，土地生产能力降低甚至丧失，形成"生态环境恶化→口粮不足→毁林开垦→生态环境恶化"的恶性循环。据测算[164]，贵州省石漠化地区每年大约流失表土1.95亿吨，致使大面积耕地因土壤流失而废弃。1974～1979年，贵州省石漠化土地面积增加了624平方千米，每年因此丧失耕地面积1.25万公顷，约占全省耕地总面积的1.6%。广西岩溶地区仅石漠化严重的46个县（市、区），因失去生存条件需生态移民的人口高达44.3万人；2000年与1975年相比，广西岩溶地区因土地石漠化而减少耕地面积约10%。2000年与1975年相比，云南省砚山县红甸乡、莲花乡岩溶区因土地石漠化导致原有耕地面积减少10%左右。在石漠化严重的地方，人们往往只能在裸石广布的石旮旯地上种植着玉米等农作物[165]，单产低下，生活较为贫困。石漠化严重的广西都安县、大化县以及贵州省紫云县、云南省西畴县等部分严重石漠化地区被联合国教科文组织专家认为是不适宜于人类居住的地方，缩小了中华民族的生存与发展空间。

2. 严重影响长江、珠江流域的水利水电设施安全和人民的生命财产安全

西南岩溶地区是珠江的源头，是长江水源的重要补给区，该区域地形起伏大，河流纵横，沟谷遍布，生态区位尤其重要。然而，由于不合理的开发利用活动，使以森林植被为主体的岩溶生态系统严重退化，大面积发生了石漠化，蓄水保水功能极大地下降，严重的水土流失还导致泥沙淤积，许多天然泉溪枯竭，直接危及下游区域的水资源正常供给。加上该区域雨热同期，暴雨集中，尤其是一遇暴雨，造成土壤侵蚀加剧，河床逐渐抬高，淤塞大江、大河和湖泊、水库，直接影响到流域内的水利、水电设施的安全运行和综合效能发挥，不仅造成重大经济损失，而且还对其下游地区乃至长江三角洲、珠江三角洲地区人民群众的生命财产安全和生态安全构成严重威胁。据调查[164]，受土地石漠化的影响，乌江流域内每年流失表土1.4亿吨，有6000多万吨泥沙通过乌江输入三峡库区；云南省仅金沙江流域每年流失表土1.7亿吨，直接影响到三峡水电站及其他水利水电设施的正常运营。贵州省关岭县石板桥水库集雨面积为56平方千米，1982年建成投入运行至2004年，22年来共淤积泥沙26.0万立方米，设计20.0万立方米的库容被淤平。

3. 生存状况进一步恶化，自然灾害加剧，危及经济社会的可持续发展

土地石漠化导致岩溶生态系统严重退化，失去了森林水文效应，植被生态系统的水源涵养功能、截蓄降水的功能、调节径流的功能大幅度下降，造成"地表水贵如油，地下水滚滚流"的现象，可有效利用的水资源枯竭，缺水现象日益严重，常常表现为干旱和洪涝并存的状态。据调查[164]，贵州、云南、广西3个省（自治区）石漠化地区长期以来数百万多人存在饮水困难，许多石漠化地区的群众，每年缺水4～5个月，有时要到数千米之外的地方挑生活用水，生产用水更为紧缺。许多地方因石漠化导致水源枯竭而变成严重干旱区，只要稍遇旱情，便会造成农作物遭受旱灾而减产，人畜饮水困难。尤其冬季因降水稀少，许多溪河干涸断流，群众难以有效解决饮水问题。

由于土地石漠化使其调蓄水功能减弱，致使旱涝灾害频频发生，发生频率由过去的8～9年一遇变成2～3年一遇，甚至基本上每年都会发生水旱灾害，且交替出现。据统计[164]，1999年，贵州、云南、广西3个省（自治区）岩溶区内200余个县遭受干旱、洪涝等自然灾害，农作物受灾430万公顷，损坏耕地6万公顷，因灾减产粮食300万吨，损坏房屋37.8万间，损坏公路、铁路共计300多千米，造成直接经济损失121亿元。土地石漠化还给江河下游区域带来重大危机，如1998年长江流域的特大洪水导致长江中下游

区域洪涝灾害十分严重，严重威胁到沿岸居民的生命财产安全和经济社会发展，经济损失巨大；珠江下游入海口区域曾出现的咸潮危机，引发了珠江三角洲地区及港澳地区的水危机；红河、澜沧江和怒江等国际性河流的生态问题引起了国际社会的关注。因此，土地石漠化不仅是岩溶地区严重的生态问题，而且危及中国经济社会持续发展的大计。

4. 造成植被结构和生态系统简单化，威胁到岩溶地区的生物多样性

脆弱的岩溶生态系统普遍具有基岩裸露度大、土被不连续、土层结构不完整、土体浅薄且分配不均、水分下渗严重、生境保水保肥性差等生态特征。岩溶土地的石漠化导致岩溶生态系统的进一步退化，加剧了岩溶系统的脆弱性，降低了环境容量。由于土壤浅薄，土壤颗粒的吸附能力差，造成土壤肥力下降，岩溶生态系统内植物种群数量下降，植被结构简单化，破坏了生物种群多样性；特定的土壤条件对岩溶生物群落的控制作用强烈，仅有岩生性、旱生性及喜钙性的植物种群适宜于在严酷的石灰岩山地条件生存，而植被一旦遭受破坏，逆向演替较快，而顺向演替较慢，且生长速率缓慢、绝对生长量小，生物总储备量低。据朱守谦（1997）[166]测定，石漠化末期阶段的植物群落生物量仅为未退化阶段的1/200，这导致岩溶石漠化地区生物多样性的锐减。

四、生态环境治理对经济增长的影响

生态环境恶化问题造成的损害是巨大的，同时，治理生态环境问题的经济成本也是巨大的。然而，经济的发展可为环境问题的解决提供物质和资金基础；同时，随着经济的发展、人民生活水平的提高，人们的环境意识不断提高，对环境质量越来越重视对蓝天碧水的向往越来越强烈，因而强化生态环境治理已成为最现实的选择，这也就可持续发展战略的迫切需要，绝不能再走"先污染，后治理""先破坏，后保护"的老路，而是要努力闯出一条生态环境治理与经济持续发展"双赢"的新路。

（一）环境损害费用

生态环境的破坏和恶化对人类社会经济造成的损害是难以准确地测算的，尽管如此，但20世纪80年代以来，仍有一些发达国家和发展中国家先后开展了环境污染损失等方面的分析评估，结果[1]表明，人类不合理开发活动造成的经济损失往往大于开发活动的内部收益，环境损害占国民生产总值的比重相当可观（见表5-6），这是经济过程和经济发展中必须要加以重视和认真研究的课题。

表5-6 部分国家环境损害费用占GNP的比重

国家	环境损害的形式	年度	年损失费用占GNP比重（%）
美国	空气污染损害	1986	0.8~2.1
荷兰	部分污染损害	1986	0.5~0.8
西德	空气、水、土壤污染和生物多样性损害	1990	1.7~4.2
匈牙利	污染损害（主要是空气污染）	1980年以后	5.0
波兰	污染损害（主要是空气污染）	1987	4.4~4.7
印度尼西亚	土壤侵蚀及森林砍伐"三废"及农药污染损害	1983	6.75
中国	农业、森林、草原生态破坏及水资源损害	1983	8.9

资料来源：杨云彦、陈浩. 人口、资源与环境经济学[M]. 武汉：湖北人民出版社，2011：162.

（二）环境治理费用

不合理的开发利用活动和传统发展模式往往造成极大的环境损害，这就要求在经济增长过程中需要积极治理生态环境，保护和提高环境质量，这是必然的选择。但同时需要认识到，环境质量的保护和提高是需要付出经济成本（或机会成本）的。例如，用于维持生态环境管理机构的开支、用于污水处理的成本等属于实际支出的经济成本之一，而自然保护区内的山林用于自然生态保护事业而不能再用于开采则是一种机会成本[3]。这些生态环境治理成本的开支会挤占其他生产性投资，并因此而可能会影响经济增长和就业目标的实现。美国环境经济学家Christainsen等（1981，1985）[167,168]认为，美国20世纪70年代经济增长放缓中有8%~12%可归因于实行了严格而系统的环境管理，这使劳动生产力的增长率降低了0.2~0.3个百分点。此后，Jorgenson和Wilcoxen（1990）[169]、Whalley和Wigle（1991）[170]、Glomsrod等（1992）[171]、Proost和Van Regemorter（1992）[172]、Manne和Richels（1992）[173]、Burniaux等（1992）[174]、Peroni和Rutherford（1993）[175]、Nordhaus（1993）[176]、Carraro等（1996）[177]等针对环境治理成本的宏观经济影响进行了大量实证分析，Chua（1999）[178]对此进行了综述和分析。

（三）环境治理对经济发展的正面效应

由表5-6可以看出，环境治理成本对经济增长有一定的影响，但影响程度有限。有的学者认为由于环境管理促进技术进步，考虑技术进步因素，环境管理不仅不会给国民经济带来损失，还可能促进经济增长。以环境污染为例，可以观察到环境治理对经济发展的两个正面效应：①促进产业结构升级。严格的环境标准可以推动企业进行技术创新和产业升级，促进高污染、低效率的产业淘汰，推动产业向更加环保、高效的方向发展，促进企业生产工艺的升级，加快产品更新，倒逼行业优胜劣汰，提高整个行业竞争力。②催生新的经济增长点。环保标准的加强可以催生新的经济增长点，如节能环保产业的发展。例如，煤炭总量控制政策催生出如"能源合同管理"等市场化节能模式，以及节能服务公司；环保标准严格化，执法力度强化，推动污染第三方治理模式，催生专业化污染治理技术公司。因此，必须要看到环境治理对经济发展的正面促进作用，坚定信心和决心，闯出一条环境治理与经济发展"双赢"的可持续发展之路。

陈红惠（2021）[179]针对中国西部地区生态环境治理对经济增长的影响进行实证研究，结果表明，中国西部地区生态环境治理对经济增长的影响显著呈"U"型关系，合理的生态环境治理对经济增长具有促进作用。从时空演进过程来看，西北和西南地区的生态环境治理与经济增长为高度关联，西北地区关联度呈上升趋势，西南地区关联度总体呈小幅下降趋势，但生态环境治理是西南地区经济增长的主要影响因素。

徐小丽（2021）[180]以江西省11个地级市作为研究对象，针对生态环境治理对经济发展的影响提出假设，在构建生态环境治理评价指标体系、计算2006~2019年11个地市生态环境治理水平基础上，通过生产函数模型，引入生态环境因素实证研究生态环境治理水平对经济发展的影响。分析结果表明，生态环境治理与经济发展是相关的，且生态环境治理对经济发展具有促进作用。

何雄浪和白玉（2023）[181]以2003~2020年中国30个省份作为研究样本，构建动态面板模型探讨环境治理和绿色经济发展绩效之间的关系，并利用中介效应模型研究环境治理通过技术进步影响区域绿色经济发展绩效的中介效应。研究结果表明，环境治理与区域绿色经济发展绩效之间存在正 U 型关系，即环境治理对绿色经济发展具有"先抑制，后促进"的作用；技术进步在环境治理影响区域绿色经济发展绩效中发挥中介作用，且技术进步能够显著促进区域绿色经济发展绩效提升。

以上实证分析表明，环境治理保护与经济发展不是对立的，保护环境并不意味着必然要牺牲经济的发展。通过正确处理环境保护与经济发展的关系，这两者是可以相互促进的，即可以达到经济和环境的协调发展。当今，绿色经济、循环经济已成为新世纪、新时代的标志。用环境保护促进经济结构调整成为经济发展的必然趋势。保护环境就是保护生产力，改善环境就是发展生产力。

参考文献

[1] 杨云彦，陈浩. 人口、资源与环境经济学 [M]. 武汉：湖北人民出版社，2011.

[2] [英] 马尔萨斯. 人口论 [M]. 北京：商务印书馆，1959.

[3] 钟水映，简新华. 人口、资源与环境经济学 [M]. 北京：科学出版社，2005.

[4] Coale A J, Hoover E M. Population Growth and Economic Development in Low-income Countries [M]. Princeton: Princeton University Press, 1958.

[5] Boserup E. The Conditions of Agricultural Growth: The Economics of Agrarian Change under Population Pressure [M]. Chicago: Aldine Publishing Company, 1965.

[6] Schultz T W. Investment in human capital [J]. The American Economic Review, 1961, 51 (1): 1-17.

[7] [美] 西奥多·舒尔茨. 人力投资——人口质量经济学 [M]. 贾湛，施伟，等译. 北京：华夏出版社，1990.

[8] [美] 加里·贝克尔. 人力资本（原书第 3 版）[M]. 陈耿宣，等译. 北京：机械工业出版社，2016.

[9] Denison E F. United States Economic Growth [J]. The Journal of Business, 1962, 35 (2): 109-121.

[10] Denison E F. Sources of Economic Growth in the United States and the Alternative before Us [M]. New York: Committee for Economic Development, 1962.

[11] 杜育红，赵冉. 教育对经济增长的贡献——理论与方法的演变及其启示 [J]. 北京师范大学学报（社会科学版），2020 (4)：5-16.

[12] Solow R. Technical Change and the Aggregate Production Function [J]. The Review of Economics and Statistics, 1957, 39 (3): 312-320.

[13] Romer P M. Increasing Returns and Long-run Growth [J]. Journal of Political Economy, 1986, 94 (5): 1002-1037.

[14] Romer P M. Endogenous Technological Change [J]. Journal of Political Economy, 1990, 98 (5): S71-S102.

[15] 周绍森，胡德龙. 保罗·罗默的新增长理论及其在分析中国经济增长因素中的应用 [J]. 南昌大学学报（人文社会科学版），2019, 50 (4): 71-81.

［16］Lucas R E. On the Mechanics of Economic Development［J］. Journal of Monetary Economics，1988，22（1）：3-42.

［17］Uzawa H. Optimum Technical Change in An Aggregative Model of Economic Growth［J］. International Economic Review，1965（6）：18-31.

［18］刘长茂. 人口结构学［M］. 北京：中国人口出版社，1991.

［19］李通屏，朱雅丽，邵红梅，等. 人口经济学（第二版）［M］. 北京：清华大学出版社，2014.

［20］姚洋. 发展经济学［M］. 北京：北京大学出版社，2013.

［21］Bloom D E, Canning D, Mansfield R K, et al. Demographic Change, Social Security Systems, and Savings［J］. Journal of Monetary Economics，2007，54（1）：92-114.

［22］Cai Fang, Dewen Wang. Demographic Transition：Implications for Growth［R］. Beijing：Working Paper, Institute of Population and Labor, Chinese Academy of Social Sciences，2005.

［23］Cheten A, Xie A, Roach S, et al. India and China：New Tigers of Asia［R］. New York：Mogen Stanley Research Report，2006.

［24］田巍，姚洋，余淼杰，等. 人口结构与国际贸易［J］. 经济研究，2013，48（11）：87-99.

［25］United Nations. The Aging of Populations and Its Economic and Social Implications［M］. New York：United Nations，1956.

［26］中国对外翻译出版公司. 老龄问题研究——老龄问题世界大会资料辑录［M］. 北京：中国对外翻译出版公司，1983.

［27］［法］阿尔弗雷·索维. 人口通论［M］. 查瑞传，戴世光，邬沧萍译. 侯文若，邬沧萍校. 北京：商务印书馆，1983.

［28］Cochairs C, Hashimoto R, Mondale W F, et al. Meeting the Challenge of Global Aging：A Report to World Leaders from the CSIS Commission on Global Aging［M］. New York：The CSIS Press，2002.

［29］国家统计局. 中国统计年鉴-2023［M］. 北京：中国统计出版社，2023.

［30］武卫奇，任梦笛，单晓燕. 论人口性别比失衡对我国社会经济的影响［J］. 中国市场，2018（7）：46-47.

［31］梅冠群. 我国"资源诅咒"形成的条件与路径研究［M］. 北京：中国经济出版社，2017.

［32］郝娟娟. 中国自然资源禀赋与经济发展关系——兼论"资源诅咒"之真伪［M］. 北京：经济管理出版社，2017.

［33］［英］威廉·配第. 赋税论［M］. 邱霞、原磊译. 北京：华夏出版社，2006.

［34］［法］弗朗索瓦·魁奈. 经济表［M］. 晏智杰译. 北京：华夏出版社，2006.

［35］［法］杜尔哥. 关于财富的形成和分配的考察［M］. 唐日松译. 北京：华夏出版社，2007.

［36］Rostow W W. The Stages of Economic Growth：A Non-Communist Manifesto［M］. Cambridge：Cambridge University Press，1960.

［37］Murphy K M, Shleifer A, Vishny R W. Industrialization and the Big Push［J］. The Journal of Political Economy, 1989, 97（5）: 1003-1026.

［38］《发展经济学》编写组. 发展经济学［M］. 北京: 高等教育出版社, 2019.

［39］North D C. Agriculture in Regional Economic Growth［J］. Journal of Farm Economics, 1959（41）: 943-951.

［40］Nurkse R. Problems of Capital Formation in Under-Developed Countries［M］. Oxford: Oxford University Press, 1953.

［41］Rashe R, Talom J. Energy Resouree and Plential CNP［J］. Federal Reserve Bank of St Louis Review, 1977（6）: 68-76.

［42］Habakkuk H J. American and British Technology in the Nineteenth Century［M］. Cambridge: Cambridge University Press, 1962.

［43］Kennedy P. The Rise and Fall of the Great Powers: Economic Change and Military Conflict from 1500 to 2000［M］. New York: Random House, 1987.

［44］吴靖平. 科学的资源开发模式: 走出"资源诅咒"怪圈［M］. 北京: 中共中央党校出版社, 2010.

［45］［美］斯坦利·L. 恩格尔曼, 罗伯特·E. 高尔曼. 剑桥美国经济史（第二卷）: 漫长的19世纪［M］. 王珏, 李淑清 译. 北京: 中国人民大学出版社, 2008.

［46］崔学锋. 19世纪美国的自然资源开发与经济崛起: 经验与启示［J］. 学习与探索, 2012（12）: 88-91.

［47］［美］哈罗德·安德伍德·福克讷. 美国经济史［M］. 王锟译. 北京: 商务印书馆, 1989.

［48］Wright G. The Origins of American Industrial Success: 1879-1940［J］. American Economic Review, 1990, 80（4）: 651-668.

［49］Romer P. Why, Indeed in America? Theory, History and the Origins of Modern Economic Growth［J］. American Economic Review, 1996, 86（2）: 202-206.

［50］David P A, Wright G. Increasing Returns and the Genesis of American Resource Abundance［J］. Industrial & Corporate Change, 1997, 6（2）: 203-245.

［51］曹杭杭. 从引发机制角度分析"资源诅咒"与经济的关系——基于中国和美国的案例研究［J］. 环境与可持续发展, 2014, 39（3）: 52-55.

［52］Machintosh W A. Economic Factors in Canadian History［J］. Canadian Historical Review, 1923, 4（1）: 12-25.

［53］Innis H A. The Fur Trade in Canada: An Introduction to Canadian Economic History［M］. Toronto: University of Toronto Press, 1930.

［54］Watkins M H. A Staple Theory of Economic Growth［J］. Canadian Journal of Economics and Political Science, 1963, 29（2）: 141-158.

［55］Gordon W B. Economic Growth in Canadian Industry, 1870-1915: The Staple Model and the Take-Off Hypothesis［J］. The Canadian Journal of Economics and Political Science, 1963, 29（2）: 159-184.

［56］郭志仪, 刘燕, 闫倩. 加拿大的经济发展与资源开发——兼论加拿大资源开发

对我国西部开发的启示［J］. 兰州大学学报（社会科学版），1996，24（2）：114-120.

［57］中国驻加拿大使馆经商处. 加拿大自然资源及其开发利用政策［EB/OL］. http：//ca. mofcom. gov. cn/article/ztdy/200604/20060402020090. shtml，2006-04-26.

［58］邵帅，杨莉莉. 自然资源开发、内生技术进步与区域经济增长［J］. 经济研究，2011，46（S2）：112-123.

［59］Sachs J D, Warner A M. Natural Resource Abundance and Economic Growth［R］. NBER Working Paper Series 5398，Cambridge，MA：National Bureau of Economic Research, 1995.

［60］Sachs J D, Warner A M. Fundamental Sources of Long-run Growth［J］. American Economic Review，1997（87）：184-188.

［61］Sachs J D, Warner A M. The Curse of Natural Resources［J］. European Economic Review，2001，45（4）：827-838.

［62］Gylfason T. Natural Resources, Education and Economic Development［J］. European Economic Review，2001（45）：347-375.

［63］Papyrakis E, Gerlagh R. The Resource Curse Hypothesis and Its Transmission Channels［J］. Journal of Comparative Economics，2004（32）：181-193.

［64］Gylfason T, Zoega G. Natural Resources and Economic Growth：The Role of Investment［J］. The World Economy，2006，29（8）：1091-1115.

［65］Papyrakis E, Gerlagh R. Resource Abundance and Economic Growth in the United States［J］. European Economic Review，2007，51（4）：1011-1039.

［66］徐康宁，王剑. 自然资源丰裕程度与经济发展水平关系的研究［J］. 经济研究，2006（1）：78-89.

［67］邵帅，齐中英. 西部地区的能源开发与经济增长——基于"资源诅咒"假说的实证分析［J］. 经济研究，2008（4）：147-160.

［68］邵帅，杨莉莉. 自然资源丰裕、资源产业依赖与中国区域经济增长［J］. 管理世界，2010（9）：26-44.

［69］Auty R M. Resource Abundance and Economic Development［M］. Oxford：Oxford University Press，2001.

［70］韦结余. 中国西部地区"资源诅咒"传导机制研究［M］. 北京：经济管理出版社，2018.

［71］李天籽. 自然资源丰裕度对中国地区经济增长的影响及其传导机制研究［J］. 经济科学，2007（6）：66-76.

［72］胡援成，肖德勇. 经济发展门槛与自然资源诅咒——基于我国省际层面的面板数据实证研究［J］. 管理世界，2007（4）：15-23.

［73］张馨，牛叔文，丁永霞，等. 中国省域能源资源与经济增长关系的实证分析——基于"资源诅咒"假说［J］. 自然资源学报，2010，25（12）：2040-2051.

［74］赵伟伟. 相对资源诅咒理论及其在中国的实证研究［M］. 北京：中国经济出版社，2012.

［75］韩健. 我国西部地区经济增长是否存在"资源诅咒"的实证研究——基于索罗

模型的分析 [J]. 探索, 2013 (5): 90-95.

[76] 赵康杰, 景普秋. 资源依赖、资本形成不足与长期经济增长停滞——"资源诅咒"命题再检验 [J]. 宏观经济研究, 2014 (3): 30-42.

[77] 谢波. 中国区域资源诅咒问题研究 [M]. 北京: 中国社会科学出版社, 2015.

[78] Bulte E H, Brunnschweiler C N. The on-going Debate on Natural Resources and Development [R]. VoxEU, No. 28, 2012.

[79] Stijns J P C. Natural Resource Abundance and Human Capital Accumulation [J]. World Development, 2006, 34 (6): 1060-1083.

[80] Brunnschweiler C N, Bulte E H. Natural Resources and Violent Conflict: Resource Abundance, Dependence, and the Onset of Civil Wars [J]. Oxford Economic Papers, 2009, 61 (4): 651-674.

[81] Cavalcanti T V D V, Mohaddes K, Raissi M. Growth, Development and Natural Resources: New Evidence Using A Heterogeneous Panel Analysis [J]. The Quarterly Review of Economics and Finance, 2011, 51 (4): 305-318.

[82] 丁菊红, 王永钦, 邓可斌. 中国经济发展存在"资源之咒"吗 [J]. 世界经济, 2007 (9): 38-46.

[83] 方颖, 纪衎, 赵扬. 中国是否存在"资源诅咒" [J]. 世界经济, 2011 (4): 144-160.

[84] 崔学锋. "资源诅咒"论不成立 [J]. 经济问题探索, 2013 (5): 27-31.

[85] Isham J, Woolcock M, Pritchett L, et al. The Varieties of Resource Experience: Natural Resource Export Structures and the Political Economy of Economic Growth [J]. The World Bank Economic Review, 2002, 19 (2): 141-174.

[86] Murshed S M. When Does Natural Resource Abundance Lead to A Resource Curse [R]. London: EEP Discussion Paper 04-01, International Institute for Environment and Development, 2004.

[87] Stijns J P C. Natural Resource Abundance and Economic Growth Revisited [J]. Resources Policy, 2005, 30 (2): 107-130.

[88] 张菲菲, 刘刚, 沈镭. 中国区域经济与资源丰度相关性研究 [J]. 中国人口·资源与环境, 2007, 17 (4): 19-24.

[89] Corden W M, Neary J P. Booming Sector and De-industrialization in A Small Open Economy [J]. The Economic Journal, 1982, 92 (368): 825-848.

[90] 王世进. 我国区域经济增长与"资源诅咒"的实证研究 [J]. 统计与决策, 2014 (2): 116-118.

[91] 王保乾, 李靖雅. 中国煤炭城市"资源诅咒"效应的实证研究 [J]. 统计与决策, 2019, 35 (10): 121-125.

[92] 王雅俊, 王雅蕾. 黄河流域城市"资源诅咒"异质性效应研究 [J]. 当代经济, 2022, 39 (10): 46-53.

[93] 杨龙志, 魏征, 邵紫薇. 我国"资源诅咒"地区如何实现共同富裕: 基于流通先导新动力的理论机制与经验考察 [J]. 经济论坛, 2022 (8): 118-128.

［94］Prebisch R. The Economic Development of Latin America and Its Principal Problems［M］. New York: United Nations Press, 1950.

［95］Singer H W. The Distribution of Trade between Investing and Borroing Countries［J］. American Economic Review, 1950 (5): 56-58.

［96］Krueger A O. The Political Economy of the Rent-seeking Society［J］. American Economic Review, 1974, 64 (3): 291-303.

［97］Baland J M, Francois P. Rent-seeking and Resource Booms［J］. Journal of Development Economics, 2000, 61 (2): 527-542.

［98］Torvik R. Natural Resources, Rent Seeking and Welfare［J］. Journal of Development Economics, 2002, 67 (2): 455-470.

［99］王宇."资源诅咒"的制度经济学分析［EB/OL］. https://www.sohu.com/a/201687890_188245, 2017-11-01.

［100］世界银行增长与发展委员会. 增长报告: 可持续增长和包容性发展的战略［M］. 北京: 中国金融出版社, 2008.

［101］周建军. 国际比较视野的"资源诅咒"说［J］. 中共中央党校学报, 2011, 15 (1): 41-44.

［102］陆云航, 刘文忻."资源诅咒"问题研究的困境与出路［J］. 经济学动态, 2013 (10): 124-131.

［103］孙永平. 自然资源丰裕经济学［M］. 北京: 人民出版社, 2022.

［104］宋亦明."经济资源诅咒"的政治病理学: 研究演进与知识谱系［J］. 国外理论动态, 2024 (2): 159-169.

［105］刘湘溶. 关于人与自然和谐共生的三点阐释［J］. 湖南师范大学社会科学学报, 2019 (3): 9-14.

［106］Grossman G, Krueger A. Environmental Impacts of A North American Free Trade Agreement［R］. Cambridge: NBER Working Paper Series 3914, National Bureau of Economic Research (USA), 1991.

［107］Kuznets S S. Economic Growth and Income Equality［J］. American Economic Review, 1955, 45 (1): 1-28.

［108］Panayotou T. Empirical Tests and Policy Analysis of Environmental Degradation at Different Stages of Econonic Development［M］. Geneva: Working Paper WP238, Technology and Environment Program, International Labor Office, 1993.

［109］Stokey N L. Are There Limit to Growth?［J］. International Economic Review, 1998, 39 (1): 1-33.

［110］Thampapillai D J, Ruth M. Environmental Economics: Concepts, Methods and Policies［M］. Melboume: Oxford Univeristy Press, 2002.

［111］Beckerman W. Economic Growth and the Environment: Whose Growth? Whose Environment［J］. World Development, 1992 (20): 481-496.

［112］Carson R T, Jeon Y, Mccubbin D R. The Relationship between Air Pollution Emissions and Income: U.S. Data［J］. Environment & Development Economics, 1997, 2 (4):

433-450.

[113] 胡聘, 许开鹏, 杨建新, 等. 经济发展对环境质量的影响——环境库兹涅茨曲线国内外研究进展 [J]. 生态学报, 2004, 24 (6): 1259-1266.

[114] 李玉文, 徐中民, 王勇, 等. 环境库兹涅茨曲线研究进展 [J]. 中国人口·资源与环境, 2005, 15 (5): 7-14.

[115] 桂小丹, 李慧明. 环境库兹涅茨曲线实证研究进展 [J]. 中国人口·资源与环境, 2010, 20 (S1): 5-8.

[116] 虞依娜, 陈丽丽. 中国环境库兹涅茨曲线研究进展 [J]. 生态环境学报, 2012, 21 (12): 2018-2023.

[117] 周正柱, 王俊龙. 环境库兹涅茨曲线假说检验研究进展与展望 [J]. 中国农业资源与区划, 2020, 41 (1): 185-193.

[118] 彭红松, 郭丽佳, 章锦河, 等. 区域经济增长与资源环境压力的关系研究进展 [J]. 资源科学, 2020, 42 (4): 593-606.

[119] Selden T, Song D. Environmental Quality and Development: Is There A Kuznets Curve for Air Pollution? [J]. Journal of Environmental Economics and Environmental Management, 1994, 27 (2): 147-162.

[120] Cropper M, Griffiths C, Review A E, et al. The Interaction of Population Growth and Environmental Quality [J]. American Economic Review, 1994 (84): 250-264.

[121] Holtz-Eakin D, Selden T M. Stoking the Fires? CO_2 Emissions and Economic Growth [J]. Joumal of Public Economics, 1995, 57 (1): 85-101.

[122] Cole M, Rayner A, Bates J. The Environmental Kuznets Curve: An Empirical Analysis [J]. Environment and Development Economics, 1997, 2 (4): 401-416.

[123] Torras M, Boyce J K. Income, Inequality, and Pollution: A Reassessment of the Environmental Kuznets Curve [J]. Ecological Economics, 1998, 25 (2): 147-160.

[124] Bruyn S, Opschoor J. Economic Growth and Emissions: Reconsidering the Empirical Basis of Environmental Kuznets Curves [J]. Ecological Economics, 1998, 25 (2): 161-175.

[125] Galeottia M, Lanza A. Desperately Seeking Environmental Kuznets [J]. Elnvironmental Modelling & Software, 2005, 20 (11): 1379-1388.

[126] Galeotti M, Lanza A, Pauli F. Reassessing the Environmental Kuznets Curve for CO_2 Emissions: A Robustness Exercise [J]. Ecological Economics, 2006, 57 (1): 152-163.

[127] Auffhammer M, Carson R T. Forecasting the Path of China's CO_2 Emissions Using Province-level Information [J]. Journal of Environmental Economics and Management, 2008, 55 (3): 229-247.

[128] Ahmed K, Long W. Environmental Kuznets Curve and Pakistan: An Empirical Analysis [J]. Procedia Economics and Finance, 2012, 1 (12): 4-13.

[129] AI-mulali U, Weng-wai C, Sheau-ting L, et al. Investigating the Environmental Kuznets Curve (EKC) Hypothesis by Utilizing the Ecological Footprint as An Indicator of Environmental Degradation [J]. Ecological Indicators, 2015 (48): 315-323.

[130] 黄元斌. 中国环境与经济增长的环境库兹涅茨曲线研究——基于半参数空间面

板数据滞后模型［J］.生产力研究，2023（12）：21-24.

［131］高广阔，张腾化，马海娟.新型城市碳排放环境库兹涅茨曲线检验：基于中国城市面板数据分析［J］.经济与管理评论，2015，31（4）：5-10.

［132］蓝艳，花瑞祥，景宜然，等.东盟国家碳排放动态演变及环境库兹涅茨曲线实证检验分析［J］.生态与农村环境学报，2024，40（3）：303-312.

［133］孙攀，吴玉鸣，鲍曙明，等.经济增长与雾霾污染治理：空间环境库兹涅茨曲线检验［J］.南方经济，2019（12）：100-117.

［134］王树文，王京诚.城市生活垃圾与经济增长的非线性关系——基于环境库兹涅茨曲线的实证分析［J］.中国人口·资源与环境，2022，32（2）：63-70.

［135］Bulte E H, Van Soest D P. Environmental Degradation in Developing Countries: Households and the Reverse Environmental Kuznets Curve［J］. Journal of Development Economics, 2001, 65（1）: 225-235.

［136］Kaufmann R K, Davidsdottir B, Garnham S, et al. The Determinants of Atmospheric SO_2 Concentrations: Reconsidering the Environmental Kuznets curve［J］. Ecological Economics, 1998, 25（2）: 209-220.

［137］Chimeli A B, Braden J B. Total Factor Productivity and the Environmental Kuznets Curve［J］. Journal of Environmental Economics and Management, 2005, 49（2）: 366-380.

［138］Begum R A, Sohag K, Abdullah S M S, et al. CO_2 Emissions, Energy Consumption, Economic and Population Growth in Malaysia［J］. Renewable and Sustainable Energy Reviews, 2015, 41（C）: 594-601.

［139］De Bruyn S M, Opschoor J B. Developments in the Throughout Income Relationship: Theoretical and Empirical Bservations［J］. Ecological Econonics, 1997, 20（3）: 255-268.

［140］何枫，马栋栋，祝丽云.中国雾霾污染的环境库兹涅茨曲线研究——基于2001~2012年中国30个省市面板数据的分析［J］.软科学，2016，30（4）：37-40.

［141］丁俊菘，邓宇洋，汪青.中国环境库兹涅茨曲线再检验——基于1998~2016年255个地级市PM2.5数据的实证分析［J］.干旱区资源与环境，2020，34（8）：1-8.

［142］刘亚，黄安胜.森林碳汇环境库兹涅茨曲线特征及其影响因素分析［J］.世界林业研究，2023，36（2）：132-137.

［143］刘华军，闫庆悦，孙曰瑶.中国二氧化碳排放的环境库兹涅茨曲线——基于时间序列与面板数据的经验估计［J］.中国科技论坛，2011（4）：108-113.

［144］郝宇，廖华，魏一鸣.中国能源消费和电力消费的环境库兹涅茨曲线：基于面板数据空间计量模型的分析［J］.中国软科学，2014（1）：134-147.

［145］刘华军，裴延峰.我国雾霾污染的环境库兹涅茨曲线检验［J］.统计研究，2017，34（3）：45-54.

［146］Grossman M, Krueger A B. Economic Growth and the Environment［J］. The Quarterly Journal of Economics, 1995, 110（2）: 353-377.

［147］高立洪.水土流失是中国头号环境问题［N］.中国水利报，2001-06-23（5）.

［148］杨子生.云南金沙江流域退耕还林问题研究［J］.水土保持通报，2002，22（4）：13-17.

[149] 鄂竟平．中国水土流失与生态安全综合科学考察总结报告［J］．中国水土保持，2008（12）：3-7．

[150] 水利部．三峡工程公报 2023［EB/OL］．http：//www.mwr.gov.cn/sj/tjgb/sxgcgb/202406/t20240627_ 1714328.html，2024-06-27．

[151] 水利部．三峡工程公报 2020［EB/OL］．http：//www.mwr.gov.cn/sj/tjgb/sxgcgb/202111/t20211130_ 1553255.html，2021-11-30．

[152] 卜兆宏，唐万龙，席承藩．强化治理山丘水土流失才是平原水患治本之策［C］//许厚泽，赵其国主编．长江流域洪涝灾害与科技对策［M］．北京：科学出版社，1999：118-124．

[153] 杨子生，李云辉，邹忠，等．中国西部大开发云南省土地资源开发利用规划研究［M］．昆明：云南科技出版社，2003．

[154] 陈芳朱，高洪，毛志锋．我国水土流失的经济损失评估［J］．中国水土保持，2008（12）：11-13+72．

[155] Yang Renyi, Liu Fenglian, Peng Haiying, et al. Analysis on the Spatio-temporal Change of Integrated Land Productivity of China in Recent 20 Years［A］//Zhang Henry, Cheng Changbo（eds）. Proceedings of The 8th Academic Conference of Geology Resource Management and Sustainable Development［M］. Sydney, Australia：Aussino Academic Publishing House, 2020：585-595.

[156] 李元．中国土地资源［M］．北京：中国大地出版社，2000．

[157] 国家林业局．第三次中国荒漠化和沙化状况公报［EB/OL］．https：//www.gov.cn/ztzl/fszs/content_ 650487.htm，2007-06-15．

[158] 国家林业和草原局．我国首次实现所有调查省份荒漠化和沙化土地"双逆转"［EB/OL］．https：//www.forestry.gov.cn/main/4169/20230105/154742612627173.html，2023-01-05．

[159] 昝国盛，王翠萍，李锋，等．第六次全国荒漠化和沙化调查主要结果及分析［J］．林业资源管理，2023（1）：1-7．

[160] 国家林业局．全国防沙治沙规划（2005-2010 年）［EB/OL］．https：//www.163.com/dy/article/G250J77P0532GL5H.html，2021-02-06．

[161] 李锋．荒漠化对区域土地生态系统和社会经济的影响分析——以宁夏回族自治区为例［J］．干旱区研究，1999，16（3）：59-62．

[162] 吴成亮，刘俊昌，包庆丰，等．试论西北地区荒漠化社会经济因素影响和相关对策［J］．西北农林科技大学学报（社会科学版），2008，8（2）：36-39．

[163] 国家林业和草原局，国家发展改革委，财政部，等．全国防沙治沙规划（2021-2030 年）［EB/OL］．http：//www.forestry.gov.cn/lyj /1/lczc/20230907/521554.html，2023-09-07．

[164] 刘拓，周光辉，但新球，等．中国岩溶石漠化——现状、成因与防治［M］．北京：中国林业出版社，2009．

[165] 杨子生．中国西南喀斯特石漠化土地整理及其水土保持效益研究——以滇东南西畴县为例［M］．北京：中国科学技术出版社，2009．

[166] 朱守谦. 喀斯特森林生态研究 [A] //朱守谦主编. 喀斯特森林生态研究 (Ⅱ) [M]. 贵阳: 贵州科技出版社, 1997: 1-8.

[167] Christiansen G E, Haveman R H. The Contribution of Environmental Regulations to Slowdown in Productivity Growth [J]. Journal of Environmental Economics and Management, 1981, 8 (4): 381-390.

[168] Christainsen G, Tietenberg T. Distributional and Macroeconomic Aspects of Environmental Policy [J]. Handbook of Natural Resource and Energy Economics, 1985 (1): 345-393.

[169] Jorgenson D J, Wilcoxen P J. Environmental Regulation and US Economic Growth [J]. The RAND Journal of Economics, 1990, 21 (2): 314-340

[170] Whalley J, Wigle R. The international incidence of carbon taxes [A] // R Dornbusch R, Poterba J (Eds). Global Warming: Economic Policy Response [M]. Cambridge, MA: MIT Press, 1991: 233-263.

[171] Glomsrod S, Vennemo H, JohnsenT. Stabilization of emissions of CO_2: A Computable General Equilibrium Assessment [J]. Scandinavian Journal of Economics, 1992 (94): 53-69.

[172] Proost S, Van Regemorter D. Economic Effects of A Carbon Tax: with A General Equilibrium Illustration for Belgium [J]. Energy Economic, 1992, 14 (2): 136-149.

[173] Manne A, Richels R. Buying Greenhouse Insurance: The Economic Costs of CO_2 Emission Limits [M]. Cambridge, MA: MIT Press, 1992.

[174] Burniaux J M, Martin J P, Nicoletti G, et al. The Costs of Reducing CO_2 Emissions: Evidence from GREEN [M]. Paris: Organisation for Economic Co-operation and Development, 1992.

[175] Peroni C, Rutherford T. International Trade in Carbon Emission Rights and Basic Materials: General Equilibrium Calculations for 2020 [J]. Scandinavian Journal of Economics, 1993 (95): 257-278.

[176] Nordhaus W D. Optimal Greenhouse Gas Reductions and Tax Policy in the "DICE" Model [J]. Am. American Economic Review, 1993, 83 (2): 313-317.

[177] Carraro C, Galeotti M, Gallo M. Environmental Taxation and Unemployment: Some Evidence on the 'Double Dividend Hypothesis' in Europe [J]. Journal of Public Economics, 1996 (62): 141-181.

[178] Chua S. Economic Growth, Liberalization, and the Environment: A Review of the Economic Evidence [J]. Annual Review of Energy and the Environment, 1999 (24): 391-430.

[179] 陈红惠. 我国西部地区生态环境治理对经济增长的影响研究 [D]. 南宁: 广西民族大学, 2021.

[180] 徐小丽. 生态环境治理对江西省经济发展的影响分析 [D]. 抚州: 东华理工大学, 2021.

[181] 何雄浪, 白玉. 环境治理、技术进步与绿色经济发展绩效 [J]. 南京审计大学学报, 2023, 20 (2): 103-111.

第六章 人口-资源-环境-经济系统的内在协调机制

人口-资源-环境-经济系统是人口、资源、环境与经济四个要素之间相互联系、相互作用而有机构成的庞大、复杂的体系，该系统在本质上较为全面地概括了人与自然之间的相互关系，因而人口、资源、环境与经济的协调发展问题也就成为实现人类经济社会可持续发展的核心问题。近 30 多年来，众多的学者针对这一热点问题进行了大量的研究，既有人口、资源、环境与经济协调发展方面的理论探索[1-6]、方法研究[7-13]，也有众多的全国尺度和区域尺度的人口、资源、环境与经济协调发展的实践研究[14-38]，近年来仍不断地涌现相关研究成果[39-43]。作为开放的复杂巨系统，影响人口-资源-环境-经济系统(PREE)协调发展过程的因素十分复杂，但系统内各个子系统之间的相互作用是内在因素，分析各子系统之间的内在联系，探讨整个 PREE 系统协调发展的机制，对了解 PREE 系统协调发展的演进过程、充分发挥人类的积极协调作用、推进可持续发展战略的实施具有重要的意义。

第一节 人口、资源、环境与经济协调发展的基本结构

人口-资源-环境-经济内部结构及子系统之间相互作用机制较为复杂，整个人类经济社会的可持续发展不仅依赖于 PREE 各子系统内部的协调发展，更取决于各子系统之间的协调程度。总体上来看，区域人口、资源、环境与经济协调发展的基本结构可用图 6-1 表示。

在图 6-1 中，经济子系统是人类利用资源子系统所提供的资源进行物质资料生产、提供商品和服务以及对商品和服务进行分配和消费的系统。经济子系统的主要功能是保证物质商品的生产来满足人类的物质生活需求。主要由经济主体、经济实力、产业结构、经济效益等要素组成。经济主体是指在市场经济活动中能够自主设计行为目标、自由选择行为方式、独立负责行为后果并获得经济利益的能动的经济有机体。宏观视角的经济主体可以分为政府、企业与个人三类，而微观的经济主体通常包括企业、农户和居民。经济实力是指经济的总体规模，即经济总量。产业结构是指各产业的构成及各产业之间的联系和比例关系。一般地，按大类分为第一产业、第二产业和第三产业三类，在各产业内部还可以进行更详细的分类。经济效益是资金占用、成本支出与有用生产成果之间的比较，也就是通常意义上的投入与产出之比较。经济效益好，意味着资金占用少、成本支出少，而产出的有用生产成果多。一般采用人均 GDP、资金周转率等指标来衡量。

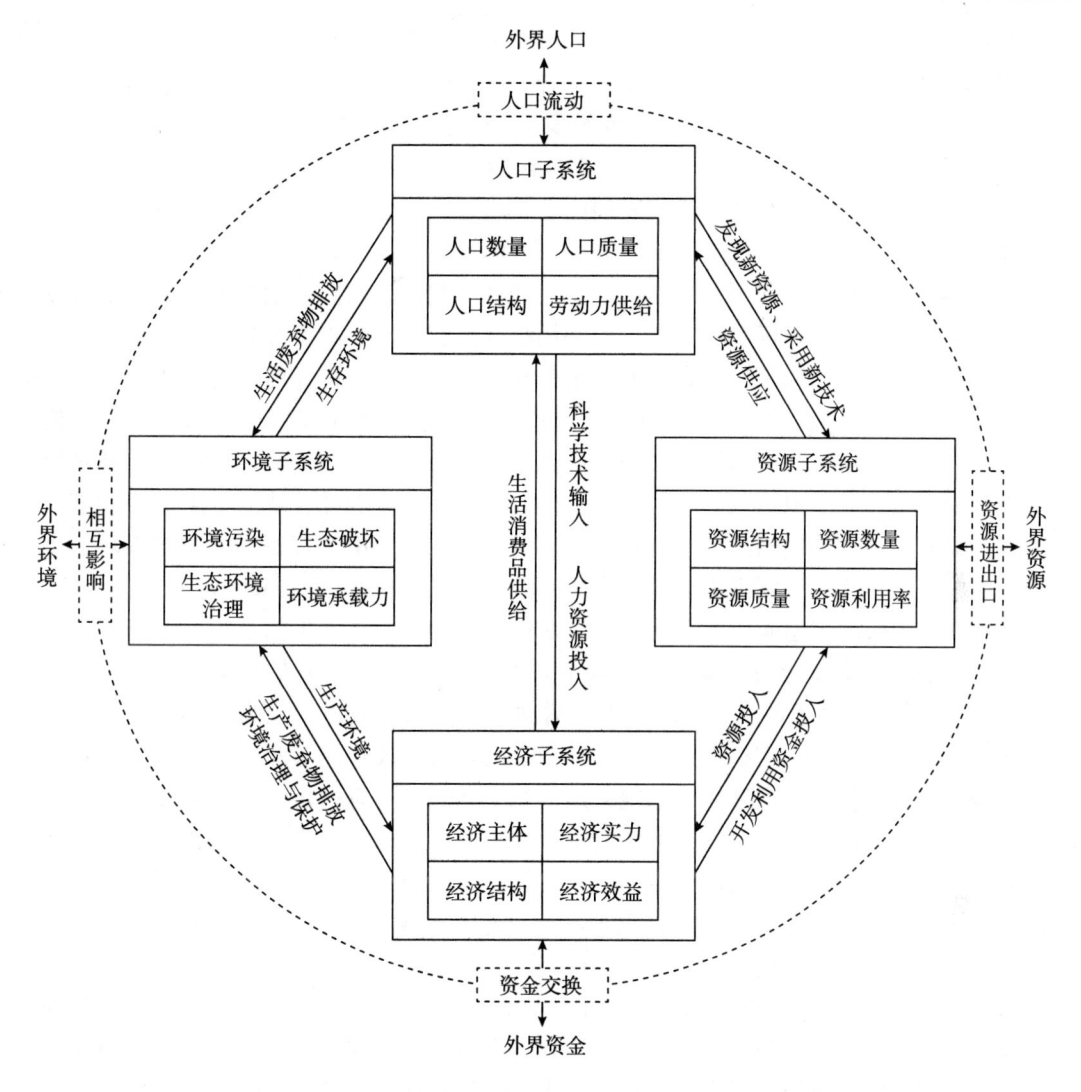

图 6-1 人口、资源、环境与经济协调发展的基本结构

(根据文献 [2] 和文献 [3] 修改得到)

人口是一定地域和社会范围内人群的总体,是整个 PREE 系统中具有主导作用的子系统。人口的构成方式复杂多样,既有性别、年龄、种族、地域方面的自然构成,还有不同社会层级的社会构成和不同经济层级的经济构成。主要由人口数量、人口质量、人口结构等要素组成。人口数量(或规模)是人口的主要特征之一。人口质量非常重要,决定着人力资本的状况。人力资本是指通过教育、培训、就业信息、劳动力迁移等获得的凝结在劳动者身上的技能、知识和能力之和。人类通过教育、培训等方式来提高劳动者的综合素质,从而提高劳动效率。在人口子系统中很受关注的还有劳动力人口规模和比例,对经济发展的影响很大。但需注意的是,劳动力人口系按人口年龄来划分的,由于多种因素的影响,并非所有的劳动力人口都能直接参与社会经济活动,因而劳动力人口又可以分为就业人口和非就业人口两个部分,这决定了人口的就业特征以及失业率等重要指标。

自然资源是经济发展的基础,是劳动对象。经济的发展需要依赖于各种自然物质和能量的不断供应，这种依赖性随着世界人口的增长及人民生活水平的提高而日益加强，许多国家的经济增长是建立在大量消耗资源的基础上的。资源子系统主要由资源结构（种类关系）、资源数量、资源质量、资源利用率等要素组成。一个国家或地区资源禀赋优越，常常意味着其资源种类较为齐全，资源数量（或储量）丰富，资源质量（或品质、品味）优良，这在正常情况下是经济增长或发展的重要基础。资源利用率是指某种资源在一定时间内被有效利用的程度，体现了资源被充分利用的程度，通常以百分比来表示。利用率越高，表示资源被更有效地利用，从而提高了生产效率和经济效益。通常而言，资源开发利用多、单位耗能低、废弃资源少，则资源利用程度高；反之，则资源利用效率低。

环境是与人类密切相关的、影响人类生活和生产活动的各种天然和经过人工改造过的自然要素的总体。环境一方面为人们提供居住场所、水和空气等生存必需品以及其他服务，为经济过程提供生产场所等；另一方面能够消纳人类生产和生活中所产生的各种废弃物（包括固体废弃物、有害气体、污水等）。此外，还有着不可或缺的生态服务功能，包括为人类和其他生物提供栖息地、景观等。环境子系统主要由环境污染、生态破坏、生态环境治理、环境承载力等要素组成。其中，环境承载力（Environmental Carrying Capacity），又称环境承受力或环境忍耐力，系指在某一时期、某种环境状态下的某一区域环境对人类社会、经济活动的支持能力的限度。人类赖以生存和发展的环境是一个大系统，在整个PREE系统里称为环境子系统，它既为人类活动提供空间和载体，又为人类活动提供资源并容纳废弃物。对于人类活动来说，环境子系统的价值体现在能够对人类社会生存和发展活动的需要提供支持。由于环境子系统的组成物质在数量上有一定的比例关系、在空间上具有一定的分布规律，因而对人类活动的支持能力总是有一定的限度。当人类社会经济活动对环境的影响超过了环境所能支持的极限时，环境问题也就相应地出现。当今各国（或地区）出现的各种环境问题，大多是人类活动与环境承载力之间出现矛盾和冲突的表现。

上述人口、资源、环境与经济四个子系统之间既彼此冲突又相互协调，四者之间的"协同作用"是整个PREE系统协调发展的内在因素。也就是说，在外部控制参量达到一定的阈值时，区域人口、资源、环境与经济四个子系统之间通过协调作用，可以使整个系统由无规则混乱状态变为宏观有序状态，实现PREE系统协调发展、可持续发展。

第二节 人口子系统——PREE系统的内在动力

人口子系统由一定数量、质量和结构的人口组成。人既是生产者，又是消费者，人力资源是社会生产中最关键的要素，社会生产的动力来源于人的消费，而且人类的技术进步和发明创造更是各子系统良性发展的内在动因。

一、人口子系统与其他子系统的一般关系

人口子系统与其他三个子系统（即经济子系统、资源子系统和环境子系统）相互联系、相互作用、相互影响。

就一般意义上来讲，由图6-2可见，人口子系统为经济系统（经济过程和经济发展）提供一定数量和质量的劳动力（系总人口中的一部分），这是生产过程和经济发展不可缺

少的条件；同时，人类所掌握的科学技术和生产技能是经济社会可持续发展的根本动力，有利于提高资源利用效率、改变产生污染的生产和生活方式，进而促进经济质量的提高。然而，人口过多和人口过快增长会占用大量的再生产资金，还使物质财富消费过多，给经济子系统带来就业和消费压力，制约着经济的发展，同时，人口的过快增长会带来资源相对数量（即人均资源占有量）的减少，导致资源短缺，给资源子系统带来巨大的压力。人口急剧增加还会迫使人们不择手段地扩大向大自然的索取，从而导致生态平衡失调；众多的人口消费又会产生大量的生活污水和垃圾，会在一定程度上造成环境污染和生态破坏生活废物的增加，因而给环境子系统同样带来巨大的压力。因此，控制人口数量，提高人口质量是人口系统中最迫切的问题。人口的发展需要与经济发展速度相适应，须要考虑到资源承载力和环境容量。

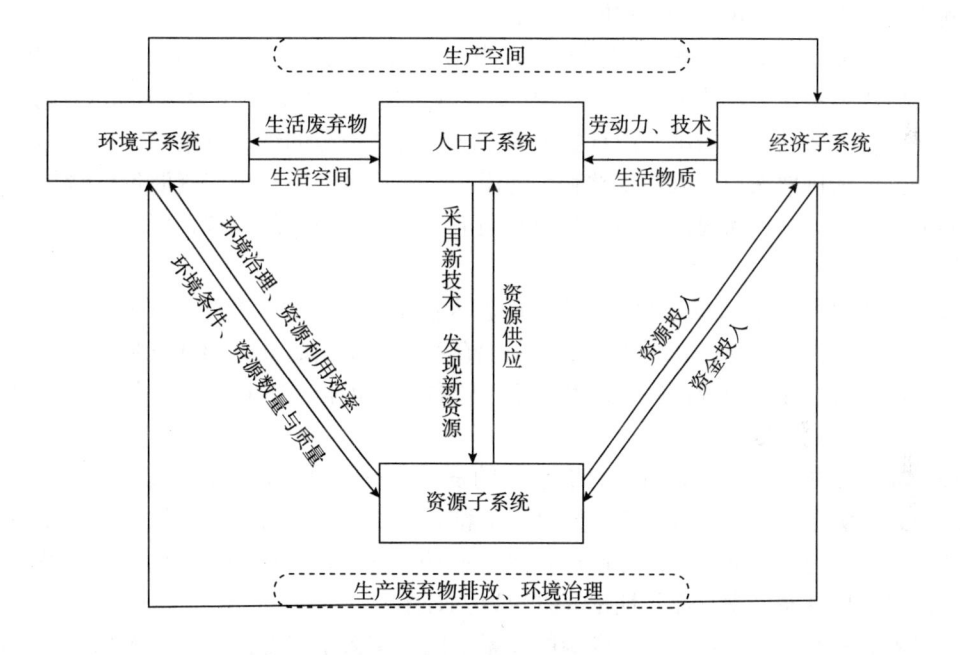

图 6-2 人口子系统与其他子系统的一般关系

二、人口子系统与其他子系统之间的冲突

在现实世界中，鉴于 PREE 系统的复杂关联性，人口子系统与其他子系统的关系远比如图 6-2 所示的更为复杂，各种矛盾和冲突复杂多样，协调发展需要解决诸多方面的问题和矛盾。

（一）人口与经济的冲突表现

人口减少，一方面带来劳动力市场的问题，主要是导致劳动力市场萎缩，劳动力供给不足，使用工成本升高，企业利润下降，降低企业竞争力；另一方面会带来消费市场问题，主要是导致消费需求减少，减缓经济活动的循环速度，影响经济增长和企业的盈利能力。此外，人口减少还会影响创新能力和国际竞争力，减缓新技术、新产品的研发和应用。

人口增长，一方面带来资源环境压力，主要是导致资源短缺和环境恶化，增加生产成本；另一方面，会给就业市场带来了压力，导致就业率下降和失业问题加剧。此外，还会带来社会服务压力，主要是导致教育、医疗等社会服务需求增加，影响社会稳定和经济发展，尤其是年轻人的增多给教育、培训和技能提升带来了压力，造成人力资源的浪费。

当今令人特别关注的人口老龄化，会对经济发展带来严重的挑战。随着医疗水平和人均寿命的提高，全球范围内普遍存在人口老龄化的趋势。老龄化人口的增加意味着更多的社会福利开支和医疗保健支出。这对社会经济体系产生了巨大的负担，限制了其他领域的投资和发展。此外，老龄化人口的增加还会导致人口净增长率下降，降低了经济增长的潜力。

（二）人口与资源的冲突表现

人口与资源的矛盾冲突主要体现在人口快速增长与资源相对匮乏资源消耗持续增长与资源利用不当以及资源供需矛盾加剧等方面。

（1）人口快速增长与资源相对匮乏。以中国为例，一方面人口基数大，另一方面长期以来总人口规模不断地快速增长，尽管2022年以来呈现负增长，但总人口依然超过了14亿人，导致对自然资源的需求压力日益加大。尽管自然资源的绝对总量大，但人均相对量小，人均土地和耕地面积、人均森林和草地面积、人均水资源和矿产资源价值量均远远低于世界平均水平。这种状况使中国在资源利用上处于较为被动的地位，面临着更为苛刻的资源约束。

（2）资源消耗持续增长与利用不当。随着人们生活水平和生产能力的提高，自然资源的消耗也持续增长。然而，在资源开发利用上存在诸多不当之处，如开发强度过高、保护不力、管理不善，导致资源消耗和浪费严重。这种状况加剧了人口与资源的矛盾，对资源的可持续利用构成了威胁。

（3）资源供需矛盾加剧。随着社会经济的发展，对资源的需求不断增加，而一些资源的供应却无法满足需求，导致供需矛盾日益加剧。例如，中国石油资源供应长期短缺，原材料矿产资源结构缺陷突出；部分矿产资源（如铁、锰、铝、铜等）目前已不能满足国内需求，供需矛盾日益加剧，需长期依靠进口以弥补不足。

这些矛盾表明，中国在人口与资源的关系上已经跨入了资源消耗总量增加，而资源利用难以满足需求的新阶段，这对中国的可持续发展构成了严峻挑战。

（三）人口与环境的冲突表现

人口与环境的矛盾，首先是人口数量增长与环境承载力之间的矛盾。随着人口数量的增加，意味着人们向环境输送的各种生活垃圾和废弃物大幅度增加，环境压力随即增大；同时，人口增长意味着对自然资源的需求亦随之增加（尤其是水资源、土地资源和能源），这会导致资源的过度开采和枯竭，而过度开发资源会造成生态环境的破坏，生物多样性减少，这给环境带来了巨大的压力。城市化和工业化过程中产生的废弃物和排放物对环境造成污染，导致空气、水和土壤污染。当人口增长超过环境的承载能力时，就会导致资源枯竭、环境污染、生态破坏等诸多重大问题。其次是人口发展与资源利用和环境保护的不协调会导致生态系统破坏、环境污染加剧等问题，进而影响经济社会发展。这要求人类社会经济的发展必须考虑到环境的可持续性和资源的合理利用，以实现人与自然的和谐共生。此外，人口迁移与城市化进程中，人口迁移往往导致城市环境压力增大，基础设施跟不上人口增长的速度，造成住房难、教育难等问题。

三、人口子系统与其他子系统之间的协调关系

（一）人口与经济的协调

为了促进人口与经济的协调发展，需要采取综合措施，坚持以人为本，改善民生，统筹解决人口问题；同时，需要在区域内实现人口数量、素质、结构与经济发展、资源利用、环境保护的综合协调。主要是以下四个方面：

（1）提升人口质量。加强职业教育和技能培训，大幅度提高劳动力素质和技能水平，适应未来产业的发展需求，实现由"人口红利"向"人才红利"的转变。

（2）缓解人口老龄化。制定全面的人口政策，合理引导人口的发展与结构调整。这包括制定优化生育政策、鼓励生育和优化劳动力供给，缓解人口老龄化问题。

（3）解决劳动力充分就业。鼓励创新创业，促进新兴产业的发展，提供更多的就业机会。将经济结构升级和创新作为经济发展的重点，通过发展战略性新兴产业、推动科技创新和转型升级传统产业，创造更多的高质量就业机会。通过提供更好的教育、培训和就业机会，促进劳动力市场的均衡发展。

（4）提供全面的社会福利和医疗保健。加大对社会福利和医疗保健领域的投入，提高人们的生活质量和健康水平。通过健全的社会保障体系，提供全民医疗保险和养老金，有效缓解人口老龄化带来的挑战，确保社会的长期稳定。

（二）人口与资源环境的协调

人口与资源环境的协调关系可以通过建立可持续发展战略和"两型"社会（资源节约型、环境友好型）来实现。人口、资源和环境之间的关系是一个具有内在联系的系统工程，要协调好这三者之间的关系，必须实施可持续发展战略，即促进经济发展与保护资源和环境相协调。这一战略的目的是确保人类赖以生存的自然环境不受根本性破坏，同时实现经济的持续增长。为了实现这一目标，需要改变以往单一考虑人口、资源、环境或经济的做法，转向全方位考虑这些因素的综合治理和协调。这意味着在人类社会发展过程中，对资源的开发和利用必须考虑到人口增长的长期需要和资源环境的承载能力，同时保护和促进长期发展为主要目标。这要求政府建立起将人口、资源、环境和经济发展等多因素综合治理的总体发展战略。

人口与自然资源平衡是人口发展与自然资源开发利用相互协调的关系，自然资源是社会经济发展的物质条件，是人们生产活动的基础。在城镇化进程中，土地与人口的协调也很关键，需要实现土地城镇化与人口城镇化相协调，确保人口增长与资源利用的可持续性，促进经济社会和资源环境的和谐发展。

此外，人口质量的提高有利于减少对资源与环境的负面影响。尽管人口数量增长对资源和环境有直接影响，带来种种资源环境压力甚至资源破坏、环境恶化，但由于人口质量的提高有利于运用新技术、新技能推进资源节约利用、循环利用、节能减排以及生态环境综合治理，因而能够提高资源利用效率、改善生态环境，也就是能够极大地减少对资源环境的负面影响，这是现实中最容易忽视的一点。制定和执行严格的环境保护法规，强化环境监测和综合治理，是人口、资源、环境与经济社会协调发展的重要途径。

第三节 资源子系统——PREE系统的物质基础

自然资源是整个PREE系统存在和发展的物质基础,在经济过程中属于劳动对象。经济的发展是人力资源和自然资源综合作用的结果,社会进步是自然资源满足人们需求的体现。随着人类利用和改造资源环境能力的提高,自然资源的外延和内涵也不断扩大,在PREE系统中的协调作用更为重要。

一、资源子系统与其他子系统的冲突与协调相互作用

如图6-3所示,经济发展与资源存量之间存在冲突与协调两种相互作用:①由于人口子系统中的人口规模增加和经济子系统中的各产业发展,使资源开发利用规模扩大、开发强度增大,因而导致资源存量不断减少;②科学技术进步与设备投资可以有效地提高资源的利用率,同时,还可以通过培育可再生资源和寻找更多的非再生资源来提高资源存量。

资源与环境之间也有冲突与协调两种相互作用:①环境的退化和恶化直接导致可利用资源数量的减少和资源质量的降低。如水环境的污染和恶化必然会使水资源可利用量减少,水资源质量下降;耕地土壤环境的污染同样使可利用的有效耕地资源数量(面积)减少,耕地质量等级降低,进而影响耕地资源利用效率和经济效益。②通过生态环境的综合治理,资源开发利用环境得以改善,可利用资源数量会相应地增多,资源质量也将提高,资源利用效率和经济效益随之提升。

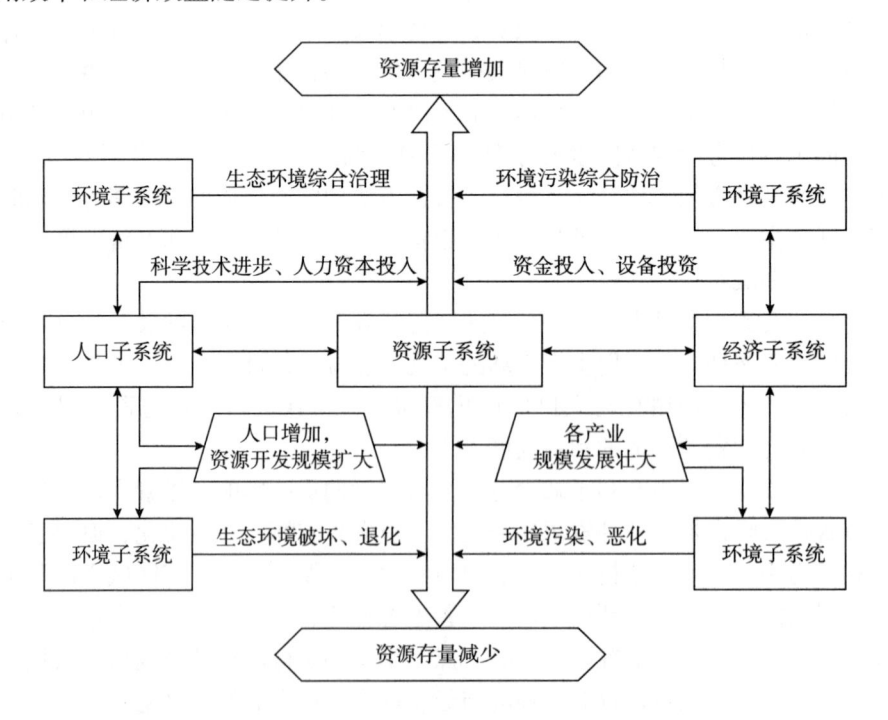

图6-3 资源子系统与其他子系统的冲突与协调

从总体来看，资源子系统的协调发展必须考虑区域内资源的承载能力，开发利用规模和开发强度不能超出资源子系统的可承载能力极限，否则就会造成资源破坏和生态环境恶化，最终整个 PREE 系统将不可持续甚至崩溃。为此，必须坚持合理利用资源，努力提高资源使用效率。对不可再生的资源（如能源、矿产等），必须优化利用，并积极培育新资源，坚持节约利用、循环利用；对可再生资源（如土地、水、森林等）必须坚持可持续利用的策略，严禁破坏和浪费。

二、资源开发利用过程是物质与能量在环境中的转化与流动过程

自人类诞生以来，首先是利用自然环境，之后就是改造自然环境和建设人工环境。这些被利用的自然环境以及取自自然环境的天然物质，即为自然资源。与一般的动物不同，人类利用自然不是消极、被动和无意识的，而是积极、主动和有意识地从自然环境中提取自然资源，并用之来建设人工环境。按各个自然要素可利用和可改造的难易程度，人类最先利用的就是生物界，包括栽培植物和驯化动物；之后，便是改良土壤、引水灌溉；再之后，就是开发矿产，建造工厂。于是，相应地逐渐出现了农田、牧场、水渠、道路、矿山、工厂和城市。

总体而言，人类对自然资源与环境的作用大致表现在五个方面——开发、利用、改造、破坏和污染（见图 6-4）。开发即指对尚未被利用的自然资源（如矿藏、水、土地、森林等）进行开采或垦殖；利用则指对已被开发的自然资源如何进行加工处理，力求做到地尽其利、物尽其用（如多种经营、综合利用）；改造是指把自然资源进一步加工成各种生产资料，并用之来改善自然环境和建设人工环境；破坏是指滥伐森林、过度放牧、盲目垦殖、乱采乱挖等不合理地开发自然资源的行为以及因此而产生的水土流失、土地荒漠化和沙化、石漠化、地面坍陷、滑坡、泥石流等恶化生态环境的现象；污染是指在开发、利用自然资源的过程中所产生的废气、废水、废渣等的排放对生态环境造成的不良后果。为了制止和防范人类对生态环境的破坏和污染作用，需要采取相应的治理与保护措施（包括工程措施、生物措施等）。

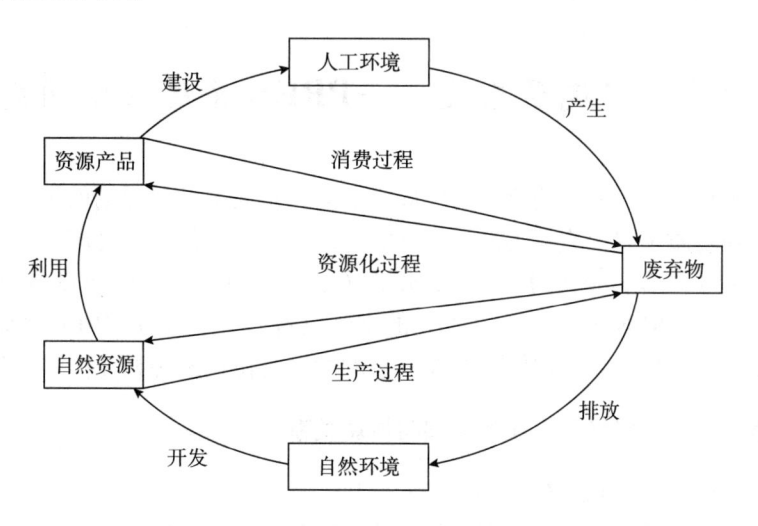

图 6-4 自然资源在环境中的转化过程

（资料来源：封志明. 资源科学导论 [M][44]. 北京：科学出版社，2004.）

图 6-4 展示了自然资源及其产物在环境中的转化过程。人类不断地从自然环境中取得自然资源，把它们加工成产品之后，一部分作为生活资料直接供人们消费，另一部分作为生产资料又用来改善自然环境和建造人工环境。同时，人类在利用自然资源进行生产和消费的经济过程中，还把废弃的有害物质和多余的能量送回到自然环境中，从而污染了环境。可见，自然资源是从环境中来、再回到环境中去，从自然环境中来、再回到人工环境中去、从原生环境中来，再回到次生环境中去的物质和能量。因此，可以认为，自然资源的开发利用就是物质与能量在环境中的迁移与转换过程。

三、自然资源子系统与社会经济技术密切关联

自然资源是随着人类社会发展和科学技术进步而日益扩大其范畴的，体现出了明显的社会性和经济技术性。通常而言，自然界中对人类有用的东西，即为资源。但对人类来说，由于取得和使用资源的技术和经济状况的不同，"有用"或"无用"是可以改变的，因而自然资源的范畴是动态的，随着社会的发展和科技的进步，人类对自然资源的理解不断加深，资源开发利用和保护的范围也在不断扩大。可见，自然资源就是自然环境中人类在技术上可以利用的那一部分。这表明了技术因素在自然资源开发利用中的重要性。另外，自然资源"可以利用"并不意味着已经利用，技术只是提供了可以利用的机会，要使开发利用机会得以实现，还要受社会经济的影响，这涉及社会经济的可行性问题。除技术外，资源开发利用还与经济能力有密切关系。由于经济条件的限制，许多资源暂还难以利用。如某些沿海地区缺少淡水，而当前的咸水淡化技术成本很高，当地居民的经济能力难以负担，因而丰富的海水目前还不能成为这些居民生活和生产用水的来源。

此外，还需要关注的是，"可利用"部分不仅包括物质性资源，还要包括功能性资源。物质性资源主要是指矿石、木材、石油等，因其具有数量上的限制，往往构成生产中的常规投入物，这也就是传统经济学上所理解的自然资源。功能性资源主要是指自然环境、阳光、旅游资源等，因其存在容量或能力上的限制，难以在市场上交换，常常直接进入消费过程，主要是给人以舒适或满足。

第四节 环境子系统——PREE 系统的空间支撑

环境是人类社会和各种生物存在与发展的空间，是人类各种活动的承载者，也是自然资源的载体。环境质量状况直接关系到人类的生活和生产条件以及健康水平，影响到自然资源的存量水平（如森林资源等）、质量水平（如水资源等）和经济发展的基础。因此，环境子系统在整个 PREE 系统中起着重要的空间支撑作用。由于 PREE 系统的复杂关联性，环境子系统与其他子系统之间亦存在复杂的冲突与协调两种相互作用（见图 6-5）。

一、环境子系统与经济子系统的冲突与协调关系

（一）环境子系统与经济子系统的冲突

环境子系统与经济子系统之间存在复杂的相互关系，人们通常用"环境承载力"作为衡量人类社会经济与环境协调程度的标尺。环境承载力决定着一个区域经济社会发展的速

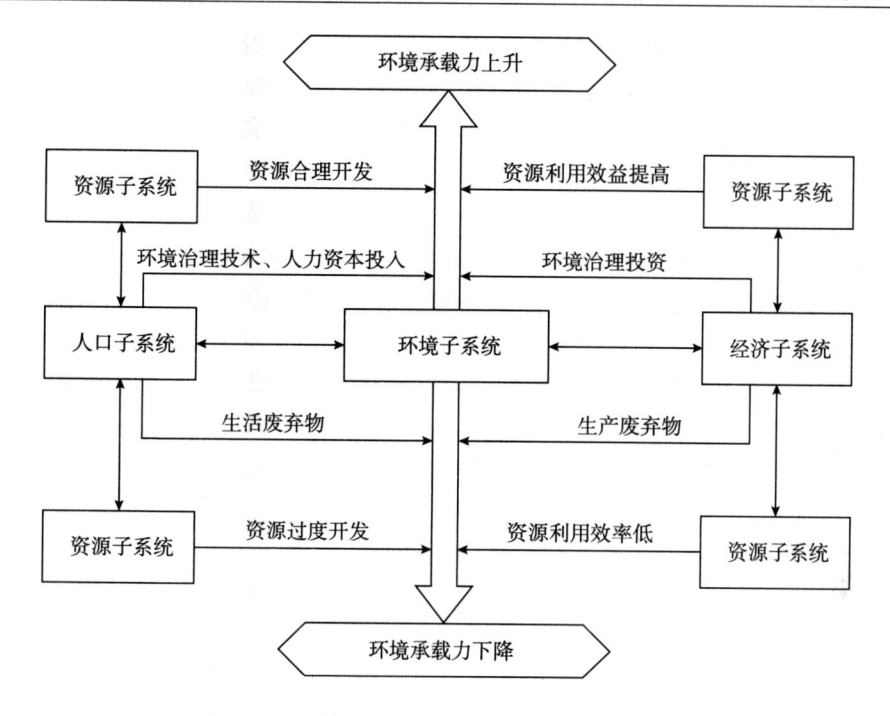

图 6-5 环境子系统与其他子系统的冲突与协调

度和规模。因此,环境子系统与经济子系统之间的复杂关系主要归结为经济发展与环境承载力之间的冲突与协调两种相互作用(见图6-5):一方面,环境承载力的上升取决于环境治理投资和环境治理技术水平,从这个意义上来看,经济发展可以为环境治理和环境保护提供必要的资金和技术,因而此两者是协调的。另一方面,经济增长往往意味着对资源的高强度开发利用,极易造成生态环境的破坏;同时,人类的生产、消费等经济活动过程的各种、废弃物、代谢物均排向环境,对环境造成污染,因而导致环境承载力下降,这时,环境与经济发展之间又是有矛盾和冲突的。在人类开发资源、发展生产、进行消费等一系列经济活动过程中,环境一直处于被动地位。但当对环境的改变积累到一定程度时,环境就会产生反馈作用。首先反馈给予环境质量密切的相关产业,并最终在消费者身上体现出来,也就是说,环境改变的最终受影响者(受害者)是消费者。这一反馈机制体现了生态环境阈值对生产、消费行为的约束力。当人类社会经济活动对环境的影响超过了环境所能支持的极限,或者说外界的"环境不堪重负刺激"超过了环境子系统维护其动态平衡与抗干扰的能力,也就是人类社会经济行为对环境的作用力超过了环境承载力时,将会导致生态环境的恶化和资源的匮竭,严重时还会引起经济社会发展的不可持续。

(二)环境子系统与经济子系统的协调关系

环境子系统的协调发展,关键在于经济发展需要与环境子系统的承载力相适应:①通过绿色经济和循环经济模式,实现经济增长与环境保护的双赢。例如,发展清洁能源和可再生能源,改善能源结构,提高资源利用效率,减少污染排放。②因地制宜地调整区域产业结构,大幅度提高生产技术水平,减少污染排放。③树立保护环境就是保护生产力、治理环境就是发展生产力的理念,须知良好的环境质量可以吸引投资、促进旅游业等绿色产业的发展,从而带动经济增长。在此基础上,大力增强公民环境意识,改变传统的消费模式,实现可持续消费。④积极增加环境治理投入,努力提高污染治理技术水平,认真解决好环境的负外部性问题,全面推进环境保护与经济发展的协调化。

二、环境子系统与人口子系统的冲突与协调关系

(一) 环境子系统与人口子系统的冲突

人口与环境的关系是相互依存、相互影响的。人类的发展离不开自然环境的支撑,而人类的活动也会对环境产生深远的影响。环境与人口的冲突主要体现在人口增长对土地资源的压力、对森林资源的压力、对能源的影响、对水资源的影响、对矿产资源的影响、对气候的影响,以及对生产和生活废弃物的影响等方面。人口增长对土地资源的压力表现为人均土地数量(尤其是人均耕地面积)下降,一方面导致世界粮食供应日趋紧张,另一方面迫使人们不得不扩大土地资源开发利用规模和开发强度,进而导致生态环境破坏和退化。人口增长对森林资源的压力也是显而易见的,人口过分增长会导致毁林开垦、毁林盖房等诸多行为的发生,使越来越多的森林资源遭受破坏,进而生态环境随之退化甚至恶化,水土流失、荒漠化和沙化加剧。人口增长对能源的影响,不仅是人口增加使能源供应紧张,并缩短了化石燃料的耗竭时间,而且随着能耗的大幅度增加,环境污染随之加剧。人口增长对水资源的影响主要是导致人均水资源占有量减少,尤其人们生活水平的提高和城市人口的膨胀加剧了水资源的供需矛盾,造成大范围的缺水现象;同时,人口增长意味着人们排向环境的各种生产和生活废弃物越来越多,导致水环境污染的严重化。人口对矿产资源的影响,人口激增加剧了对各种矿产资源的需求,造成资源供给的长期供求压力。人口增长对气候的影响也很显著,主要是导致人类的呼吸、燃烧和工业发展增加了大气中的二氧化碳、氮氧化物、硫氧化物等,容易引起酸雨和光化学烟雾等事故。此外,城市化进程的加快和人口向城市的迁移导致了环境污染、交通拥堵、住房紧张等种种问题,对城市生态环境造成了破坏。这些冲突不仅影响了自然资源的可持续利用和人类社会经济的可持续发展,还导致了区域生态系统的不稳定和生物多样性的丧失,对环境的健康与人类的生存构成了严重威胁。

(二) 环境子系统与人口子系统的协调关系

人口与环境的协调关系是确保区域生态平衡和人类社会可持续发展的关键。这种协调关系是一个很复杂的多层次系统,涉及诸多方面,但合理控制人口发展规模、大力提升人口质量、积极保护和治理环境是其中的核心性途径。

一个国家或区域的可持续发展,首先需要合理控制人口发展规模,使之与环境承载能力相适应。在这方面,人口经济学界和资源学界长期以来致力研究的适度人口理论和资源环境承载力理论可以发挥重要的指导作用。

提升人口质量是解决 PREE 系统诸多问题的关键路径。对于环境与人口的协调关系而言,人口质量的提高,特别是通过教育和培训提升人口素质,对环境具有积极的作用和影响,主要体现在以下四个方面:①促进资源的合理利用,减轻环境问题。高素质的人口和劳动力能够更好地理解和应用可持续发展的理念,在生产和消费过程中更加注重资源的合理利用和对环境的保护,能够识别并采用更加环保的生产方式和生活方式,减少破坏和浪费,促进资源的循环利用,从而减轻对自然资源和环境的压力。②促进生态环境的有效保护。高素质的人口更有可能参与到环境保护的行动中,如参与植树造林、参与环保组织的

活动、倡导绿色生活方式等，能够更好地理解和遵守环境保护的法律法规，从而减少污染和破坏生态环境的行为，有效地保护自然环境和生态系统。③优化城市人居环境。高素质的人口能够更好地参与到城市规划和建设中，提出更加环保和人性化的建议，能够推动城市基础设施的完善，提高公共服务水平，从而优化城市的人居环境，使城市不仅宜居而且宜业，促进城市的绿色转型和可持续发展。④促进城镇化质量的提高。通过提高人口素质，可以推动社会经济的稳定发展，提高城镇化的质量，而不是单纯地追求城镇化速度。这有助于避免城市化过程中的城市热岛效应、交通拥堵等环境问题，从而提高城镇化率的同时保持城镇生态环境的可持续性。

积极保护和治理环境无疑也是人口与环境协调关系中的重要一环。需要采取五个措施：①在资源合理利用与保护中倡导可持续发展理念，推广绿色、低碳的生活方式，发展循环经济，提高资源利用效率，减少废弃物排放，有助于保护环境和生物多样性。②生态保护与恢复中注重加强生态文明建设，实施重点生态功能区保护和修复工程，加强自然保护区建设，保护生态环境和生物多样性，有助于维护生态平衡。③强化节能减排，大力发展清洁能源，减少化石能源消费，推广节能技术和产品，提高能源利用效率，减少温室气体排放，有助于减缓气候变化。④积极治理环境，加强环境法律法规建设和执法力度，提高环境治理水平，大力开展环境污染治理工程，改善环境质量。⑤加强公众参与和教育，普及生态环境知识，提高公众环保意识，鼓励公众参与环保活动，培养绿色生活习惯。通过这些举措的实施，可以有效地实现人类与环境的和谐共处，促进人类社会的可持续发展。

三、环境子系统与资源子系统的冲突与协调关系

自然资源和自然环境是两个既有联系又有区别的概念，两者的关系也是一个长期以来备受关注的话题。自然资源是自然环境中的一部分，是人类能够从自然环境中获取能够满足其生存和发展需要的任何天然生成物及作用于其上的人类活动结果；而自然环境是指人类生活与发展的空间和条件。资源与环境之间的关系密不可分，资源的开发利用会对环境产生各种影响，同时环境的质量也影响资源的可持续利用。随着社会的发展和技术的进步，自然资源的开发利用深度和广度不断提高，同时也带来了环境问题，需要人们在开发利用自然资源时遵循持续、协调发展的策略。

（一）环境子系统与资源子系统的冲突

人类对自然资源的开采利用方式和行为直接改变了环境的表象和构成。长期实践表明，资源开发利用必然会带来环境问题。环境子系统与资源子系统的冲突主要体现在以下两个方面：一方面，人类对自然资源的过度开采和不合理利用、低效利用，不仅引起自然资源破坏和枯竭，而且更为严重的是引起水土流失、土地荒漠化和沙化、石漠化导致的生态环境破坏和恶化以及空气污染、水污染、土壤污染等诸多环境问题，导致环境承载力下降，进而影响经济发展水平和人类长期生存环境，形成"资源过度开发和低效利用→生态破坏和环境污染→资源破坏和枯竭→生态进一步破坏和环境进一步污染"的恶性循环，妨碍区域可持续发展战略进程。例如，过度的煤炭开采导致土地沉陷、水源污染和空气污染等问题；大规模的森林开发导致森林植被退化和砍伐率加快，生物多样性降低；大规模的毁林毁草开荒，会导致严重的地表植被损毁、水土流失、荒漠化和沙化。另一方面，资源

的开发利用本身也会造成能源消耗和废物排放，给环境带来压力。例如，化石燃料的燃烧会导致大气中二氧化碳的增加，从而引发全球气候变化。

（二）环境子系统与资源子系统的协调关系

资源与环境的关系是紧密关联的。资源是人类社会的物质基础，而良好的环境条件是资源可持续利用的基础和保证。资源的开发利用必须与环境保护相协调，以实现经济社会的可持续发展，为后代留下一个美丽且可持续发展的地球家园。

环境与资源的协调关系关键在于合理开发利用自然资源、提高资源利用效率，这对环境具有显著的积极效应，能够破解资源环境危机，加快推进生态文明建设，也就是通过减少对自然资源的过度开发和粗放使用，降低对环境的压力和破坏，促进经济社会与自然环境的和谐发展，实现高质量发展和绿色转型。具体而言，合理开发利用自然资源、提高资源利用效率对环境的积极影响主要体现在以下四个方面：①减少对自然资源的过度开发，减轻环境问题。通过优化资源利用方式，推行节约利用、循环利用，减少对自然资源的破坏和浪费，从而保护生态系统的稳定性和生物多样性。如通过技术创新和能源管理的优化，减少能源的浪费，降低对矿产资源的过度开采，可以减少地表塌陷和土壤侵蚀等问题。②降低环境污染。通过合理开发利用资源、提高资源利用效率，有助于减少废弃物的产生和排放，降低对空气、水和土壤的污染。例如，通过采用先进的工业技术和设备，提高能源转换效率，减少能源转换过程中的损失以及优化电力系统的运行，减少电力损耗，从而减少环境污染。③促进绿色发展和可持续发展。合理开发利用资源、提高资源利用效率是实现国家和区域绿色发展和建设生态文明的重要途径。通过全面提高资源利用效率，可以促进经济社会与自然环境的和谐发展，为未来的可持续发展奠定基础。④推动技术创新和产业升级，带动经济绿色转型：合理开发利用资源、提高资源利用效率，往往伴随着技术创新和产业升级。通过研发和应用高效节能的技术和设备，推动产业向更加环保、高效的方向发展，从而带动整个经济体系的绿色转型。此外，还应加强国际合作，共同应对全球资源与环境问题。跨国企业和国家应该携手合作，共同开展资源和环境的研究和合作，加强技术和经验的交流，形成合力，促进国际性资源与环境的日益协调化。

第五节 经济子系统——PREE 系统的核心

经济是连接人口、资源和环境的纽带，经济子系统在 PREE 系统中居于核心位置。经济子系统以其物质再生产功能为其他三个子系统的发展提供了物质和资金的支持，在推动 PREE 系统良性发展起着重要的作用。尤其对于中国这样的发展中国家，经济发展始终是中心问题、核心任务。只有在经济发展到一定程度下，才能有更多的资金投入到技术改造和环境保护中去，也才能发展文化教育事业、提高生活水平、改善生活条件，从而促进整个人类社会的发展和进步。

一、经济子系统与其他子系统之间的一般关系

经济是人口存在和发展的基础。物质资料的生产、分配、交换和消费构成了经济的核心，没有这些经济活动，人类社会的生存和发展将无法维持。其中，生产是起点，消费是

终点。通过这一经济过程，经济子系统与其他子系统有机地联系在一起，构成一个复杂的整体。

在经济子系统的生产环节里，由生产部门开采和获取资源，并把这些资源与资本、劳动结合起来，通过利用知识和技术的过程，将其转化为商品或服务。一般而言，高效率的生产过程会提高资源的利用率。但从现实来看，即使高效率的生产过程也会多少产生一些废物或垃圾，并排到环境中，从而对环境子系统造成影响。

生产的目的是消费。从消费环节来看，人类通过消费把产业与人口紧密联系在一起。人类通过消费过程，维持生命和获得享受。消费了的商品并不会消失，而是转化为其他形式的物质和能量（其中多数是废弃物或垃圾）。

二、经济子系统与其他子系统的冲突和协调

由于复杂巨系统的复杂关联性，PREE 系统各个子系统之间存在复杂的冲突和协调关系，经济子系统与其他子系统之间的关系也如此（见图 6-6）。

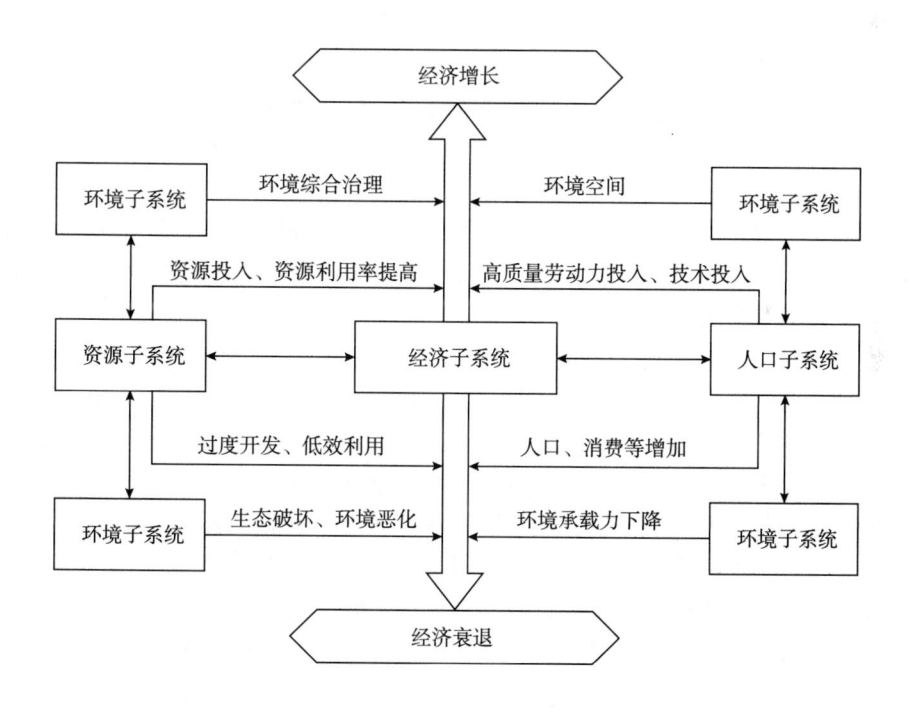

图 6-6　经济子系统与其他子系统的冲突与协调

经济子系统与其他子系统之间的矛盾主要表现为：随着人口快速增长，各种消费需求迅速增加，迫使经济子系统加大自然资源开发利用规模和强度，容易造成资源的过度开发和低效利用，一方面会导致生态破坏、环境恶化，环境承载力下降；另一方面则会导致生产效益低下，进而导致经济上的衰退。此外，通常而言，对人口、资源、环境子系统的各种非生产性投入（如环保、教育、消费等）会减少经济子系统的生产性投资，从而抑制经济增长。

经济子系统与其他子系统之间的协调关系主要表现为：对人口、资源、环境子系统的

各种非生产性投入，有利于这些子系统质量的提高，例如，环保投入的增加有助于环境治理和环境改善，提升环境承载力；教育和培训费用投入的增加，有助于人口质量的提升和人力资本的增加；资源节约利用、循环利用方面的种种投入，有助于提升资源利用效率。于是，在人力资本、技术创新、环境治理和保护、资源高效利用、消费需求等要素的推动下，有助于经济子系统的可持续发展，经济增长得以长期化、可持续化，从而形成各子系统协调发展的良性循环。

因此，经济子系统的协调发展不仅在于注重经济增长数量，更在于追求经济高质量发展，通过合理调整产业结构、改善经济结构、合理分配各种资金，依靠科技进步和绿色发展来提高生产的经济效益、生态效益和社会效益。

三、经济增长对人口、资源与环境问题的影响

经济是人口存在和发展的基础，经济的发展对人口的发展具有决定性影响，决定着人口的数量、素质、密度和分布等，对解决当今人口问题的作用和影响非常显著。①经济增长能够提供更多就业机会。通常，经济的繁荣可以提供更多的就业机会，可以吸引更多的劳动力参与经济活动，具有降低失业率、增加收入水平的作用。因此，经济增长为人口问题的解决提供了基础条件。②经济发展能够改善社会福利和医疗保健。经济的增长能够提供更多的财力投入社会福利和医疗保健领域，改善了人口的生活质量和健康水平。这既能提高人口整体素质又为老龄化人口的护理和养老提供了更好的条件。可见，尽管人口问题对经济增长有着负面影响，但经济发展又对人口问题的解决提供了基础条件。为了实现可持续的经济增长和人口问题的解决，应制定全面的人口政策，推动经济结构升级和创新，实现经济与人口的良性发展。

经济发展对自然资源具有深远的影响，既能够带来繁荣和进步，也会对环境造成破坏和短期利益的追求。经济增长对自然资源的负面影响主要体现在对自然资源的过度消耗以及所引起的生态破坏和环境污染上。经济发展需要大量的自然资源作为支撑，包括能源、矿产资源、水资源等。这些资源在工业生产、城市建设、农业发展等各个领域扮演着重要的角色。随着经济的不断发展，对自然资源的需求量相应地不断增加，导致其开采和利用的压力日益加大。一方面，自然资源的过度开采和利用会导致资源的枯竭和破坏。例如，大规模的煤炭开采导致煤矿资源逐渐枯竭，不可再生能源如石油等的过度开采导致资源的快速消耗。另一方面，资源的开采和利用也会对环境造成污染和破坏，如煤矿开采引发的水土流失、能源开采导致的空气污染。不少矿产资源的过度开采往往会导致山体破坏、植被损毁、河水污染等一系列问题，且水资源的合理利用不足会导致水资源短缺，制约经济的进一步增长。然而，经济增长往往伴随着技术的进步和产业结构的优化，这有助于提高资源利用率、减少资源浪费。同时，随着环境问题的日益严峻，经济发展越来越注重可持续发展，这促进了经济的转型，从传统的高能耗和高污染型产业向绿色经济转型，强调资源的有效利用和低碳排放。通过采用清洁能源、推广节能环保技术、发展循环经济等手段，实现经济的脱碳和减少对自然资源的依赖。绿色经济不仅有益于环境和自然资源的保护，还为经济发展提供了新的动力和机遇。可见，经济发展对自然资源具有双重影响，既有消耗资源和破坏环境的一面，也有推动资源保护和环境治理的一面。在未来的发展中，应当更加注重可持续发展，积极探索绿色经济模式，提高资源利用效率，为后代留下良好

的资源条件。

经济发展对环境的影响是复杂且多面的,既有积极的影响,也有负面的影响。负面影响主要是随着经济的发展,人类活动对自然环境的压力增加,过度消耗大量资源,如石油、煤炭和水资源等,会导致资源枯竭、生态失衡和环境污染等问题。工业生产和能源利用过程中产生的废气、废水和固体废弃物直接或间接地排放到大气、水域和土壤中,对环境造成了严重的污染。此外,大规模的城市化和农业化会导致土地的大规模开垦和破坏,使生态系统的多样性减少,生物物种面临灭绝的风险。总体上来看,环境问题通常是随着经济的发展而日益严重的,包括空气和水污染、生物多样性丧失等。同时,这种经济发展本身还可能存在一定的发展压力,如产业结构不合理、企业绿色发展的技术储备不足等,这些都会对环境造成负面影响。然而,经济发展对环境的影响也有积极的一面。毕竟环境问题系因经济发展而产生的,同时,环境问题的解决也要有赖于经济的发展,包括提供物质基础、提高人们生活水平以及对环境质量的重视:①经济发展为环境治理和环境保护提供了技术、资金和政策支持,这是其对环境影响的积极方面。②随着经济的发展,人们有能力采用更先进的环保技术和设备,提高资源利用效率,减少污染排放。例如,通过绿色经济、循环经济等模式,可以实现经济增长与环境保护的"双赢"。③经济发展还有助于改善环境治理,加快生态文明建设,形成绿色生产方式和生活方式,促使环境质量不断提升,为经济发展提供更大的空间。因此,必须深刻认识经济发展和环境保护之间的矛盾以及对立统一关系,高度重视环境保护与经济发展相互促进的协调发展关系,积极施行绿色经济和循环经济模式,努力实现经济增长与环境保护的"双赢"。

参考文献

[1] 陈国权. 可持续发展与经济—资源—环境系统分析和协调 [J]. 科学管理研究, 1999, 17 (2): 23-24.

[2] 关晓涵, 顾培亮. 系统理论在可持续发展中的应用研究 [J]. 科学管理研究, 1999, 17 (3): 41-45.

[3] 曾嵘, 魏一鸣, 范英, 等. 人口、资源、环境与经济协调发展系统分析 [J]. 系统工程理论与实践, 2000 (12): 1-6.

[4] 郭熙保. 试论人口、资源、环境与经济发展的关系 [J]. 当代财经, 2002 (11): 3-8.

[5] 姚腾霄. 论经济、人口、资源、环境之间的协调发展 [J]. 社会科学家, 2013 (11): 55-58.

[6] 熊升银. 人口、资源、环境与经济社会协调发展研究述评与展望 [J]. 广西社会科学, 2020 (8): 62-68.

[7] 毛汉英. 县域经济和社会同人口、资源、环境协调发展研究 [J]. 地理学报, 1991, 46 (4): 385-395.

[8] 米红, 吉国力, 林琪灿. 中国县级区域人口、资源、环境与经济协调发展的可持

续发展系统理论和评估方法研究[J]. 人口与经济, 1999 (6): 17-24, 10.

[9] 魏一鸣, 范英, 蔡宪唐, 等. 人口、资源、环境与经济协调发展的多目标集成模型[J]. 系统工程与电子技术, 2002, 24 (8): 1-5.

[10] 姜涛. 人口-资源-环境-经济系统分析模型体系[J]. 系统工程理论与实践, 2002 (12): 67-72.

[11] 张维群. 区域人口与经济、社会、资源环境协调发展评价研究[J]. 特区经济, 2006 (5): 265-266.

[12] 刘小林. 区域人口、资源、环境与经济系统协调发展的定量评价[J]. 统计与决策, 2007 (1): 64-65.

[13] 胡春春. 人口、资源环境与经济系统协调性的测度研究[J]. 商业时代, 2013 (20): 8-11.

[14] 孙尚清, 鲁志强, 高振刚, 等. 论中国人口、资源、环境与经济的协调发展[J]. 中国人口·资源与环境, 1991, 1 (2): 4-9.

[15] 师谦友. 黄土高原人口、资源、环境与经济发展的协调[J]. 地域研究与开发, 1995, 14 (1): 51-54.

[16] 袁国强, 郭红玲. 山区人口、资源、环境与经济协调发展研究[J]. 地域研究与开发, 1998, 17 (4): 64-67.

[17] 周孝华, 叶泽川, 杨秀苔. 三峡库区人口、资源、环境与经济的协调发展[J]. 地域研究与开发, 1999, 18 (3): 41-44.

[18] 曾嵘, 魏一鸣, 范英, 等. 北京市人口、资源、环境与经济的协调发展分析与评价指标体系[J]. 中国管理科学, 2000, 8 (S1): 310-317.

[19] 吴晓松. 云南省人口、资源、环境、经济系统分析和可持续发展探讨[A] // 西部开发与系统工程——中国系统工程学会第12届年会论文集会议论文集[C]. 2002: 147-151.

[20] 赵建国. 辽宁省人口、资源环境与经济协调发展实证分析[J]. 东北财经大学学报, 2003, (5): 59-62.

[21] 姚予龙, 谷树忠. 西部贫困地区人口、资源、环境与社会经济协调发展[J]. 中国农业资源与区划, 2003, 24 (3): 22-26.

[22] 陈颖. 青海省人口、资源、环境与经济、社会的协调发展研究[J]. 西北人口, 2007, 28 (5): 25-30.

[23] 齐晓娟, 童玉芬. 中国西北地区人口、经济与资源环境协调状况评价[J]. 中国人口·资源与环境, 2008, 18 (2): 110-114.

[24] 李华. 山东经济发展与人口、资源、环境协调度的预警系统研究[J]. 济南大学学报（社会科学版）, 2008, (3): 35-38.

[25] 胡国良. 新疆地区人口、资源、环境与经济协调发展综合评价[J]. 新疆大学学报（哲学·人文社会科学版）, 2009, 37 (4): 23-26.

[26] 安和平, 赵栋昌, 王君莉, 等. 贵州省人口、资源环境与经济协调发展的初步探究[J]. 中国人口·资源与环境, 2009, 19 (S): 67-71.

[27] 李均智, 骆华松, 何沁璇. 云南人口与经济、资源环境协调评价研究[J]. 资

源开发与市场, 2011, 27 (1): 25-27.

[28] 杨静, 孙文生. 河北省人口、资源环境与经济协调发展评价研究 [J]. 湖北农业科学, 2011, 50 (21): 4524-4527.

[29] 谢志忠, 黄初升, 赵莹. 福建省社会、经济、人口与环境资源发展的协调度分析 [J]. 经济与管理评论, 2012, 28 (1): 133-137.

[30] 徐昊声. 云南省红河州人口与经济社会资源环境协调发展研究 [J]. 当代经济, 2013 (1): 82-84.

[31] 刘月兰, 吴文娟. 新疆人口与资源环境以及社会经济耦合协调状况评价 [J]. 资源与产业, 2013, 15 (3): 139-144.

[32] 赵菊花. 广西人口、资源环境与经济协调发展的综合评价 [J]. 广西师范学院学报（自然科学版）, 2014, 31 (4): 78-83.

[33] 段永蕙, 景建邦, 张乃明. 山西省人口、资源环境与经济协调发展分析 [J]. 生态经济, 2017, 33 (4): 64-68, 79.

[34] Lu Chenyu, Yang Jiaqi, Li Hengji, et al. Research on the Spatial-Temporal Synthetic Measurement of the Coordinated Development of Population-Economy-Society-Resource-Environment (PESRE) Systems in China Based on Geographic Information Systems (GIS) [J]. Sustainability, 2019 (11): 2877.

[35] 李恒吉, 曲建升, 庞家幸, 等. 甘肃省人口-经济-社会-资源-环境系统耦合协调及可持续发展时空综合测度研究 [J]. 干旱区地理, 2020, 43 (6): 1622-1634.

[36] 俞城生. 安徽省人口、资源环境与经济协调发展研究 [J]. 安徽农学通报, 2020, 26 (19): 160-162, 167.

[37] Cao Junjie, Zhang Yao, Wei Taoyuan, et al. Temporal-spatial Evolution and Influencing Factors of Coordinated Development of the Population, Resources, Economy and Environment (PREE) System: Evidence from 31 Provinces in China [J]. International Journal of Environmental Research and Public Health, 2021 (18): 13049.

[38] 刘洁, 栗志慧, 周行. 双碳目标下京津冀城市群经济—人口—资源—环境耦合协调发展研究 [J]. 中国软科学, 2022 (S1): 150-158.

[39] 范丽玉, 高峰. 中国省域人口、资源、经济与环境 (PREE) 系统耦合协调的时空演变特征与预测分析 [J]. 生态经济, 2023, 39 (3): 168-176.

[40] 李豫杰. 青海省人口、资源环境与经济协调发展研究 [J]. 科技创新与生产力, 2023, 44 (5): 49-51+54.

[41] 潘彪, 黄征学, 党丽娟. 县域经济高质量发展的差异化路径: 基于经济—人口—资源环境三维分类框架 [J]. 中国软科学, 2024 (1): 110-119.

[42] 李佳璐, 潘景茹, 冯峰, 等. 黄河流域九省 (区) 人口-水资源-经济-生态环境系统耦合协调发展及障碍因素分析 [J]. 水资源与水工程学报, 2024, 35 (1): 47-56.

[43] 龙晓惠, 陈国平, 林伊琳, 等. 主体功能区视角下的滇中城市群人口-经济-资源环境时空耦合分析 [J]. 水土保持研究, 2024, 31 (2): 367-378.

[44] 封志明. 资源科学导论 [M]. 北京: 科学出版社, 2004.

第三篇

人口、资源、环境与经济协调发展的实践研究

第七章　人口、资源、环境与经济协调发展的准则与目标要求

人口、资源与环境经济学研究的根本目的在于推进国家和区域人口、资源、环境与经济的协调发展，这是可持续发展战略的基本要求，也是实现人与自然和谐共生的中国式现代化的必然路径。在当今中国践行绿色发展、高质量发展以及中国式现代化建设实践中，需要依据基本国情，以可持续发展等相关理论为支撑，研究和制定人口、资源、环境与经济协调发展的基本准则，并明确未来一定时期内人口、资源、环境与经济协调发展的目标要求，以此指导中国人口、资源、环境与经济协调发展的具体实践。

第一节　人口、资源、环境与经济协调发展的基本准则

推进人口、资源、环境与经济协调发展，是实施可持续发展战略、进行人与自然和谐共生的中国式现代化建设的内在要求和基本路径。结合国情和国家在人口、资源、环境与经济领域的新战略、新要求，在中国人口、资源、环境与经济协调发展实践中，需要研究和落实好此四者协调发展的基本准则。

一、坚持生态优先，推动绿色发展，促进人与自然和谐共生

何谓生态优先（Ecological Priority）？从生态经济理论来看，就是在生态环境效益与经济效益、社会效益发生矛盾时，经济效益和社会效益要服从于生态环境效益。从"两山"理论来看，在绿水青山与金山银山之间，要突出绿水青山的优先地位，也就是"宁要绿水青山，不要金山银山"，绝不能以牺牲生态环境为代价换取经济的一时发展。从人与自然和谐共生理论来看，人类必须敬畏自然、尊重自然、顺应自然、保护自然，让人类在绿水青山中享受自然之美、生命之美、生活之美，走出一条生产发展、生活富裕、生态良好的文明发展道路[1]。需要指出的是，生态环境保护和经济发展并非矛盾对立的关系，而是辩证统一的关系。正如习近平总书记在《在深入推动长江经济带发展座谈会上的讲话》中指出："生态环境保护的成败归根到底取决于经济结构和经济发展方式。发展经济不能对资源和生态环境竭泽而渔，生态环境保护也不是舍弃经济发展而缘木求鱼，要坚持在发展中保护、在保护中发展，实现经济社会发展与人口、资源、环境相协调，使绿水青山产生巨大生态效益、经济效益、社会效益。"[2]

绿色发展（Green Development），是以效率、和谐、持续为目标的经济增长和社会发展方式，旨在通过促进人与自然的和谐共生，以最少的资源环境代价取得最大的经济社会效益，实现经济社会发展和生态环境保护的协调统一。这种发展方式强调尊重自然、顺应

自然、保护自然,将生态优先、绿色低碳循环作为主要原则,通过发展环境友好型产业、降低能耗和物耗、保护和修复生态环境等方式,推动形成绿色发展方式和生活方式。绿色发展不仅是中国式现代化的显著特征,也是全球可持续发展的趋势。从内涵来看,绿色发展是对传统发展模式的一种创新,是建立在生态环境容量和资源承载力的约束条件下,将生态环境保护作为实现可持续发展重要支柱的一种新型发展模式。其有三要点:①将环境资源作为社会经济发展的内在要素;②将实现经济、社会和生态环境的可持续发展作为发展的目标;③将经济活动过程和结果的"绿色化""生态化"作为发展的主要内容和途径。绿色发展理念以人与自然和谐为价值取向,以绿色低碳循环为主要原则,以生态文明建设为基本抓手。绿色发展与可持续发展是一脉相承的:绿色发展是对可持续发展的继承,也是可持续发展中国化的理论创新,是中国面对世界生态环境恶化问题的鲜明应答。绿色发展受到可持续发展理论、"两山"理论等众多理论的支撑,与自然环境、低碳、循环、生态文明建设等内容密切相关,因而与可持续发展的结合非常紧密。

随着人们对生态环境保护和可持续发展意识的日益提高,坚持生态优先、推动绿色发展已成为全球范围内的共识。坚持生态优先、推动绿色发展是中国可持续发展的必然选择,对于实现人口、资源、环境与经济协调发展、建设人与自然和谐共生的中国式现代化具有重大意义。

良好的生态环境是经济可持续发展的基础和前提。只有保护好生态环境,推动经济发展模式和生活方式的根本性转变,才能保障经济可持续发展的资源基础。坚持生态优先,可以推动产业结构调整和优化升级,加快发展绿色经济、低碳经济和循环经济,提高资源利用效率,实现经济增长的质量变革,为高质量经济发展奠定坚实的基础。

生态环境直接关系到人类的生活质量和身体健康。一方面,坚持生态优先,可以改善空气质量、减少水源污染、保护生物多样性,为人类提供一个优美的生态环境。另一方面,绿色发展意味着将带动绿色就业,为人们提供更多的就业机会,改善人们的生活水平,实现经济发展与人类福祉的良性循环。

党的二十大报告对"推动绿色发展,促进人与自然和谐共生"进行了部署,强调"尊重自然、顺应自然、保护自然,是全面建设社会主义现代化国家的内在要求。必须牢固树立和践行绿水青山就是金山银山的理念,站在人与自然和谐共生的高度谋划发展"[3]。

《中共中央 国务院关于全面推进美丽中国建设的意见》指出:"当前,我国经济社会发展已进入加快绿色化、低碳化的高质量发展阶段,生态文明建设仍处于压力叠加、负重前行的关键期,生态环境保护结构性、根源性、趋势性压力尚未根本缓解,经济社会发展绿色转型内生动力不足,生态环境质量稳中向好的基础还不牢固,部分区域生态系统退化趋势尚未根本扭转,美丽中国建设任务依然艰巨。"[4] 因此,在新征程上,必须开启全面推进美丽中国建设新篇章,坚定不移走生产发展、生活富裕、生态良好的文明发展道路,建设天蓝、地绿、水清的美好家园。为此,提出了要求:"牢固树立和践行绿水青山就是金山银山的理念,处理好高质量发展和高水平保护、重点攻坚和协同治理、自然恢复和人工修复、外部约束和内生动力、'双碳'承诺和自主行动的关系,统筹产业结构调整、污染治理、生态保护、应对气候变化,协同推进降碳、减污、扩绿、增长,维护国家生态安全,抓好生态文明制度建设,以高品质生态环境支撑高质量发展,加快形成以实现人与自然和谐共生现代化为导向的美丽中国建设新格局,筑牢中华民族伟大复兴的生态根基。"[4]

《中共中央 国务院关于加快经济社会发展全面绿色转型的意见》提出要求："坚定不移走生态优先、节约集约、绿色低碳高质量发展道路，以碳达峰碳中和工作为引领，协同推进降碳、减污、扩绿、增长，深化生态文明体制改革，健全绿色低碳发展机制，加快经济社会发展全面绿色转型，形成节约资源和保护环境的空间格局、产业结构、生产方式、生活方式，全面推进美丽中国建设，加快推进人与自然和谐共生的现代化。"[5]

生态环境问题是全球性的挑战，需要各国共同应对。中国作为世界上人口最多的发展中国家之一，切实加强生态文明建设，坚持生态优先，能够与整个国际社会分享生态环境保护经验，积极参与全球环境治理，积极引领全球环境治理，推动全球绿色发展，为全球可持续发展作出贡献，确保子孙后代能够生活在一个美丽宜居的地球家园中。

二、坚持资源节约集约与循环经济，促进资源利用高效化

实施自然资源的节约集约与循环利用，是在传统的粗放型经济增长方式造成了资源消耗高、浪费大、环境污染严重等一系列重大问题的背景下提出的，是实现人口、资源、环境与经济协调发展的根本路径，是实施可持续发展战略的必然要求。自然资源的有限性、稀缺性，决定了自然资源有自己的安全边界，人们不可以随心所欲地挥霍，也不可以漫无边际地开发，开发利用规模和强度一旦超过这个安全边界，自然资源和生态安全会受到极大的破坏，会带来不可估量的灾难[6]。

在过去40多年里，自然资源支撑了中国经济的快速发展，但未来40年的资源需求将发生重大变革。人类开发利用自然资源必须守住人与自然的生态安全底线，不能突破自然资源开发利用红线，必须建立最严格的自然资源管理制度，实行最严格的自然资源管控手段[7]。

《中华人民共和国国民经济和社会发展第十四个五年规划和2035年远景目标纲要》[8]提出，坚持资源节约（包括节能、节水、节地等），全面提高资源利用效率，构建资源循环利用体系。党的二十大报告[3]提出，实施全面节约战略，推进各类资源节约集约利用，加快构建废弃物循环利用体系。可以认为，坚持资源节约集约与循环经济理念已成为保障资源高效化利用和经济高质量发展的根本性举措，是国家和区域人口、资源、环境与经济协调发展实践中必须坚持的基本准则。

资源节约集约与循环经济理念的实践运用，协同新型城镇化与工业化高质量发展、乡村振兴等战略布局，将有助于全面建立资源高效利用制度，为坚持和完善现代生态文明制度、推进可持续发展战略的实施作出贡献。

三、坚持经济高质量发展，促进可持续发展战略的有效实施

当前，发展不平衡不充分问题仍然突出，创新能力尚不适应高质量发展要求，农业基础还不稳固，城乡区域发展和收入分配差距较大，生态环保任重道远，民生保障存在短板，社会治理还有弱项[9]。

中国经济发展已进入了新时代，其特征是已由高速增长阶段转向高质量发展阶段[10]。这是保持经济持续健康发展的必然要求。当今劳动力成本上升、资源环境约束增大、粗放的发展方式难以为继的背景下，必须推动高质量发展，形成优质高效多样化的供给体系，

提供更多优质产品和服务，全国经济才能持续健康发展。同时，经济发展中不平衡不充分的问题、农业基础还不稳固的问题、城乡区域发展和收入分配差距较大的问题等实际上也是发展质量不高的表现，这就要求不仅要重视量的发展，更要重视解决质的问题，在质的大幅提升中实现量的有效增长。

习近平总书记指出："高质量发展，就是能够很好满足人民日益增长的美好生活需要的发展，是体现新发展理念的发展，是创新成为第一动力、协调成为内生特点、绿色成为普遍形态、开放成为必由之路、共享成为根本目的的发展。"[9] 这是新时代的硬道理，是全面建设社会主义现代化国家的首要任务。

高质量发展与可持续发展是相互关联、相互促进的，因而高质量发展不只是一个经济要求，而是对经济社会发展方方面面的总要求；不是只对经济发达地区的要求，而是所有地区发展都必须贯彻的要求，是国家和区域长期坚持的可持续发展方针。

四、人口素质提升与结构、分布优化，促进 PREE 的协调发展

人口问题始终是中国面临的全局性、长期性、战略性问题，关系到可持续发展战略的实施和中华民族伟大复兴的大事。党的二十大报告指出，中国式现代化是人口规模巨大的现代化[3]。尽管 2022 年和 2023 年连续两年全国人口总量略有下降，但仍有 14 亿多人口，人口规模优势和超大规模市场优势将长期存在。同时，当前中国人口发展呈现少子化、老龄化、区域人口增减分化的趋势性特征，需要正确认识、适应、引领人口发展新常态[11]。老龄化程度加深是经济社会发展的必然结果，也意味着从人口红利期转入了人口负担期，从辩证地看，这将有助于推动"人口红利"转向"人才红利"。少子化加剧，反映出生育率的逐年明显下降，"不婚""不生"问题突出。值此经济社会高质量发展的关键时期，必须高度重视老龄化、少子化的新形势新趋势，着力解决好"一老一少"的问题，这既对促进人口长期均衡发展有重要意义，也是全社会普遍关注的民生需求，是可持续发展战略的重要举措。

党的二十大报告提出："优化人口发展战略，建立生育支持政策体系，降低生育、养育、教育成本。实施积极应对人口老龄化国家战略，发展养老事业和养老产业，优化孤寡老人服务，推动实现全体老年人享有基本养老服务。"[3]《中共中央关于进一步全面深化改革 推进中国式现代化的决定》提出："以应对老龄化、少子化为重点完善人口发展战略，健全覆盖全人群、全生命周期的人口服务体系，促进人口高质量发展。"[12] 2023 年 5 月 5 日召开的二十届中央财经委员会第一次会议提出："要着眼强国建设、民族复兴的战略安排，完善新时代人口发展战略，认识、适应、引领人口发展新常态，着力提高人口整体素质，努力保持适度生育水平和人口规模，加快塑造素质优良、总量充裕、结构优化、分布合理的现代化人力资源，以人口高质量发展支撑中国式现代化。"[11] 针对城镇化率稳步提升、人户分离人口规模扩大的发展趋势，《中华人民共和国国民经济和社会发展第十四个五年规划和 2035 年远景目标纲要》提出了"加快农业转移人口市民化"[8] 的举措，国务院《深入实施以人为本的新型城镇化战略五年行动计划》提出，"把推进农业转移人口市民化作为新型城镇化首要任务"[13]。

基于上述人口发展新形势新趋势，结合国家相关发展战略的要求，在当前乃至未来一定时期内的中国人口、资源、环境与经济协调发展实践中，必须坚持"人口素质提升与结构、分布优化"的基本准则,这是适应人口发展新常态的要求,是新时代人口发展战略的核心,是人口发展与经济社会、资源环境相协调的根本性保证。

第二节 人口、资源、环境与经济协调发展的目标要求

一、生态优先、绿色发展的主要目标要求

绿色发展是经济社会高质量发展的底色。在人口、资源、环境与经济协调发展的战略实践中,必须牢固树立和践行"绿水青山就是金山银山"的理念,坚持走生态优先、绿色发展之路。为此,党的二十大报告[3]提出,推进美丽中国建设,坚持山水林田湖草沙一体化保护和系统治理,统筹产业结构调整、污染治理、生态保护、应对气候变化,协同推进降碳、减污、扩绿、增长,推进生态优先、节约集约、绿色低碳发展。

(一)修复和改善生态环境,建设山水林田湖草沙一体化的绿水青山体系

山水林田湖草沙是生命共同体,需要加强系统治理、综合治理、源头治理和依法治理,坚持保护优先、自然恢复为主,大力推动生态系统保护和修复,提升生态系统多样性、稳定性、持续性,筑牢国家生态安全屏障。主要的要求有六个:①以国家重点生态功能区、生态保护红线、自然保护地等为重点,加快实施重要生态系统保护和修复重大工程;②推进以国家公园为主体的自然保护地体系建设;③实施生物多样性保护重大工程;④科学开展大规模国土绿化行动,强化水土流失综合整治;⑤推行草原、森林、河流、湖泊、湿地休养生息,健全耕地休耕轮作制度,遏制土地荒漠化;⑥建立生态产品价值实现机制,完善生态保护补偿制度。

(二)推动绿色低碳发展,实现碳达峰、碳中和目标

推动经济社会发展绿色化、低碳化是实现高质量发展的关键环节。2020年9月22日,习近平主席在第七十五届联合国大会一般性辩论上指出:"人类需要一场自我革命,加快形成绿色发展方式和生活方式,建设生态文明和美丽地球。人类不能再忽视大自然一次又一次的警告,沿着只讲索取不讲投入、只讲发展不讲保护、只讲利用不讲修复的老路走下去。为应对气候变化而签署的《巴黎协定》(the Paris Agreement)代表了全球绿色低碳转型的大方向,是保护地球家园需要采取的最低限度行动,各国必须迈出决定性步伐。中国将提高国家自主贡献力度,采取更加有力的政策和措施,二氧化碳排放力争于2030年前达到峰值,努力争取2060年前实现碳中和。"[1] 碳达峰、碳中和目标是中国对国际社会的承诺,也是对中国实施绿色发展、可持续发展的动员令。生态环境问题归根到底是发展方式和生活方式问题。建立健全绿色低碳循环发展经济体系、促进经济社会发展全面绿色转型是解决中国生态环境问题的基础之策。推动绿色低碳发展是国际潮流所向、大势所趋,绿色经济已成为全球产业竞争的制高点。

实现碳达峰、碳中和目标的主要要求有以下六个:①将实现减污降碳协同增效作为促进经济社会发展全面绿色转型的总抓手,加快推动产业结构、能源结构、交通运输结构、用地结构调整;②强化国土空间规划和用途管控,落实生态保护、基本农田、城镇开发等空间管控边界,实施主体功能区战略,划定并严守生态保护红线;③抓住资源利用这个源

头,推进资源总量管理、科学配置、全面节约、循环利用,全面提高资源利用效率;④抓住产业结构调整这个关键,推动战略性新兴产业、高技术产业、现代服务业加快发展,以及能源清洁低碳安全高效利用,持续降低碳排放强度;⑤解决好推进绿色低碳发展的科技支撑不足问题,加强碳捕集利用和封存技术、零碳工业流程再造技术等科技攻关,支持绿色低碳技术创新成果转化;⑥发展绿色金融,支持绿色技术创新[14]。

(三) 加快形成节约资源和保护环境的空间格局、产业结构、生产方式、生活方式

推动经济社会发展绿色化、低碳化,是实现高质量发展的关键环节,是解决中国资源和生态环境问题的基础之策,是建设人与自然和谐共生现代化的内在要求。中共中央、国务院要求加快经济社会发展全面绿色转型,形成节约资源和保护环境的空间格局、产业结构、生产方式、生活方式[5]。主要要求有五个:①构建绿色低碳高质量发展空间格局,优化国土空间开发保护格局,打造绿色发展高地;②加快产业结构绿色低碳转型,推动传统产业绿色低碳改造升级,大力发展绿色低碳产业,加快数字化绿色化协同转型发展;③稳妥推进能源绿色低碳转型,加强化石能源清洁高效利用,大力发展非化石能源,加快构建新型电力系统;④推进交通运输绿色转型,优化交通运输结构,建设绿色交通基础设施,推广低碳交通运输工具;⑤推进城乡建设发展绿色转型,推行绿色规划建设方式,大力发展绿色低碳建筑,推动农业农村绿色发展。

为了推进经济社会发展的全面绿色转型,要求实施全面节约战略,大力推进节能降碳增效,加强资源节约集约高效利用,大力发展循环经济;推动消费模式绿色转型,推广绿色生活方式,加大绿色产品供给,积极扩大绿色消费;发挥科技创新支撑作用,强化应用基础研究,加快关键技术研发,开展创新示范推广。

(四) 强化污染防治,追求蓝天、碧水、净土

当前乃至未来,人民群众对生态环境质量的期望值日益提高,对生态环境问题的容忍度越来越低。要集中攻克人们身边的突出生态环境问题,尤其是环境污染等问题,实现蓝天、碧水、净土的目标,让群众实实在在感受到生态环境质量的改善。主要要求有六个:①坚持精准治污、科学治污、依法治污,保持力度、延伸深度、拓宽广度,持续打好蓝天、碧水、净土保卫战;②强化多污染物协同控制和区域协同治理,加强细颗粒物和臭氧协同控制,基本消除重污染天气;③统筹水资源、水环境、水生态治理,加强江河湖库污染防治和生态保护,建设美丽海湾,有效保护居民饮用水安全,坚决治理城市黑臭水体;④推进土壤污染防治,有效管控农用地和建设用地土壤污染风险;⑤实施垃圾分类和减量化、资源化,加强白色污染治理,加强危险废弃物、医疗废弃物收集处理,强化重金属污染防治,重视新污染物治理;⑥推动污染治理向乡镇、农村延伸,强化农业面源污染治理,明显改善农村人居环境。

二、资源节约集约与循环经济的主要目标要求

资源节约集约与循环经济的理念,系从资源利用的源头出发,在严格保护生态环境的前提下,全面提高资源利用效率,满足经济社会发展的合理需求。这是提高资源利用效率的必由之路,其根本目标在于促进资源利用高效化。中国是人口大国,同时也是资源需求大国,在可持续发展和中国式现代化建设中,亟待加快资源利用方式根本转变,努力用最少的资源环境代价取得最大的经济社会效益,让当代人过上幸福生活,为子孙后代留下生

存根基，为全球资源环境可持续发展作出重大贡献[15]。

（一）实施自然资源全面节约战略，推进各类资源节约集约利用，全面提高资源利用效率

坚持节能优先方针，提高能源利用效率。完善能源消耗总量和强度调控，重点控制化石能源消费。大力推广技术节能、管理节能、结构节能，推动能源利用效率持续提升。

实施全面节水行动，提升水资源利用效率。建立水资源刚性约束制度，依据水资源禀赋合理确定产业和城市布局，强化农业节水增效、工业节水减排和城镇节水降损。实施水资源消耗总量和强度双控，对高耗水行业实施节水技术改造，推广农业高效节水灌溉。将再生水、淡化海水、集蓄雨水、微咸水、矿井水等非常规水源纳入水资源统一配置，有效缓解缺水地区的水资源供需矛盾。

加强土地节约集约利用，提升土地综合利用效益。完善城乡用地标准体系、严格各类建设用地标准管控和项目审批，推进交通、能源、水利等基础设施项目节约集约用地，严控新增建设用地。强化农村土地管理，稳步推进农村集体建设用地节约集约利用。建立建设用地增量安排与消化存量挂钩机制和闲置土地收回机制，盘活存量用地。支持工矿废弃土地恢复利用，完善土地复合利用、立体开发支持政策。

（二）全面推行循环经济理念，构建多层次资源高效循环利用体系，提高资源综合利用水平

深入推进园区循环化改造，补齐和延伸产业链，推进能源资源梯级利用、废物循环利用和污染物集中处置。加强大宗固体废弃物综合利用，规范发展再制造产业。加快发展种养有机结合的循环农业。加强废旧物品回收设施规划建设，完善城市废旧物品回收分拣体系，完善废旧物资回收网络，统筹推进废旧资源循环利用，提升再生资源加工利用水平。推行生产企业"逆向回收"等模式，建立健全线上线下融合、流向可控的资源回收体系。拓展生产者责任延伸制度覆盖范围。推进快递包装减量化、标准化、循环化。开展绿色矿山建设，大力推进绿色勘查和绿色开采，提升重要矿产资源开采回采率、选矿回收率、综合利用率。

三、经济高质量发展的主要目标要求

推动高质量发展，其最终目的在于推动经济社会可持续发展，不断地满足人民群众对美好生活的需要。因此，需要着力提升发展质量和效益，更好满足人民多方面日益增长的需要；将高质量发展与满足人民美好生活需要紧密结合起来，着力解决好就业、分配、教育、医疗、住房、养老、托幼等民生问题，让现代化建设成果更多更公平惠及全体人民；统筹质的有效提升和量的合理增长，始终坚持质量第一、效益优先，大力增强质量意识，视质量为生命，以高质量为追求；深入转变发展方式，以效率变革、动力变革促进质量变革，加快形成可持续的高质量发展体制机制。

（一）建设现代化产业体系

建设现代化产业体系是新质生产力的发展载体[15]，是新质生产力赋能高质量发展的内在要求。在具体实践中，要求深入推进新型工业化，加快建设制造强国、质量强国、航天强国、交通强国、网络强国、数字中国。实施产业基础再造工程和重大技术装备攻关工程，支持专精特新企业发展，推动制造业高端化、智能化、绿色化发展。巩固优势产业领

先地位，提升战略性资源供应保障能力。推动战略性新兴产业融合集群发展，构建新一代信息技术、人工智能、生物技术、新能源、新材料、高端装备、绿色环保等一批新的增长引擎。构建优质高效的服务业新体系，推动现代服务业同先进制造业、现代农业深度融合。加快发展物联网，建设高效顺畅的流通体系，降低物流成本。加快发展数字经济，促进数字经济和实体经济深度融合，打造具有国际竞争力的数字产业集群。优化基础设施布局、结构、功能和系统集成，构建现代化基础设施体系。

（二）全面推进乡村振兴

中国经济发展最艰巨、最繁重的任务仍在农村。主要的发展策略是坚持农业农村优先发展，坚持城乡融合发展，畅通城乡要素流动；加快建设农业强国，扎实推动乡村振兴。

（1）增强农业综合生产能力。全方位夯实粮食生产能力基础，保障粮、棉、油、糖、肉、奶等重要农产品供给安全。坚持最严格的耕地保护制度，强化耕地数量保护和质量提升，严守18亿亩耕地红线，遏制耕地"非农化"、防止"非粮化"，规范耕地占补平衡，严禁占优补劣、占水田补旱地。以粮食生产功能区和重要农产品生产保护区为重点，建设国家粮食安全产业带，实施高标准农田建设工程。推进大中型灌区节水改造和精细化管理，建设节水灌溉骨干工程。加强大中型、智能化、复合型农业机械研发应用。加强种质资源保护利用和种子库建设，确保种源安全。

（2）推进农村一、二、三产业融合发展，延长农业产业链条，发展各具特色的现代乡村富民产业。推动种养加结合和产业链再造，提高农产品加工业和农业生产性服务业发展水平，壮大休闲农业、乡村旅游、民宿经济等特色产业。加强农产品仓储保鲜和冷链物流设施建设，健全农村产权交易、商贸流通、检验检测认证等平台和智能标准厂房等设施，引导农村二、三产业集聚发展。完善利益联结机制，通过"资源变资产、资金变股金、农民变股东"[8]，让农民更多分享产业增值收益。

（3）实现巩固拓展脱贫攻坚成果同乡村振兴有效衔接。建立健全巩固拓展脱贫攻坚成果长效机制。健全防止返贫动态监测和精准帮扶机制，对易返贫致贫人口实施常态化监测，建立健全快速发现和响应机制，分层分类及时纳入帮扶政策范围。完善农村社会保障和救助制度，健全农村低收入人口常态化帮扶机制。加强扶贫项目资金资产管理和监督，推动特色产业可持续发展。积极带动低收入人口就地就近就业。做好易地扶贫搬迁后续帮扶，加强大型搬迁安置区新型城镇化建设。实施脱贫地区特色种养业提升行动，广泛开展农产品产销对接活动，深化拓展消费帮扶。集中支持乡村振兴重点帮扶县，增强其巩固脱贫成果及内生发展能力。坚持和完善东西部协作和对口支援、中央单位定点帮扶、社会力量参与帮扶等机制，调整优化东西部协作结对帮扶关系和帮扶方式，强化产业合作和劳务协作。

（三）促进区域协调发展

深入实施区域协调发展战略、区域重大战略、主体功能区战略、新型城镇化战略，优化重大生产力布局，构建优势互补、高质量发展的区域经济布局和国土空间体系。

在总体的区域协调发展战略实施上，重点施行四大举措：①推动西部大开发形成新格局。重点是深入实施一批重大生态工程，开展重点区域综合治理；积极融入"一带一路"建设；加大西部地区基础设施投入，支持发展特色优势产业；推进成渝地区双城经济圈建设，促进西北地区与西南地区合作互动。②推动东北振兴取得新突破。从维护国家国防、粮食、生态、能源、产业安全的战略高度，加强政策统筹，实现重点突破。尤其是加快发展现代农业，打造保障国家粮食安全的"压舱石"；加大生态资源保护力度，筑牢祖国北疆生态安全屏障；改造提升装备制造等传统优势产业，培育发展新兴产业，大力发展寒地冰雪、生态旅游等特色产业，打造具有国际影响力的冰雪旅游带，形成新的均衡发展产业结构和竞争优势。③开创中部地区崛起新局面。主要是着力打造重要先进制造业基地、提高关键领域自主创新能力、建设内陆地区开放高地、巩固生态绿色发展格局，推动中部地区加快崛起。④鼓励东部地区加快推进现代化。主要是发挥创新要素集聚优势，加快在创新引领上实现突破，推动东部地区率先实现高质量发展。

与此同时，积极支持特殊类型地区发展。尤其是支持革命老区、民族地区加快发展，加强边疆地区建设，推进兴边富民、稳边固边。推进京津冀协同发展、长江经济带发展、长三角一体化发展，推动黄河流域生态保护和高质量发展。高标准、高质量建设雄安新区，推动成渝地区双城经济圈建设。健全主体功能区制度，优化国土空间发展格局。推进以人为核心的新型城镇化，加快农业转移人口市民化。以城市群、都市圈为依托构建大中小城市协调发展格局，推进以县城为重要载体的城镇化建设。加强城市基础设施建设，打造宜居、韧性、智慧城市。

（四）因地制宜发展新质生产力

生产力是人类社会发展的根本动力。高质量发展需要新的生产力理论来指导，而新质生产力已经在实践中形成并展示出对高质量发展的强劲推动力、支撑力。何谓新质生产力？习近平总书记指出："新质生产力是创新起主导作用，摆脱传统经济增长方式、生产力发展路径，具有高科技、高效能、高质量特征，符合新发展理念的先进生产力质态。它由技术革命性突破、生产要素创新性配置、产业深度转型升级而催生，以劳动者、劳动资料、劳动对象及其优化组合的跃升为基本内涵，以全要素生产率大幅提升为核心标志，特点是创新，关键在质优，本质是先进生产力。"这一概念与内涵表明，新质生产力的核心在于提升全要素生产率，新质生产力的载体在于构建现代化产业体系[16]。新质生产力能够为高质量发展提供源源不断的推动力与支撑力，是高质量发展的内在要求和重要着力点，是推动中国经济"质变"跃升的关键力量[17]。应坚持从实际出发，因地制宜，分类指导，切实依据本地的资源禀赋、产业基础、科研条件等，有选择地推动新产业、新模式、新动能发展，用新技术改造提升传统产业，积极促进产业高端化、智能化、绿色化。

四、人口素质提升与结构、分布优化的主要目标要求

人口素质提升是人口高质量发展的标志之一。人口结构优化有着多重含义，但当今的重点在于解决老龄化、少子化的突出问题。分布（或布局）优化、合理化主要是要求人口发展与区域资源环境人口承载力相适应，当今的重点在于与新型城镇化、工业化相适应，着力解决好农业转移人口市民化的迫切问题。

（一）提高人口整体素质，加强人力资源开发利用，推动"人口红利"向"人才红利"转变

坚持教育优先发展，建设高质量教育体系。教育是提高人口素质的重要途径，也是推动"人口红利"向"人才红利"转变的关键[18]。当前，中国已建成包括学前教育、初等教育、中等教育、高等教育等在内的当代世界规模最大的教育体系，教育现代化发展总体

水平跨入了世界中上国家行列，基础教育实现了跨越式发展，让每个孩子都能享有公平而有质量的教育正在变为现实，这是中国从人力资源大国迈向人力资源强国的坚实基础。二十届中央财经委员会第一次会议提出："把教育强国建设作为人口高质量发展的战略工程，全面提高人口科学文化素质、健康素质、思想道德素质。"[11]《中共中央关于进一步全面深化改革 推进中国式现代化的决定》提出，加快建设高质量教育体系，统筹推进育人方式、办学模式、管理体制、保障机制改革；优化区域教育资源配置，建立同人口变化相协调的基本公共教育服务供给机制[12]。当前，应着力推进基本公共教育均等化，巩固义务教育基本均衡成果，完善办学标准，推动义务教育优质均衡发展和城乡一体化；加快城镇学校扩容增位，保障农业转移人口随迁子女平等享有基本公共教育服务。此外，从乡村振兴战略需求出发，加大农村地区教育投入，改善乡村小规模学校和乡镇寄宿制学校条件，加强乡村教师队伍建设，提高乡村教师素质能力，完善留守儿童关爱体系，巩固义务教育控辍保学成果；采取强有力的措施扶持，强化农村职业教育的发展，为乡村振兴培养高质量的农村人才。

扎实推进全民健康工程，构建全民健康保障制度，促进"银发族"就业常态化。健康不仅是福祉，同时也是生产力。据统计，中国人均预期寿命提高到了78.2岁[18]。现有60岁及以上人口中，有一半为60~69岁的低龄老年人，不少人具有知识、经验、技能的优势，身体状况尚佳，在自愿的基础上可以继续为经济社会发展发挥余热。2018年修订的《老年人权益保障法》提出，根据社会需要和可能，鼓励老年人在自愿和量力的情况下，依法从事经营和生产活动。也就是说，一些刚退休、身体条件尚可、尚有余力的"轻龄"老年人，完全可以继续发挥作用、参与社会劳动。"银发族"再就业不再是新话题，实践表明，鉴于老年人的知识、技能、经验和优良品德，发挥老年人的专长和作用不仅必要而且很重要，老年人就业有着特殊优势，"银发族"再就业将日益成为新常态[19]。因此，必须将保障人民健康放在优先发展的战略位置，切实强化全民健康工程，构建全民健康保障制度，全面推进健康中国建设。

此外，要加强人力资源开发利用，稳定劳动参与率，提高人力资源利用效率。为此，迫切需要强化职业技术（技工）教育和培训，提高劳动者职业技能素质，从根本上解决一些地方和企业"招工难"和劳动者"就业难"并存的"两难"问题，让更多的普通劳动者通过自身努力进入中等收入群体行列。

（二）优化人口结构，维护人口安全

人口安全主要是指一个国家在一定时期内人口数量、人口素质、人口结构、人口分布以及人口迁移等因素与经济社会的发展水平、发展要求相协调，与资源环境的承载能力相适应，能够实现可持续发展以及人的全面发展[20]。从根本上来讲，优化人口结构，维护人口安全，必须科学统筹人口与经济社会、资源环境的协调关系，优化区域经济布局和国土空间体系。从当今人口发展趋势来看，优化人口结构，尤其是有效应对"一老一少"问题是维护人口安全的重要路径。

针对"不愿生"带来的"少子化"趋势，切实按照党中央的要求，完善生育支持政策体系和激励机制，推动建设生育友好型社会。应采取以下三项措施：①有效降低生育、养育、教育成本，完善生育休假制度，建立生育补贴制度，提高基本生育和儿童医疗公共服务水平，加大个人所得税抵扣力度。②加强普惠育幼服务体系建设，支持用人单位办

托、社区嵌入式托育、家庭托育点等多种模式发展。③把握人口流动客观规律，推动相关公共服务随人走，促进城乡、区域人口合理集聚、有序流动。

针对长寿化和少子化带来的人口老龄化，必须积极应对，切实完善发展养老事业和养老产业政策机制。应采取以下五项措施：①发展银发经济（Silver Economy），创造适合老年人的多样化、个性化就业岗位，这是具有广阔发展前景的领域。②按照自愿、弹性原则，稳妥有序推进渐进式延迟法定退休年龄改革。③优化基本养老服务供给，培育社区养老服务机构，健全公办养老机构运营机制，鼓励和引导企业等社会力量积极参与，推进互助性养老服务，促进医养结合。④加快补齐农村养老服务短板。⑤改善对孤寡、残障失能等特殊困难老年人的服务，加快建立长期护理保险制度[12]。

（三）深入实施以人为本的新型城镇化战略，推进农业转移人口市民化

人口作为经济社会发展的活力源泉，其有序流动、均衡分布、合理聚集，能够盘活源头活力，创造更大的增量价值。因此，促进人口分布合理化是中国人口进入存量时代后挖掘配置型人口红利的关键之举，也是以人口高质量发展支撑中国式现代化的重要之策[21]。改革开放以来，中国人口流动迁移的步伐加快，表现为向城镇、沿海等经济发展高地集聚的特征，人口城镇化水平持续攀升，全国 2023 年常住人口城镇化水平达到 66.2%。人口流动迁移的活跃既有利于盘活配置型人口机会，激活人口国内大循环，促进人口空间布局不断优化；也有利于提升城镇化水平和质量，提高劳动参与率和劳动生产率，激活人口大国的空间腾挪优势。

当前乃至未来一定时期内，为了缓解中国人口与资源环境的紧平衡状态，促进人口要素的有效配置，需要着力推进以人为核心的新型城镇化高质量发展，其首要任务是推进农业转移人口市民化，这也是新型工业化、新型城镇化和乡村全面振兴的重要路径选择。基本的发展方向以进城农民工及其随迁家属为重点、兼顾城市间流动人口，进一步拓宽城镇落户渠道，努力缩小户籍人口城镇化率与常住人口城镇化率的差距①，推行由常住地登记户口提供基本公共服务制度，推动符合条件的农业转移人口社会保险、住房保障、随迁子女义务教育等享有同迁入地户籍人口同等权利，逐步使未落户常住人口享有均等化城镇基本公共服务，促进农业转移人口加快融入城市。国务院《深入实施以人为本的新型城镇化战略五年行动计划》提出的目标要求是：经过 5 年的努力，到 2029 年全国常住人口城镇化率提升至接近 70%，更好支撑经济社会高质量发展[13]。为此，主要的要求和举措有以下六个方面：

（1）进一步深化户籍制度改革。放开放宽除个别超大城市外的落户限制，推行以经常居住地登记户口制度。全面落实城区常住人口 300 万以下城市取消落户限制要求，全面放宽城区常住人口 300 万~500 万城市落户条件。完善城区常住人口 500 万以上超大特大城

---

① 中国户籍人口城镇化率与常住人口城镇化率的差距较大。据《中华人民共和国 2023 年国民经济和社会发展统计公报》，2023 年末全国总人口 140967 万人，其中城镇常住人口 93267 万人[22]，据此计算，全国 2023 年末常住人口城镇化率为 66.16%。另据公安部数据，2023 年末全国户籍人口城镇化率达到 48.3%[23]，据此计算，全国 2023 年末城镇户籍人口为 68087 万人，农村户籍人口为 72880 万人。可见，全国 2023 年末城镇户籍人口比城镇常住人口少 25180 万人，这意味着全国 2023 年末户籍人口城镇化率比常住人口城镇化率低了 17.86 个百分点。据此推算，2023 年末全国农村常住人口（47700 万人）比农村户籍人口（72880 万人）少了 25180 万人，其中绝大多数为农村流动人口，这表明推进新型城镇化建设还有很大潜力[24]。

市积分落户政策，鼓励取消年度落户名额限制。

（2）健全常住地提供基本公共服务制度。把握人口流动客观规律，推动相关公共服务随人走。各地区在动态调整基本公共服务配套标准时，要增加常住人口可享有的基本公共服务项目，按照常住人口规模优化基本公共服务设施布局。

（3）促进农业转移人口在城镇稳定就业。完善农民工等重点群体就业支持体系。实施制造业技能根基工程，重点支持制造业龙头企业、职业院校（含技工院校）面向社会提供培训服务。推进就业服务常住人口全覆盖，加强农民工劳动权益保障。

（4）保障随迁子女在流入地受教育权利。以公办学校为主将随迁子女纳入流入地义务教育保障范围，加大公办学校学位供给力度，持续提高随迁子女在公办学校就读比例。加快将随迁子女纳入流入地中等职业教育、普惠性学前教育保障范围。优化区域教育资源配置，建立同人口变化相协调的基本公共教育服务供给机制。

（5）完善农业转移人口多元化住房保障体系。鼓励有条件的城市逐步将稳定就业生活的农业转移人口纳入城市住房保障政策范围。加大农业转移人口经济可承受的小户型保障性租赁住房供给。积极培育发展住房租赁市场，支持采取多种措施通过市场化方式满足农业转移人口住房需求。

（6）扩大农业转移人口社会保障覆盖面。健全灵活就业人员、农民工、新就业形态人员社保制度，全面取消在就业地参保户籍限制，完善社保关系转移接续政策。引导农业转移人口按规定参加职工基本养老和医疗保险。将符合条件的农业转移人口纳入社会救助范围，为困难群体基本生活提供兜底保障。

参考文献

［1］习近平．论坚持人与自然和谐共生［M］．北京：中央文献出版社，2022．

［2］习近平．在深入推动长江经济带发展座谈会上的讲话［J］．求是，2019（17）：4-14．

［3］习近平．高举中国特色社会主义伟大旗帜 为全面建设社会主义现代化国家而团结奋斗——在中国共产党第二十次全国代表大会上的报告［R］．北京：人民出版社，2022．

［4］中共中央，国务院．中共中央 国务院关于全面推进美丽中国建设的意见［N］．人民日报，2024-01-12（1，4）．

［5］中共中央，国务院．中共中央 国务院关于加快经济社会发展全面绿色转型的意见［M］．北京：人民出版社，2024．

［6］常志刚．生态优先 绿色发展［J］．红旗文稿，2021（4）：26-28．

［7］中国自然资源学会．中国自然资源系边界报告［EB/OL］．http://www.cs-nr.org.cn/webfile/upload/2022/10-21/09-46-270829-2094225347.pdf，2022-10-14．

［8］国务院．中华人民共和国国民经济和社会发展第十四个五年规划和2035年远景目标纲要［N］．人民日报，2021-03-13（1，5-14）．

［9］习近平．开创我国高质量发展新局面［J］．求是，2024（12）：4-15．

[10] 习近平. 决胜全面建成小康社会夺取新时代中国特色社会主义伟大胜利：在中国共产党第十九次全国代表大会上的报告 [R]. 北京：人民出版社，2017.

[11] 新华社. 加快建设以实体经济为支撑的现代化产业体系 以人口高质量发展支撑中国式现代化 [N]. 人民日报，2023-05-06（1）.

[12] 中共中央. 中共中央关于进一步全面深化改革 推进中国式现代化的决定 [M]. 北京：人民出版社，2024.

[13] 国务院. 深入实施以人为本的新型城镇化战略五年行动计划 [EB/OL]. https://www.gov.cn/zhengce/content/202407/content_6965542.htm，2024-07-31.

[14] 习近平. 努力建设人与自然和谐共生的现代化 [J]. 求是，2022（11）：4-9.

[15] 国务院新闻办公室. 新时代的中国绿色发展 [N]. 人民日报，2023-01-20（7-8）.

[16] 刘伟. 科学认识与切实发展新质生产力 [J]. 经济研究，2024，59（3）：4-11.

[17] 周文. 新质生产力赋能高质量发展 [J]. 东北财经大学学报，2024（4）：3-7.

[18] 潘洁，魏玉坤，郁琼源. 以人口高质量发展支撑中国式现代化 [EB/OL]. https://www.gov.cn/yaowen/2023-05/08/content_5754508.htm，2023-05-08.

[19] 全国人民代表大会常务委员会. 中华人民共和国老年人权益保障法 [M]. 北京：法律出版社，2019.

[20] 蒋正华，米红. 人口安全 [M]. 杭州：浙江大学出版社，2008.

[21] 原新. 准确把握新时代人口发展战略 [J]. 红旗文稿，2024（5）：40-42.

[22] 国家统计局. 中华人民共和国2023年国民经济和社会发展统计公报 [EB/OL]. https://www.gov.cn/lianbo/bumen/202402/content_6934935.htm，2024-02-29.

[23] 公安部. 2023年底全国户籍人口城镇化率达到48.3% [EB/OL]. http://ex.chinadaily.com.cn/exchange/partners/82/rss/channel/cn/columns/h72une/stories/WS66541261a3109f7860ddf8b5.html，2024-05-27.

[24] 刘国中. 完善城乡融合发展体制机制 [N]. 人民日报，2024-08-01（6）.

第八章 中国人口、资源、环境与经济发展耦合协调度分析

中国式现代化是人与自然和谐共生的现代化。统筹好人口、资源、环境与经济之间的关系，确保四个要素之间的良性互动与和谐发展，是实现人与自然和谐共生的重要途径。本研究从人与自然和谐共生的视角出发，基于中国各时期 LUCC 遥感矢量数据情况及相关社会经济调查统计数据，并针对以往研究中的不足，科学地构建了合理、可行的中国人口、资源、环境与经济协调发展评价指标体系，进而对全国和 31 个省域 2000 年、2010 年、2020 年和 2022 年 PREE 系统耦合协调度进行综合测度，并对其时空演变趋势进行分析。研究结果可为科学地制定合理的政策和措施体系、推动中国式现代化建设提供参考。

第一节 协调发展的研究脉络与耦合协调机制分析

一、研究背景与目的意义

人口、资源、环境与经济发展间的关系贯穿于人与自然的关系之中，是人与自然关系的最终体现。人口、资源、环境与经济（PREE）四个部分，可以分为两大板块：①人口和经济，体现了"人"及其社会经济活动；②资源和环境，体现了自然（或自然界）。这两个板块之间的关系，也就是人与自然的关系，在实际研究中均受到高度关注。在当今全球化背景下，人口、资源、环境与经济发展之间的协调关系已成为影响世界各国可持续发展的重要议题。中国作为世界上最大的发展中国家，其人口规模庞大、资源相对有限、环境压力日益增大，如何在保障经济发展的同时实现人口、资源、环境的和谐共生，成为亟待解决的重大战略问题。党的二十大报告明确提出："中国式现代化是人与自然和谐共生的现代化""站在人与自然和谐共生的高度谋划发展"[1]，彰显了人与自然和谐共生战略在中国经济社会发展和生态文明建设中的核心地位。人口、资源、环境和经济的协调发展是实现人与自然和谐共生的重要推动力。人口是人与自然系统的"核心自变量"，扮演着资源消耗者、环境影响者和经济发展推动者等多种角色；资源是人与自然系统的"燃料"，为人口与经济系统提供生产资料；环境是人与自然发生互动的空间载体；经济既是人类活动对自然环境产生影响的主要途径，也是实现可持续发展目标的重要手段。

从人口、资源、环境和经济四个要素最终的"落地"（落实到地球陆地表层这一人类生存、生产和生活的基本环境空间）来看，PREE 系统协调发展的基础要素和特征指标需要全球环境变化研究中的土地利用/覆被变化（LUCC）状况来加以体现，因此，将土地利用/土地覆被（LULC）数据应用于 PREE 系统协调分析的基础指标中能够更好地体现出

PREE系统协调发展评价指标体系的合理性和客观性。

鉴于此,本书从人与自然和谐共生战略的视角出发,基于中国各时期LULC遥感矢量数据情况及相关社会经济调查统计数据,并针对以往研究中对生态环境指标的片面性等问题,在合理构建中国人口、资源、环境与经济协调发展评价指标体系基础上,运用耦合协调度模型测算全国及各省域2000~2022年人口、资源、环境与经济系统(以下简称PREE系统)的耦合协调度,分析其动态演变规律与空间分异特征,为科学地制定合理的区域发展政策、优化资源配置与利用、促进生态环境综合治理与保护、提升经济可持续发展能力进而推动中国式现代化建设提供参考。

二、协调发展的研究脉络:文献综述

国外学者对协调发展问题的研究始于20世纪30年代,但当时的重点更倾向于研究经济的发展[2]。20世纪60年代,英国经济学家Boulding(1966)[3]利用系统分析的方法对环境与经济的相关性进行研究,致力于从之前的"单程式"经济转向保护资源、生态与环境的"循环式"经济。20世纪90年代,Norgaard(1990)[4]提出了协调发展理论,其认为在生态与社会系统之间利用反馈循环可以实现共同发展。随后国内外研究人员对协调发展问题开展了广泛的研究[5],既有协调发展理论方面的分析[6-8],也有不少分析评价方法的探讨[9-11],还有许多不同区域尺度的实践研究(如全国尺度[12-15]、跨省大区域尺度[16-18]、大流域尺度[19]、省域尺度[20-22]、省域内跨市的区域尺度[23]、县域尺度[24]等)。其中,常用的分析评价方法有环境库兹涅茨曲线[25-30]、模糊数学法[31]、系统动力学模型[32-35]、双指数模型[36]、灰色关联度分析[37-39]、主成分分析法[40]、耦合协调度模型[41-44]等。但由于耦合协调度模型的计算方法简便、结果清晰直观,因而多数研究者选择利用耦合协调模型来评价系统之间的协调发展情况。Zameer等(2020)[41]利用2006~2018年中国东、中、西部三大区域的数据,探究自然资源、金融发展和生态效率的耦合协调关系。Tomal(2021)[42]先采用指标体系和熵权法计算局部发展指数(LDI),然后运用耦合协调度模型研究地方发展维度过程是否协调变化,并采用收敛性分析法将研究城市划分为LDI和CCD的同质集群,最后采用象限法和有序Logit模型指示LDI和CCD的改进方向。Hossein等(2024)[45]旨在提出一个城市化与生态的综合指标体系,结合耦合协调度(CCD)模型和分区方法,评估2015~2020年伊朗各省的双重压力区(DPZ)、城市化落后区(UBZ)、生态危机区(ECZ)和协调发展区(CDZ)的城市化与生态的耦合相互作用。

国内运用耦合协调度模型研究人口、经济、环境、资源等方面协调发展问题的研究成果也十分丰富。杨士弘(1994)[46]在研究广州城市环境与经济协调发展预测及调控时分别论述了"协调""发展"以及"协调发展"的概念,指出"协调发展"是具有"内生性""整体性"与"综合性"特点的多元化聚类发展;首次提出了"协调度"的概念及计算公式(见图8-1中的公式1),认为"协调度"是用于定量研究系统间或系统内的各要素之间的协调状况优劣程度的工具(该文所提及的"协调度"就是目前国内研究中所说的"耦合度")。此后,吴跃明等(1996)[47]引用了1971年由德国物理学家赫尔曼·哈肯教授提出的协同论来解释和定义环境经济协调度,其利用几何平均法定义了环境经济协调度的计算公式(见图8-1中的公式2),后又运用GM(1,1)法对"协调度"的变化进行了预测。廖重斌(1999)[48]将"协调度"分为"发展协调度"和"对比协调度"两

种，认为"发展协调度"是指某一区域不同时期的系统协调情况，而"对比协调度"是指同一时期不同区域的系统协调情况；由于系统离差系数越小越好，他推导出了协调度的计算公式（见图8-1中的公式3），同时还探讨了这种计算方式的不足之处，即存在每个系统的函数值很小，但两个系统的协调度很高的情况；为避免这种现象的发生，提出了"协调发展度"的计算公式（见图8-1中的公式17）。

  进入21世纪之后，耦合协调度相关研究的内容得到了进一步的丰富。乔标和方创琳（2005）[49]考虑到生态环境和城市化之间的交互胁迫作用和动态演化的关系，利用系统理论构建了动态耦合协调模型。李裕瑞等（2014）[50]在传统耦合度模型的基础上，利用变异系数推演出了耦合度的测算公式（见图8-1中的公式12），此公式可以避免因一个系统为0，使各个系统整体的耦合度为0的现象，更加科学地测算了中国工业化、信息化、城镇化和农业现代化的协调发展格局。杨忍等（2015）[51]以环渤海地区为研究区，利用耦合协调模型从系统两两耦合和三系统耦合方面研究县域尺度下的"人口-土地-产业"非农化转型耦合协调时空演化。李茜等（2015）[52]利用主成分分析和层次分析法从环境保护、经济发展与社会进步三个方面选取指标构建了生态文明综合评价体系，并利用耦合协调模型从全国和省域两个尺度研究了中国生态文明建设和协调发展的时空演化规律。王少剑等（2015）[53]借鉴了物理学的协调度分类，对城市化与生态环境的耦合类别进行了细分，将其分为3个大类、4个亚类和12个子类。刘琳轲等（2021）[54]从省域尺度研究了黄河流域生态保护和高质量发展的耦合协调度，并与长江经济带进行比较；利用面板VAR模型研究两者之间的交互响应关系。刘洁等（2022）[18]以"双碳目标"为背景，利用耦合协调度模型研究了京津冀城市群经济-人口-资源-环境4个系统的耦合协调发展。刘丽娜和邹季康（2023）[55]利用耦合协调度模型和Dagum基尼系数及其子群分解模型分析了湖北省经济-科技-生态系统耦合协调的时空演化。李佳璐等（2024）[19]采用熵权法、耦合协调度模型和障碍度模型，分析了2008~2020年黄河流域9个省（区）人口-水资源-经济-生态环境系统耦合协调关系及其影响因素。从耦合协调度研究的系统个数来看，多数研究通常分析2个系统或3个系统之间的耦合协调程度，对4个及以上系统的耦合协调度研究相对较少[56]。

  在计算公式方面，由于评价系统之间耦合协调度研究的数量不断增加，为避免耦合度公式书写错误、取值范围不清等问题，一些学者更加注重耦合协调度模型使用的"质量"，针对耦合协调度公式及其修正问题展开研究。姜磊等（2017）[57]针对部分研究中使用的耦合度公式存在错误的现象，重点讨论并修正了耦合度公式并将其推广到n个系统耦合度的计算；还提出了针对多系统耦合的推荐公式，让多系统耦合度的计算更为简便。丛晓男（2019）[56]从耦合度的物理意义出发，利用离差公式详细推导了耦合度的计算公式，得到了两种计算耦合度的一般化表达；发现并证明了耦合度模型的两个数学性质：①其具有零阶齐次性且两系统耦合度取值范围为［0，1］。②当系统数为2时，两种计算公式得到的耦合度相等，当系统数大于2时，图8-1中的公式14得到的结果小于等于公式15；此外，还提到一些研究会在耦合度计算公式一般化表达的基础上，引入调节系数k（$k>0$），其并不会使耦合度超出［0，1］的范围，但可以改变结果的分布范围；此外，还归纳总结了耦合度模型在应用过程中的典型疏漏和错误。王淑佳等（2021）[58]指出，国内部分应用耦合协调度模型的研究存在书写错误、系数丢失、权重使用错误和模型不成立四种情况，影响了研究结果的准确性，针对公式不足进行了修正，并利用京津冀生态与经济系统相关数据进行了实证检验。

第八章 中国人口、资源、环境与经济发展耦合协调度分析

耦合度协调度计算公式

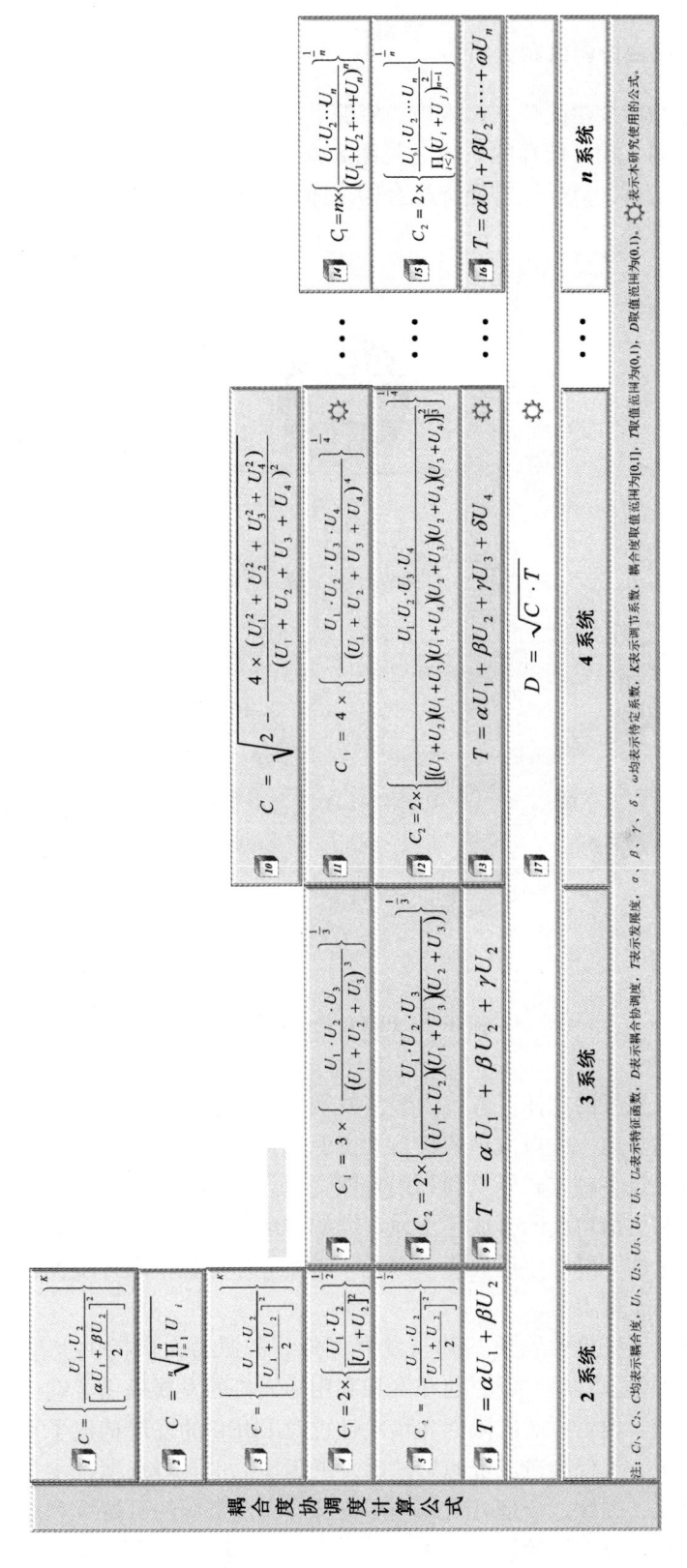

2 系统

[1] $C = \left[\dfrac{U_1 \cdot U_2}{\left(\dfrac{\alpha U_1 + \beta U_2}{2}\right)^2}\right]^K$

[2] $C = \sqrt{\prod\limits_{i=1}^{n} U_i}$

[3] $C = \left[\dfrac{U_1 \cdot U_2}{\left(\dfrac{U_1 + U_2}{2}\right)^2}\right]^{\frac{1}{2}}$

[4] $C_1 = 2 \times \left[\dfrac{U_1 \cdot U_2}{(U_1 + U_2)^2}\right]^{\frac{1}{2}}$

[5] $C_2 = 2 \times \left\{\dfrac{U_1 \cdot U_2}{\left[\dfrac{U_1 + U_2}{2}\right]^2}\right\}^{\frac{1}{2}}$

[6] $T = \alpha U_1 + \beta U_2$

3 系统

[7] $C_1 = 3 \times \left[\dfrac{U_1 \cdot U_2 \cdot U_3}{(U_1 + U_2 + U_3)^3}\right]^{\frac{1}{3}}$

[8] $C_2 = 2 \times \left\{\dfrac{U_1 \cdot U_2 \cdot U_3}{(U_1 + U_2)(U_1 + U_3)(U_2 + U_3)}\right\}^{\frac{1}{3}}$

[9] $T = \alpha U_1 + \beta U_2 + \gamma U_2$

4 系统

[10] $C = \sqrt{2 - \dfrac{4 \times (U_1^2 + U_2^2 + U_3^2 + U_4^2)}{(U_1 + U_2 + U_3 + U_4)^2}}$ ☆

[11] $C_1 = 4 \times \left[\dfrac{U_1 \cdot U_2 \cdot U_3 \cdot U_4}{(U_1 + U_2 + U_3 + U_4)^4}\right]^{\frac{1}{4}}$

[12] $C_2 = 2 \times \left\{\dfrac{U_1 \cdot U_2 \cdot U_3 \cdot U_4}{[(U_1 + U_2)(U_1 + U_3)(U_1 + U_4)(U_2 + U_3)(U_2 + U_4)(U_3 + U_4)]^{\frac{1}{3}}}\right\}^{\frac{1}{4}}$ ☆

[13] $T = \alpha U_1 + \beta U_2 + \gamma U_3 + \delta U_4$

n 系统

[14] $C_1 = n \times \left[\dfrac{U_1 \cdot U_2 \cdots U_n}{(U_1 + U_2 + \cdots + U_n)^n}\right]^{\frac{1}{n}}$

[15] $C_2 = 2 \times \left[\dfrac{U_1 \cdot U_2 \cdots U_n}{\prod\limits_{i<j}(U_i + U_j)^{\frac{2}{n-1}}}\right]^{\frac{1}{n}}$

[16] $T = \alpha U_1 + \beta U_2 + \cdots + \omega U_n$

[17] $D = \sqrt{C \cdot T}$

注：C_1、C_2、C 均表示耦合度，U_1、U_2、U_3、U_4、U_n 表示特征函数，D 表示耦合协调度，T 表示发展度，α、β、γ、δ、ω 均表示系数，K 表示调节系数。耦合度取值范围为(0,1]，T 取值范围为(0,1]，D 取值范围为(0,1]。☆ 表示本研究使用的公式。

图 8-1　耦合协调度经典计算公式总结

三、PREE 耦合协调机制分析

在人与自然和谐共生战略下，人口、资源、环境和经济共同构成了一个非常复杂且相互联系、相互影响、相互依存的系统（见图 8-2）。这四个要素之间的协调发展是实现可持续发展的重要基石，对于促进经济社会的全面进步、维护生态平衡、保障人类福祉和长远发展具有深远意义。

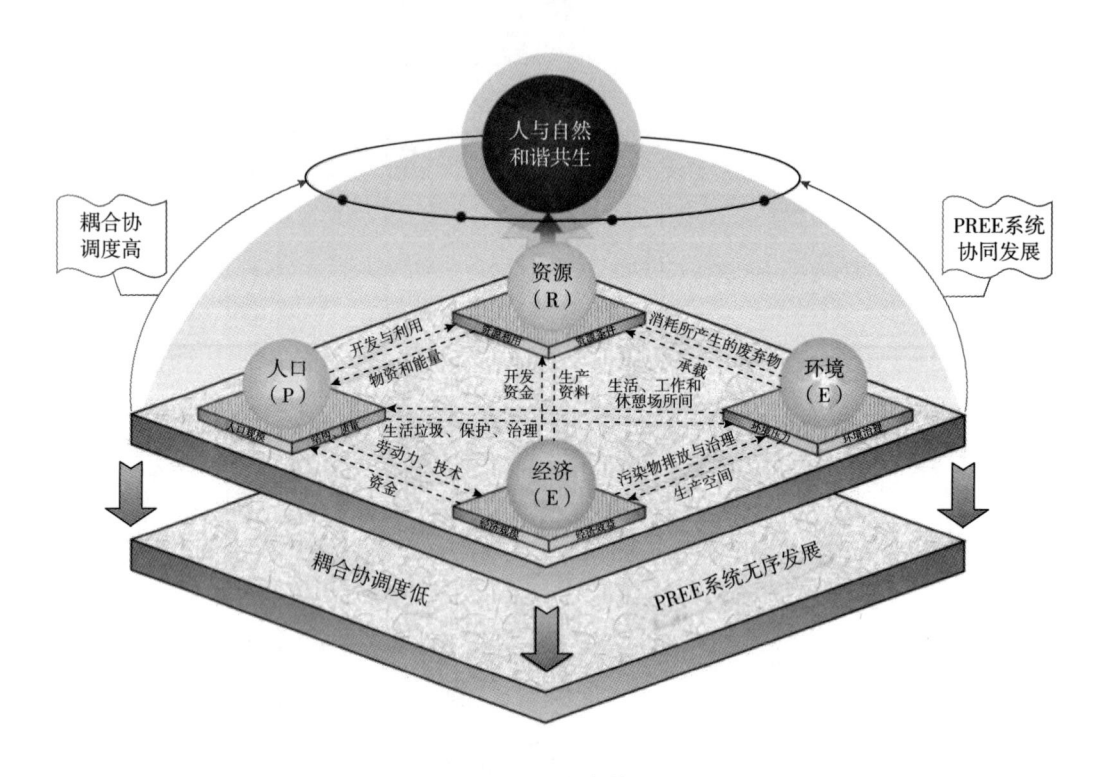

图 8-2 PREE 耦合协调机制

人口是 PREE 系统的主体。人口为经济发展提供劳动力和技术，人口质量直接影响经济生产的效率与竞争力。人口发展依赖自然资源，包括土地资源、水资源、矿产资源、生物资源等。人类通过多种方式开发和利用自然资源。人类的生产和生活活动会对环境产生影响，包括生产和生活垃圾的排放、土地资源的占用、生物多样性的破坏、生态环境退化等，导致环境质量的下降与生态失衡。因此，人类应当重视生态环境保护与污染治理，打好蓝天、碧水、净土保卫战。

资源为 PREE 系统提供物质基础与发展保障。资源为人口提供生存所需的物质与能量，为经济发展提供原材料。资源的开发和利用为人口的发展提供了动力，推动了社会的进步和经济的繁荣。但资源的有限性和稀缺性也对 PREE 的发展构成了重要约束，无节制地开发和利用资源，不仅会造成资源短缺的发展困境，也会对环境产生负面影响，导致生态失衡和环境退化，因此，合理开发和利用资源、实现资源的可持续利用是维护生态平衡和推动经济社会可持续发展的重要保障。

环境是 PREE 系统发展的载体。环境为人类提供生活、工作和休憩空间，环境质量直接关系到人类的健康与生活质量。环境是资源的载体，为资源的形成和存在提供了必要的条件。环境状况直接影响资源的数量和质量，环境的承载能力是有限的，无限制的环境污染与自然资源的大量破坏必将会导致环境的承载力下降。当环境承载力达到极限时，将严重制约资源的开发利用，而环境保护和生态治理工作有助于促进资源的再生。环境会对经济的成本和效益产生重要的影响，环境恶化会增加经济活动的成本，降低企业的利润率。环境还会影响经济结构和产业发展。环境保护要求经济活动向低能耗、低排放、高效益的方向转型，进而推动技术创新、促进绿色经济、循环经济和低碳经济的发展。

经济是 PREE 系统的发展动力。经济发展能够促进产业结构的升级和新兴产业的兴起，为人口子系统创造更多的就业机会，提高城乡居民收入水平。同时，经济发展还使政府拥有更多的财政收入，使其能够加大对社会保障、教育、医疗等方面的投入，提升了社会福利水平。经济发展自然离不开资源，经济发展带来的技术升级有力地提升了资源的利用率，减少了资源的浪费与损失。经济发展也推动了资源的循环利用和再生利用，如废旧物品的回收再利用、废水废气废渣的治理等，实现了资源的可持续利用。经济对环境具有双重作用。一方面，在经济快速发展的过程中，如果不注重生态环境保护，可能会导致环境污染和生态破坏的加剧。工业废弃物排放、交通尾气、面源污染等问题可能对空气、水体和土壤造成严重影响。另一方面，经济发展为环保技术的研发和应用提供了资金和市场支持，推动了清洁生产、节能减排等环保技术的创新和发展。这些环保技术的应用有助于降低环境污染、改善环境质量。

综上所述，PREE 是一个复杂且要素之间相互联系、相互作用的动态系统，当 PREE 耦合协调度高时，说明人口、资源、环境与经济之间协调发展、人与自然和谐共生；反之，则说明 PREE 系统趋向无序发展，影响可持续发展战略的实现。

第二节 研究方法与数据来源

一、研究结构分析与方法选择

首先，PREE 系统内部结构是对人口、资源、环境、经济子系统的进一步细分，人口子系统的评价可以分为人口规模、人口结构和人口质量三个方面，资源子系统可从资源条件与资源利用两个方面进行评价，环境子系统可从环境压力与环境治理两个方面进行评价，经济子系统可从经济规模和经济效益两个方面进行评价（见图 8-3）。在定量分析上，四个子系统的发展水平由综合评价模型进行测度。其次，各个子系统若要协调发展，达到人与自然和谐共生的总目标，就应当形成与人口、经济高质量发展相适应的高品质的生态环境和高效率的资源利用。在此部分，本研究利用耦合协调度模型对其进行测度。最后，考虑到区域发展的不平衡性，本研究利用趋势面分析以及 Dagum 基尼系数对中国 PREE 耦合协调度的空间分异进行分析。根据分析结果，可以对中国 PREE 的协调发展进行进一步的优化，促进国家和区域可持续发展。

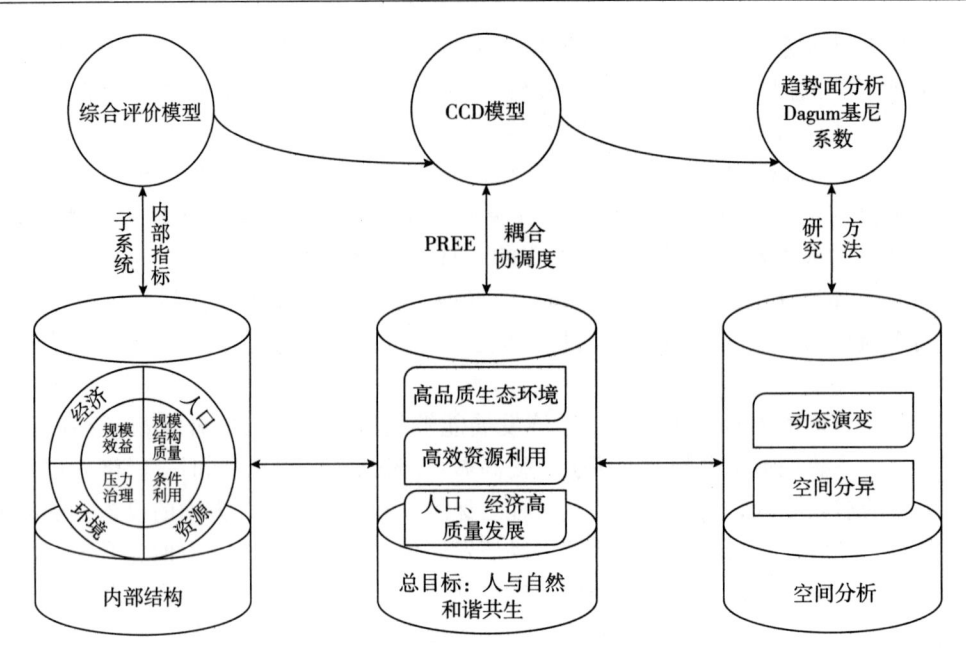

图 8-3　PREE 耦合协调研究结构-方法图

二、评价指标体系构建

遵循系统性、科学性和可行性原则，在借鉴以往研究成果[15,17-19,21-23,59-66]及分析与阐释人口、资源、环境和经济协调发展内涵的基础上，结合当前中国人口、资源、环境和经济发展现状，基于中国各时期 LULC 遥感矢量数据情况及相关社会经济调查统计数据，构建中国省域 PREE 评价指标体系，最终形成 4 个目标层、9 个准则层和由 48 个指标构成的指标层（见表 8-1）。

三、指标权重测算

CRITIC 法是基于评价指标的对比强度和指标之间的冲突性来综合衡量指标的权重的一种客观赋权法[67]。具体计算步骤如下：

首先，为保证不同指标数据之间的可比性，本研究利用极差标准化方法对指标数据进行标准化处理，以消除量纲差异，标准化后的数据取值区间为 [0, 1]，计算公式如下：

正向指标：$X_{ij} = (x_{ij} - \min x_j) / (\max x_j - \min x_j)$　　　　　　　　　(8-1)

负向指标：$X_{ij} = (\max x_j - x_{ij}) / (\max x_j - \min x_j)$　　　　　　　　　(8-2)

式中，x_{ij} 表示指标数据原始值，$\min x_j$ 表示最小值，$\max x_j$ 表示最大值，X_{ij} 表示标准化后的值，其取值区间为 [0, 1]。

其次，测算指标变异性，以标准差 S_j 表示：

$$\overline{X}_j = \frac{1}{n} \sum_{i=1}^{n} X_{ij} \tag{8-3}$$

$$S_j = \sqrt{\frac{\sum_{i=1}^{n}(X_{ij} - \overline{X}_j)^2}{n-1}} \tag{8-4}$$

表 8-1 中国省域 PREE 评价指标体系

目标层	准则层	指标层	方向	目标层	准则层	指标层	属性
人口	人口规模	年末总人口数（万人）	-	环境	环境压力	工业废水排放量（吨）	-
		人口密度（人/平方千米）	-			工业 SO$_2$ 排放量（万吨）	-
		人口自然增长率（%）	-			一般工业固体废弃物产生量（吨）	-
	人口结构	男女性别比（%）	-			生活垃圾清运量（万吨）	-
		总抚养比（%）	-			土壤侵蚀模数（吨/平方千米·年）	-
		老龄化程度（%）	-			水土流失面积（平方千米）	-
		常住人口城镇化率（%）	+			农作物受灾面积（万公顷）	-
	人口质量	人均教育经费（元/人）	+		环境治理	一般工业固体废弃物综合利用量（吨）	+
		每万人在校大学生数（人）	+			污染治理项目本年完成投资（万元）	+
		每万人口卫生技术人员（人）	+			城市污水日处理能力（万立方米）	+
		各地区研究与试验发展（R&D）人员全时当量（人年）	+			水土流失治理面积（平方千米）	+
资源	资源条件	耕地面积（公顷）	+			生活垃圾无害化处理率（%）	+
		林地面积（公顷）	+	经济	经济规模	地区生产总值（亿元）	+
		人均土地面积（平方米/人）	+			一般公共预算收入（亿元）	+
		人均耕地面积（平方米/人）	+			社会消费品零售总额（亿元）	+
		人均林地面积（平方米/人）	+			固定资产投资额（亿元）	+
		人均水资源量（立方米/人）	+			第一产业产值占 GDP 比重（%）	-
		原煤产量（万吨）	+			第二产业产值占 GDP 比重（%）	+
		原油产量（万吨）	+			第三产业产值占 GDP 比重（%）	+
		天然气产量（万吨）	+		经济效益	人均 GDP（元/人）	+
	资源利用	万元 GDP 用水量（平方米/万元）	-			土地综合生产率（元/平方千米）	+
		万元 GDP 能耗（吨标准煤/万元）	-			人均粮食产量（千克/人）	+
		粮食单产（吨/公顷）	+			城乡居民收入比（%）	+
		人均用水量（立方米/人）	-				
		人均能源消费量（吨标准煤/人）	-				

再次，测算指标冲突性 R_j：

$$R_j = \sum_{j=1}^{m}(1 - r_{jh}) \tag{8-5}$$

$$r_{jh} = \frac{\sum_{j,h=1}^{m}(X_{ij} - \bar{X}_j)(X_{ih} - \bar{X}_h)}{\sqrt{\sum_{j=1}^{m}(X_{ij} - \bar{X}_j)^2 \sum_{h=1}^{m}(X_{ih} - \bar{X}_h)^2}} \tag{8-6}$$

式中，r_{jh} 表示指标 j 和指标 h 的相关系数。

又次，计算信息量 C_j：

$$C_j = S_j \sum_{j=1}^{m} (1 - r_{jh}) = S_j \times R_j \tag{8-7}$$

最后，计算客观权重：

$$w_j = \frac{C_j}{\sum_{j=1}^{m} C_j} \tag{8-8}$$

四、综合评价模型

采用线性加权方法计算人口、资源、环境与经济子系统发展评价指数，其计算公式为：

$$\begin{cases} U_1 = \sum_{j=1}^{k} W_{1j} X'_{ij} \\ U_2 = \sum_{j=1}^{l} W_{2j} Y'_{ij} \\ U_3 = \sum_{j=1}^{m} W_{3j} Z'_{ij} \\ U_4 = \sum_{j=1}^{n} W_{4j} V'_{ij} \end{cases} \tag{8-9}$$

式中，U_1、U_2、U_3、U_4 分别表示人口、经济、资源、环境子系统的发展评价指数，其取值范围均在 [0, 1]；W_{1j}、W_{2j}、W_{3j} 和 W_{4j} 分别对应各个子系统内部各指标权重，X'_{ij}、Y'_{ij}、Z'_{ij}、V'_{ij} 表示指标标准化值；$k=11$、$l=14$、$m=12$、$n=11$。

五、耦合协调度模型

（一）耦合度计算方法

耦合度的计算方法来源于物理学中的容量耦合概念以及容量耦合系数模型，后被广泛应用于社科领域，是硬科学应用到软科学的典型[56]。耦合度用于评价系统之间或者系统内部要素之间相互作用的程度，侧重于系统之间变化程度的同步性[68]。如果系统之间相互促进、和谐一致，那么称为良性耦合；如果系统之间相互摩擦、相互制约，那么称为恶性耦合[69]。本研究综合参考丛晓男（2019）[56] 和姜磊等（2017）[57] 的研究成果，得到人口、资源、环境和经济系统耦合度的计算公式，即：

$$C = 4 \times \left\{ \frac{U_1 \cdot U_2 \cdot U_3 \cdot U_4}{(U_1 + U_2 + U_3 + U_4)^4} \right\}^{\frac{1}{4}} \tag{8-10}$$

式中，耦合度 C 取值范围为 [0, 1]。C 值越大，子系统间相互作用和制约程度越强，反之越弱。耦合度等级分为 6 级（见表 8-2）。

表 8-2　耦合度等级划分

耦合度	$C=0$	$C\in(0, 0.3]$	$C\in(0.3, 0.5]$	$C\in(0.5, 0.8]$	$C\in(0.8, 1)$	$C=1$
耦合阶段	无序	低水平耦合	颉颃	磨合	高水平耦合	有序

（二）耦合协调度计算方法

耦合协调度用于衡量系统或要素之间相互作用良性耦合程度的大小[69]，反映各子系统协调程度的好坏，其计算公式为：

$$T=\beta U_1+\gamma U_2+\delta U_3+\varepsilon U_4 \tag{8-11}$$

$$\beta+\gamma+\delta+\varepsilon=1 \tag{8-12}$$

$$D=\sqrt{C\times T} \tag{8-13}$$

式中，T 为综合发展度，用于反映 PREE 系统的发展水平和子系统间的协同效应；C 为耦合度；D 为子系统间的协调度，$D\in[0, 1]$，D 值越大，子系统间协调发展越好，反之则协同程度越低；β、γ、δ、ε 为待定系数，因四个系统的协调效应相同[19,23]，取 $\beta=\gamma=\delta=\varepsilon=0.25$。本书借鉴任亚运等（2023）[70] 的研究成果并结合实际发展情况，将 PREE 耦合协调度划分为七个等级（见表 8-3）。

表 8-3　PREE 系统耦合协调等级评价标准

耦合协调度	协调水平
[0.0, 0.2)	高度失调
[0.2, 0.3)	中度失调
[0.3, 0.4)	低度失调
[0.4, 0.5)	勉强协调
[0.5, 0.6)	低度协调
[0.6, 0.7)	中度协调
[0.7, 1.0)	高度协调

六、趋势面分析方法

趋势面分析是通过全局多项式插值法将由数学函数定义的平滑表面与输入采样点进行拟合，来描述地理要素的空间分布规律和演变趋势的方法[71]。

七、Dagum 基尼系数

本研究采用 Dagum 基尼系数分解法分析中国 PREE 耦合协调度的空间差异及其来源。Dagum 基尼系数的计算及其分解公式[72] 如下：

$$G=\frac{1}{2n^2\bar{y}}\sum_{j=1}^{k}\sum_{h=1}^{k}\sum_{i=1}^{n_j}\sum_{r=1}^{n_h}|y_{ji}-y_{hr}| \tag{8-14}$$

$$\bar{Y}_h\leqslant\cdots\bar{Y}_j\leqslant\cdots\bar{Y}_k \tag{8-15}$$

式中，G 为总体基尼系数，n 为 31 个省（自治区、直辖市），n_j（n_h）是 j（h）区域内的省（自治区、直辖市）数量，k 是区域划分的数量，本研究其划分为东部、中部、西部和东北部四个区域。$\bar{y}$ 为 PREE 耦合协调度均值，y_{ji}（y_{hr}）是 j（h）区域内 i（r）省（自治区、直辖市）的 PREE 耦合协调度。

$$G = G_w + G_{nb} + G_t \tag{8-16}$$

$$G_{jj} = \frac{1}{2\bar{Y}_j} \sum_{i=1}^{n_j} \sum_{r=1}^{n_j} |y_{ji} - y_{jr}|/n_j^2 \tag{8-17}$$

$$G_w = \sum_{j=1}^{k} G_{jj} p_j s_j \tag{8-18}$$

$$G_{jh} = \sum_{i=1}^{n_j} \sum_{r=1}^{n_h} |y_{ji} - y_{hr}|/n_j n_h (\bar{Y}_j + \bar{YY}_h) \tag{8-19}$$

$$G_{nb} = \sum_{j=2}^{k} \sum_{h=1}^{j-1} G_{jh}(p_j s_h + p_h s_j) D_{jh} \tag{8-20}$$

$$G_t = \sum_{j=2}^{k} \sum_{h=1}^{j-1} G_{jh}(p_j s_h + p_h s_j)(1 - D_{jh}) \tag{8-21}$$

式中，G_{jj} 表示 j 地区的基尼系数，G_w 表示地区内的基尼系数，G_{jh} 表示 j、h 地区的基尼系数，G_{nb} 表示地区间净值差异，G_t 表示超变密度。$p_j = n_j/Y$，$s_j = n_j Y_j/nY$（$j = 1, \cdots, k$）。

$$D_{jh} = \frac{d_{jh} - p_{jh}}{d_{jh} + p_{jh}} \tag{8-22}$$

$$d_{jh} = \int_0^{\infty} dF_j(y) \int_0^y (y - x) dF_h(x) \tag{8-23}$$

$$p_{jh} = \int_0^{\infty} dF_h(y) \int_0^y (y - x) dF_j(y) \tag{8-24}$$

式中，D_{jh} 定义为 j 和 h 地区间 PREE 耦合协调度的相对差距，F_j 和 F_h 分别为 j 和 h 地区的累计分布函数，d_{jh} 为地区间 PREE 耦合协调度的差值，p_{jh} 为超变一阶距。

八、研究时限选择与数据来源

本研究选择 2000~2020 年为主要时限（每 10 年为 1 个时期），并延伸至 2022 年，共涉及 22 年。所需要的 2000 年、2010 年、2020 年和 2022 年土地总面积、耕地面积、林地面积均来源于 Yang Jie 和 Huang Xin（2023）[73] 发布的 1985~2022 年的土地覆被数据集，该数据集包括耕地、林地、灌木林地、草地、水域、冰川雪地、裸地、人工地表和湿地 9 种类型。本书所计算的林地面积为林地与灌木林地的面积之和。其余指标数据来源于 2001 年、2011 年、2021 年、2023 年《中国统计年鉴》《中国环境统计年鉴》《中国能源统计年鉴》《中国科技统计年鉴》及各省级统计年鉴等相关统计资料和 EPS 全球统计数据/分析平台。部分地区个别年份的缺失数据利用 2000~2022 年的数据，采用线性插值法进行填补，以保证数据的完整性。水土流失面积数据主要来源于水利部发布的历次《中国水土保持公报》，并结合各时期 LULC 遥感矢量数据进行订正；土壤侵蚀模数参考《土壤侵蚀分类分级标准》[74]（中华人民共和国行业标准 SL190-96）进行测算。

第三节 结果分析与研究结论

一、结果与分析

（一）各系统发展水平分析

将四个时间节点的 PREE 系统发展水平划分为"低""中低""中等""中高""高"五个等级，具体等级区间如表 8-4 所示。

表 8-4 PREE 各系统发展水平分类等级

子系统分值	发展水平
[0.0, 0.3)	低水平
[0.3, 0.4)	中低水平
[0.4, 0.5)	中等水平
[0.5, 0.6)	中高水平
[0.6, 1.0]	高水平

1. 人口子系统发展水平分析

在人口发展水平方面，全国人口子系统分值呈现波动性上升趋势，由 2000 年的 0.44（处在中等水平），到 2022 年达到 0.54（处于中高发展水平），年均增幅 1.10%。从 2000~2022 年各省（自治区、直辖市）人口子系统的变化情况来看，除上海外，其余 30 个省域层面的人口子系统发展水平总体上均呈现出上升趋势，这表明近 22 年来中国的人口发展状况总体上逐步改善，向人口高质量发展的目标迈进。其中，北京、天津、辽宁、黑龙江、吉林、内蒙古、山东、湖北、河北、湖南、浙江、四川、福建和山西 14 个省（自治区、直辖市）的人口发展水平分值年均增幅在 0.2%~1.0%；江苏、重庆、陕西、甘肃、广东、青海、宁夏、新疆、安徽、江西、西藏、海南、广西、河南、云南和贵州 16 个省（自治区、直辖市）的人口发展水平得分年均增幅在 1.0%~2.0%，发展水平较高。

从 31 个省（自治区、直辖市）2000~2022 年人口子系统发展水平等级的变化来看，其变化情况大致可以分为五类：①中低水平→中等水平，涉及 5 个省、自治区（即安徽、河南、广西、四川、贵州），占全国总省域数的 16.13%；②中低水平→中高水平，涉及 2 个省（即江西、云南），占全国总省域数的 6.45%；③中等水平→中高水平，涉及 14 个省、自治区、直辖市（即山西、江苏、浙江、福建、湖北、广东、海南、重庆、西藏、陕西、甘肃、青海、宁夏、新疆），占全国总省域数的 45.16%；④中高水平→中等水平，涉及 1 个直辖市（即上海），占全国总省域数的 3.23%；⑤等级保持不变，涉及 9 个省、自治区（即北京、天津、河北、内蒙古、辽宁、吉林、黑龙江、山东、湖南），占全国总省域数的 29.03%。

2. 资源子系统发展水平分析

在资源发展水平方面，全国资源子系统得分呈现上升趋势，由 2000 年的 0.35（处在中低水平），到2022年达到0.41（处于中等发展水平），年均增幅0.79%。从2000~2022年各省（自治区、直辖市）资源子系统的变化情况来看，除浙江、江苏和西藏资源子系统发展水平呈下降趋势之外，其余28个省域层面的资源子系统发展水平总体上均呈现出上升趋势，这表明近22年来中国资源开发和利用的水平总体上得到了一定程度的提升。其中，河北、辽宁、吉林、黑龙江、上海、安徽、福建、江西、山东、河南、湖北、湖南、广东、广西、海南、重庆、四川、云南、青海和宁夏20个省（自治区、直辖市）的资源发展水平得分年均增幅在0.0~1.0%；北京、天津、贵州、内蒙古、甘肃、陕西、山西和新疆8个省（自治区、直辖市）资源发展水平得分年均增幅大于1.0%，发展水平较高。

从31个省（自治区、直辖市）2000~2022年资源子系统发展水平等级来看，其变化情况大致可以分为五类：①低水平→中低水平，涉及5个省、直辖市（即天津、山西、海南、贵州、甘肃），占全国总省域数的16.13%；②低水平→中等水平，涉及1个自治区（即新疆），占全国总省域数的3.23%；③中低水平→中等水平，涉及3个省（即吉林、云南、陕西），占全国总省域数的9.68%；④中等水平→中高水平，涉及1个自治区（即内蒙古），占全国总省域数的3.23%；⑤等级保持不变，涉及21个省、自治区、直辖市（即北京、河北、辽宁、黑龙江、上海、江苏、浙江、安徽、福建、江西、山东、河南、湖北、湖南、广东、广西、重庆、四川、西藏、青海、宁夏），占全国总省域数的67.74%。

3. 环境子系统发展水平分析

在环境发展水平方面，全国环境子系统分值呈现波动上升趋势，由2000年的0.52（处在中等水平），到2022年达到0.63（处于高水平发展），年均增幅0.92%。从2000~2022年各省（自治区、直辖市）环境子系统的变化情况来看，各省域层面环境治理与保护的成效较好，环境子系统发展水平总体上呈现出上升趋势，这表明中国的生态环境发展水平得到了提升，逐步向高质量发展与高水平保护相平衡的目标发展。其中，北京、福建、西藏、云南、天津、青海、广东、海南、浙江、江西、贵州、宁夏、广西、四川、上海和重庆16个省（自治区、直辖市）的环境发展水平得分年均增幅在0.0~1.0%，增幅相对较低；湖南、湖北、内蒙古、辽宁、江苏、黑龙江、吉林、新疆、陕西、山东、甘肃、河南、安徽、山西和河北15个省（自治区）环境发展水平得分年均增幅在1.1%~2.2%，增幅相对较高。

从31个省（自治区、直辖市）2000~2022年环境子系统发展水平等级来看，其变化情况大致可以分为四类：①中等水平→中高水平，涉及1个自治区（即新疆），占全国总省域数的3.23%；②中等水平→高水平，涉及5个省、自治区（即河北、山西、内蒙古、河南、甘肃），占全国总省域数的16.13%；③中高水平→高水平，涉及18个省、自治区、直辖市（即辽宁、吉林、黑龙江、上海、江苏、安徽、江西、山东、湖北、湖南、广东、广西、海南、重庆、四川、贵州、陕西、宁夏），占全国总省域数的58.06%；④等级保持不变，涉及7个省、自治区、直辖市（即北京、天津、浙江、福建、云南、西藏、青海），占全国总省域数的20%。

4. 经济子系统发展水平分析

在经济发展水平方面，全国经济子系统得分呈现显著上升趋势，由2000年的0.19（处在低水平发展），到2022年达到0.32（处于较低水平发展），年均增幅3.04%。从

2000~2022年各省（自治区、直辖市）经济子系统的变化情况来看，各省域层面的经济子系统发展水平总体上呈现出上升趋势，这表明随时间变化各省域的经济发展水平得到了提升。其中，天津、山西、辽宁、黑龙江、重庆、贵州、云南、西藏、陕西、甘肃、青海、宁夏和新疆13个省（自治区、直辖市）的经济发展水平得分年均增幅在0.9%~3.0%，增幅相对较低；北京、河北、内蒙古、吉林、上海、浙江、福建、山东、湖北、广西、湖南和四川12个省（自治区、直辖市）环境发展水平得分年均增幅在3.3%~6.0%，处于中间水平；广东、海南、江西、河南、安徽和江苏6个省经济发展水平得分年均增幅超过了6.0%，意味着经济发展相对较快。

从31个省（自治区、直辖市）2000~2022年经济子系统发展水平等级来看，其变化情况大致可以分为四类：①低水平→中低水平，涉及11个省、自治区、直辖市（即北京、天津、河北、山西、内蒙古、江西、湖南、重庆、四川、云南、陕西），占全国总省域数的35.48%；②低水平→中等水平，涉及6个省、直辖市（即上海、浙江、安徽、福建、河南、湖北），占全国总省域数的19.35%；③低水平→中高水平，涉及3个省（即江苏、山东、广东），占全国总省域数的9.68%；④等级保持不变，涉及11个省、自治区（即辽宁、吉林、黑龙江、广西、海南、贵州、西藏、甘肃、青海、宁夏、新疆），占全国总省域数的32.26%。

5. 各子系统发展水平综合分析

2000~2022年各个子系统发展评价指数整体呈现上升趋势，说明各个子系统的发展取得了积极进展。在平均值方面，人口子系统发展评价指数的平均值由2000年的0.44上升到2022年的0.53，年均增长率为0.94%；资源子系统发展评价指数的平均值由2000年的0.33上升到2022年的0.37，年均增长率为0.55%；环境子系统发展评价指数的平均值由2000年的0.54上升到2022年的0.65，年均增长率为0.92%；经济子系统发展评价指数的平均值由2000年的0.19上升到2022年的0.35，年均增长率为3.84%。四个子系统发展评价指数平均值的年均增长速度排序为：经济子系统>人口子系统>环境子系统>资源子系统。从这一结果来看，经济子系统发展较快，表明近22年来中国经济发展势头强劲，经济增长率持续保持较高水平；人口子系统的发展速度次之，说明人口数量在稳步增长的同时，人口素质也在不断提升；环境子系统的发展速度虽然相对较慢，但环境质量也在逐步改善；资源子系统发展相对滞后，说明资源利用效率还有待提高，资源约束问题仍然存在，中国在未来发展中应更加注重资源的节约和高效利用，加快技术创新，推动资源型产业的转型升级，实现绿色发展。

（二）PREE 耦合协调度分析

1. PREE 耦合度分析

在耦合度方面，从2000~2022年全国PREE的耦合度较高，在这4个时间节点均处于高水平耦合，年均增幅较小，为0.14%。人口、资源、环境和经济各系统之间的相互联系较为紧密，相互作用较强。在省域方面，海南省2000年的耦合度相对较低，为0.77，处于磨合阶段，其余各地的耦合度均达到高水平耦合。2010年，海南省的耦合度也从磨合阶段迈入高水平耦合阶段，此后的2020年和2022年各省（自治区、直辖市）均处于高水平耦合阶段（见图8-4）。

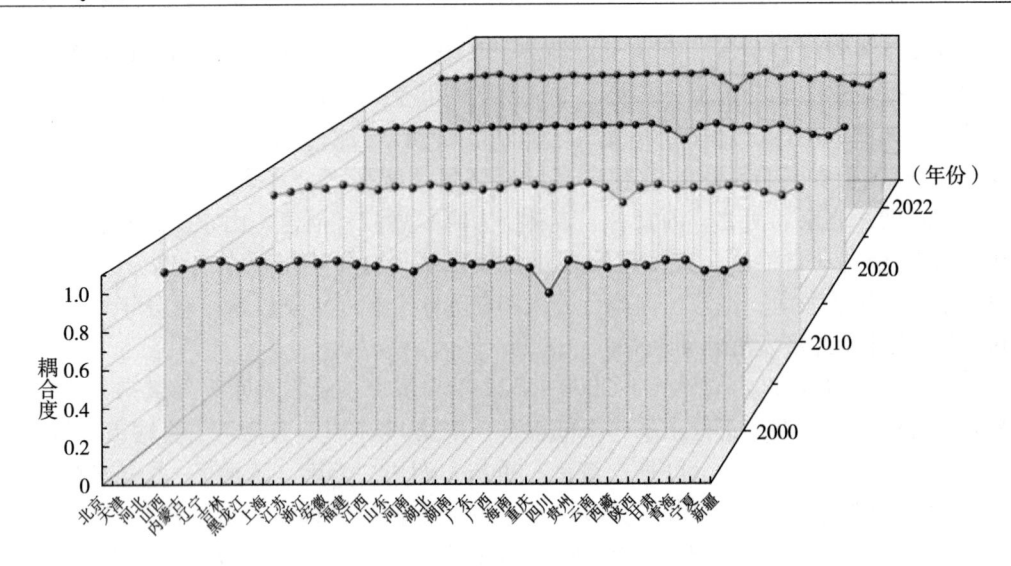

图 8-4 PREE 耦合度瀑布

从 31 个省（自治区、直辖市）2000~2022 年 PREE 耦合度的变化情况来看，甘肃省的 PREE 耦合度呈现负增长；河北、山西、辽宁、黑龙江、上海、江苏、浙江、山东、重庆、西藏、陕西、青海、宁夏和新疆 14 个省（自治区、直辖市）的 PREE 耦合度年均增幅在 0.0~0.15%；天津、内蒙古、吉林、安徽、福建、河南、湖北、湖南、广东、广西、贵州和云南 12 个省（自治区、直辖市）的 PREE 耦合度年均增幅在 0.15%~0.3%；北京、江西、海南和四川 4 个省（直辖市）耦合度相对较高，其年均增幅在 0.3%~0.6%。

2. PREE 耦合协调度分析

从 2000~2022 年全国和各省域 PREE 耦合协调度和耦合协调度等级的变化情况来看，主要有以下特点：

（1）近 22 年间全国 PREE 耦合协调度呈逐渐地提高，耦合协调度等级从"低度协调"级提升至"高度协调"级。全国 2000 年 PREE 耦合协调度为 0.588，到 2022 年增至 0.673，年均增幅 0.65%。相应地，全国整体耦合协调度等级从"低度协调"级提升至"中度协调"级。这意味着近 22 年来全国的人口发展质量、自然资源合理开发利用、生态环境保护与建设、经济发展状况均已取得了明显成效，这也是国家近 20 多年来大力实施可持续发展战略、建设资源节约型与环境友好型社会、建设生态文明、实施绿色发展和高质量发展战略的重要成效。

（2）PREE 耦合协调度和耦合协调度等级变化的区域差异性较大。按中国现行的东部、中部、西部、东北 4 个区域划分，2000~2022 年 PREE 耦合协调度的年均增幅呈现"中部地区（0.86%）>东部地区（0.76%）>西部地区（0.64%）>东北地区（0.44%）"的特点。从 31 个省（自治区、直辖市）2000~2022 年 PREE 耦合协调度的变化情况来看，各省（自治区、直辖市）近 22 年间 PREE 耦合协调度均有不同程度的提高（见图 8-5），其中，增幅相对较大的是河南省和安徽省，年均增幅均略超过 1.0%；其次为江苏、江西、新疆、内蒙古、四川、河北、广东、山西、海南、山东、陕西、湖南、贵州、湖北、广西、吉林、福建、浙江、甘肃、重庆、宁夏、云南、北京 23 个省（自治区、直辖市），其年均增幅为 0.5%~0.9%；其余 6 个省（自治区、直辖市）增幅相对较小，其年均增幅为 0.2%~0.4%。

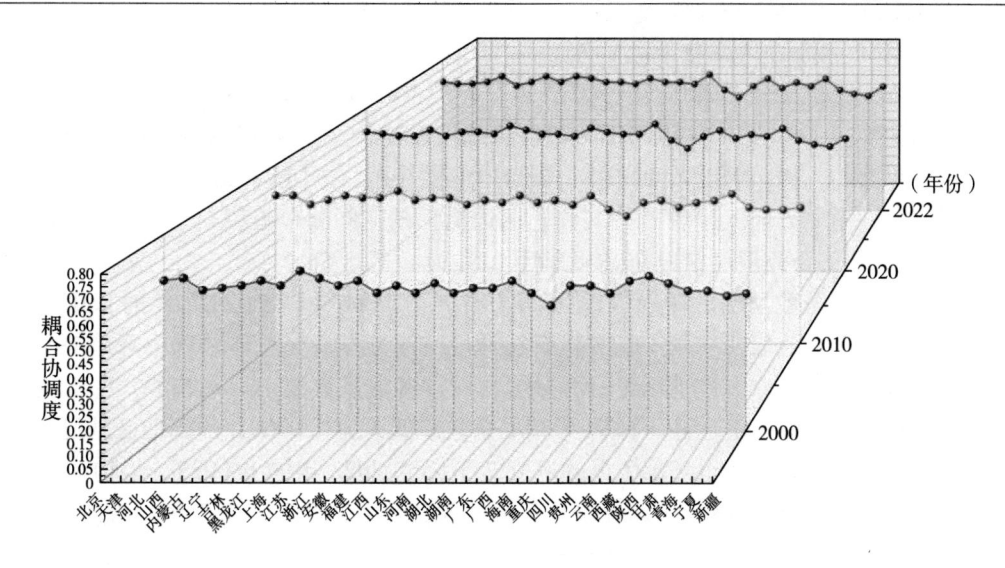

图 8-5 PREE 耦合协调度瀑布

从 31 个省（自治区、直辖市）2000~2022 年 PREE 耦合协调度和耦合协调度等级来看，其变化情况大致可以分为以下四类：①"低度协调"级→"中度协调"级，涉及 17 个省、自治区、直辖市（即河北、山西、吉林、安徽、福建、江西、河南、湖北、湖南、广西、海南、重庆、贵州、甘肃、青海、宁夏、新疆），占全国总省域数的 54.84%；②"低度协调"级→"高度协调"级，涉及 3 个省、自治区（即内蒙古、江苏、四川），占全国总省域数的 9.68%；③"中度协调"级→"高度协调"级，涉及 5 个省（即黑龙江、浙江、山东、广东、陕西），占全国总省域数的 16.13%；④保持"中度协调"级（无变化），涉及 6 个省、自治区、直辖市（即北京、天津、辽宁、上海、云南、西藏），占全国总省域数的 19.35%。值得指出的是，上述保持"中度协调"而没有发生等级上变化的 6 个省（自治区、直辖市），其 PREE 耦合协调度值均呈现出逐渐增加的趋势。也就是说，全国和各省域 PREE 耦合协调状况均呈现向好的趋势。

上述动态演化的结果，使 2000~2022 年不同 PREE 耦合协调度等级的省域数发生了相应的变化，基本规律是：PREE 耦合协调度等级较低的省域数显著减少，而 PREE 耦合协调度等级较高的省域数则显著增加："低度协调"级由 2000 年的 20 个省域减至 2022 年的 0 个省域，即 2000 年时这 20 个省域的"低度协调"级到目前均已提升至"中度协调"级和"高度协调"级；"中度协调"级由 11 个省域增至 23 个省域；"高度协调"级由 0 个省域增至 8 个省域，也就是说，2000 年尚无"高度协调"级的省域，到了 2022 年"高度协调"级的省域占到了全国省域总数的 25.81%。

此外，根据各省（自治区、直辖市）3 个时间段 PREE 耦合协调度的年均增长率变化特点进行分析，可将 31 个省（自治区、直辖市）PREE 耦合协调度年均增长率变化分为三类：①PREE 耦合协调度年均增长率变化趋势为"U"型变化，黑龙江省满足此变化特征。②PREE 耦合协调度变化趋势呈现倒"U"型，上海、广东、湖南、云南和西藏这 5 个省（自治区、直辖市）满足此变化特征。③PREE 耦合协调度年均增长率呈现下降趋势，其余 25 个省（自治区、直辖市）满足此变化特征。

（三）PREE 耦合协调度趋势面分析

利用趋势面分析法，对 2000 年、2010 年、2020 年以及 2022 年的 PREE 系统耦合协调度进行了插值模拟，以深入探究 PREE 耦合协调度的空间分布规律及其随时间的发展趋势。分析结果表明，四个时间节点 PREE 耦合协调度在东西方向呈现出"西高东低"的空间分布趋势，在南北方向上呈现"中间高，两边低"的空间分布趋势。

（四）PREE 耦合协调度空间分异及分解

中国总体基尼系数呈现下降趋势，由 2000 年的 0.0260 下降到 2022 年的 0.0231，年均变化率为-2.3%。这表明中国 PREE 耦合协调度空间分异情况总体呈现下降趋势。从区域内基尼系数方面分析，东部地区 PREE 耦合协调度基尼系数波动下降趋势；中部地区的基尼系数呈现"V"型变化趋势，2020 年基尼系数最低，为 0.0066；西部地区基尼系数呈现波动下降趋势，基尼系数由 2000 年的 0.022 下降到 2022 年的 0.0033，年均变化率为-3.86%；东北地区 PREE 耦合协调度基尼系数呈现波动上升趋势，由 2000 年的 0.0088 上升到 2022 年的 0.026，年均变化率为 8.88%。

区域间基尼系数总体上也呈现下降趋势，区域间 PREE 耦合协调度的差距逐渐减小，区域间发展均衡性增强。东部—西部、东部—中部、东部—东北部的区域间基尼系数呈现波动下降趋势；中部—西部、中部—东北部区域间基尼系数整体呈现下降趋势，2022 年略有回升；仅西部—东北部的区域间基尼系数呈现缓慢上升态势。从区域间基尼系数均值进行分析，东部—东北部区域间基尼系数最高，超过了 0.03，东部—中部、东部—西部、中部—东北部的区域间基尼系数均值相对较高，处在 0.02~0.03；其余的区域间基尼系数均值处于 0.01~0.02，相对较低。

PREE 耦合协调度的空间差异来源于区域内差异、区域间差异和超变密度的影响。2000~2022 年，区域间差异贡献率逐渐减小，区域内差异和超变密度贡献率逐渐增大。2000 年和 2010 年，区域间差异贡献率最大，表明制约中国 PREE 耦合协调发展的关键因素是各区域间差异；到了 2020 年和 2022 年，超变密度贡献率逐渐最大，表明影响中国 PREE 耦合协调发展的主要因素变为了超变密度，说明组间交叉重叠所导致的区域差异是总体差异的主要来源。

二、结论、讨论与对策建议

（一）结论

本研究基于人与自然和谐共生战略，构建了中国省域人口、资源、环境和经济协调发展评价指标体系，对 2000 年、2010 年、2020 年和 2022 年全国和 31 个省域 PREE 系统耦合协调度进行综合测度，并对时空演变进行分析，得到以下四个主要结论：

（1）从 2000 年到 2022 年各省（自治区、直辖市）的人口、资源、环境与经济子系统的发展水平不断提升，说明中国在经济社会协调发展、生态文明建设等方面的全面进步。四个子系统发展评价指数平均值的年均增长速度排序为：经济子系统>人口子系统>环境子系统>资源子系统。这反映了 PREE 系统中各子系统发展的不均衡性，需要更加关注资源的利用效率问题，提升技术水平，优化产业发展。

（2）在耦合度方面，多数省份的 PREE 耦合度处于高水平耦合阶段，说明各个子系统之间相互依赖性强，协同效应显著，耦合度高更利于 PREE 系统的平衡与稳定。

（3）在协调度方面，近22年来全国和各省域的耦合协调度均呈上升趋势，全国平均PREE耦合协调度年均增幅0.65%，全国整体耦合协调度等级从"低度协调"级提升至"中度协调"级。省域PREE耦合协调度等级变化的基本规律是：PREE耦合协调度等级较低的省域数明显减少，而PREE耦合协调度等级较高的省域数则明显增加。这表明全国和各省域各个子系统之间的良性互动增强，为推进可持续发展战略奠定了坚实基础。

（4）在区域分异方面，一方面其协调度在东西方向上呈现"西高东低"的空间分布趋势，在南北方向上呈现"中间高，两边低"的空间分布趋势；另一方面耦合协调度整体呈聚集态势，总体、区域内与区域间的基尼系数均呈现下降趋势，表明PREE耦合协调度的区域差距逐渐减小，空间均衡性逐步增强。

（二）讨论

人口、资源、环境与经济协调发展是国家和区域可持续发展的前提和保障。在参考前人的已有研究基础上，本着合理继承与科学创新的原则和要求，本研究通过对PREE协调发展机制的深入分析，构建了中国省域PREE协调发展评价指标体系，运用CRITIC法进行客观赋权，利用综合评价模型测度人口、资源、环境和经济的发展水平，引入耦合协调度模型研究PREE的协调发展水平，通过核密度估计和Dagum基尼系数分析其耦合协调度的演化特征，为未来进一步开展PREE协调发展问题的研究提供了一定的借鉴和参考。

在研究视角上，本书努力体现"人与自然和谐共生"这一中国式现代化的重要特征和目标要求。人口、资源、环境与经济发展之间的关系，从根本上体现为人与自然的关系，相应地，人口、资源、环境与经济的协调发展也就体现为人与自然的和谐发展，因此，人与自然和谐共生理论成为指导人口、资源、环境与经济协调发展的重要基础理论，这与以往的可持续发展、生态经济等理论也是一脉相承的。PREE系统中人类生存与发展、资源开发利用、环境治理与保护、经济活动乃至整个人类社会发展，最终都要"落地"，即落实到地球陆地表层这一人类生存、生产和生活的基本环境空间，因此，PREE系统协调发展的基础要素和特征指标也就需要全球环境变化研究中的土地利用/覆被变化（LUCC）状况来加以体现。正因如此，将LULC数据应用于PREE系统协调分析的基础指标中，更好地体现出PREE系统协调发展分析指标体系的合理性和客观性。为此，本书基于中国各时期LULC遥感矢量数据情况及相关社会经济调查统计数据，并针对以往研究中对生态环境指标等方面的片面性和不足之处，科学地构建了合理、可行的中国人口、资源、环境与经济协调发展评价指标体系，进而开展对全国近22年来人口、资源、环境和经济协调发展度的时空演变分析。

与已有的研究相比，本研究在一定程度上丰富了人口、资源、环境与经济协调发展的理论与实践。以往的研究多集中在对人口、资源、环境和经济中的两者或三者关系[75-78]进行研究，对4个系统的耦合协调度的研究相对较少。在研究的空间尺度上，主要以黄河流域各省（区）[19]、城市群[18,23]、经济区[75]和省级行政区[20-22,31]作为研究区域，研究区域样本较小，针对中国31个省人口、资源、环境与经济耦合协调的研究较少，本研究对研究区范围进行扩展，以中国31个省（自治区、直辖市）作为研究区域，覆盖范围更广，更利于把握中国PREE整体上的协调发展情况。与以往研究中国PREE的文献[13-15]进行对比发现，在指标选取与指标体系的构建方面，本研究在人口质量方面增加了每万人口卫生技术人员、各地区研究与试验发展（R&D）人员全时当量等指标，旨在从卫生服务和科技创新方面综合评价人口质量；在资源利用方面，增加了人均用水量和人均能源消费量，将人类活动与资源利用有效联系起来；在环境压力评价方面，本研究并未采用城市废水排放量、城市废气排放量与工业固废排放量进行污染物排放量方面的评价，而是选用传统的工业"三废"进行评价，与此同时还在评价指标上还加入了土壤侵蚀模数、水土流失面积和农作物受灾面积三个体现生态环境状况的重要指标，旨在从污染、生态破坏与受灾三个方面全面地评价生态环境压力；在经济效益评价方面，本研究引入了土地综合生产率和人均粮食产量这两项指标，旨在从保障粮食安全角度测度经济效益。因此，本研究构建的评价指标体系包含了较为完善、丰富的 48 个指标，涵盖内容较广，具有较好的参考价值。在研究时间跨度方面，Cao 等（2021）[14] 与范丽玉和高峰（2023）[15] 研究了 2010~2019 年中国 31 个省份的 PREE 耦合协调度，本研究选取 2000 年、2010 年、2020 年和 2022 年数据研究近 22 年中国 31 个省份的 PREE 耦合协调度演变，覆盖的时间跨度更大，数据资料更为新颖，更能体现当今实际情况。从研究结论上来看，本研究与 Cao 等（2021）[14] 与范丽玉和高峰（2023）[15] 的研究均发现中国 PREE 耦合协调度得到提升，且存在区域分异的现象。本研究在此基础上进行了一定的拓展，引入 Dagum 基尼系数进一步分析区域差异及来源。

当然，本研究也还存在一些不足，在研究尺度上，仅选择省域层面进行研究，而未对市域尺度和县域尺度进行分析，因而研究结果所反映的特点和问题以及提出的对策建议对于省域层面的 PREE 耦合协调发展更具有针对性，但对于市域和县域 PREE 的协调发展指导性相对较弱，下一步研究中可以对市域和县域尺度进行深入分析。在指标的选取上，由于条件限制，未考虑高程、地形坡度和坡向、气候条件等与自然环境相关的指标以及土地荒漠化和沙化、土壤污染等指标，在未来的研究中可以对指标体系进一步丰富。

（三）对策建议

本研究得出了近 22 年全国和各省域 PREE 耦合协调度均呈上升趋势的演变规律，有 8 个省域 PREE 耦合协调度已达"高度协调"级，全国整体平均 PREE 耦合协调度距离"高度协调"级已越来越近，反映出全国和省级层面 20 多年来大力实施可持续发展战略、建设资源节约型与环境友好型社会、建设生态文明、实施绿色发展和高质量发展战略取得了明显的成效。然而，必须看到的是，表 8-3 划分 PREE 系统耦合协调等级的评价标准中，"高度协调"级的下限值（0.7）与上限值（1.0）之间有着较大的距离，因此，在全国和各省域人口、资源、环境与经济协调发展的政策施行和具体实践上绝不能放松，在当今人与自然和谐共生的中国式现代化建设征程中，需要以人与自然和谐共生为基本目标，以推进 PREE 高质量发展、全面实施绿色发展、建设质量强国为导向，从人口、资源、环境、经济与区域协调发展五个方面构建中国 PREE 协调发展水平的综合策略体系。

（1）在人口方面，一是要全方位提升人口受教育程度、医疗服务水平、科技创新能力，切实提升人口素质；二是要合理制定相关人口政策，建立健全人口监测体系和预警机制，稳定人口规模、优化人口结构，保障人口高质量发展；三是以政策和经济发展为引领，促进人口在城乡之间、区域之间均衡分布、合理集聚、有序流动，促使人口规模、分布与资源环境承载能力相适应，推进绿色低碳发展。

（2）在资源方面，一是要加强科技创新，发展循环经济。在资源的开发、利用与再利用的过程中，使用先进技术和设备，提升资源的综合利用率，减少资源的浪费，降低环境污染，提升产能；二是针对水资源、土地资源和矿产资源等重点领域采取针对性措施，例如，加强河湖生态流量管理和地下水超采综合治理、落实国土空间用途管制制度、提高矿产资源开采回采率、选矿回收率和综合利用率等；三是要制定和完善资源节约集约利用、循环利用的相关政策，通过法律法规强化刚性约束，同时建立资源不合理开发利用的实时监测、动态反馈机制。

（3）在生态环境方面，一是加强"三线一单"生态环境分区管控制度的实施，推动形成节约资源和保护环境的绿色发展格局；二是持续深入实施大气、水、土壤污染防治三大行动计划，切实改善环境质量；三是增强公众环保意识，倡导绿色的生活方式，尤其是丰富生态文明宣传教育的宣传形式，鼓励低碳出行、绿色消费，提升全社会的生态文明意识。

（4）在经济方面，一是在"3060"双碳目标（二氧化碳排放力争2030年前达到峰值，力争2060年前实现碳中和）的背景下，政府和企业应加大对绿色低碳技术的研发投入，支持关键技术的突破和成果转化。通过技术创新，降低绿色低碳技术的成本；二是大力发展节能环保、新能源、新材料等绿色新兴产业，推动产业结构优化升级，通过绿色新兴产业的发展，培育新的经济增长点，实现经济高质量发展。

（5）在区域协调发展方面，一是优化关键生产力布局，构建优势互补、高质量发展的区域经济布局与国土空间体系；二是培育具备创新能力的区域创新极，以创新极为中心，辐射带动周边地区的发展；三是从经济、社会、生态环境等多方面建立跨区域的合作机制，缩小地区间的差异，促进区域协调发展。

参考文献

[1] 习近平. 高举中国特色社会主义伟大旗帜 为全面建设社会主义现代化国家而团结奋斗——在中国共产党第二十次全国代表大会上的报告 [M]. 北京：人民出版社，2022.

[2] 吴玉鸣，张燕. 中国区域经济增长与环境的耦合协调发展研究 [J]. 资源科学，2008，30（1）：25-30.

[3] Boulding K E. The Economics of the Coming Spaceship Earth [A] //Jarrett H Ed. Environmental Quality in A Growing Economy [M]. Baltimore, MD, USA：Resources for the Future/Johns Hopkins University Press，1966：55-90.

[4] Norgaard R B. Economic Indicators of Resource Scarcity：A Critical Essay [J]. Journal of Environmental Economics and Management，1990，19（1）：19-25.

[5] 熊升银. 人口、资源、环境与经济社会协调发展研究述评与展望 [J]. 广西社会科学，2020（8）：62-68.

[6] 陈国权. 可持续发展与经济—资源—环境系统分析和协调 [J]. 科学管理研究，1999，17（2）：23-24.

[7] 曾嵘，魏一鸣，范英，等. 人口、资源、环境与经济协调发展系统分析 [J]. 系统工程理论与实践，2000（12）：1-6.

[8] 姚腾霄. 论经济、人口、资源、环境之间的协调发展 [J]. 社会科学家, 2013 (11): 55-58.

[9] 毛汉英. 县域经济和社会同人口、资源、环境协调发展研究 [J]. 地理学报, 1991, 46 (4): 385-395.

[10] 米红, 吉国力, 林琪灿. 中国县级区域人口、资源、环境与经济协调发展的可持续发展系统理论和评估方法研究 [J]. 人口与经济, 1999 (6): 17-24, 10.

[11] 刘小林. 区域人口、资源、环境与经济系统协调发展的定量评价 [J]. 统计与决策, 2007 (1): 64-65.

[12] 孙尚清, 鲁志强, 高振刚, 等. 论中国人口、资源、环境与经济的协调发展 [J]. 中国人口·资源与环境, 1991, 1 (2): 4-9.

[13] Lu Chenyu, Yang Jiaqi, Li Hengji, et al. Research on the Spatial-Temporal Synthetic Measurement of the Coordinated Development of Population-Economy-Society-Resource-Environment (PESRE) Systems in China Based on Geographic Information Systems (GIS) [J]. Sustainability, 2019 (11): 2877.

[14] Cao Junjie, Zhang Yao, Wei Taoyuan, et al. Temporal-spatial Evolution and Influencing Factors of Coordinated Development of the Population, Resources, Economy and Environment (PREE) System: Evidence from 31 Provinces in China [J]. International Journal of Environmental Research and Public Health, 2021 (18): 13049.

[15] 范丽玉, 高峰. 中国省域人口、资源、经济与环境 (PREE) 系统耦合协调的时空演变特征与预测分析 [J]. 生态经济, 2023, 39 (3): 168-176.

[16] 姚予龙, 谷树忠. 西部贫困地区人口、资源、环境与社会经济协调发展 [J]. 中国农业资源与区划, 2003, 24 (3): 22-26.

[17] 齐晓娟, 童玉芬. 中国西北地区人口、经济与资源环境协调状况评价 [J]. 中国人口·资源与环境, 2008, 18 (2): 110-114.

[18] 刘洁, 栗志慧, 周行. 双碳目标下京津冀城市群经济—人口—资源—环境耦合协调发展研究 [J]. 中国软科学, 2022 (S1): 150-158.

[19] 李佳璐, 潘景茹, 冯峰, 等. 黄河流域九省 (区) 人口-水资源-经济-生态环境系统耦合协调发展及障碍因素分析 [J]. 水资源与水工程学报, 2024, 35 (1): 47-56.

[20] 曾嵘, 魏一鸣, 范英, 等. 北京市人口、资源、环境与经济的协调发展分析与评价指标体系 [J]. 中国管理科学, 2000, 8 (S1): 310-317.

[21] 段永蕙, 景建邦, 张乃明. 山西省人口、资源环境与经济协调发展分析 [J]. 生态经济, 2017, 33 (4): 64-68, 79.

[22] 李恒吉, 曲建升, 庞家幸, 等. 甘肃省人口-经济-社会-资源-环境系统耦合协调及可持续发展时空综合测度研究 [J]. 干旱区地理, 2020, 43 (6): 1622-1634.

[23] 龙晓惠, 陈国平, 林伊琳, 等. 主体功能区视角下的滇中城市群人口-经济-资源环境时空耦合分析 [J]. 水土保持研究, 2024, 31 (2): 367-378.

[24] 潘彪, 黄征学, 党丽娟. 县域经济高质量发展的差异化路径: 基于经济—人口—资源环境三维分类框架 [J]. 中国软科学, 2024 (1): 110-119.

[25] Grossman G, Krueger A. Environmental Impacts of a North American Free Trade A-

greement [R]. Cambridge: NBER Working Paper Series 3914, National Bureau of Economic Research (USA), 1991.

[26] Panayotou T. Empirical Tests and Policy Analysis of Environmental Degradation at Different Stages of Econonic Development [M]. Geneva: Working Paper WP238, Technology and Environment Program, International Labor Office, 1993.

[27] Stokey N L. Are There Limit to Growth ? [J]. International Economic Review, 1998, 39 (1): 1-33.

[28] Ahmed K, Long W. Environmental Kuznets Curve and Pakistan: An Empirical Analysis. Procedia Economics and Finance, 2012, 1 (12): 4-13.

[29] 李惠娟, 龙如银. 资源型城市环境库兹涅茨曲线研究: 基于面板数据的实证分析 [J]. 自然资源学报, 2013, 28 (1): 19-27.

[30] 蓝艳, 花瑞祥, 景宜然, 等. 东盟国家碳排放动态演变及环境库兹涅茨曲线实证检验分析 [J]. 生态与农村环境学报, 2024, 40 (3): 303-312.

[31] 杨静, 孙文生. 河北省人口、资源环境与经济协调发展评价研究 [J]. 湖北农业科学, 2011, 50 (21): 4524-4527.

[32] 王介勇, 吴建寨. 黄河三角洲区域生态经济系统动态耦合过程及趋势 [J]. 生态学报, 2012, 32 (15): 4861-4868.

[33] 张振杰, 杨山, 孙敏. 城乡耦合地域系统相互作用模型建构及应用: 以南京为例 [J]. 人文地理, 2007, 22 (4): 90-94, 67.

[34] 李智国, 杨子生, 王伟. 西南边疆山区耕地资源利用与粮食生产耦合态势: 以云南省为例 [J]. 山地学报, 2008, 26 (4): 410-417.

[35] 张洁, 李同昇, 王武科. 渭河流域人地关系地域系统耦合状态分析 [J]. 地理科学进展, 2010, 29 (6): 733-739.

[36] 黄金川, 方创琳. 城市化与生态环境交互耦合机制与规律性分析 [J]. 地理研究, 2003, 22 (2): 211-220.

[37] 杨雪梅, 杨太保, 石培基, 等. 西北干旱地区水资源-城市化复合系统耦合效应研究——以石羊河流域为例 [J]. 干旱区地理, 2014, 37 (1): 19-30.

[38] 曹芳东, 黄震方, 吴江, 等. 转型期城市旅游业绩效系统耦合关联性测度及其前景预测——以泛长江三角洲地区为例 [J]. 经济地理, 2012, 32 (4): 160-166.

[39] 杨莉, 杨德刚, 张豫芳, 等. 新疆区域基础设施与经济耦合的关联分析 [J]. 地理科学进展, 2009, 28 (3): 345-352.

[40] 陈颖. 青海省人口、资源、环境与经济、社会的协调发展研究 [J]. 西北人口, 2007 (5): 25-30.

[41] Zameer H, Yasmeen H, Wang R, et al. An Empirical Investigation of the Coordinated Development of Natural Resources, Financial Development and Ecological Efficiency in China [J]. Resources Policy, 2020 (65): 101580.

[42] Tomal M. Evaluation of Coupling Coordination Degree and Convergence Behaviour of Local Development: A Spatiotemporal Analysis of all Polish Municipalities over the Period 2003-2019 [J]. Sustainable Cities and Society, 2021, 71 (4): 102992.

[43] Tomal M. Analysing the Coupling Coordination Degree of Socio-economic-infrastructural Development and Its Obstacles: The Case Study of Polish Rural Municipalities [J]. Applied Economics Letters, 2020, 28 (13): 1-6.

[44] Waseem M N, Shahfahad, Swapan T, et al. Modelling Built-up land Expansion Probability Using the Integrated Fuzzy Logic and Coupling Coordination Degree Model [J]. Journal of Environmental Management, 2022, 325 (Pt A): 116441.

[45] Hossein A, Farnaz S, Mahdis B. Coupling Coordination Analysis between Urbanization and Ecology in Iran [J]. Frontiers of Urban and Rural Planning, 2024, 2 (1): 5.

[46] 杨士弘. 广州城市环境与经济协调发展预测及调控研究 [J]. 地理科学, 1994, 14 (2): 136-143, 199.

[47] 吴跃明, 张子珩, 郎东锋. 新型环境经济协调度预测模型及应用 [J]. 南京大学学报（自然科学版）, 1996, 32 (3): 466-473.

[48] 廖重斌. 环境与经济协调发展的定量评判及其分类体系——以珠江三角洲城市群为例 [J]. 热带地理, 1999, 19 (2): 76-82.

[49] 乔标, 方创琳. 城市化与生态环境协调发展的动态耦合模型及其在干旱区的应用 [J]. 生态学报, 2005, 25 (11): 211-217.

[50] 李裕瑞, 王婧, 刘彦随, 等. 中国"四化"协调发展的区域格局及其影响因素 [J]. 地理学报, 2014, 69 (2): 199-212.

[51] 杨忍, 刘彦随, 龙花楼. 中国环渤海地区人口—土地—产业非农化转型协同演化特征 [J]. 地理研究, 2015, 34 (3): 475-486.

[52] 李茜, 胡昊, 李名升, 等. 中国生态文明综合评价及环境、经济与社会协调发展研究 [J]. 资源科学, 2015, 37 (7): 1444-1454.

[53] 王少剑, 方创琳, 王洋. 京津冀地区城市化与生态环境交互耦合关系定量测度 [J]. 生态学报, 2015, 35 (7): 2244-2254.

[54] 刘琳轲, 梁流涛, 高攀, 等. 黄河流域生态保护与高质量发展的耦合关系及交互响应 [J]. 自然资源学报, 2021, 36 (1): 176-195.

[55] 刘丽娜, 邹季康. 湖北省经济-科技-生态系统耦合协调的时空演化 [J]. 中南民族大学学报（人文社会科学版）, 2023, 43 (11): 132-140, 186-187.

[56] 丛晓男. 耦合度模型的形式、性质及在地理学中的若干误用 [J]. 经济地理, 2019, 39 (4): 18-25.

[57] 姜磊, 柏玲, 吴玉鸣. 中国省域经济、资源与环境协调分析——兼论三系统耦合公式及其扩展形式 [J]. 自然资源学报, 2017, 32 (5): 788-799.

[58] 王淑佳, 孔伟, 任亮, 等. 国内耦合协调度模型的误区及修正 [J]. 自然资源学报, 2021, 36 (3): 793-810.

[59] 蔡绍洪, 谷城, 张再杰. 时空演化视角下我国西部地区人口—资源—环境—经济协调发展研究 [J]. 生态经济, 2022, 38 (2): 168-175.

[60] 赵永峰, 郑慧. 内蒙古人口—经济—资源—环境时空交互耦合关系 [J]. 资源开发与市场, 2021, 37 (6): 705-715.

[61] 刘建华, 黄亮朝, 左其亭. 黄河下游经济-人口-资源-环境和谐发展水平评估

[J]. 资源科学, 2021, 43 (2): 412-422.

[62] 秦泗刚, 段汉明, 李正军. 资源型城市人口-经济-环境协调发展研究——以克拉玛依市为例 [J]. 生态经济, 2016, 32 (6): 93-97.

[63] 付云鹏, 马树才. 中国区域人口、经济与资源环境耦合的时空特征分析 [J]. 管理现代化, 2015, 35 (3): 31-33.

[64] 杜忠潮, 黄波, 陈佳丽. 关中—天水经济区城市群人口经济与资源环境发展耦合协调性分析 [J]. 干旱区地理, 2015, 38 (1): 135-147.

[65] 胡国良. 新疆地区人口、资源、环境与经济协调发展综合评价 [J]. 新疆大学学报 (哲学人文社会科学版), 2009, 37 (4): 23-26.

[66] 陈孝胜. 中国西部地区人口、环境、资源与经济可持续发展对策 [J]. 生态经济, 2007, 23 (8): 52-54, 73.

[67] 刘建国, 李悦. 人口高质量发展水平测度、空间分布与动态演进 [J]. 统计与决策, 2024, 40 (17): 64-69.

[68] 周成, 冯学钢, 唐睿. 区域经济—生态环境—旅游产业耦合协调发展分析与预测——以长江经济带沿线各省市为例 [J]. 经济地理, 2016, 36 (3): 186-193.

[69] 钱丽, 陈忠卫, 肖仁桥. 中国区域工业化、城镇化与农业现代化耦合协调度及其影响因素研究 [J]. 经济问题探索, 2012 (11): 10-17.

[70] 任亚运, 余坚, 张毅. 中国新型城镇化与碳达峰潜力耦合协调度时空分异及互动关系研究 [J]. 生态经济, 2023, 39 (7): 75-85.

[71] 施建刚, 段锴丰, 吴光东. 长三角地区城乡融合发展水平测度及其时空特征分析 [J]. 同济大学学报 (社会科学版), 2022, 33 (1): 78-89.

[72] 杨骞, 王珏, 李超, 等. 中国农业绿色全要素生产率的空间分异及其驱动因素 [J]. 数量经济技术经济研究, 2019, 36 (10): 21-37.

[73] Yang Jie, Huang Xin. The 30 m Annual Land Cover Datasets and Its Dynamics in China from 1985 to 2022 (1.0.2) [Data set]. Zenodo, 2023. https://zenodo.org/record/8176941.

[74] 水利部. 中华人民共和国行业标准 SL190-96: 土壤侵蚀分类分级标准 [S]. 北京: 中国水利水电出版社, 1997.

[75] Kopnina H, Washington H, Lowe I, et al. Scientists' Warning to Humanity: Strategic Thinking on Economic Development, Population, Poverty and Ecological Sustainability in the Mediterranean and Beyond [J]. Euro-Mediterranean Journal for Environmental Integration, 2020, 5 (4): 338-351.

[76] 黄语晨, 胡佳怡, 冷骏杰, 等. 北京市非中心城区土地利用-人口-经济协同预测 [J]. 测绘通报, 2024 (8): 165-171.

[77] 谢海浪, 赵伟, 江雅婷, 等. 城镇生态化视角下三峡库区人口-经济-环境 (PEE) 耦合协调发展 [J]. 水土保持学报, 2024, 38 (4): 209-221, 235.

[78] 李蕴琳, 赵鹏军. 珠三角城市群人口-产业-环境耦合协调度及其影响因素 [J]. 地域研究与开发, 2024, 43 (1): 23-30.

第九章 中国资源诅咒与居民收入分析

资源诅咒（Resource Curse）是一个很经典的经济现象，指的是丰富的资源不仅不是福祉，反而成为经济发展的"诅咒"（经济上的拖累）。尽管一些学者质疑自然资源丰裕度量指标的有效性和准确性，进而并不赞成"资源诅咒"假说[1-3]，然而，从现实的经济发展来看，资源型经济体过分依赖资源产业、经济发展波动大、制造业发展缓慢等问题是普遍存在和有目共睹的，严重威胁到其经济发展。因此，资源诅咒现象的研究对于主流经济学的贡献主要在于：将研究的视角转向了对现实经济问题的分析，使经济学家开始关注自然资源对经济增长的间接的、负面的影响，扩展了资源经济学、发展经济学以及人口、资源与环境经济学等相关学科的理论视野，丰富了这些经济学科的已有理论[4]。鉴于此，本章作为人口、资源、环境与经济协调发展实践的经典专题研究，拟在阐述国内外资源诅咒研究现状基础上，梳理已有的中国自然资源诅咒及其破解对策措施的主要结论，并以研究较为薄弱的耕地资源诅咒为重点，深入分析中国耕地-粮食丰裕度与居民收入的关系及其机理，为今后"资源诅咒"的深入研究奠定必要的基础。

第一节 资源诅咒假说的提出与自然资源丰裕经济学的产生

一、资源诅咒假说的提出

资源诅咒是令人难以理解的特殊现象：资源丰富，本是福祉，何以成为经济发展的"诅咒"？

在传统的资源导向型的经济增长模式中，自然资源禀赋状况通常在很大程度上决定了一个国家或地区的经济发展水平。Habakkuk（1962）[5]认为，丰裕的自然资源使美国获得了更高的生产率，并最终形成了19世纪的经济繁荣局面。Wright（1990）[6]分析认为，美国20世纪初期在工业生产中的领先地位与其煤、铜、石油、铁矿石等非再生自然资源产品的开采和生产密切相关。Watkins（1963）[7]利用大宗产品理论（Staple Theory）阐明了资源开发和出口在加拿大成为发达工业国历程中所发挥的重要作用。然而，到了20世纪70年代，自然资源禀赋与经济增长之间的关系发生了颠覆性的变化，资源导向型增长模式在不少国家出现了失败，许多资源丰裕国（尤其是南非洲地区和中东地区）的经济发展常常不及资源贫乏国（如新加坡、韩国等），意味着自然资源优势在经济增长中的作用已由"福祉"变成了"魔咒"，这使越来越多的经济学家意识到丰裕的自然资源禀赋并不总是对国家或地区经济增长产生促进作用；相反，优越的资源禀赋条件在很多时候也会对经济增长产生突出的负向阻碍作用。于是，发展经济学中的"资源诅咒"概念和假说随即产生。

1993年，美国经济学家奥蒂（1993，1994）[8-9]首次提出了"资源诅咒"的概念，其含义是指丰裕的自然资源不仅没有促进经济增长，反而成为经济发展过程中的陷阱。于是，对此特殊经济现象的研究衍生出近30年来经济学的一个重要发现和热点研究方向——"资源诅咒"学说，即指一国或地区的经济由于对自然资源过度依赖而引起一系列不利于长期经济增长的负面效应，最终拖累经济增长的一种现象[10]。

二、资源诅咒研究进展概况

Sachs和Warner（1995，1997，2001）[11-13]在Matsuyama模型基础上衍生出动态的"荷兰病"模型（Dutch Disease），对资源充裕度与经济增长之间的关系做了开创性的实证研究。该研究表明，在控制影响经济增长的多种变量之后，自然资源的充裕度与经济增长的速度呈反比关系。此后，"资源诅咒"这一假说在国际经济学界得以流行开来。总体上来看，尽管有的学者并不赞成"资源诅咒"这一命题[1-3]，但越来越多的实证研究表明，"资源诅咒"现象是客观存在的，经济、资源、管理、政治等众多学科领域的专家学者纷纷参与到资源诅咒理论研究与实践探索之中，研究成果不断涌现。

从近20年国内外的研究内容来看，既有大量的资源诅咒实证分析，如Sachs和Warner（1995）[11]选取95个发展中国家对其1970~1989年自然资源丰度与经济增长之间关系的实证分析，Gylfason（2001）[14]使用22个转轨国家的经济数据对其自然资源与增长绩效相关性的分析，Papyrakis和Gerlagh（2004）[15]通过构建商品出口价格指数对全球130个国家1963~2003年面板数据对"资源诅咒"问题进行的实证分析，徐康宁和王剑（2006）[16]对中国自然资源丰裕程度与经济发展水平关系的实证研究，张馨等（2010）[17]对中国省域能源资源与经济增长关系的实证分析，邵帅和杨莉莉（2011）[10]使用中国省际层面的静态和动态面板数据模型对资源诅咒理论命题进行的实证检验，郑闻天和申晓若（2019）[18]对非洲经济发展中的"资源诅咒"问题的分析，张帅和储斌（2019）[19]对沙特受困"资源诅咒"状况的分析，Dong等（2019）[20]对中国煤矿资源诅咒的分析，Rahim等（2021）[21]就11个国家1990~2019年自然资源等因素对未来经济增长影响的分析，李鹏等（2024）[22]对西北地区五省30个地级市"资源诅咒"效应的分析，张在旭等（2015）[23]、王嘉懿和崔娜娜（2018）[24]、王保乾和李靖雅（2019）[25]、王晓楠和孙威（2020）[26]、张子龙等（2021）[27]、曹邦英和杨隆康（2021）[28]、史宛桀等（2021）[29]、王雅俊和王雅蕾（2022）[30]、凡任宽和邵康（2023）[31]对中国资源型城市"资源诅咒"效应的实证分析，胡蝶和赵向豪（2023）[32]对中国省域煤炭产业"资源诅咒"问题的分析；同时，也有众多的关于资源诅咒的传导机制和机理研究，这方面主要涉及人力资本、技术创新、制造业等产业的挤出效应[11-13]以及制度安排[33-34]等，如Matsuyama（1992）[35]基于制造业"干中学"（Learning by Doing，LD）特征建立的内生经济增长模型，Sachs和Warner（1995）[11]借鉴"荷兰病"（Dutch Disease）的模型框架对Matsuyama模型进行扩展之后建立的S-W模型，毕铃和郭琎（2012）[36]对"资源诅咒"形成机制的研究，姚予龙等（2011）[37]对中国资源诅咒驱动力的剖析，万建香和汪寿阳（2016）[38]对社会资本与技术创新能否打破"资源诅咒"的研究，孙耀华（2021）[39]对"资源诅咒"传导机制的研究，宋亦明（2024）[40]对世界范围内揭示"资源诅咒"形成机制的政治学解释的梳理。此外，还有不少破解和规避"资源诅咒"的经验和对策探讨（尽管这方面论题大多已在传导机制和形成机理的文献里同时论及[41]），如胡援成和肖德勇（2007）[42]对制约中国省际层面资源诅咒因素及缓解途径的分析，崔学锋（2013）[43]对美国规避"资源诅咒"成功经验的总结，褚艳宁（2015）[44]从生态经济视角对"资源诅咒"向"资源福祉"转化的思考，张海军（2022）[45]对要素流动缓解资源诅咒现象的效应分析，赵秋运等（2024）[46]基于增长甄别与因势利导模型（GIFF）框架对资源型城市进行产业转型升级路径的探究，任胜钢等（2024）[47]对绿色考核政策和资源城市绿色经济增长之间的关系研究。

从国内外"资源诅咒"研究中所涉及的资源类别来看，长期以来绝大多数研究者基本上是针对矿业和能源资源领域展开研究[8-32]，事实上，"资源诅咒"概念从提出至今主要是指与矿业资源和能源相关的经济社会问题。但也有少数学者将自然资源进行了细分，针对不同的资源类别来分析"资源诅咒"问题。按资源的地理分布情况，可分为集中型（或称"点状"）资源（Point Resource）和扩散型（或称"面状"）资源（Diffuse Resource）[48]，前者如煤炭、石油、天然气等矿产资源，后者如农产品和农业资源、森林资源等。Isham等（2002）[49]、Stijins（2005）[50]等选取人均土地、石油、天然气、矿物储量等指标对经济增长的效应做过实证研究；张菲菲等（2007）[51]选取水、耕地、森林、能源和矿产五种资源来验证中国1978~2003年不同类别自然资源丰裕度与省级经济发展间的关系。近年来，少数研究者开展了武汉城市圈土地资源[52]、中国27个省（区）森林资源[53]、黄河流域水资源[54]等单项资源诅咒的实证研究以及旅游资源诅咒演化模型的探讨[55]；丁声俊（2014）[56]对中国产粮大省的"资源诅咒"问题做过定性的思考和描述；沈满洪和吴应龙（2024）[57]将资源诅咒研究扩展到生态系统服务对绿色创新的效应上，认为生态系统服务与自然资源息息相关，生态系统服务体现了自然资源的内在价值，而自然资源则是生态系统服务的物质载体，因此，在采用遥感数据评估中国生态系统服务价值基础上，结合2003~2019年中国142个高生态系统服务价值城市的绿色专利数据，参照资源诅咒假说，探讨了生态系统服务对城市绿色创新的资源诅咒效应。总体来看，除矿产资源外的资源诅咒问题研究成果很少，这是今后研究中需要着力加强的研究课题。

三、资源诅咒研究涉及的学科情况

从已有的研究来看，资源诅咒研究涉及的学科非常广泛，经济学、管理学、政治学、地理学等诸多学科领域均从各自的视角进行了大量的研究。宋亦明（2024）[40]梳理了资源诅咒研究的学科分布状况，认为当前对资源诅咒的研究已经呈现出明显的多学科和跨学科特点。总体上，可以分为微观与宏观两个层次。一部分学科侧重于借助微观变量探讨国家内部特定行政区域的资源诅咒及其治理，另一部分学科则倾向于从宏观层面进行资源诅咒的跨国比较并探讨其结构性成因。

从微观层次来看，资源诅咒的研究主要集中于区域经济学、行政管理学、地理学、环境社会学等学科。区域经济学范畴内的研究主要通过分析技术创新、社会资本、人力资源等变量来检视一个国家内部特定地区陷入或避免资源诅咒的原因[10,38]。行政管理学范畴内的研究多聚焦于从腐败、政治文化、宏观政策、官僚行政能力、财政收支或政府职能等与政府或国家治理密切相关的方面探讨资源诅咒的成因和治理[58]。地理学范畴内的研究主要通过分析资源空间结构、地理区位等与地理相关的变量来研究"资源诅咒"的成因[59,60]。环境社会学范畴内的研究则更为宽泛地讨论资源诅咒的成因，其变量及视角选择较为泛化庞杂[61]。此外，人类学也开始在微观层次探讨资源诅咒的生成机制[62]。在微观层次讨论资源诅咒形成机制的研究呈现出以下四个特点[40]：①更聚焦于对一个国家范围内行政区层面资源诅咒的经验现象进行的剖析；②聚焦于一国内部的现象使诸多变量都得到了有效的控制，不同样本之间的异质性相对较小，因而这些研究多将政治制度、民主程度、国际资源价格等宏观层面的变量作为微观层面的常量；③主要探讨诸如谈判过程、合同披露、透明度、协议签订、拍卖设计、区域技术创新、地方行政能力等微观变量及其导致"资源诅咒"的微观机制，并使用微观社会经济数据进行分析[63]；④多在理性讨论之后提出了缓解或避免资源诅咒的政策性建议[64]。

从宏观层次来看，资源诅咒的研究主要集中在发展经济学、国际经济学、比较政治经济学、国际政治经济学等学科。发展经济学范畴内的研究从要素价格、挤出效应、债务水平、不平等程度等视角出发对资源诅咒的成因进行了宽泛的探讨[65]。国际经济学范畴内的研究主要基于贸易条件、资源价格波动等视角分析了资源诅咒的形成机制[66]。比较政治经济学范畴内的研究大多着眼于寻租、腐败、内战、国内制度等变量来研究资源诅咒的成因[67]。总体来看，在宏观层次探讨资源诅咒成因的研究呈现出三个特点[40]：①更聚焦于在主权国家层面对资源诅咒的经验现象进行观察，并侧重提供跨国的实证分析；②由于不同国家之间的差异性远远大于同一国家内部不同地区的差异性，因而政治制度、民主程度、国际资源价格等都被视作变量而非常量；③主要探讨诸如公共债务规模、不平等程度、国际贸易条件、国际资源价格水平及稳定性、寻租及腐败程度、内战、国内制度质量、国际移民、跨国直接投资等宏观变量及其导致"资源诅咒"的宏观机制。

四、国内出版的资源诅咒研究专著情况

近20多年来，中国相关学科领域的学者围绕资源诅咒及其形成机制和破解对策等相关问题开展了不懈的研究实践，产出了大量的学术研究论文，同时还先后出版了不少有价值的研究专著。据我们不完全统计，仅就国内出版的资源诅咒研究专著来看，从2009年5月商务印书馆出版的《破解"富饶的贫困"悖论——煤炭资源开发与欠发达地区发展研究》[68]，直到2023年6月社会科学文献出版社出版的《"资源尾效"和"资源诅咒"：区域经济增长之谜》[69]，15年间至少达20多本。

五、自然资源丰裕经济学的产生

随着资源诅咒假说的理论探索和实证研究的日益广泛与深入，一门新兴的资源经济学科随即产生，那就是自然资源丰裕经济学（The Economics of Natural Resources Abundance）。代表性的成果是华中科技大学孙永平教授的《自然资源丰裕经济学》一书，于2022年5月由人民出版社出版[4]。尽管该书没有按照学科著作的一般范式对自然资源丰裕经济学的研究对象、研究内容、研究方法、学科性质等诸多问题进行系统性的总结和探讨，但毕竟是第一本以"自然资源丰裕经济学"命名的学术著作，在很大程度上丰富了经济学关于自然资源对经济发展影响的已有理论，在实践中对于发展中国家和地区摆脱资源依赖型增长"陷阱"、充分发挥资源丰裕对经济发展的正面效应、避免负面效应、实现经济可持续发展具有重要的现实意义，是未来进一步开展该学科研究的重要基础和参考。浙江大学石敏俊教授撰写的《历史长焦镜头中的资源丰裕与经济增长——〈自然资源丰裕经济学〉书评》[70]认为，该书通过历史的长焦镜头，透视资源丰裕与经济增长之间的关系，在经济增长理论框架下探讨了资源丰裕对经济增长的间接作用和负面影响；把发达国家经济发展过程中自然资源的作用纳入理论分析框架，拓展了发展经济学的研究视野；首次尝试在理论上阐释气候变化对资源型经济发展的影响机制；把资源收益管理作为破解资源诅咒的关键点，提出建立多角度、多层次的立体式管理机制，这是解决资源富集地区经济发展的关键。

第二节 中国自然资源诅咒及其破解的已有研究

自"资源诅咒"研究开展以来，中国学者从不同的学科视角开展了大量的资源诅咒理论模型与实证探索，研究成果不断涌现。梳理已有研究文献得出的中国自然资源诅咒及其破解对策措施的主要结论，有助于为今后有关"资源诅咒"的深入研究奠定必要的基础。

一、自然资源诅咒状况及形成机理

（一）能源和矿产资源诅咒

徐康宁和王健（2006）[16]率先分析了中国自然资源（能源和矿产资源）丰裕程度与经济发展水平关系。基本结论有三个：①资源诅咒命题在中国是成立的，多数省份丰裕的自然资源并未成为经济发展的有利条件，反而制约了经济增长。②自然资源的丰裕以及对资源的依赖，主要是通过资本投入的转移机制制约了经济增长，劳动投入的转移机制也存在这种效应，但不如前者显著。③选择山西为典型省份分析资源诅咒的作用机制，结果表明，密集且过度的资源开采引致的制造业衰退和制度弱化是制约经济增长的主要原因。

王闰平和陈凯（2006）[71]以山西省为例，分析了资源富集地区经济贫困的成因与对策，认为许多资源丰富型国家或地区一直偏重于发展资源生产性行业，往往形成资源产业"一枝独秀"的畸形产业结构，导致制造业衰落，经济价值外溢，人才外流，生态环境恶化，造成巨大经济损失。加之腐败和寻租行为的严重打击，政府又缺乏制度创新的动力，因而最终导致其经济地位的日益下降，这也正是导致煤炭大省山西经济陷入困境的根本原因。

胡援成和肖德勇（2007）[42]基于省际层面的面板数据论证了中国省际层面存在自然资源（矿产资源和能源）诅咒自然资源的富裕程度与经济发展呈负相关。自然资源相对丰富的黑龙江、山西、新疆人均实际GDP的增长率反而低于资源相对缺乏的上海、江苏、浙江。通过分析制约资源诅咒现象的经济因素，认为人力资本的投入水平是制约中国省际层面资源诅咒存在的关键因素，人力资本投入能够有效地解决资源诅咒现象。

韩亚芬等（2007）[72]对中国31个省区能源开发利用与经济增长关系进行了实证分析，认为能源储量丰富、生产量大的地区，往往经济发展水平及增长速度都较低，出现了"富饶的贫穷"，如山西、内蒙古、陕西等中西部地区，能源生产量大、消耗量相对较低，经济发展水平比较落后。

邵帅和齐中英（2008）[73]通过1991～2006年的省际面板数据对中国西部地区的能源开发与经济增长之间的相关性及其传导机制进行了计量检验和分析。结果表明，自20世纪90年代以来，西部地区的能源开发与经济增长之间存在显著的负相关性，能源开发确实带来了"资源诅咒"效应；能源开发在西部主要通过其对科技创新和人力资本投入的挤出效应，以及滋生寻租和腐败而引起的政治制度弱化效应这三种间接传导途径来阻碍经济增长，其中人力资本投入是作用最强的传导因素。

鲁金萍等（2009）[74]以贵州省毕节地区为例，对欠发达资源富集区的"资源诅咒"现象进行识别，认为欠发达资源富集区在资源开发过程中产生了一些不利于经济发展的现象，如工业产业结构日渐单一、采掘业的迅速发展削弱了制造业的发展、财政总支出中科学事业、科技三项及基本建设支出占财政总支出的比重逐年递减等，这是"荷兰病"效应的典型体现，最终导致的结果就是陷入"资源诅咒"的困境，表现出不可持续发展的状态。

张馨等（2010）[17]选取一次能源生产量和对外依存度两个解释变量作为资源丰裕度指标，用中国30个省区1997～2007年的数据建立面板回归模型，分析近10多年来中国能源资源与经济增长的关系，讨论"资源诅咒"假说在中国的适用性。结果表明，两个解释变量与经济发展速度的关系都说明了能源资源对经济增长的负效应，即存在"资源诅咒"现象。

赵伟伟（2012）[75]从理论和实证两个方面考察了资源丰裕以及资源不同属性对居民收入不同维度的影响，结果表明，资源丰裕具有非常稳定的相对诅咒效应。丰裕的资源降低了居民收入增长速度，但仍提高了居民收入水平，也就是资源开发减小了居民收入增长的斜率，但没有糟糕到使这一斜率变为负值；资源开发对农村居民收入增长速度的负作用小于城镇居民。该研究使用不同时间段——1999～2007年和1986～2007年、不同数据结构——横截面和面板、不同回归方法———般最小二乘法和固定效应回归模型或随机效应模型、不同度量方式——能源产出占GDP比重和人均能源产出，结果均表明中国资源相对诅咒收入效应稳定成立，相对资源诅咒理论在中国省级层面适用。这一结论并没有否定国内资源诅咒研究的现有结论，只是对中国资源开发的绩效有了更深入和更详细的描述和理解，更进一步深化描述了中国资源诅咒的表现和长期影响——降低了居民收入增长率。

韩健（2013）[76]基于索罗模型对中国西部地区经济增长是否存在"资源诅咒"进行了实证分析。结果表明，中国西部12个省（自治区、直辖市）的经济发展速度和能源开放强度呈明显的负相关，确实存在"资源诅咒"；资源开发活动对制造业存在一定的冲击，这也是"荷兰病"效应的另一个主要表现。

郑猛和罗淳（2013）[77]基于"资源诅咒"系数，分析了能源开发对云南经济增长的影响。结果表明：云南省自2004年"资源诅咒"现象开始出现，能源开发对经济增长产生了阻碍作用，但其程度相对较轻；云南能源开发对经济增长的阻碍作用很大程度上通过间接传导机制，主要表现在"荷兰病"效应，对教育、科技支出的"挤出"效应以及"制度弱化"效应，其中对科技支出的"挤出"效应最显著。

王世进（2014）[78]利用1995～2011年中国省际面板数据，构建了一个以能源资源为代表的资源丰裕度指标，对资源丰裕度与经济增长的关系进行了实证分析。结果表明，中国省际层面存在"资源诅咒"现象。"资源诅咒"成为解释区域间经济增长差异的一个重要角度，认为资源禀赋较为富集的地区由于过分依赖自然资源开发利用而缩减了投资、研发教育以及对外开放的支出，如若资源地区仍然过分依赖资源开发与利用，最终导致经济陷入"资源诅咒"的怪圈，经济发展陷入两难境地。

赵康杰和景普秋（2014）[79]利用中国省域层面的截面、面板数据模型进行实证检验，结果表明中国的省域层面确实存在"资源诅咒"现象。与资源（指矿产资源）依赖弱的省份比较，资源依赖强烈的省份经济增长物质资本贡献高，而人力资本贡献低，人力资本没有成为增长驱动力；人力资本与物质资本不足的同时还制约了创新，是中国资源型省份产生"资源诅咒"的原因。

谢波（2015）[80]从理论和实证两个方面考察了资源丰裕对中国区域经济增长的影响，并侧重研究了中国改革开放以来资源开发或资源产业对经济增长的影响及其相互之间的内在机制。结果表明，资源开发的繁荣不仅影响了生产要素跨部门之间流动，造成逆工业化发展，而且影响了生产要素跨区域流动，造成资源地福利下降，经济发展相对萎缩。作为国民经济主体的资源型产业，在不断吸引与之更易匹配的简单劳动力和资本生产要素的同时，又不断排斥与之较难匹配的高层次人力资本、科学技术、制度要素等，其结果导致资源部门或地区经济得以繁荣，但其他产业尤其制造业萎缩，整个区域的经济发展就相应地滞后。通过初步观察和实证分析可见，资源诅咒现象在中国确实存在。从人力资本角度分析，在短时间内，能源开发会明显阻碍增强型人力资本的投入，会较明显地"挤出"受较高教育的劳动力，人均GDP的暂时性增长会降低人力资本的投入。从资源产业集聚与技术创新角度来看，由采掘业和原料工业衡量的资源产业集聚与经济增长呈现负相关关系，说明中国存在资源诅咒现象。技术创新能力在全国范围内具有较强的空间溢出和空间依赖性，在东部、中部和西部表现为依次减弱。中西部地区的资源产业集聚"挤出"技术创新，这意味着中西部地区资源产业的可持续发展面临困难。

梅冠群（2017）[81]利用新古典经济增长理论和协整模型、误差修正模型、面板数据模型等计量经济学方法，对中国"资源诅咒"现象的存在性、均衡条件、传导路径进行研究。结果表明，从全国总体来看，中国短期存在"资源诅咒"现象；从区域差异来看，东北地区存在"资源诅咒"现象；中型城市存在"资源诅咒"现象；资源型地区存在"资源诅咒"现象。自然资源对经济增长的影响表现为一个"自然资源-要素变化-产业结构-经济增长"的过程，在技术变迁和相对价格变动的条件下，受规模报酬性、区域经济收敛性和产出弹性的影响，自然资源对生产要素发挥拉动效应和挤出效应，生产要素通过结构效应影响产业结构变化，产业结构又通过增长效应影响区域经济增长，因此，产业结构是"资源诅咒"形成的关键媒介，四种效应共同作用形成了"资源诅咒"现象。

韦结余（2018）[82]利用省级面板数据来验证"资源诅咒"在中国的存在性，结果显示，在西部大开发以前，在省级层面上明显存在"资源诅咒"效应，自然资源对于经济的发展起到了一定的抑制作用；在西部大开发以后，随着国家对西部投资力度的加大，自然资源对经济增长起到了促进作用，"资源诅咒"效应表面上看起来不再存在，但从长期来看，这种经济增长是以减少制造业的投入、人力资本的提升和技术进步为代价的，同时引起了制度弱化效应，必然会造成长期经济增长乏力，形成更大的"资源诅咒"。该研究还通过对"资源诅咒"系数的构建，利用西部地区1991~2010年10个省级单位的面板数据来分析"资源诅咒"在中国西部的传导机制，结果证实"资源诅咒"主要通过挤出效应

（制造业、研发投入、物质资本投资、人力资本投资）和制度弱化效应（市场化程度、对外开放程度等）来影响西部地区经济的发展，西部大开发的实施在一定程度上缓解了西部地区的"资源诅咒"效应，但这种以投资为主导的西部地区经济增长的可持续性有待于进一步研究。

（二）其他资源诅咒

文兰娇和张安录（2013）[52]对武汉城市圈土地资源诅咒程度进行了量化分析，探究了城市圈土地资源诅咒的空间差异性及其发生传导机制，继而提出了土地差别化管理的政策建议。结果表明：①武汉、黄石、鄂州无土地资源诅咒现象，而孝感、黄冈、仙桃、潜江、天门存在不同程度的土地资源诅咒现象。②依据各区资源诅咒系数计算结果，结合城市圈内社会经济与资源利用差异性，将城市圈各区划分成四个不同受诅咒程度区——完全无诅咒区、潜在诅咒区、轻微诅咒区、严重诅咒区。

刘宗飞等（2015）[53]利用中国 27 个省区 1985~2012 年面板数据，在考虑各地区空间相关性的基础上，使用 SEM 模型分别对区域森林资源丰裕度以及森林资源依赖度是否存在资源诅咒进行了验证。结果表明：①从整体上来看，森林资源丰裕度不存在资源诅咒效应，但通过对林业政策变革前后的分段统计检验发现，在 1998 年之前，森林资源丰裕度与经济发展存在弱的负相关性，这在一定程度上解释了在平均数据描述中森林资源丰裕度与经济发展呈现负相关的现象；1999 年至今，森林资源丰裕度与经济发展呈现显著的正相关关系，说明森林资源丰裕度不存在资源诅咒效应。然而，利用林业从业人员比例衡量的森林资源依赖度却存在明显的资源诅咒效应，即便在控制了影响经济发展的各个变量之后，这种负向效用依然显著。②森林资源丰裕度与森林资源依赖度对经济发展的影响是截然不同的，尽管丰裕的森林资源可以通过改善区域公共环境、增加就业机会，提升林农收入以及吸引林业补贴等途径在一定程度上促进区域经济的发展，但森林资源并非区域经济发展的充分条件，在林业产业存在生产效率低下等自身劣势的情况下，森林资源的比较优势难以转化为区域竞争优势，对森林资源的依赖会因存在巨大转轨成本而陷入资源诅咒的陷阱。③高森林资源诅咒区域划分显示，区域森林资源的依赖与森林资源的丰裕程度并无必然联系，依托资源比较优势及在森林资源不具有优势情况下都可形成高资源诅咒区，在缓解资源诅咒的过程中，前者应在提升林业产业效率，将林业产业由比较优势转化为竞争优势等方面做出努力，而后者则应该转变区域产业结构，提升区域人力资本水平，走可持续的区域经济发展之路。

王毅鑫等（2019）[54]针对由水资源供需结构失衡、水资源投入产出失衡导致的黄河流域水资源诅咒问题，基于水足迹理论，构建加权资源诅咒模型，开展黄河流域各省水足迹供需结构分析，进一步借助探索性空间数据分析（ESDA）模型对黄河流域各省水足迹、GDP 空间分异进行全面分析。结果表明，黄河流域存在水资源诅咒现象，并且存在明显的空间分异特征，上游处于强资源诅咒区，中游处于中等资源诅咒区，下游处于弱资源诅咒区。

李文静和张朝枝（2019）[55]通过系统梳理旅游资源诅咒假说相关文献，认为资源依赖型旅游发展模式是否阻碍经济增长是判断旅游资源诅咒假说成立的基础，旅游发展的挤出效应是旅游资源诅咒假说的作用原理，而路径依赖则是旅游资源诅咒的生成机制。在此基础上，结合路径依赖复合模型，建立了结合宏观及微观两个层面的旅游资源诅咒演变模型。该模型认为，受旅游资源丰裕度影响，旅游目的地在宏观层面会在路径依赖的影响下陷入发展模式锁定状态；但受旅游资源价值边界变化的影响，旅游目的地在微观层面会根据市场需要不断发生层级演化及转换发展，试图通过不同发展路径重组突破旅游资源诅咒困境。

沈满洪和吴应龙（2024）[57]将资源诅咒的研究视角聚焦于生态系统服务价值，利用中国2003~2019年间142个高生态系统服务价值城市的面板数据，探究了城市生态系统服务对绿色创新的资源诅咒效应及其形成机制。主要有两个结论：①生态系统服务价值对城市的绿色创新产生了资源诅咒效应，即生态系统服务价值越丰富的城市，其对绿色创新的抑制作用越明显。即使在更换了绿色创新的衡量指标、排除极端样本、调整研究时间以及考虑内生性问题后进行稳健性检验，这一基本结论仍成立。②进一步检验影响路径后发现，挤出研发投入、抑制产业结构高级化以及提高制度弱化水平是生态系统服务价值影响绿色创新的重要路径。

二、破解自然资源诅咒的主要对策

既然资源诅咒是资源丰裕地区经济持续发展的障碍，那么规避或破解资源诅咒就成为资源丰裕地区可持续发展的必然要求。资源诅咒的破解是指资源丰裕的国家或地区通过资源的合理开发与利用，打破发展的不可持续状态，实现本国或本地区资源、环境、经济和社会的可持续发展[83]。这里通过已有的研究文献分析，梳理出已有研究中中国学者先后提出的代表性的破解自然资源诅咒主要对策，供后续的进一步研究和实践参考。

（一）将资源从经济发展的负担变为有利条件的思路与策略

北京大学国家发展研究院名誉院长、新结构经济学研究院院长、南南合作与发展学院院长、发展中国家科学院院士林毅夫教授在2017年2月举行的第二届北京大学资源型城市转型与发展论坛上发表的演讲中提出了将资源从经济发展的负担变为一个有利条件的思路与策略[84]，对于破解中国自然资源诅咒问题极具参考价值。其要点是：

针对资源型国家经济不发达的原因，林毅夫教授认为，让资源丰富的国家和城市经济能够更好地发展，目前的治理思路有三点：①倡导透明、监督政府，强调资源开采透明性，强调监管来防止资源开发领域腐败的出现。②由于资源价格波动大，其收入不能都用完。绝大部分收入需要储蓄下来，未雨绸缪，确保必要的福利支出和公共支出。③由于资源可能会枯竭，要创造永续收入；当资源收益高之时，要把大部分储蓄起来，把地下的财富变成地面的财富，再把地面的财富变成金融财富，用于在国内、国际上的股票市场或者政府债券投资，使这些资产有永续的收入，以此来保障资源枯竭时的必要支出。

资源型国家必须转向非资源产业。林毅夫教授认为，解决资源枯竭问题，就要把资源产业转向非资源产业。从新结构经济学角度来看，产业不断转型升级，必须将经济的生产活动不断地从附加价值比较低的产业转移到附加价值比较高的新产业上，不断爬技术和资本的台阶，进入到各种非资源产业的发展领域。经济转型升级之后，要求新产业必须符合潜在比较优势，确保要素生产成本最低。当然也要确保其他成本要低。在经济发展过程中，还必须有一个有为的政府来解决在经济转型过程当中软硬基础设施完善的问题。

资源型国家如何摆脱资源诅咒？怎么把资源从可能的诅咒变成经济发展中的有利条件？林毅夫教授认为，①找到一个有潜在比较优势的产业，因势利导；②可以招商引资，可以通过改善软硬件环境，把外部资本吸引过来；③弯道超车，有些新技术、新产品（如互联网移动通信行业）的开发主要是以人力资本为主，物质资本、金融资本的投入少，产品的研发、技术的研发较短，容易追上发达国家；④完善软硬件基础设施，降低交易成本；⑤激励补偿创新型企业。

（二）中国式突破资源诅咒的思路探索

刘岩和赵文祥（2013）[85]在《中国式突破资源诅咒》一书中以国务院确定的6座资源型城市经济转型试点城市、69座中央财政支持的资源枯竭型城市为重点研究对象，对中国资源型城市以"转型"为路径的突破资源诅咒的历程进行了全程梳理和全景式的透析，提出从8个重大方面突破资源诅咒的基本思路、对策和建议，包括资源型城市可持续发展立法与规划、经济转型、社会转型、环境转型、建立长效机制、体制创新、明确各级政府和企业的责任。认为资源型城市转型立法与规划是构建破解资源诅咒的根基，通过加快经济转型、社会转型、环境转型以及规范矿业开发、建立可持续发展长效机制、加快体制改革、加强国家和省级政府支持与指导，将分别有助于突破产业结构严重扭曲诅咒、突破资源富有居民贫困诅咒、突破生态环境恶化诅咒、突破无序开采和资源浪费诅咒、突破矿竭城衰诅咒、突破体制僵化诅咒、突破宏观调控不力诅咒。

（三）美国规避"资源诅咒"的成功经验对中国的启示

美国在19世纪的工业化过程中成功地避免了如今使发展中国家饱受折磨的"资源诅咒"，其根本原因在于美国执行了符合本国国情的发展战略，主要是依托国内市场实现资源就地转化，坚持自主创新并构建资源部门创新体系，发挥政府的关键性引导作用。"它山之石，可以攻玉。"崔学锋（2013）[43]分析和总结了美国资源开发策略对中国资源富集区经济发展的三个启示：

（1）"资源诅咒"并非必然，发展战略的选择是关键。同样是自然资源丰裕的发展型经济体，美国在19世纪、瑞典和芬兰等北欧各国在20世纪的经济发展均取得了成功，但拉美和非洲的众多国家则交出了一份不及格的经济成绩表，其根本原因在于发展战略的差异。根据资源丰裕且国内市场庞大这一基本国情，美国将资源潜力挖掘植根于国内市场拓展和技术上的自主创新，走出了一条内需牵引和创新驱动的腾飞之路。虽然瑞典等北欧小国受制于本土市场狭小而不得不较多地依赖国际市场，但这些国家在自然资源出口的同时都高度重视技术创新和关联产业扶植，不断进行出口结构和产业结构的升级，同样实现了经济发展。中国是一个自然资源总量较为丰裕的发展中大国，拥有世界上规模最大的国内市场，而且已建立起了完整的工业体系，在科技领域也具备了与发达国家一比高下的实力，因而完全可以借鉴美国经验，在资源开发中坚持内需牵引和创新驱动发展战略。不仅如此，还应将稀土等现有优势资源密集使用在本国战略性新兴产业和高端产业上，力争在21世纪开创一条适合本国国情的技术路径，在即将到来的第六次技术革命中实现对发达国家的赶超。

（2）政府的引导至关重要。通常情况下，当今资源丰裕的发展中经济体不仅缺乏"好的制度"，而且缺乏经济起飞所必需的公共基础设施，对这些国家而言，政府是最主要和最有效的制度安排。在这种情况下，政府不仅要在制定战略规划、投资公共基础设施等方面发挥重要作用，而且也要在一定程度上担当起规范市场秩序、培育企业家精神等重要职能。经济越落后，政府作用越重要。在中国的资源开发和经济发展过程中，必须充分发挥政府的引导作用，破除对经济自由主义的迷信，妥善处理好政府与市场的关系。

（3）资源富集区应通过就近工业化战略来提高资源就地转化率。应改变目前某些资源富集地区带有一定掠夺性的单向资源输出这一做法，鼓励有条件的地区就近进行资源深加工和应用，以真正通过资源开发带动区域经济发展。中国自然资源大多分布在经济欠发达的中西部地区，自西部大开发等战略实施以来这些地区的基础设施条件已经有了很大改善，应在资源富集地就近布局一批资源深加工和应用产业，使资源采掘与高附加值的下游产业相结合，实现资源产业上下游一体化。从长远来看，中西部地区的经济振兴必须立足于当地制造业的发展，国家应通过财政税收等各种手段鼓励当地制造业的发展，鼓励大型央企以资源开发和深加工项目为龙头，不断延伸产业链，促进当地产业结构多元化。加大对欠发达资源富集区的科教投入力度，建立基于资源型产业的区域创新平台，促进技术创新和知识溢出。要建立完善资源开采的生态补偿机制，促进资源开发与生态环境保护的统一。

（四）社会资本与技术创新在打破"资源诅咒"中的作用

万建香和汪寿阳（2016）[38]分析了社会资本与技术创新在打破"资源诅咒"中的作用，认为社会资本加速积累将引导更多劳动力流向技术创新部门，弱化资源开发对技术创新的挤出效应，切断"资源诅咒"的传导途径，社会资本与技术创新因而一并成为打破"资源诅咒"的门槛。此外，以社会资本与技术创新的交叉因子为门槛变量进行实证研究发现，交叉因子的门槛效应显著存在，跨越门槛值之后资源对经济增长的"诅咒"效应逐渐由强变弱、消失甚至转化为"福音"，从而打破"资源诅咒"。据此，提出了三个主要政策建议：

（1）内生化资源税率设定。认为由社会资本、技术创新内生决定的资源税率，才能实现资源与经济的双赢，打破"资源诅咒"。社会资本很高时，资源寻租可能性越小，用于资源管理、保护、再生的资金越充足，此时"奖励作用"显现，即社会资本积累提升，引导企业珍惜资源、高效利用，杜绝过度开采。而且，资源产业的发展以不对技术创新产生挤出效应为前提，否则"惩罚作用"显现。因此，税率设定必须兼顾两点：①适当提高税率、强化政府管理；②实施内生化税率激励技术创新，确保"资源福音"的实现。

（2）加大社会资本培育。依据实证结果，培育社会资本的渠道主要分为两类，即政府机构质量和居民大众沟通互信。因此，需要有层次、分步骤进行社会资本培育与投资。就政府机构质量而言，应树立高效廉洁自律的公众形象，提高政府公信力。就居民大众沟通互信来讲，可以建立各级各类开放式图书馆，并倡导积极向上的社会风气，倡导居民积极参与社团组织、热心公益事业。

（3）提高政府工作效率。社会资本对经济增长的作用是不言而喻的，而政府机构质量作为社会资本的重要方面，发挥了积极的作用。然而，实证表明现有政府机构质量与其功能尚不匹配，应有功效没有充分发挥。因此，应注意整体提高政府的公信力，改善政府的办事效率。只有高效政府，才能从国家层面倡导大众创业、万众创新的创造氛围，为打破"资源诅咒"提供平台。

（五）资源型城市产业升级转型从"资源诅咒"到"资源祝福"的思路

赵秋运等（2024）[46]在阐述资源型城市"资源诅咒"形成的原因以及转型升级的必要性与紧迫性基础上，基于增长甄别与因势利导模型（GIFF）框架探究资源型城市进行产业转型升级的路径，为资源型城市转型提出了从"资源诅咒"到"资源祝福"的思路：

（1）为避免陷入"资源诅咒"，资源型城市应发展具有（潜在）比较优势的产业，大力推动产业转型升级，积极发展非资源型产业。资源型城市应基于要素禀赋及其结构决定的（潜在）比较优势，积极推进产业结构调整，加快发展以高新技术、服务业、现代制造业为主导的非资源型产业。在找寻产业转型升级方向上，各地区应合理利用 GIFF 框架来找寻产业转型升级方向，从要素禀赋及其结构、经济发展阶段等方面选择具有（潜在）比较优势的产业，从而避免赶超导致的选择失误等问题。

（2）资源型产业和非资源型产业在发展过程中具有不同的特点，应根据地区要素禀赋及其结构来实施产业化发展战略。针对不具备（潜在）比较优势的资源型产业，政府应通过引导和支持企业进行技术创新、产品升级等措施，使产业向技术密集型、知识密集型方向转型，提高产业附加值和市场竞争力，实现资源型产业新旧动能转换。针对具有（潜在）比较优势的非资源型产业（如高端制造业、新能源产业等），政府应通过鼓励投资、减税优惠等产业政策，不断吸引和扶持新兴产业相关企业，逐步形成产业集群。同时，政府还应加快推进园区和技术平台建设，不断完善基础设施建设、降低交易成本，提高企业自生能力。

（3）资源型城市应充分利用有效市场和有为政府的互动调节机制，充分利用政策工具的因势利导作用来推动产业转型升级。产业转型升级的过程离不开政府的因势利导作用，各地区应立足于各产业发展现状以及与先进产业的发展差距，不断完善软的制度环境和硬的基础设施，降低产业交易成本，将（潜在）比较优势转化为（现实）比较优势，按照比较优势来发展经济[86]。但在实施过程中也要避免政府的过度介入，应当注重市场机制的作用，尊重市场规律和企业主体地位，以市场为导向，推动产业的健康发展，实现政府与市场有效的互补与协同。

（六）绿色考核对资源型城市"资源诅咒"的破解作用

任胜钢等（2024）[47]基于城市层面 2006~2020 年节能减排目标数据，运用方向距离函数模型（GML-DDF）计算了城市绿色全要素生产率，进而实证探讨了具有典型中国特色的绿色考核政策对资源型城市绿色经济增长的影响。结果表明，绿色考核显著促进了资源型城市的绿色经济增长，有效破解了资源型城资源诅咒，其可能的长效机制有三个：①绿色考核能提高资源型城市绿色创新的内在激励促进绿色经济增长；②绿色考核能打破资源型城市对资源产业的过度依赖，提高清洁型制造业的比例，促使工业产业结构清洁化；③绿色考核具有显著"去资源错配"作用，避免资源要素被牢牢地锁定在资源产业体系内，增加物质资本投资，促进绿色经济增长。

据此而得到的政策启示有三个：①从长远着手健全资源型城市的绿色政绩考核体系，避免激励短视行为和落入"资源诅咒"陷阱。不同资源型城市由于自身的产业发展水平、节能减排空间不一致，对绿色考核的承受能力存在很大差异，因此，在绿色考核的地区与进度分解问题上，应对不同类型和成长阶段的资源型城市的绿色考核目标采取"有差别的""分而治之"的梯次推进方法，因地制宜开出"药方"。同时，应将绿色创新能力、工业产业结构清洁化及要素投入结构绿色化等成效指标纳入资源型城市绿色政绩考核体系，激励地方政府依靠绿色技术水平提高和结构绿色化调整推动经济社会高质量发展。②增强绿色技术创新和产业结构绿色化对绿色经济增长的传导作用。继续优化财政激励和绿色金融等经济激励政策，发挥政府财政资金的杠杆作用，多渠道引导企业和社会资金积极投入替代产业培育、标志性重大工程实施、关键技术开发和技术引进等方面，推动经济绿色转型。同时，出台相应产业政策促进资源型城市产业结构升级，按照产业链发展模式结合空间布局结构调整与产业战略重组，加快产业链延伸，加大力度扶持非资源型产业重点项目，使资源型城市产业由"一矿独大"单一经济向"多业并举"多元经济转变。③针对性调整资源型城市国企依赖情况，促进经济绿色增长。采取激励措施引导资源型城市进行混合所有制改革，避免"一企独大"，激发经济活力，从而促进非公有制经济和中小企业快速发展，形成多种所有制经济平等竞争、共同发展的新局面，为承接资源型城市绿色转型提供多样化的企业载体。

（七）破解生态系统服务对绿色创新的资源诅咒的对策

沈满洪和吴应龙（2024）[57]认为，尽管生态系统服务价值高的地区容易对绿色创新产生资源诅咒效应，对自然资源丰富地区的绿色发展提出了严峻挑战，但是这种诅咒效应并非无法破解。抑制产业结构高级化、挤出研发投入和制度弱化是诅咒效应产生的路径，这也正是决策者对症下药、摆脱资源诅咒的靶点所在。提出主要对策有以下三个：

（1）地方政府在制定产业结构政策时，应在强调自身资源禀赋的同时，积极推进产业结构高级化。在资源丰裕地区，要不断提高高端制造业的比重，加大高端制造业的研发力度，鼓励各行业探索技术创新，强化产业链和供应链的协同性。大力发展清洁型产业，坚决贯彻清洁生产理念，推广循环经济模式，强化产品全生命周期绿色管理，提高资源利用效率。优化市场准入与退出规则，确保新进入的企业都具备一定的绿色生产和经营能力，并逐步淘汰资源利用率低、污染严重的企业，加快清除落后产能。

（2）将创新放在高质量发展和现代化建设中的核心地位。在自然资源丰裕地区，要坚持创新优先，切实警惕初级生产部门对创新部门研发投入的挤出，将更多的要素向创新部门倾斜。强化专业人才引进，为外来专家提供人才公寓，并对其研发项目提供资金支持，同时组织文化交流活动帮助外来专家融入当地。设立创新基金，使用部分资源收益建立地方性创新基金，用于资助技术研发、创业孵化器和绿色技术等领域。创建创新试验区，允许新技术、新模式在资源丰裕地区先行试验，为广大区域提供成功经验。

（3）推动有效市场和有为政府在自然资源开发和利用领域更好地结合。一方面，明确政府在自然资源开发领域的职能定位，其行为边界要以不介入市场主体的经营决策权和不破坏市场化交易机制为限，同时逐步降低对自然资源市场的行政干预；建立完善的法律法规和监督机制，提高政府政策制度的执行力度，加强对资源管理机构的监管和约束，减少利益集团和政府官员进行寻租和腐败的机会；建立自然资源开发的信息公开平台，让更多的公众参与到政府的决策中去，提高政府的透明度。另一方面，充分发挥市场在自然资源配置中的决定性作用，明晰自然资源产权，学习并吸取全国在水权、排污权和生态补偿方面的经验，结合本地区资源禀赋条件推进自然资源产权的交易实践，形成值得推广的典型模式。

第三节 中国耕地-粮食丰裕度与居民收入的关系分析

粮食安全是"国之大者",而良好的耕地资源禀赋,即拥有丰富和优质的耕地资源,是保障国家和地区粮食安全和经济社会可持续发展的重要基础,这也是国家和地区长远发展的优势条件之一[87]。然而,耕地资源丰富的全国产粮大省、产粮大县,其区域经济发展水平较低,农民收入也不高,呈现出"产粮大县、经济穷县""粮食产出多,农民收入低"的反常现象。从全国粮食产量排名前800的县域有105个原国家级贫困县、贫困人口3600万人[88],到2023年全国产粮大县——黑龙江饶河调研报告中的"一个家庭一年种地收入赶不上1人外出打工收入"[89],都说明了"粮财倒挂"的现象。正是由于种粮利益低下,近年来不少地方耕地"非粮化"的趋势愈演愈烈。据统计,2019年12月31日汇总的第三次国土调查全国耕地总面积达12786.19万公顷,相比第二次国土调查净减少了752.27万公顷(即10年净减1.13亿亩)[90]。对此,习近平总书记发出了"粮食怎么办"之问[91]。这一"总书记之问"向学术界提出了一个重大且紧迫的研究课题——厘清"耕地-粮食"与地方经济、居民收入有什么样的关系,或者说,耕地资源禀赋和粮食产出对地方经济、居民收入有什么样的影响,以便科学制定相应的破解对策,确保实现国家粮食安全与地方经济发展、居民收入提升的"双赢"。这也就是经济学上较为经典的"资源诅咒"问题。

总体来看,除矿产资源外的资源诅咒问题研究成果很少,就这里讨论的粮食与耕地资源主题而言,其研究文献极其少见,仅见丁声俊(2014)[56]对中国产粮大省的"资源诅咒"问题做过定性的思考和描述,但未进行定量的实证分析研究。另外,已有的资源诅咒研究主要停留在矿产资源丰裕度对地区经济增长的影响上,并未涉及更深层次的对居民收入的影响。对于耕地资源和粮食产出而言,耕地资源丰裕的地区往往是粮食主产区,由于种粮比较利益较低,过度依赖粮食种植可能会导致粮食主产区的经济发展受到一定程度的阻碍,这也比较符合资源诅咒的特点。并且,全国产粮大县中有不少是原贫困县、产粮大县"一个家庭一年种地收入赶不上一人外出打工收入"的"粮财倒挂"现象,促使我们在粮食主产区的耕地资源诅咒研究中要有创新的思路:不能仅仅停留在对传统矿产资源的分析上,而是将重点转向耕地-粮食丰裕度对居民收入的影响方面,深入地探究其影响规律和内在机理。

鉴于粮食安全在国家安全体系中的至关重要性、农业强国建设的紧迫性、乡村振兴战略中"产业兴旺"目标的首要性和粮食产业的基础支撑性[92],针对现有资源诅咒研究几乎未涉足粮食与耕地的话题、缺乏资源丰裕度对居民收入影响的定量实证分析等不足,这里采用省域(即省级行政区)和县域(即县级行政区)两种尺度相结合的分析方式,在搜集全国31个省(自治区、直辖市)2001~2021年(共21年)和2843个县域2014~2021年(共8年)面板数据基础上,对中国耕地-粮食丰裕度与农村和城镇居民收入的关系进行定量的实证检验;测算中国各省域、各县域耕地-粮食丰裕度对居民收入的抑制性指数;运用计量经济模型揭示耕地-粮食丰裕度对居民收入影响的机制,并据此思考和探究破解或规避"产粮多、收入少"的对策,以期为国家粮食安全和乡村振兴战略、农业强国建设、区域协调发展战略的更好实施提供参考和借鉴。本研究的特色在于在中国"耕地资源-粮食生产能力"领域从"资源丰裕度与居民收入关系"视角验证了经典的资源诅咒理论假说，从而推进资源诅咒研究在耕地资源与粮食安全领域的拓展和升华；同样重要的还在于揭示了中国粮食主产区与其他地区之间居民收入不平衡的内在机理，并力求为粮食主产区农业强国道路的发展模式和区域经济高质量发展策略提供理论支撑。

一、经验观察与研究假设

（一）经验观察

总体来看，全国耕地资源禀赋以东北平原、华北平原和长江中下游平原最为优越，不仅耕地总量大，质量也较高。相应地，全国粮食总产量、人均粮食产量也以这三大平原所在的省份最多，较典型的有黑龙江、河南和山东，近21年平均产粮均在4000万吨以上，居全国前三位，然而这些省份农村和城镇居民的收入水平均不高；以青藏高原区以及海南省、京津沪三大直辖市产粮较少，其近21年平均粮食总产量均在180万吨以下，然而，京津沪的居民收入水平却很高。从省域尺度的分布来观察，除一些欠发达的省份之外，有一半以上的省域呈现粮食丰裕而居民收入水平却较低的反差；相反，东部沿海地区多数省域则呈现粮食产出不丰裕但居民收入高的特点。按国家确定的粮食主产区、粮食产销平衡区和粮食主销区①[93]来统计和分析，全国粮食主产区近21年平均粮食总产量占了75.76%，而农村/城镇居民近8年平均每年人均可支配收入分别是1.54万元和3.17万元，仅分别为全国粮食主销区相应收入水平的74.17%和80.02%。

县域尺度也具有类似的特点：有1287个县（占45.27%）近8年（2014~2021年）的平均每年人均粮食产量在0.4吨/人及以上，但其中有63.87%的县和57.42%的县近8年平均每年农村和城镇居民人均可支配收入分别在1.5万元和3.0万元以下；而人均粮食产量在0.4吨/人以下的1556个县（54.73%）中，这一比例仅分别为54.86%和36.57%，较前者分别低9.01%和20.85%。从全国人均产粮前三位的黑龙江省、吉林省、内蒙古自治区来看，共辖284个县，其中分别有52.82%和88.03%的县近8年平均农村和城镇居民人均可支配收入明显小于全国同期平均水平。

（二）研究假设

尽管传统的资源诅咒研究是以矿产资源为主，但随着研究的不断深化，越来越多的学者发现耕地等自然资源也存在资源诅咒现象。然而，居民收入与经济增长息息相关，按照传统的宏观经济学核算方法，国内生产总值（GDP）与个人收入（PI）存在紧密的关联。因此，从理论上来说，丰裕的自然资源在对经济发展造成不利影响的同时，还会对居民收入水平产生负向的影响。此外，从另一个角度来说，传统的资源诅咒路径研究表明，丰裕的自然资源会对其他产业和部门产生"挤出效应"；由于第二产业的发展与城镇居民收入息息相关、第三产业的发展与农村和城镇居民收入息息相关，故丰裕的自然资源从理论上来说也可能会对居民的收入产生不利的影响。此外，由于粮食产销平衡区和粮食主销区的

---

① 粮食主产区包括黑龙江、辽宁、吉林、内蒙古、河北、江苏、安徽、江西、山东、河南、湖北、湖南、四川共13个省（自治区）；粮食产销平衡区包括山西、广西、重庆、贵州、云南、西藏、陕西、甘肃、青海、宁夏、新疆共11个省（自治区、直辖市）；粮食主销区包括北京、天津、上海、浙江、福建、广东、海南共7个省（直辖市）。

耕地和粮食总体上并不十分丰裕，故耕地和粮食对这些地区的农村和城镇居民收入产生的抑制性影响可能较小或不明显。由此，本书提出了以下假设：

假设一（H1）：丰裕的耕地和粮食会对粮食主产区农村居民收入产生负向影响。

假设二（H2）：丰裕的耕地和粮食会对粮食主产区城镇居民收入产生负向影响。

如果假设一和假设二成立，则有必要进一步探讨其背后的机制。参考现有资源诅咒的理论分析与路径机制研究，本研究以三大产业产值为核心进一步分析耕地和粮食丰裕度与各产业产值的逻辑关联。从理论上来说，尽管依靠种植粮食作物难以实现高收益，但如果一个耕地资源丰裕的地区在保持高产粮的同时稳步发展其他特色农村产业，那么即使产粮对第一产业和居民增收的贡献有限，也可能会因为同步推广种植其他高附加值特色作物和其他产业进而促进农村产业的发展和农户收入的提升。然而，对于任何一个产粮大省和产粮大县而言，其耕地面积是有限的，如果大面积、高比例的耕地用于种植粮食，那么生产其他作物所需的耕地面积及其比例必将降低。由此，本书提出以下假设：

假设三（H3）：丰裕的耕地和粮食会增加第一产业对粮食生产的依赖，不利于第一产业的快速发展，从而在一定程度上限制农村居民收入的增加。

此外，考虑到城镇居民收入与第二、第三产业息息相关且农村居民的收入也离不开第三产业的发展，故丰裕的耕地和粮食可能通过抑制第二产业和第三产业的发展进而影响农村和城镇居民收入水平。由此，本书提出以下假设：

假设四（H4）：丰裕的耕地和粮食将会对第二产业和第三产业造成"挤出效应"，因而对农村和城镇居民的收入水平均产生负向影响。

总体而言，本章构建的逻辑框架如图9-1所示。

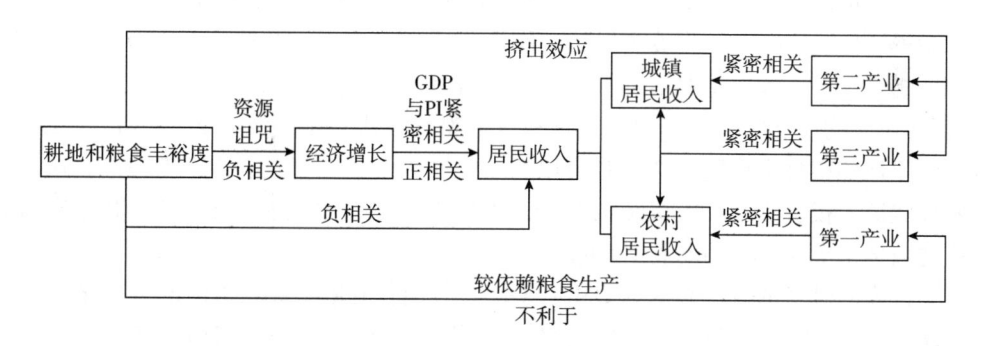

图9-1 耕地和粮食丰裕度与农村/城镇居民收入之间的逻辑框架

二、实证研究方法

（一）研究框架设计

通过对现有文献的梳理可以发现，已有的资源诅咒研究大多集中于矿产资源领域，很少对耕地和粮食方面的问题进行深入探讨和实证分析，而且也很少采用省域和县域两个尺度相结合的分析方式。然而，省域尺度和县域尺度的研究是相辅相成、相互促进、各有优势的，有机结合省域尺度和县域尺度进行综合的分析、做到两者的相辅相成才能更好地实现研究的目标，从而得到更加科学、客观、准确的分析结果。鉴于此，本书拟从省域和县域两个尺度进行实证检验，搜集全国31个省（自治区、直辖市）近21年（即2001~2021

年）的数据进行省域尺度的分析；由于数据可得性、统计口径等原因的限制，本研究搜集全国2843个县（市、区）近8年（2014~2021年）的面板数据，从县域视角进行更深入的验证①。总体而言，本书的研究步骤如图9-2所示。

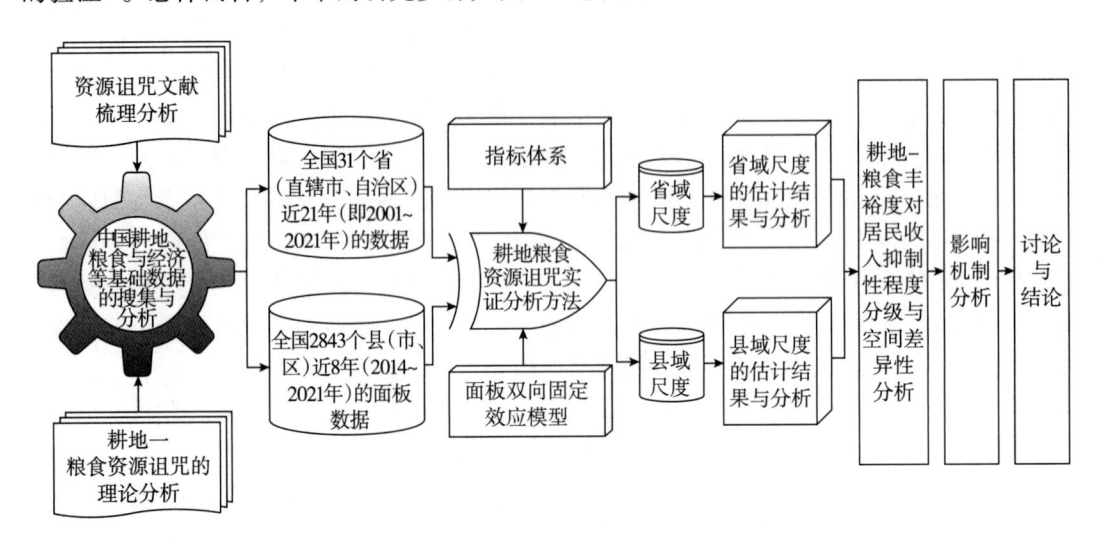

图9-2 研究步骤与流程

（二）指标体系构建

参考潘竟虎（2014）[94]、孙晓一等（2015）[95]、杨子生等（2021）[96]、杨人懿等（2023）[97]、Zhou Yang等（2023）[98]构建的指标体系与研究方法以及Yang Jie和Huang Xin（2023）[99]的年度土地覆被数据集，结合本书讨论的耕地-粮食问题实际以及省域、县域数据的可获取性和对应性，本研究拟运用省域与县域尺度相结合的方式，并选取农村/城镇居民人均可支配收入作为因变量；选取耕地和粮食丰裕度作为核心自变量，以进一步探析耕地和粮食丰裕度是否会对当地的居民收入产生明显的抑制性影响②；从产业结构、发展状况、投资支出、人口结构四个维度选取控制变量（见表9-1）。其中省域和县域的耕地数据来源于Yang Jie和Huang Xin（2023）[99]发布的1985~2022年的年度土地覆被数据集；夜间灯光的数据来源为DMSP/OLS；其他各省域和县域指标的数据来源为《中国统计年鉴》（2002~2022）、中国农村贫困监测历史资料汇编（2021）、各省份统计年鉴（2015~2022）、部分省份调查年鉴（2015~2022），以及部分省份、州市和县域的统计公报（2015~2022）和EPS全球统计数据/分析平台③。

---

① 这里统计分析的县级行政区（以下简称县域）共计2843个，未包括缺失数据或数据不完整的福建泉州金门县、海南三沙市、西藏自治区拉萨市城关区，以及新疆维吾尔自治区的6个直辖县级市（北屯市、铁门关市、双河市、可克达拉市、昆玉市、胡杨河市），也未包括香港、澳门和台湾。之所以未搜集2014年以前的数据，是因为农村居民收入等指标在2014年之前的口径不一致。

② 由于各县域的土地总面积差异非常大，故在衡量耕地丰裕度时选取耕地面积比例和人均耕地面积2个指标；而在衡量粮食丰裕度时选取粮食总产出和人均粮食产出2个指标。

③ 需要注意的是，农村居民收入在2014年前后统计口径不同，但《中国农村贫困监测历史资料汇编》还是公布了各省（自治区、直辖市）2014年前农村居民人均可支配收入口径的数据，因此这里所使用的宏观收入数据统计口径是前后一致的。

表 9-1　计量经济学模型检验的指标体系

属性	维度	简称	变量	计算方法	单位
因变量	居民收入水平	rural	农村居民收入水平	农村居民人均可支配收入	万元
		urban	城镇居民收入水平	城镇居民人均可支配收入	万元
核心自变量	耕地丰裕度	cultiprop	耕地面积比例	耕地总面积/土地总面积×100%	%
		perculti	人均耕地面积	耕地总面积/总人口	公顷/人
	粮食丰裕度	totalopt	粮食总产出	粮食总产量	万吨
		peropt	人均粮食产出	粮食总产量/总人口	吨/人
控制变量	产业结构	struc	产业结构	第三产业产值/GDP×100%	%
		afafopt	农林牧渔产业产值	农林牧渔业总产值	元
	发展状况	light	夜间灯光亮度	夜间灯光平均亮度+0.01	无
	投资支出	fix	固定资产投资力度	固定资产投资额	元
		finance	财政收入水平	公共财政一般预算收入	元
	人口结构	pd	人口密度	总人口/土地面积	人/平方千米

注：以上指标和数据均未包括香港地区、澳门地区和台湾地区；省域和县域的指标体系均一致；由于非比例型控制变量的年变化率较大，参考杨子生等（2021）[96]、杨人懿等（2023）[97] 的研究，在构建计量模型时取其自然对数的形式；由于本书研究的是耕地-粮食丰裕度与居民收入总量的关系，故因变量和核心自变量不取自然对数；以耕地面积比例、粮食总产出作为核心自变量的计量模型中考虑人口密度因素；以人均耕地面积和人均粮食产出作为核心自变量的计量模型中不考虑人口密度因素。

（三）计量经济学模型介绍

构建模型时，对于时间和个体值较多的面板数据而言，常用双向固定效应（TWFE）模型进行估计[98]。考虑到本研究搜集的省域和县域数据时间跨度较长，个体先天差异可能较大，因此本研究选用 TWFE 模型，其基本设定形式为：

$$Y_{it} = X_{it}\beta + u_i + \gamma_t + \varepsilon_{it} \tag{9-1}$$

式中，Y_{it} 表示被解释变量，X_{it} 表示解释变量矩阵；β 表示待估计的参数向量；u_i 和 γ_t 分别表示个体和时间固定效应；ε_{it} 表示残差。

三、省域和县域尺度的实证研究结果

（一）省域尺度的估计结果与分析

本研究参考表 9-1 的指标体系构建 TWFE 模型进行实证研究。由表 9-2 可见，在以 rural 为因变量的全样本回归结果中，有部分估计结果显著为负，其中模型 1 通过了 5% 的显著性水平检验（估计系数为 -0.0099）、模型 4 通过了 10% 的显著性水平检验（估计系数为 -0.0795），且以中国粮食主产区为样本的大部分估计结果显著为负，以 cultiprop、perculti 和 peropt 作为核心自变量的估计系数分别为 -0.0333（1%显著）、-1.2107（5%显著）和 -0.1165（1%显著），表示在其他条件不发生变化时，耕地占比每增加 1%、人均耕地面积每增加 1 平方米/人、人均粮食产出每增加 1 千克/人将分别致使粮食主产区的农村居民收入下降 333 元、1.21 元和 1.17 元，耕地资源禀赋与粮食丰裕度对农村居民收入具有显著的负相关影响。对于城镇居民收入而言，所有结果均显著为负，尤其以中国粮食主产区为样本的估计结果更为明显，各变量的估计系数分别为 -0.0578（1%显著）、-5.5690

(1%显著)、-0.0001（1%显著）和-0.5148（1%显著），表示在其他条件不发生变化时，耕地占比每增加1%、人均耕地面积每增加1平方米/人、粮食总产出每增加1万吨、人均粮食产出每增加1千克/人将分别致使粮食主产区的城镇居民收入下降578元、5.57元、1元和5.15元，耕地资源禀赋与粮食丰裕度对城镇居民收入具有显著的负相关影响。

表9-2 中国31个省域耕地-粮食丰裕度对居民收入影响的实证研究结果

类型	rural为因变量；样本包括中国31个省（自治区、直辖市）				rural为因变量；样本仅包括中国粮食主产区			
	(1)	(2)	(3)	(4)	(5)	(6)	(7)	(8)
cultiprop	-0.0099**				-0.0333***			
perculti		-0.5766				-1.2107**		
totalopt			0.00001				-0.000005	
peropt				-0.0795*				-0.1165***
样本量	651	651	651	651	273	273	273	273
R²	0.9747	0.9708	0.9745	0.9709	0.9914	0.9878	0.9890	0.9880

类型	urban为因变量；样本包括中国31个省（自治区、直辖市）				urban为因变量；样本仅包括中国粮食主产区			
	(9)	(10)	(11)	(12)	(13)	(14)	(15)	(16)
cultiprop	-0.0305***				-0.0578***			
perculti		-4.0355***				-5.5690***		
totalopt			-0.0001***				-0.0001***	
peropt				-0.4773***				-0.5148***
样本量	651	651	651	651	273	273	273	273
R²	0.9768	0.9742	0.9768	0.9747	0.9889	0.9856	0.9882	0.9863

注：以上结果均为考虑了控制变量后的TWFE模型的稳健标准误估计结果，为节约篇幅，不再汇报标准误。*、**、***分别表示估计参数显著性水平为10%、5%和1%，下同。

（二）县域尺度的估计结果与分析

由于在同一省域内，不同县域的情况可能会有所不同，并且省域面板数据的样本量较小，因而将研究细化至县域以探究粮食丰裕度与居民收入的关系显得尤为必要（见表9-3）。

表9-3 中国2843个县域耕地、粮食丰裕度与居民收入的实证研究结果

类型	rural为因变量				urban为因变量			
	(1)	(2)	(3)	(4)	(5)	(6)	(7)	(8)
cultiprop	-0.0039** (0.0016)				-0.0063*** (0.0024)			
perculti		-0.3303*** (0.1037)				-0.5038*** (0.1575)		

续表

类型	rural 为因变量				urban 为因变量			
	(1)	(2)	(3)	(4)	(5)	(6)	(7)	(8)
totalopt			−0.0018*** (0.0004)				−0.0031*** (0.0008)	
peropt				−0.0949*** (0.0120)				−0.1720*** (0.0200)
样本量	22656	22656	22656	22656	22744	22744	22744	22744
R^2	0.9644	0.9639	0.9645	0.9641	0.9626	0.9617	0.9628	0.9620

注：以上结果均为考虑了控制变量后的 TWFE 模型的个体聚类稳健标准误估计结果，下同。

在考虑了控制变量并采用聚类标准误估计后，所有回归结果均显著为负（见表9-3），表明耕地和粮食丰裕度对农村和城镇居民收入产生了明显的抑制性作用。然而，以上结果仅仅是针对全体样本而言的，故这里将其划分为不同的研究区域分别进行估计（见表9-4）。

表9-4 不同粮食生产区域的耕地、粮食丰裕度与居民收入的实证结果

类型	粮食主产区		粮食产销平衡区		粮食主销区	
	(1) rural	(2) urban	(3) rural	(4) urban	(5) rural	(6) urban
cultiprop	−0.0101*** (0.0021)	−0.0077** (0.0037)	0.0012 (0.0018)	−0.0095*** (0.0024)	−0.0179*** (0.0062)	−0.0288*** (0.0100)
样本量	12448	12448	7336	7336	2960	2960
R^2	0.9667	0.9653	0.9542	0.9621	0.9538	0.9551
类型	(7) rural	(8) urban	(9) rural	(10) urban	(11) rural	(12) urban
perculti	−0.3348** (0.1331)	−0.3200* (0.1786)	−0.2009 (0.1425)	−0.7332*** (0.1850)	−4.5790** (2.0886)	−3.4456 (2.5065)
样本量	12448	12448	7336	7336	2960	2960
R^2	0.9660	0.9648	0.9539	0.9608	0.9528	0.9540
类型	(13) rural	(14) urban	(15) rural	(16) urban	(17) rural	(18) urban
totalopt	−0.0022*** (0.0005)	−0.0040*** (0.0007)	−0.0005* (0.0003)	0.0011 (0.0007)	−0.0043 (0.0047)	−0.0039 (0.0131)
样本量	12448	12448	7336	7336	2960	2960
R^2	0.9667	0.9657	0.9542	0.9619	0.9532	0.9547
类型	(19) rural	(20) urban	(21) rural	(22) urban	(23) rural	(24) urban
peropt	−0.1274*** (0.0140)	−0.1863*** (0.0237)	−0.0160 (0.0157)	0.0059 (0.0388)	−0.1719 (0.2740)	−0.1163 (0.6481)
样本量	12448	12448	7336	7336	2960	2960
R^2	0.9668	0.9655	0.9538	0.9603	0.9522	0.9539

如表9-4所示，以粮食主产区为样本的所有估计结果（模型1、2、7、8、13、14、

19 和 20) 均显著为负，表明其确实存在耕地-粮食丰裕度与居民收入水平的显著负向关系，其估计系数分别为 -0.0101、-0.0077、-0.3348、-0.3200、-0.0022、-0.0040、-0.1274 和 -0.1863，其含义是在其他条件不发生变化时，耕地占比每增加 1% 将致使粮食主产区的农村和城镇居民收入分别下降 101 元和 77 元；人均耕地面积每增加 1 平方米/人将致使它们分别下降 0.33 元和 0.32 元；粮食总产出每增加 1 万吨将致使它们分别下降 22 元和 40 元；而人均粮食产出每增加 1 千克/人将致使它们分别下降 1.27 元和 1.86 元。然而，以粮食产销平衡区为样本的所有估计结果中除了模型 4、模型 10 和模型 15 的估计系数显著为负之外均不显著；以粮食主销区为样本的所有估计结果中除了模型 5、模型 6 和模型 11 的估计系数显著为负之外均不显著。之所以粮食产销平衡区和粮食主销区的部分耕地丰裕度的估计结果显著为负，主要是由于更快速的经济发展和城镇化进程占用较多耕地所致。此外，其他不显著的结果也进一步表明粮食主产区以外的地区较少存在粮食生产对农村/城镇居民收入的抑制现象。

(三) 耕地-粮食丰裕度对居民收入抑制性程度分级与空间差异性分析

1. 耕地-粮食的收入抑制性指数的提出与计算方法

为了进一步揭示全国耕地-粮食丰裕度对居民收入的抑制性程度及其空间差异性，借鉴苏迅 (2007)[100]、姚予龙等 (2011)[37] 和文兰娇和张安录 (2013)[52] 的研究，本研究提出"耕地-粮食的收入抑制性指数 (Income Suppression Index of Farmland & Grain, ISIFG)"这一新概念，用以反映各地耕地-粮食丰裕度对居民收入的影响程度。其计算式为：

$$ISIFG_i = \frac{(PFA_i/NPFA + PGY_i/NPGY)/2}{PCDI_i/NPCDI} \tag{9-2}$$

其中，$ISIFG_i$ 表示第 i 个地区 (省域或县域) 耕地-粮食的收入抑制性指数，PFA_i 和 $NPFA$ 分别表示第 i 个地区和全国的人均耕地面积，PGY_i 和 $NPGY$ 分别表示第 i 个地区和全国的人均粮食产量，$PCDI_i$ 和 $NPCDI$ 分别表示第 i 个地区和全国的农村/城镇居民人均可支配收入。

2. 耕地-粮食的收入抑制性程度分级

为了更好地分析和描述耕地-粮食丰裕度对居民收入抑制性程度的区域差异性，这里尚需对耕地-粮食丰裕度对居民收入抑制性的程度进行分级。参考姚予龙等 (2011)[37] 和文兰娇和张安录 (2013)[52] 的划分方案，结合省域和县域的实际情况，本研究将全国各地耕地-粮食丰裕度对居民收入的抑制性程度划分为 6 个等级，即无抑制、潜在抑制、轻度抑制、中度抑制、重度抑制、极重度抑制，其对应的 ISIFG 值和含义说明见表 9-5 所示。

表 9-5 耕地-粮食丰裕度对居民收入的抑制性程度分级体系

抑制性程度分级	ISIFG 值	含义
1. 无抑制	<0.8	该地居民收入水平总体较高，居民收入对耕地资源禀赋和粮食生产的依赖程度很小
2. 潜在抑制	0.8~1.0	该地尚不存在耕地-粮食丰裕度对居民收入抑制的现象，但该数值已接近于 1，如果不采取合理可行的举措，那么可能导致居民收入被抑制的问题

续表

抑制性程度分级	ISIFG 值	含义
3. 轻度抑制	1.0~2.0	该地已存在明显的耕地-粮食丰裕度对居民收入抑制的现象，尽管受抑制程度相对较轻，但需要引起重视，采取可行的措施规避耕地-粮食丰裕度对居民收入抑制的问题
4. 中度抑制	2.0~3.0	该地已存在中等程度的耕地-粮食丰裕度对居民收入抑制的现象，耕地-粮食优势与居民收入水平之间出现了明显的反差，需要采取有力的措施规避这种抑制性问题
5. 重度抑制	3.0~4.0	该地的耕地-粮食丰裕度与居民收入之间存在严重的不匹配或反差，耕地-粮食优势对居民收入有着较为严重的抑制作用，需要采取强有力的措施稳步推动居民收入的可持续增长
6. 极重度抑制	≥4.0	该地的耕地-粮食优势与居民收入水平的偏离程度很大，耕地-粮食优势对居民收入的抑制作用非常严重，需要科学、合理地制定强有力的措施体系来破解"产量多，收入低"的突出问题

3. 耕地-粮食丰裕度对居民收入抑制性程度的空间差异性分析

根据式（9-2）计算结果和表9-5分级体系，确定出了中国省域和县域耕地-粮食的收入抑制性程度等级。

从省域尺度来看，耕地-粮食丰裕度对居民收入抑制性程度的区域差异性很大，呈现出以下三个特点：

（1）抑制性指数（ISIFG）的高值区主要分布于东北部和西北部地区，其中黑龙江和内蒙古农村ISIFG值达3.0以上，黑龙江、吉林和内蒙古城镇ISIFG值达3.0以上；低值区主要分布于东南部地区。

（2）从31个省（自治区、直辖市）耕地-粮食对收入抑制性程度分级结果来看，全国有9个省（自治区、直辖市）（占29.03%）农村和城镇的ISIFG值均低于0.8，属于"无抑制"；有7个省（自治区）（占22.58%）农村和5个省（自治区、直辖市）（占16.13%）城镇的ISIFG值在0.8~1.0，属于"潜在抑制"；有10个省（自治区、直辖市）（占32.26%）农村和13个省（自治区）（占41.94%）城镇的ISIFG值在1.0~2.0，属于"轻度抑制"；有3个省（自治区）（占9.68%）农村和1个自治区（占3.23%）城镇的ISIFG值在2.0~3.0，属于"中度抑制"；有2个省（自治区）（占6.45%）农村和2个省（自治区）（占6.45%）城镇的ISIFG值在3.0~4.0，属于"重度抑制"；有1个省（占3.23%）城镇的ISIFG值高于4.0，属于"极重度抑制"。这表明，耕地-粮食丰裕度对70%以上的省域农村居民和城镇居民的收入均存在不同程度的抑制现象（含潜在抑制），其中，东北的部分省域达"重度抑制"和"极重度抑制"。

（3）从13个产粮大省来看，其耕地-粮食对收入抑制性程度等级差异较大。有2个省（自治区）（即黑龙江、内蒙古）农村和3个省（自治区）（黑龙江、吉林、内蒙古）城镇属于"重度抑制"或"极重度抑制"级，有1个省（即吉林）农村属于"中度抑制"级，有4个省（即安徽、河南、四川、辽宁）农村和7个省（即河南、安徽、辽宁、河北、湖北、四川、江西）城镇属于"轻度抑制"级，有5个省（即河北、湖北、江西、湖南、山东）农村和2个省（即山东、湖南）城镇属于"潜在抑制"级，有1个省（即江苏）农村和城镇均属于"无抑制"级。可见，92.31%的产粮大省存在不同程度的耕地-粮食丰裕度对居民收入的抑制问题（含潜在抑制），其中，人均产粮最多的前3个省（自治区）（即黑龙江、吉林、内蒙古）的耕地-粮食丰裕度对居民收入的抑制性程度等级最高；唯

· 255 ·

一未遭受收入抑制的是江苏省，因其位于经济发达的东南沿海地区，工业和科技发达，省域城乡居民收入位居全国前五名。

从县域尺度来看，全国2843个县域农村和城镇ISIFG值的区域差异性亦很大，呈现出以下三个特点：

（1）耕地-粮食丰裕度分别对56.81%和64.09%的县域农村和城镇居民收入存在不同程度的抑制性作用，其中8.58%的县域农村居民和10.06%的县域城镇居民达"重度抑制"级及以上。全国有数据测算的2843个县域中，农村和城镇居民收入"无抑制"的县域分别有1228个和1021个，分别占43.19%和35.91%；"潜在抑制"级的县域分别有319个和282个，分别占11.22%和9.92%；"轻度抑制"级的县域分别有851个和1020个，分别占29.93%和35.88%；"中度抑制"级的县域分别有201个和234个，分别占7.07%和8.23%；"重度抑制"级的县域分别有94个和88个，分别占3.31%和3.10%；"极重度抑制"级的县域分别有150个和198个，分别占5.28%和6.96%。

（2）对农村和城镇居民收入的抑制主要出现于粮食主产区，全国"重度抑制"级和"极重度抑制"级的县域中分别约有63.52%和67.48%出自粮食主产区；并且粮食主产区内分别有61.83%和72.30%的县域存在不同程度的抑制现象，其中"中度抑制"级以上（含）的县域分别占15.68%和21.79%，"重度抑制"级以上（含）的县域分别占9.96%和12.40%，"极重度抑制"级的县域分别占7.01%和9.38%；粮食产销平衡区也分别有69.25%和70.12%的县域不同程度地存在对农村和城镇居民收入的抑制问题，其中，"中度抑制"级以上（含）的县域分别占21.81%和19.63%，"重度抑制"级以上（含）的县域分别占9.60%和10.03%，"极重度抑制"级的县域分别占4.47%和5.56%；粮食主销区分别只有4.86%和14.59%的县域存在收入抑制现象，且多为"潜在抑制"和"轻度抑制"级，"中度抑制"级以上（含）的县域均仅占0.27%。此外，全国农村和城镇居民收入"中度抑制"级以上（含）的县域分别有54.84%和65.19%分布于粮食主产区，分别有44.94%和34.62%分布于粮食产销平衡区，仅分别有0.22%和0.19%分布于粮食主销区；全国农村和城镇居民收入"重度抑制"级以上（含）的县域分别有63.52%和67.48%分布于粮食主产区，分别有36.07%和32.17%分布于粮食产销平衡区，分别有0.41%和0.35%分布于粮食产销平衡区；全国农村和城镇居民收入"极重度抑制"级的县域分别有72.67%和73.73%分布于粮食主产区，分别有27.33%和25.76%分布于粮食产销平衡区，分别有0%和0.51%分布于粮食主销区。

（3）全国产粮前800个县域的居民收入抑制问题特别突出。以近8年平均粮食总产量计，在年均粮食总产量前800个县域中，分别有84.50%和93.75%的县域农村和城镇居民收入存在不同程度的抑制现象，其中"中度抑制"级以上（含）的县域分别达26.38%和34.63%，"重度抑制"级以上（含）的县域分别达17.38%和21.13%，"极重度抑制"级的县域分别达12.63%和16.50%。如果按人均产粮计，近8年平均人均粮食产量前800个县域的居民收入抑制现象更为突出，分别有95.63%和99.25%的县域农村和城镇居民收入存在不同程度的抑制现象，其中"中度抑制"级以上（含）的县域分别达41.75%和53.13%，"重度抑制"级以上（含）的县域分别达26.63%和32.25%，"极重度抑制"级的县域分别占17.38%和22.38%。

四、影响机制分析

上述分析表明,在粮食主产区存在耕地-粮食丰裕度与农村/城镇居民收入水平的负向关系。根据假设三,丰裕的耕地和粮食可能不利于第一产业的快速发展,故本研究首先考察县域粮食丰裕度与第一产业的关系(见表9-6)。

表9-6 耕地-粮食丰裕度对第一产业及其增长状况的影响

类型	人均第一产业产值为因变量(元/人)				人均第一产业产值自然对数形式为因变量(元/人)			
	所有样本		粮食主产区		所有样本		粮食主产区	
	(1)	(2)	(3)	(4)	(5)	(6)	(7)	(8)
cultiprop	30.5882*** (11.5150)		22.6705 (18.3158)		0.0043*** (0.0016)		0.0043 (0.0027)	
totalopt		8.6716 (6.0825)		14.4564* (8.4564)		0.0008** (0.0004)		0.0008 (0.0005)
样本量	22744	22744	12448	12448	22744	22744	12448	12448
R^2	0.9523	0.9523	0.9521	0.9523	0.9942	0.9942	0.9929	0.9929

注:本表中的核心解释变量为 cultiprop 和 totalopt,如果换成 perculti 和 peropt 作为核心解释变量的结果也较为类似,这里不再汇报其估计结果。

本研究将人均第一产业产值及其自然对数形式分别作为因变量,以更好地分析粮食丰裕度与第一产业水平及其发展速度之间的关系。尽管在所有样本中以耕地面积比例(cultiprop)为核心自变量的估计结果均显著为正(30.5882 和 0.0043),但在粮食主产区的样本估计结果均不显著。之所以全样本的估计结果显著为正,系由经济条件较好的粮食主销区引起,这些地区在耕地面积快速减少的同时其经济重心也逐步向第二、第三产业迁移,第一产业的比重和产值普遍呈现下降的趋势,因此耕地面积比例和第一产业产值呈现出明显的正相关关系。此外,以粮食总产出(totalopt)为核心自变量的估计结果中,粮食主产区的模型4估计结果显著性水平较低,且模型8不显著。以上结果进一步表明:在粮食主产区丰裕的耕地和粮食难以对第一产业的发展做出非常明显的贡献,且不能明显提升第一产业的发展速度。

为进一步验证假设三(H3),本书参考苏迅(2007)[100]、姚予龙等(2011)[37]、文兰娇和张安录(2013)[52]的研究方法引入了第一产业对粮食的依赖度(Degree of Food Dependence,DFD)这一概念,其计算方法表示为:

$$DFD_i = \frac{TGY_i / \sum_{i=1}^{n} TGY_i}{PRIIND_i / \sum_{i=1}^{n} PRIIND_i} \tag{9-3}$$

式中,DFD_i 表示第 i 个县域的粮食依赖度,TGY_i 是第 i 地区的粮食总产量,$PRIIND_i$ 是第 i 地区的第一产业总产值。本书拟将其自然对数形式作为因变量构建模型(见表9-7)。

表9-7 粮食丰裕度与第一产业对粮食依赖度之间的关系

类型	所有样本		粮食主产区		粮食产销平衡区		粮食主销区	
	(1)	(2)	(3)	(4)	(5)	(6)	(7)	(8)
totalopt	0.0159*** (0.0017)		0.0129*** (0.0011)		0.0190*** (0.0064)		0.0454*** (0.0128)	
peropt		0.6056*** (0.0903)		0.4118*** (0.0810)		1.0424*** (0.1262)		3.0592*** (0.4256)
样本量	22744	22744	12448	12448	7336	7336	2960	2960
R^2	0.9923	0.9924	0.9911	0.9909	0.9909	0.9920	0.9962	0.9964

由表9-7所示，所有结果均显著为正，表明一个地区的粮食产量越多，其在第一产业中的占比和份额就越大，相应地，第一产业的发展对粮食生产的依赖程度也就越高。因此，这也进一步解释了粮食丰裕度与农村居民收入之间显著为负的原因：随着粮食主产区粮食产量的增加，其在第一产业中的份额就越大；但因种植粮食的净收益低下，过度依赖粮食生产难以有效提升农村居民收入水平。

为验证假设四（H4），本书拟将人均第二、第三产业产值作为因变量构建模型（见表9-8）。

表9-8 不同粮食生产区域的耕地与粮食丰裕度对第二、第三产业的影响

人均第二产业产值为 因变量（元/人）	粮食主产区		粮食产销平衡区		粮食主销区	
	(1)	(2)	(3)	(4)	(5)	(6)
cultiprop	−285.47 (125.39)**		113.85 (93.67)		413.65 (632.41)	
totalopt		−74.49 (18.16)***		−31.81 (16.97)*		−1135.95 (749.69)
样本量	12447	12447	7336	7336	2960	2960
R^2	0.9529	0.9470	0.9423	0.9423	0.9511	0.9515

人均第三产业产值为 因变量（元/人）	粮食主产区		粮食产销平衡区		粮食主销区	
	(7)	(8)	(9)	(10)	(11)	(12)
cultiprop	−842.96 (176.20)***		−180.07 (124.16)		−420.87 (564.92)	
totalopt		−119.21 (20.96)***		−9.68 (12.23)		141.81 (522.90)
样本量	12448	12448	7336	7336	2960	2960
R^2	0.9514	0.9510	0.9479	0.9477	0.9596	0.9595

注：本表中的核心解释变量为 *cultiprop* 和 *totalopt*，如果换成 *perculti* 和 *peropt* 作为核心解释变量的结果也较为类似，这里不再汇报其估计结果。

由表9-8可见，粮食主产区的所有估计结果均显著为负，而其他区域的估计结果多数

不显著，仅模型4的显著性水平为10%。以上结果能够很好地说明粮食主产区的第二产业和第三产业被明显抑制，从而导致该区域内农村和城镇居民收入普遍低下。值得一提的是，就粮食产销平衡区而言，第二产业的抑制效果明显更小，加之这些地区的粮食产量总体不高，与多数产粮大县并不处在同一个"量级"，故其对农村/城镇居民收入的抑制效果并不十分明显。

五、讨论与结论

（一）讨论

"产粮大县，经济穷县""粮食产出多，农民收入低"，这一发展反差映衬下的耕地-粮食丰裕度与居民收入间的显著负相关问题，对于拥有14亿人口大国的粮食安全战略来说，是迫切需要深入研究和破解的突出问题。以往的资源诅咒研究，主要针对的是矿产资源丰裕度对区域经济增速的影响，没有涉及更深层次的对居民收入的影响。从本书研究的耕地资源及其粮食产出来看，在资源诅咒研究中，不仅需要探究资源诅咒对区域经济增长的制约，而且更需要关注和深入分析资源诅咒对居民收入（包括农村和城镇）的影响，这将是未来资源诅咒研究中需要特别重视的新方向。

本研究探讨的"耕地-粮食丰裕度"的资源诅咒，不仅在中国较为显著，多数发展中国家亦有明显的表现，这是由于发展中国家通常资本并不丰裕，农村劳动力资源则较为丰富，因而往往以小规模的"小农经济"为主，尽管单产水平大多高于发达国家大规模经营的家庭农场，但农户收入普遍较低。普罗斯特曼等使用了117个国家数据分析结果表明，谷物单产最高的14个国家中有11个是小规模家庭农场占主导地位的国家；世界银行对肯尼亚小农场和大农场的对比分析结果显示，规模在0.5公顷以下的农场单产是规模在8公顷以上农场的19倍，但前者的劳动力用量是后者的30倍[101]。小规模家庭经营模式由于劳动力用量大，劳动力成本和管理成本较大，种粮利润必然低下。即使一些地方多年来力图推动规模经营，但从国家和区域整体上看效果不大，总体上还是以劳动力密集型模式为主，加之产量的增幅明显低于种粮成本的涨幅，容易产生"产粮多、收入少"的资源诅咒现象。从2020年谷物总产量占世界2%以上（含）的10个产粮大国（中国、美国、印度、俄罗斯、巴西、阿根廷、印度尼西亚、加拿大、乌克兰、孟加拉国）来看，除美国和加拿大外，其余8个国家的人均GDP均低于世界平均水平[102,103]，按中国2019~2022年平均农村居民人均可支配收入占人均GDP的比值（23.35%）折算，这8个产粮大国2020年农村居民人均可支配收入均在2500美元以下，其中，分别占世界谷物产量11.18%和2.00%的印度和孟加拉国2020年农村居民人均可支配收入均在500美元以下；印度尼西亚、乌克兰等产粮大国2020年农村居民人均可支配收入亦不足1000美元。

国内近30多年来不断地对农田经营规模进行探讨和实践，有不少实证研究指出扩大粮食生产规模可以提升农村居民收入[104]。张守莉等（2017）[105]发现，吉林公主岭市农户5~20公顷中等规模经营所获得的平均利润最高。沈玉洁（2020）[106]发现，河南西华县农户1~10公顷中等规模经营的种粮利润最高。这里姑且按文献[105]和文献[106]分析的耕地中等经营规模平均值进行分析，前者为户均12.5公顷，后者为5.5公顷，此两者平均值为8.5公顷，照此计算，全国乡村2020年末18665.02万户农户共计需要耕地158652.67万公顷，然而2019年末全国第三次国土调查耕地总面积只有12786.19万公顷，对全国乡村2020年末18665.02万户50978.76万人实现中等经营规模耕地需求的满足率仅为8.06%。换句话说，从实现中等经营规模耕地需求的角度出发，全国现有耕地数量仅能满足1504.26万户4061.50万乡村人口的耕地资源需求（这里尚未扣除耕地总面积中尚有25°以上、需要逐渐退耕还林还草的422.52万公顷陡坡耕地[90]）。那么，剩余的17160.76万户46917.26万乡村人口的出路怎么解决？可见，破解中国当今"耕地-粮食丰裕度"的资源诅咒，尚需依据国情另辟蹊径。

破解"粮财倒挂"现象的基本目标应是将产粮优势切实转变为区域综合发展优势，不断提升粮食主产区的居民收入总体水平，稳定实现不同区域的协调发展，而不仅是将眼光放在"为了产粮而产粮""完成产粮任务和目标"之上。破解的基本思路需要创新，要跳出农业之外来考察农业、思考农业、探究农业，用工业化、产业化的新思维来解决耕地-粮食丰裕度对居民收入的抑制问题。其基本的核心思想还是老话重谈："无农不稳，无工不富，无商不活"，由此确定的主导性对策是：推动以粮食为主的农业发展"接二连三"，走"三产融合"新模式，有效推进以粮食为主的农业产业链延伸、价值链提升、增收链拓宽，带动区域经济繁荣和城乡居民增收致富，闯出一条有创新、有特色的高质量发展之路。"接二"，着力围绕以粮食为主的农业资源来办工业，以工促农，工农协调发展。一是大力发展包括粮食产品加工产业在内的龙头企业，注重深加工、精加工，辐射带动城乡居民增收；二是围绕粮食等农业生产和加工业发展，大力开发相关机器制造业，并强化科技创新。"连三"，既要大力发展与粮食等农产品生产和加工相关的各类服务业，又要引进"农业+旅游"等特色三产融合项目，延长产业链，提升价值链。

（二）结论

粮食安全关系到国计民生[107,108]。然而，很多粮食主产地区的经济发展水平仍然较低，"粮财倒挂"现象十分明显。为了检验中国"耕地资源—粮食生产能力"领域的资源诅咒理论假说，揭示中国粮食主产区与其他地区之间居民收入不平衡的内在机理，本章采用省域尺度和县域尺度数据进行实证检验，基本结论如下：

（1）省域数据和县域数据的实证检验表明，粮食主产区的耕地-粮食丰裕度对农村和城镇居民可支配收入的抑制现象是客观存在的：耕地资源越丰富、粮食产出量越多的地区，对区域农村和城镇居民的收入起到了更为明显的抑制作用。

（2）通过引入"耕地-粮食的收入抑制性指数（ISIFG）"概念并测算和分析表明，耕地-粮食丰裕度分别对70%以上的省域农村和城镇居民以及56.81%和64.09%的县域农村和城镇居民的收入存在不同程度的抑制现象（含潜在抑制），其中，8.58%的县域农村居民和10.06%的县域城镇居民收入达"重度抑制"级或"极重度抑制"级。

（3）影响机制分析结果表明，丰裕的耕地和粮食难以明显促进粮食主产区第一产业的发展，反而使县域第一产业对粮食的依赖度增加，并给县域第二产业和第三产业发展带来明显的抑制，这就是丰裕的耕地和粮食对农村和城镇居民收入均产生明显抑制作用的原因。

（4）破解耕地-粮食丰裕抑制居民收入的思路和对策在于运用工业化、产业化的新思维，推动以粮食为主的农业发展"接二连三"，开创"三产融合"新模式。

参考文献

[1] Davis G A. Learning to Love the Dutch Disease：Evidence from the Mineral Economies [J]. World Development, 1995, 23 (10): 1765-1779.

[2] Maloney W F, Lederman D. In Search of Missing Resource Curse [J]. Journal of LACEA economic, 2008 (9): 1-56.

[3] Brunnschweiler C N, Bulte E H. Linking Natural Resources to Slow Growth and More Conflict [J]. Science, 2008, 320 (5): 616-617.

[4] 孙永平. 自然资源丰裕经济学 [M]. 北京：人民出版社，2022.

[5] Habakkuk H J. American and British Technology in the Nineteenth Century [M]. Cambridge, MA：Cambridge University Press, 1962.

[6] Wright G. The Origins of American Industrial Success？1879-1940 [J]. American Economic Review, 1990 (80): 651-668.

[7] Watkins M H. A Staple Theory of Economic Growth [J]. Canadian Journal of Economics and Political Science, 1963, 29 (2): 141-158.

[8] Auty R M. Sustaining Development in Mineral Economies：The Resource Curse Thesis [M]. London and New York：Routledge, 1993.

[9] Auty R M. Industrial Policy Reform in Six Large Newly Industrializing Countries：The Resource Curse Thesis [J]. World Development, 1994 (22): 11-26.

[10] 邵帅，杨莉莉. 自然资源开发、内生技术进步与区域经济增长 [J]. 经济研究，2011, 46 (S2): 112-123.

[11] Sachs J D, Warner A M. Natural Resource Abundance and Economic Growth [R]. NBER Working Paper Series 5398, Cambridge, MA：National Bureau of Economic Research, 1995.

[12] Sachs J D, Warner A M. Fundamental Sources of Long-run Growth [J]. American Economic Review, 1997 (87): 184-188.

[13] Sachs J D, Warner A M. 2001. The Curse of Natural Resources [J]. European Economic Review, 2001, 45 (4): 827-838.

[14] Gylfason T. Natural Resources, Education and Economic Development [J], European Economic Review, 2001 (45): 347-375.

[15] Papyrakis E, Gerlagh R. The Resource Curse Hypothesis and Its Transmission Channels [J]. Journal of Comparative Economics, 2004 (32): 181-193.

[16] 徐康宁，王剑. 自然资源丰裕程度与经济发展水平关系的研究 [J]. 经济研究，2006 (1): 78-89.

[17] 张馨，牛叔文，丁永霞，等. 中国省域能源资源与经济增长关系的实证分析——基于"资源诅咒"假说 [J]. 自然资源学报，2010, 25 (12): 2040-2051.

[18] 郑闻天，申晓若. 非洲经济发展中的"资源诅咒论"及启示 [J]. 北华大学学报（社会科学版），2019, 20 (2): 135-140.

［19］张帅，储斌．政治现代化与国家发展：基于沙特受困"资源诅咒"的分析［J］．区域与全球发展，2019，3（3）：108-122.

［20］Dong B, Zhang Y, Song H. Corruption as a Natural Resource Curse：Evidence from the Chinese Coal Mining［J］. China Economic Review，2019，57（10）：101314.

［21］Rahim S, Murshed M, Umarbeyli S, et al. Does Natural Resources Abundance and Human Capital Development Promote Economic Growth? A Case Study of the Next Eleven Countries［J］. Resources, Environment and Sustainability，2021，4（6）：100018.

［22］李鹏，富潇睿，王谱凡，等．环境脆弱区"资源诅咒"效应及传导机制的实证研究——以西北五省为例［J］．资源与产业，2024，26（4）：30-39.

［23］张在旭，薛雅伟，郝增亮，等．中国油气资源城市"资源诅咒"效应实证［J］．中国人口·资源与环境，2015，25（10）：79-86.

［24］王嘉懿，崔娜娜．"资源诅咒"效应及传导机制研究——以中国中部36个资源型城市为例［J］．北京大学学报（自然科学版），2018，54（6）：1259-1266.

［25］王保乾，李靖雅．中国煤炭城市"资源诅咒"效应的实证研究［J］．统计与决策，2019，35（10）：121-125.

［26］王晓楠，孙威．黄河流域资源型城市转型效率及其影响因素［J］．地理科学进展，2020，39（10）：1643-1655.

［27］张子龙，王博，龙志，等．财政分权、产业升级、技术进步与"资源诅咒"——基于黄河流域资源型城市的实证分析［J］．经济经纬，2021，38（3）：133-141.

［28］曹邦英，杨隆康．四川省资源型城市"资源诅咒"现象及发展对策研究［J］．当代经济，2021（7）：50-53.

［29］史宛桀，刘耀龙，赵晓雪，等．山西省资源型城市资源诅咒效应及协调发展研究［J］．科技创新与生产力，2021（9）：62-65.

［30］王雅俊，王雅蕾．黄河流域城市"资源诅咒"异质性效应研究［J］．当代经济，2022，39（10）：46-53.

［31］凡任宽，邵康．安徽省资源型城市"资源诅咒"传导效应研究［J］．上海电机学院学报，2023，26（6）：367-372.

［32］胡蝶，赵向豪．中国省域煤炭产业"资源诅咒"的存在性、挤出效应及破解机制——基于中国十大煤炭富集省份的面板数据检验［J］．昌吉学院学报，2023（1）：43-47.

［33］Torvik R. Natural Resources, Rent Seeking and Welfare［J］. Journal of Development Economics，2002，67（2）：455-470.

［34］Brueckner M. Natural Resource Dependence, Non-tradables, and Economic Growth［J］. Journal of Comparative Economics，2010，38（4）：461-471. DOI：10.1016/j.jce.2010.06.002.

［35］Matsuyama K. Agricultural Productivity, Comparative Advantage and Economic Growth［J］. Journal of Economic Theory，1992，58（2）：317-334.

［36］毕铃，郭琎．"资源诅咒"的形成机制研究［J］．政治经济学评论，2012，3（4）：173-185.

[37] 姚予龙，周洪，谷树忠．中国资源诅咒的区域差异及其驱动力剖析［J］．资源科学，2011，33（1）：18-24．

[38] 万建香，汪寿阳．社会资本与技术创新能否打破"资源诅咒"？——基于面板门槛效应的研究［J］．经济研究，2016（12）：76-89．

[39] 孙耀华．"资源诅咒"效应及其对经济增长的传导机制研究［J］．统计与决策，2021，37（16）：145-148．

[40] 宋亦明．"经济资源诅咒"的政治病理学：研究演进与知识谱系［J］．国外理论动态，2024（2）：159-169．

[41] 王闰平，陈凯．资源富集地区经济贫困的成因与对策研究——以山西省为例［J］．资源科学，2006，28（4）：158-165．

[42] 胡援成，肖德勇．经济发展门槛与自然资源诅咒——基于我国省际层面的面板数据实证研究［J］．管理世界，2007（4）：15-23．

[43] 崔学锋．美国规避"资源诅咒"的成功经验及启示［J］．理论探索，2013（4）：92-95．

[44] 褚艳宁．生态经济视角下"资源诅咒"向"资源福祉"的转化［J］．经济问题，2015（2）：31-34．

[45] 张海军．资源诅咒、要素流动与经济协调发展［J］．统计与决策，2022（24）：93-96．

[46] 赵秋运，蒋美，朱欢．资源型城市产业转型升级路径研究——从"资源诅咒"到"资源祝福"［J］．江南大学学报（人文社会科学版），2024，23（1）：89-101，116．

[47] 任胜钢，周罗琼，汪阳洁．绿色考核能破解"资源诅咒"吗？——来自资源型城市的证据［J］．中国人口·资源与环境，2024，34（2）：142-154．

[48] Auty R M. Resource Abundance and Economic Development［M］. Oxford：Oxford University Press，2001．

[49] Isham J, Woolcock M, Pritchett L, et al. The Varieties of Resource Experience：Natural Resource Export Structures and the Political Economy of Economic Growth［J］. The World Bank Economic Review，2002，19（2）：141-174．

[50] Stijins J C. Natural Resource Abundance and Economic Growth Revisited［J］. Resources policy，2005（30）：107-130．

[51] 张菲菲，刘刚，沈镭．中国区域经济与资源丰度相关性研究［J］．中国人口·资源与环境，2007，17（4）：19-24．

[52] 文兰娇，张安录．武汉城市圈土地资源诅咒空间差异性、空间传导机制及差别化管理［J］．中国土地科学，2013，27（9）：30-37．

[53] 刘宗飞，姚顺波，刘越．基于空间面板模型的森林"资源诅咒"研究［J］．资源科学，2015，37（2）：379-390．

[54] 王毅鑫，王慧敏，刘钢，等．生态优先视域下资源诅咒空间分异分析——以黄河流域为例［J］．软科学，2019，33（1）：50-55．

[55] 李文静，张朝枝．基于路径依赖视角的旅游资源诅咒演化模型［J］．资源科学，2019，41（9）：1724-1733．

［56］丁声俊. 粮食大省"资源诅咒"之忧［J］. 黑龙江粮食，2014（9）：4-8.

［57］沈满洪，吴应龙. 生态系统服务对绿色创新的资源诅咒效应研究——来自中国城市的经验证据［J］. 中国地质大学学报（社会科学版），2024，24（1）：50-63.

［58］宋瑛，陈纪平. 政府主导、市场分割与资源诅咒——中国自然资源禀赋对经济增长作用研究［J］. 中国人口·资源与环境，2014，24（9）：156-162.

［59］Auty R M. Industrial Policy, Sectoral Maturation, and Postwar Economic Growth in Brazil: The Resource Curse Thesis［J］. Economic Geography, 1995, 71（3）: 257-272.

［60］黄悦，刘继生，张野. 资源丰裕程度与经济发展关系的探讨：资源诅咒效应国内研究综述［J］. 地理科学，2013，33（7）：873-877.

［61］Jacobsen G D, Parker D P, Winikoff J B. Are Resource Booms a Blessing or A Curse? Evidence from People（not Places）［J］. Journal of Human Resources, 2023, 58（2）: 393-420.

［62］Gilberthorpe E, Rajak D. The Anthropology of Extraction: Critical Perspectives on the Resource Curse［J］. Journal of Development Studies, 2017, 53（2）: 186-204.

［63］Radon J. How to Negotiate An Oil Agreement［A］//Humphreys M, Sachs J D, Stiglitz J E（eds）. Escaping the Resource Curse［M］. New York: Columbia University Press, 2007: 89-113.

［64］张复明. 破解"资源诅咒"：矿业收益、要素配置与社会福利［M］. 北京：商务印书馆，2016.

［65］Raveh O, Tsur Y. Resource Windfalls and Public Debt: A Political Economy Perspective［J］. European Economic Review, 2020（123）: 1-22.

［66］Robinson J A, Torvik R, Verdier T. The Political Economy of Public Income Volatility: With an Application to the Resource Curse［J］. Journal of Public Economics, 2017（145）: 243-252.

［67］Shafer D M. Winners and Losers: How Sectors Shapes the Developmental Prospects of States［M］. Ithaca: Cornell University Press, 1994.

［68］吴靖平. 科学的资源开发模式：走出"资源诅咒"怪圈［M］. 北京：中共中央党校出版社，2010.

［69］刘耀彬. "资源尾效"和"资源诅咒"：区域经济增长之谜［M］. 北京：社会科学文献出版社，2023.

［70］石敏俊. 历史长焦镜头中的资源丰裕与经济增长——《自然资源丰裕经济学》书评［J］. 资源与产业，2023，25（2）：151-152.

［71］王闰平，陈凯. 资源富集地区经济贫困的成因与对策研究——以山西省为例［J］. 资源科学，2006，28（4）：158-165.

［72］韩亚芬，孙根年，李琦. 资源经济贡献与发展诅咒的互逆关系研究——中国31个省区能源开发利用与经济增长关系的实证分析［J］. 资源科学，2007，29（6）：188-193.

［73］邵帅，齐中英. 西部地区的能源开发与经济增长——基于"资源诅咒"假说的实证分析［J］. 经济研究，2008（4）：147-160.

[74] 鲁金萍，董德坤，谷树忠，等. 基于"荷兰病"效应的欠发达资源富集区"资源诅咒"现象识别——以贵州省毕节地区为例［J］. 资源科学，2009，31（2）：271-277.

[75] 赵伟伟. 相对资源诅咒理论及其在中国的实证研究［M］. 北京：中国经济出版社，2012.

[76] 韩健. 我国西部地区经济增长是否存在"资源诅咒"的实证研究——基于索罗模型的分析［J］. 探索，2013（5）：90-95.

[77] 郑猛，罗淳. 论能源开发对云南经济增长的影响——基于"资源诅咒"系数的考量［J］. 资源科学，2013，35（5）：991-1000.

[78] 王世进. 我国区域经济增长与"资源诅咒"的实证研究［J］. 统计与决策，2014（2）：116-118.

[79] 赵康杰，景普秋. 资源依赖、资本形成不足与长期经济增长停滞——"资源诅咒"命题再检验［J］. 宏观经济研究，2014（3）：30-42.

[80] 谢波. 中国区域资源诅咒问题研究［M］. 北京：中国社会科学出版社，2015.

[81] 梅冠群. 我国"资源诅咒"形成的条件与路径研究［M］. 北京：中国经济出版社，2017.

[82] 韦结余. 中国西部地区"资源诅咒"传导机制研究［M］. 北京：经济管理出版社，2018.

[83] 张野，黄悦，刘继生. 资源诅咒现象破解对策国内研究述评［J］. 资源开发与市场，2014，30（3）：326-330.

[84] 林毅夫. 资源是如何从有利条件变成负担的？［J］. 发展，2017（3）：30-31.

[85] 刘岩，赵文祥. 中国式突破资源诅咒［M］. 北京：冶金工业出版社，2013.

[86] 林毅夫. 比较经济系统的现状与未来：新结构经济学的视角［J］. 江南大学学报（人文社会科学版），2022，21（4）：5-10.

[87] 杨子生，刘彦随，赵乔贵，等. 基于耕地资源利用的区域粮食安全评估原理·方法及其在云南的实践［M］. 北京：中国科学技术出版社，2008.

[88] 央广网—中国乡村之声. 800产粮大县贫困人口3600万为何产粮越多反而越穷？［EB/OL］. http：//country.cnr.cn/gundong/20150825/t20150825_519647956.shtml，2015-08-25.

[89] 新浪网. 黑龙江饶河调研报告：全家种地一年收入不及一人外出打工［EB/OL］. https：//news.sina.cn/gn/2023-04-11/detail-imypypnq7484335.d.html，2023-04-11.

[90] 国务院第三次全国国土调查领导小组办公室，自然资源部，国家统计局. 第三次全国国土调查主要数据公报［N］. 人民日报，2021-08-27（17）.

[91] 杜尚泽. 那么粮食怎么办？（微镜头·习近平总书记在中央经济工作会议上）［N］. 人民日报，2021-12-12（1）.

[92] 戈大专，孙攀，周贵鹏，等. 传统农区粮食生产转型机制及其安全效应：基于乡村空间治理视角［J］. 自然资源学报，2021，36（6）：1588-1601.

[93] 国家发展和改革委员会. 全国新增1000亿斤粮食生产能力规划（2009-2020年）［EB/OL］. https：//www.gov.cn/gzdt/2009-11-03/content_1455493.htm，2009-

11-03.

[94] 潘竟虎. 中国地级及以上城市城乡收入差距时空分异格局 [J]. 经济地理, 2014, 34 (6): 60-67.

[95] 孙晓一, 徐勇, 刘艳华. 中国居民收入差距及空间分异特征 [J]. 经济地理, 2015, 35 (12): 18-25, 42.

[96] 杨子生, 杨人懿, 刘凤莲. 基于贫困分级的云南省城乡收入差距时空演化与影响因素研究 [J]. 地理研究, 2021, 40 (8): 2252-2271.

[97] 杨人懿, 钟昌标, 杨子生, 等. 精准扶贫政策与农村居民增收: 基于云南省129个县的实证检验 [J]. 南开经济研究, 2023, 39 (3): 131-150.

[98] Zhou Yang, Liu Zhen, Wang Heng, et al. Targeted Poverty Alleviation Narrowed China's urban-rural income gap: A Theoretical and Empirical Analysis [J]. Applied Geography, 2023, 157 (8): 103000.

[99] Yang Jie, Huang Xin. The 30 m Annual Land Cover Datasets and Its Dynamics in China from 1985 to 2022 (1.0.2) [Data set]. Zenodo, 2023. https://zenodo.org/record/8176941.

[100] 苏迅. 资源贫困: 现象、原因与补偿 [J]. 中国矿业, 2007, 16 (10): 11-14.

[101] [美] 罗伊·普罗斯特曼, 蒂姆·汉斯达德, 李平. 中国农业的规模经营: 政策适当吗? [J]. 中国农村观察, 1996, 17 (6): 17-29, 63.

[102] 国家统计局. 中国统计年鉴2021 [M]. 北京: 中国统计出版社, 2021.

[103] 国家统计局. 国际统计年鉴2022 [M]. 北京: 中国统计出版社, 2022.

[104] Zhang Dehua. Analysis on the Influencing Factors of Farmers' Income in Heilongjiang [M]. Proceedings of 2015 2nd International Conference on Civil, Materials and Environmental Sciences (CMES 2015). Paris, France: Atlantis Press, 2015.

[105] 张守莉, 杨宁, 边爽. 土地经营规模对农户种粮收入的影响分析: 以吉林省公主岭市为例 [J]. 中国农业资源与区划, 2017, 38 (9): 162-166.

[106] 沈玉洁. 以河南省西华县为例谈土地经营规模对农户种粮收入的影响 [J]. 粮食问题研究, 2020 (2): 43-48.

[107] 陈秧分, 王介勇, 张凤荣, 等. 全球化与粮食安全新格局 [J]. 自然资源学报, 2021, 36 (6): 1362-1380.

[108] 袁源, 王亚华, 徐萍. "非粮化"治理视角下的耕地用途管制: 应对逻辑与体系构建 [J]. 自然资源学报, 2024, 39 (4): 942-959.